清華大學 “大、中、小学一条龙教学研究”实验教材

信息技术系列

中小学信息技术
课程教学论

徐克强 主编

律 原 韩红梅 王振强 编著

吴敏华 刘旭敏 主审

清华大学出版社

北 京

内 容 简 介

《中小学信息技术课程教学论》一书详细阐述了在新课程背景下中小学信息技术课程的新理念、新思路与新方法，涵盖了中小学信息技术课程教学、学习和基础建设的各个方面。本书共分为理论篇、实践篇和资源篇三篇，分别讲述了信息技术教育课程与教学法研究的意义和方法，阐述了中小学信息技术课程的内容和特点以及教学方法。本书还提供了典型的中小学信息技术课程案例及其点评。

本书内容丰富，对中小学信息技术课程教学具有一定的指导作用，适合高等学校计算机科学与技术（师范类）和信息技术教育等本科专业学生使用，也可以作为中小学信息技术教师的在职培训教材。

图书在版编目（CIP）数据

中小学信息技术课程教学论/徐克强主编；律原，韩红梅，王振强编著. —北京：清华大学出版社，2011.12（2023.7 重印）
（清华大学"大、中、小学一条龙教学研究"实验教材信息技术系列）
ISBN 978-7-302-26970-0

Ⅰ. ①中… Ⅱ. ①徐… ②律… ③韩… ④王… Ⅲ. ①计算机课－教学研究－中小学 Ⅳ. ①G633.672

中国版本图书馆 CIP 数据核字(2011)第 198312 号

责任编辑：张孟青　赵铁华
责任校对：刘　静
责任印制：杨　艳

出版发行：清华大学出版社
网　　址：http://www.tup.com.cn，http://www.wqbook.com
地　　址：北京清华大学学研大厦 A 座　　**邮　　编**：100084
社 总 机：010-83470000　　**邮　　购**：010-62786544
投稿与读者服务：010-62776969，c-service@tup.tsinghua.edu.cn
质 量 反 馈：010-62772015，zhiliang@tup.tsinghua.edu.cn
印 装 者：三河市龙大印装有限公司
经　　销：全国新华书店
开　　本：185mm×260mm　　**印　　张**：17.25　　**字　　数**：354 千字
版　　次：2011 年 12 月第 1 版　　**印　　次**：2023 年 7 月第 13 次印刷
定　　价：59.00 元

产品编号：040473-05

前　言

信息技术课程是中小学信息技术教育的重要组成部分，编写《中小学信息技术课程教学论》既是为广大师范类院校提供教材，又是为中小学信息技术教师开展信息技术课程教学活动提供重要的理论和实践指导。

由于中小学信息技术课程教学呈现出多样性、多层次和实践性等特点，加之信息技术课程教学理论基石不完善，目前此类教材编写难度较大，所以教材种类相对较少，而且许多教材偏重于教育教学理论堆砌，所用教学案例水平较低，内容编排重复率高，不少院校在选择教材时常常感到“信息技术课程教学论教材种类少，内容编排大同小异，很难找到符合教学需要的教材”。

本书作为中小学信息技术课程教学论教材，在编写中尽量弥补已有教材的一些缺陷，体现了独有的编写特色。

1. 重视理论基础的完整性。教材的第一部分是理论篇，这是整个信息技术课程教学论的理论基础，这部分的论述尽量保证了信息技术课程教学法理论基础论述的完整性和系统性，教材在强调实践创新的同时，不能忽略基础理论，教材过分强调实践内容，脱离理论基础，会使得实践的培养变成空中楼阁。

2. 对初中信息技术课程和高中信息技术课程教学分别加以研究。之前的很多教材对中学信息技术课程教学论的研究不区分初、高中，有的教材是在部分内容上做了区分。我们知道初中信息技术课程和高中信息技术课程在学习者特点、教学目的、教学内容、教学方法和教学评价等方面都有着很大的区别，所以，本教材在每一部分都分别论述。

3. 高中部分的内容紧扣“信息技术新课标”。“信息技术新课标”强调学生自主学习、自主探究能力的培养，充分考虑高中学生起点水平及个性方面的差异，强调学生在学习过程中的自主选择和自我设计；提倡通过课程内容的合理延伸或拓展。“课改怎么改？教师该怎么做？”等问题，各个学校一直以来都在演绎着自己的探索轨迹、尝试着不同的做法。我们编写本书的目的在于对教师的教学实践、新教材使用、课程安排等方面提出指导性建议，期望能达到两个目标：一是让教师对信息技术新课程的教学法有一定的了解；二是指导教师开展新课程实践，以求抛砖引玉，和大家共同探讨新课改。

4. 珍贵的优秀案例。在资源篇中我们展示了来自北京市的小学、初中和高中信息技术课堂的14个优秀案例，这些案例是从近年来优秀的教师案例资源中精选的，是信息技术一线教师的真实课程设计。14个案例各具特色，通过集中展示案例的教学设计过程和分析教学设计思路，将实际教学中的问题和经验充分反映出来，理论联系实际，可操作性强，为学习者提供了全面、真实和新颖的课程设计过程，从而引导学习者正确、有效地掌握中小学信息技术课程教学的思路与方法。

根据中小学信息技术课程中有些学校已经开设了智能机器人教学模块的实际情况，本书重印时在资源篇中增加了“中小学智能机器人教学”一章。在这一章中，不仅介绍了教育机器人的硬件构成、软件编写；还介绍了在中小学开展智能机器人教学活动的基本知识和基本方法。希望本章内容能够有助于智能机器人教学和竞赛活动在中小学的健康发展。

本书分为三部分：理论篇、实践篇和资源篇，理论篇包括第1章到第6章的内容，由韩红梅编写；实践篇包括第7章到第10章的内容，由律原编写；资源篇包括第11章到第14章的内容，由律原、王振强共同编写，全书由徐克强、吴敏华、刘旭敏统一定稿。

由于作者水平有限，书中难免有不足和错误之处，敬请广大读者给予批评指正。

编　者

2013年1月

目录

理论篇

第1章　绪论 …… 3

1.1　信息技术教育 …… 3
1.1.1　信息技术 …… 3
1.1.2　信息技术教育 …… 4
1.2　信息技术教育课程与教学法研究的目的与意义 …… 4
1.3　信息技术教育课程与教学法的研究对象和研究方法 …… 4
1.3.1　信息技术教育课程与教学法的研究对象 …… 4
1.3.2　信息技术教育课程与教学法的研究方法 …… 5
1.4　我国中小学信息技术教育发展的三次浪潮 …… 5
1.5　信息技术教育与素质教育、创新教育 …… 7
1.5.1　信息技术教育与素质教育 …… 7
1.5.2　信息技术教育与创新教育 …… 7

第2章　信息技术教育的目的和内容 …… 8

2.1　信息技术教育的目的 …… 8
2.2　中小学信息技术教育的目标设置及教学内容 …… 9
2.2.1　中小学信息技术教学目标设置 …… 9
2.2.2　中小学信息技术教育的教学内容 …… 10

第3章　信息技术教育的特点和基本原则 …… 17

3.1　小学信息技术课程的特点及其教学方法 …… 17
3.1.1　小学信息技术课程的特点分析 …… 17
3.1.2　小学信息技术课程教学方法 …… 18
3.2　中学信息技术课程的特点及其教学方法 …… 19
3.2.1　中学信息技术课程的特点分析 …… 19
3.2.2　中学信息技术的教学方法 …… 20

3.3 中小学信息技术教育的基本原则 …… 21

第4章 信息技术教育中的教学设计 …… 23

4.1 教学设计理论 …… 23
4.1.1 教学设计概述 …… 23
4.1.2 教学设计的基本过程 …… 25
4.1.3 以学生为中心的教学设计 …… 29
4.2 教学设计的过程模型 …… 31
4.2.1 狄克—柯瑞模型 …… 31
4.2.2 史密斯—雷根模型 …… 32
4.2.3 何克抗模型 …… 33
4.3 几种教学设计模式 …… 34
4.3.1 基于"活动理论"的信息技术教学设计 …… 34
4.3.2 信息技术环境下基于协作学习的教学设计 …… 35
4.3.3 建构主义学习环境下信息技术教学设计 …… 37
4.4 信息技术课程标准和教师培训 …… 38
4.5 信息技术教育中的教案撰写 …… 40
4.5.1 中小学信息技术教学案例设计模板 …… 40
4.5.2 信息技术课堂教学设计表 …… 41

第5章 信息技术教育中常用的教学方法和教学模式 …… 42

5.1 教学方法概述 …… 42
5.2 传统教学方法在信息技术教育中的应用 …… 43
5.2.1 讲授教学法 …… 43
5.2.2 直观演示法 …… 43
5.2.3 "任务驱动"法 …… 43
5.2.4 游戏教学法 …… 43
5.2.5 示范教学法 …… 44
5.2.6 讲演练教学法 …… 44
5.2.7 探索式教学法 …… 44
5.2.8 竞赛教学法 …… 45
5.3 信息技术教育中教学方法的选择 …… 45
5.3.1 决定信息技术教育教学方法选择的因素 …… 45
5.3.2 选用教学方法标准的初步探索 …… 46
5.4 信息技术教育中教学方法的优化 …… 47
5.5 信息技术教育的教学模式 …… 48
5.5.1 信息技术教育教学模式创新的原则 …… 48
5.5.2 在中小学信息技术教学中出现的新教学模式 …… 48

5.5.3 优化信息技术教学模式的途径 …… 50

第6章 信息技术教育的评价 …… 52

6.1 教学评价概述 …… 52
6.1.1 教学评价 …… 52
6.1.2 新课程中信息技术教学评价 …… 52
6.2 信息技术教育评价的内容及其分类 …… 53
6.2.1 信息技术教育中对学生学习的评价 …… 53
6.2.2 信息技术教育中对教师教学的评价 …… 57
6.3 信息技术教育中常用的评价方法 …… 63
6.3.1 传统评价模式 …… 63
6.3.2 作品评价法 …… 64
6.3.3 档案袋评价法 …… 67

实 践 篇

第7章 解读《中小学信息技术课程指导纲要》 …… 71

7.1 《中小学信息技术课程指导纲要》概述 …… 71
7.1.1 我国中小学信息技术(计算机)课程大纲的历史演变 …… 71
7.1.2 中小学信息技术课程指导纲要的基本框架 …… 73
7.1.3 《中小学信息技术指导纲要》的解读 …… 75
7.2 《中小学信息技术课程指导纲要》中对小学阶段信息技术教育内容的要求 …… 80
7.3 《中小学信息技术课程指导纲要》中对初中阶段信息技术教育内容的要求 …… 81
7.3.1 初中阶段信息技术课程的定位 …… 81
7.3.2 初中阶段信息技术课程的教育目标 …… 82
7.3.3 初中阶段信息技术课程内容设置和选择的原则 …… 82
7.3.4 初中阶段信息技术课程的内容及目标要求 …… 83
7.4 《中小学信息技术课程指导纲要》中对高中阶段信息技术教育内容的要求 …… 86
7.4.1 高中信息技术新课程标准概述 …… 86
7.4.2 高中信息技术课程的课程目标 …… 87
7.4.3 高中信息技术的内容标准 …… 88

第8章 普通高中信息技术新课程标准的实施 …… 91

8.1 课程性质与基本理念 …… 91

8.1.1 课程性质 …… 91
8.1.2 课程理念 …… 92
8.2 教学内容分析与教学建议 …… 93
8.2.1 信息技术基础 …… 93
8.2.2 算法与程序设计 …… 99
8.2.3 多媒体技术应用 …… 102
8.2.4 网络技术应用 …… 105
8.2.5 数据管理技术 …… 108
8.2.6 人工智能初步 …… 110
8.3 高中信息技术课程课堂教学评价 …… 112
8.3.1 课堂教学评价的基本理念 …… 112
8.3.2 课堂教学评价的基本原则 …… 113
8.3.3 课堂教学评价的基本要素 …… 113
8.3.4 课堂教学评价的基本方法 …… 114

第 9 章 中小学信息技术教师的专业素养、现状与职后培养 …… 117

9.1 中小学信息技术教师的专业素养 …… 117
9.1.1 信息技术教师所必需的职业资格 …… 117
9.1.2 信息技术新课程改革背景下信息技术教师的专业发展 …… 120
9.2 我国信息技术教师的现状 …… 123
9.2.1 我国信息技术教师的基本现状 …… 123
9.2.2 信息技术教师的职业倦怠情况 …… 126
9.3 信息技术教师的职后培养 …… 129
9.3.1 信息技术教师培训的现状分析 …… 129
9.3.2 信息技术教师的现状决定了培训的紧迫性 …… 130
9.3.3 信息技术教师职后培训的常用方式 …… 131

第 10 章 利用微格教学法培养信息技术教师的基本教学技能 …… 135

10.1 微格教学概述 …… 135
10.1.1 什么是微格教学 …… 135
10.1.2 微格教学的研究对象 …… 136
10.1.3 微格教学的一般过程 …… 137
10.2 微格教学中涉及的教学技能及在信息技术教学中的体现 …… 137
10.2.1 教学语言技能 …… 138
10.2.2 板书技能 …… 142
10.2.3 变化技能 …… 143
10.2.4 导入技能 …… 146
10.2.5 讲解技能 …… 149

10.2.6 结束技能 …… 152
10.2.7 强化技能 …… 154
10.2.8 提问技能 …… 159

资 源 篇

第 11 章 小学信息技术课程范例教案及点评 …… 169

11.1 信息技术初步 …… 169
教案：神奇的信息世界 …… 169
11.2 操作系统简单介绍 …… 172
教案 1：让文件有个“家” …… 172
教案 2：认识“资源管理器” …… 174
11.3 用计算机画画 …… 177
教案：漂亮的教学楼 …… 177
11.4 用计算机作文 …… 179
教案 1：格式刷的使用 …… 179
教案 2：让“数字”一目了然——在 Word 中插入统计图 …… 181
11.5 网络的简单应用 …… 182
教案：使用搜索引擎查找信息 …… 182
11.6 用计算机制作多媒体作品 …… 186
教案 1：自定义动画 …… 186
教案 2：在演示文稿中插入声音 …… 189

第 12 章 初中信息技术课程范例教案及点评 …… 192

12.1 办公软件的使用 …… 192
教案 1：修饰 Word 文档 …… 192
教案 2：多媒体演示文稿作品交流与评价 …… 197
12.2 数据库的初步认识 …… 200
教案 1：学校图书我来管——Excel 分析数据 …… 200
教案 2：Excel 中图表的绘制 …… 204
12.3 利用 Flash 制作多媒体作品 …… 207
教案 1：制作文字形状渐变动画 …… 207
教案 2：制作引导线动画 …… 209
12.4 网页制作初步 …… 212
教案：使用主题美化网页 …… 212
12.5 程序设计初步 …… 215
教案 1：圆面积计算器 …… 215

教案 2：初识循环结构 …… 218

第 13 章 高中信息技术新课程标准典型教案范例 …… 223

13.1 “算法与程序设计”的典型教学设计 …… 223
13.1.1 Java 程序设计的教学设计 …… 223
13.1.2 Visual Basic 程序设计的教学设计 …… 227
13.2 “数据库管理技术”的典型教学设计 …… 232
13.3 “多媒体技术应用”的典型教学设计 …… 236

第 14 章 中小学智能机器人教学 …… 242

14.1 初识教育机器人 …… 242
14.1.1 机器人的定义和组成 …… 242
14.1.2 机器人的发展 …… 243
14.1.3 机器人教育 …… 246
14.2 教育机器人的硬件 …… 248
14.2.1 模拟信号与数字信号 …… 248
14.2.2 教育机器人的控制核心——单片机 …… 248
14.2.3 教育机器人的执行机构 …… 249
14.2.4 教育机器人的常用传感器 …… 253
14.3 教育机器人的程序设计 …… 255
14.3.1 教育机器人的程序设计步骤 …… 255
14.3.2 程序设计举例 …… 259

参考文献 …… 265

理论篇

第 1 章　绪论

第 2 章　信息技术教育的目的和内容

第 3 章　信息技术教育的特点和基本原则

第 4 章　信息技术教育中的教学设计

第 5 章　信息技术教育中常用的教学方法和教学模式

第 6 章　信息技术教育的评价

第 1 章

绪　论

信息社会的发展离不开计算机和网络，当前的信息技术教育是培养信息社会人才的有效教育途径。信息技术教育可以培养学生对信息技术的兴趣和意识，让学生了解和掌握信息技术基本知识和操作技术，了解信息技术的发展及其应用对人类发展的深刻影响。通过信息技术课程使学生具备获取信息、存储信息、处理信息和运用信息的能力，教育学生正确认识和理解与信息技术相关的法律和社会等问题，正确地使用信息技术。通过培养学生的信息素养，使学生认识到信息技术是一种支持学习的手段。

1.1　信息技术教育

1.1.1　信息技术

1. 信息技术的定义

信息技术因其使用的目的、范围、层次不同，可以从广义和狭义两个层面来定义。

广义而言，信息技术是指能充分利用与扩展人类信息器官功能的各种方法、工具与技能的总和。

狭义而言，信息技术是指利用计算机、网络、广播电视等各种硬件设备、软件工具及科学方法，对文图声像各种信息进行获取、加工、存储、传输与使用的技术之和。

2. 信息技术的分类

(1) 按表现形态的不同，信息技术可分为硬技术（物化技术）与软技术（非物化技术）。前者指各种信息设备及其功能，如通信卫星等。后者指有关信息获取与处理的各种知识、方法与技能，如语言文字技术等。

(2) 从信息的传播模式分，可将信息技术分为传者信息处理技术、信息通道技术、受者信息处理技术、信息抗干扰技术等。

(3) 按技术的功能层次不同，可将信息技术体系分为基础层次的信息技术（如新能源技术）、支撑层次的信息技术（如电子技术等）、主体层次的信息技术（通信技术）、应用层次的信息技术（如文化教育、社会管理中用以提高效率和效益的各种应用软件与设备)。

3. 信息技术的特征

信息技术的特征应从如下两方面来理解。

(1) 一般特征——技术性。具体表现为:方法的科学性,工具设备的先进性,技能的熟练性,经验的丰富性,作用过程的快捷性,功能的高效性等。

(2) 本质特征——信息性。具体表现为:信息技术的服务主体是信息,核心功能是提高信息处理与利用的效率、效益。信息的秉性决定了信息技术还具有普遍性、客观性、相对性、动态性、共享性、可变换性等特性。

1.1.2 信息技术教育

1. 信息技术教育的研究对象

信息技术教育的研究对象是在以信息技术作为教育观念、内容、工具、手段的前提下,对教学资源与学习资源的信息化,以及教师的教、学习者的学的教学与学习的优化过程。

2. 信息技术教育的概念

信息技术教育是指利用信息技术优化学与教的理论与实践,培养学生运用信息技术工具对各种信息进行综合处理与创新的能力,提升学生的综合素质,促进教育现代化的过程。

1.2 信息技术教育课程与教学法研究的目的与意义

以计算机技术与通信技术为核心的信息技术迅速发展,对当前的教学内容、教学方法和教学组织形式等都产生了重要的影响,这就使得教师对信息技术教育课程和教学法的研究显得格外重要和必要,其目的和意义主要体现在以下几个方面。

(1) 了解信息技术课程的学习目标。

(2) 掌握信息技术课程教学的方法和策略。

(3) 使学生掌握信息技术学习的规律和方法。

1.3 信息技术教育课程与教学法的研究对象和研究方法

1.3.1 信息技术教育课程与教学法的研究对象

信息技术教育学是根据社会发展和人才培养的需要,以学校的信息技术教育教学实践为中心,随着信息技术的进步而研究信息技术教育的规律及其实施的学科。从学科分支上它属于教育学大类,同时也是信息技术科学、教育学、心理学等多学科相互结合而产生的一门交叉学科。

信息技术教育课程与教学法的研究对象是信息技术教育,包括信息技术教育的教学内容、特点、规律及其他理论与实践问题。

1.3.2 信息技术教育课程与教学法的研究方法

信息技术教育课程与教学法的研究采用科学的研究方法，主要包括以下几种。

1. 调查法

调查法是指研究者通过亲自接触和广泛了解教育现状，通过书面或口头回答问题的方式取得第一手资料，通过对资料进行分析和研究，了解被调查者的心理活动的方法。

调查法的主要特点是：以问题的方式要求被调查者针对问题进行陈述，揭示课程与教学领域中现实存在的问题，总结、推广先进的思想经验，服务于教学管理和预测。

调查法能够同时收集到大量的资料，使用方便，并且效率高(心理学)。

2. 观察法

观察法是指研究者在自然条件下，通过感官或借助于一定的科学仪器，对社会生活中人们的行为进行有目的、有计划的系统观察和记录，然后对所做记录进行分析，发现心理活动和发展规律的方法。

观察法具有目的性、客观性和能动性的特点，有助于研究课题的选择和形成，检验原有理论观点的正确性。

3. 教育实验研究法

所谓教育实验研究法，就是根据教育研究课题所规定的任务，按照特定设计的条件和过程，对于研究的对象进行控制，变革研究对象，以便在有利的条件下，对其进行观察研究，取得实验事实材料，从而得到客观可靠的结论的教育科学研究方法。

4. 行动研究法

行动研究法是一种适合于广大教育技术实际工作者的研究方法。它既是一种方法技术，也是一种新的科研理念、研究类型。行动研究法是指从实际工作需要中寻找课题，在实际工作过程中进行研究，由实际工作者与研究者共同参与，使研究成果为实际工作者所理解、掌握和应用，从而达到解决实际问题，改变社会行为的目的的研究方法。

行动研究法侧重于实践，以教师为主体，强调某一特定问题的解决，把解决实际问题放在第一位。

1.4 我国中小学信息技术教育发展的三次浪潮

我国中小学信息技术教育的发展共出现了三次浪潮，对应着三个阶段，也因此形成了三个不同的热点研究领域，分别是信息技术课程教学研究、课程整合研究和网络教育研究。

1. 第一次浪潮：20世纪70年代末、80年代初开始

教学目标：计算机学科教学，让学生学习和掌握信息技术的基础知识和基本技能。

教学内容：开始主要是程序设计，后来逐步增加了应用软件的操作与使用，现在还增加了因特网的知识和应用。课程的名字也由“计算机课程”改成了内涵更为宽泛、更与国际接轨的“信息技术课程”。中小学信息技术课程的教学内容目前以计算机和网络技术为主。教学内容分为不同的教学模块，各地可根据教学目的和当地的师资设备条件在教学模块中选取适当的教学内容，小学、初中、高中要求各有所不同。具体教学模块主要有信息技术基础（软硬件常识）、操作系统简介（Windows 95/98 等）、文字处理的基本方法（Word、WPS 等）、网络基础及其应用（WWW、E-mail）、用计算机制作多媒体作品（PowerPoint）、数据库初步、程序设计方法等。按照新的课程指导纲要，全国很多教研单位和个人编写出版了近百套教材，竞争非常激烈。

存在的问题：各地教学内容选择比较混乱；部分教学模式不适应信息技术课程的特点；部分计算机设备老化，难以适应某些教学模块的需要；各地师资、设备条件差异较大；计算机教师的职称待遇难于保证，存在流失现象；由于不是高考科目，课程地位不高等。

2. 第二次浪潮：20 世纪 80 年代中后期开始

教学目标：计算机辅助教学与计算机辅助管理，主要是开发教学软件、课件和教育教学管理软件，把计算机作为一种工具，将计算机与教育教学相结合。

发展过程：教育软件类型由“课件”向“组件”、“积件”发展，具有开放性的资源素材型、工具型、平台型的教学平台成为发展方向；计算机辅助教学由以展示知识、以教师为中心发展为以学生为中心、突出学生主体的“课程整合”，即将信息技术整合于各学科课程与教学之中；由教师自己开发课件向教师整合利用各种信息技术教育教学资源为主；建构主义教学模式成为课程整合的理论基础。

课程整合的目的就是通过学科课程把信息技术与学科教学有机地结合起来，将信息技术与学科课程的教与学融为一体，将技术作为一种工具，提高教与学的效率，改善教与学的效果，改变传统的教学模式。

在这一阶段，课程整合的提法已基本取代了原来的计算机辅助教学，信息技术与学科课程的整合是改革传统教育模式、教学方式和教学手段的重要途径，是中小学信息技术教育的核心和发展重点，同时也是一个难点，它受到我国以应试教育为背景的教育体制、教育观念和教学模式的约束，课程整合会困难重重，难以在短期内取得突破性的进展。但是，课程整合也将对我国传统的教学模式造成强大的冲击和影响，将会成为基础教育改革的突破口。

3. 第三次浪潮：20 世纪 90 年代中后期开始

教学目标：建设多媒体电子教室、校园网，天网地网相结合，实施校校通工程；对学生开设网络课程；建网上教育资源库；研究基于网络的教学模式；探索基于网络的研究性学习；试验远程教学模式。

网络教育的重头戏是教育部确定的“校校通”工程，其目标是用 5～10 年时间，使全国 90%左右独立建制的中小学校能够上网，使中小学师生都能共享网上教育资源，提高中小学的教育教学质量。具体目标是：2005 年前，争取东部地区以上和中西部地区中等以上城市的中小学都能上网；西部地区及中部边远贫困地区的县和县以下的中学及乡镇中心小学与中国教育卫星宽带网联通。2010 年前，争取使全国 90%以上独立建制的中小学校都能上网。不具备条件的少数中小学校也可配备多媒体教学设备和教育教学资源。

“校校通”工程的基本任务包括以多种形式实现与互联网的连通，建设共享的教育教学资源库，实现信息技术与课程的整合，以及相应的师资培训等，从而实现教师“教”与学生“学”的变革。

“校校通”分为三个层次：有条件的学校可通过计算机直接上网；山区、偏远地区可通过教育卫星宽带网接收和下载信息；上述两种方式目前仍无法实现的，则可以通过各种多媒体光盘或 VCD 教学片、获得丰富的教学资源。

我国中小学信息技术教育经过近二十年、三次浪潮、三个阶段的发展，信息技术课程、课程整合和网络教育三大热点领域相互渗透和融合，正面临一个迅猛发展的局面。

1.5　信息技术教育与素质教育、创新教育

1.5.1　信息技术教育与素质教育

信息技术教育与素质教育的关系，主要体现在以下两个方面。

(1) 二者的根本目标一致，但出发点不同。

素质教育强调的是培养人的整体素质，要求各级各类教育都要渗透素质教育思想。信息技术教育强调的是增加信息技术这一教育内容，加强对每个公民信息素质的培养，以适应信息社会的要求。

(2) 信息技术教育推进素质教育，推行素质教育要求加强信息技术教育。

《中共中央国务院关于深化教育改革全面推进素质教育的决定》中，将“大力提高教育技术手段的现代化水平和教育信息化程度”，“在高中阶段的学校和有条件的初中、小学普及计算机操作和信息技术教育”，作为全面推进素质教育的重要措施。实践表明，开展信息技术教育，能促进知识向能力的转化，能推进智力因素与非智力因素的结合，能实现个性教育、终身教育，全面提高人的身体素质、心理素质与社会素质。

1.5.2　信息技术教育与创新教育

信息技术教育与创新教育是一种相互促进、相互依赖的关系。创新教育强调的是教育的目标与教育思想的改革，其核心是培养学生如下几方面的素质。

(1) 创新意识和精神——具有自觉的创新取向与动机，喜欢向传统、向权威挑战；具有坚韧不拔、乐观自信的品质；尊重他人，善于合作，乐于奉献，有良好的道德素养。

(2) 创新思维——具有良好的思维品质(包括思维的变通性、新异性、发散性、直觉性、敏捷性、流畅性等方面)。

(3) 创新技能——能熟练运用一般的创新方法和专门的创新技巧独立发现与解决问题；能通过实践不断提高创新的智力技能与运动技能。

开展信息技术教育，通过对信息的认识、评价、开发、利用、管理等过程的学习与训练，能有效地促进信息创新意识、信息创新思维、信息创新技能、信息创新人格的形成。

另一方面，创新教育也促进了信息技术教育的开展。在实现创新教育的过程中，创新方法的掌握、创新技能的形成，都离不开对多种信息技术的应用，需要在信息技术创新环境中培养学生的创新能力，这就无形中培养了学生对信息技术的学习与应用。

第 2 章

信息技术教育的目的和内容

2.1 信息技术教育的目的

信息技术教育的目的在于使学生经历信息技术过程。信息技术过程主要包括三大基本阶段，即规划、设计、制作。对不同的问题对象，过程的阶段可以更为具体地细化成某种工作模式。例如，创作多媒体作品以实现某种交流效果，实际过程可以细化为任务分析—确定内容—选择媒体—设计创意—设计信息呈现方式—制作作品—交流评价这一工作模式。

经历信息技术过程，使学生体验到利用信息技术解决、表达、交流等实际问题的特殊性、有效性，掌握信息问题解决过程中有关规划、设计与制作的基本思想与方法，进而体会到人、机之间的互动作用是课程标准中贯穿始终并着重强调的内容。

课程标准的选修模块中，从目标到内容，都渗透了解决学生经历信息技术过程的基本方式和要求。概括地说，就是在做中学，在经历中体验，在感受中体会。要创设条件，让学生融于实际问题和具体工作的情境之中，不断感受技术思想与文化，体验技术在提升人类生活的意义与作用，并积累经验形成高层次的信息能力。

那么，如何在具体教学中引导学生经历信息技术过程呢？

1. 任务的确定以学生生活经验为背景

设计贴近学生生活经验的任务，启动学生进入信息技术解决问题的历程。调动学生积极性，采用"头脑风暴"方法，激发思想火花。教师应该事先深思熟虑，并在适当的时候引导学生进行思考。还可以将学生分组，以任务的形式让每个小组提出一个创作主题，然后向全班陈述理由，通过讨论最终确定一个或几个创作任务。

学生积极参与确定的创作任务，是最贴近学生生活经验的，为有效的信息技术过程奠定前提条件。

2. 任务内容要求应生动而具体

任务的内容设计的生动具体，也是保证学生有效经历信息技术过程的重要前提。经过师生共同确定的创作主题，教师应该做好围绕任务主题的内容设计,使创作内容更加具体、生动,符合学生的心理特点,契合学生的作品创作经验。

生动、具体的创作内容,可以减轻学生在规划、设计、制作阶段的迷茫与困惑,降低学生在自主探索、解决问题的历程中不必要的认知负荷。

3. 任务情境的描述应详细

任务情境是对创作主题、创作内容、工作线索、任务要求等问题的统称。通过任务情境,学生可以理解任务的主题,把握任务的内容,明确任务的需求,能够较好地确定工作步骤和目标。描述详细、清晰的任务情境,有利于规划和设计阶段的工作。

4. 任务设计工作遵循软件工程方法

要使学生利用信息技术解决实际问题的能力得到更为有效的发展,必须让学生的设计工作在科学方法指导下进行。教师可以采用案例教学方式,通过与学生一起分析设计事例,让学生明了设计是依据总体规划进行的,设计应采取自顶向下、逐步求精的软件工程方法,设计阶段要完成作品功能与性能要求的设计,完成作品系统结构的设计、媒体信息的设计、过程设计等,即要达到明确作品"怎么实现"的目的。

5. 总结、分析工作结果

总结、分析工作结果并及时反馈容易使学生获得成就感,从而增加投入信息技术过程的内驱力。而且,前一阶段的工作结果总是后续工作的依据,总结分析工作结果,有利于学生对任务的实际意义和价值形成正确的认识。

总结、分析出全面反映不同阶段的工作结果,引导和调动学生有效经历信息技术过程。

6. 强调互动、分工与合作

根据创作主题的特点和教学目标的要求,教师应在学生经历信息技术过程的不同阶段,引导学生依据任务分解情况,进行互动交流、分工与合作。

2.2 中小学信息技术教育的目标设置及教学内容

2.2.1 中小学信息技术教学目标设置

小学、初中、高中阶段分别规定了具体的教学目标,介绍如下。

1. 小学阶段信息技术教学目标

(1) 了解信息技术的应用环境及信息的一些表现形式。

(2) 建立对计算机的感性认识,了解信息技术在日常生活中的应用,培养学生学习、使用计算机的兴趣和意识。

(3) 在使用信息技术时学会与他人合作,学会使用与年龄发展相符的多媒体资源进行学习。

(4) 能够在他人的帮助下使用通讯远距离获取信息、与他人沟通,开展直接和独立的学习,发展个人的爱好和兴趣。

(5) 知道应负责任地使用信息技术系统及软件,养成良好的计算机使用习惯和责任意识。

2. 初中阶段信息技术教学目标

(1) 增强学生的信息意识,了解信息技术的发展变化及其对工作和社会的影响。

(2) 初步了解计算机基本工作原理,学会使用与学习和实际生活直接相关的工具和软件。

(3) 学会应用多媒体工具、相关设备和技术资源来支持其他课程的学习,能够与他人协作或独立解决与课程相关的问题,完成各种任务。

(4) 在他人帮助下学会评价和识别电子信息来源的真实性、准确性和相关性。

(5) 树立正确的知识产权意识,能够遵照法律和道德行为,负责任地使用信息技术。

3. 高中阶段信息技术教学目标

(1) 使学生具有较强的信息意识,较深入地了解信息技术的发展变化及其对工作、社会的影响。

(2) 了解计算机基本工作原理及网络的基本知识。能够熟练地使用网上信息资源,学会获取、传输、处理、应用信息的基本方法。

(3) 掌握运用信息技术学习其他课程的方法。

(4) 培养学生选择和使用信息技术工具进行自主学习、探讨的能力,以及在实际生活中应用的能力。

(5) 了解程序设计的基本思想,培养逻辑思维能力。

(6) 通过与他人协作,熟练运用信息技术编辑、综合、制作和传播信息及创造性地制作多媒体作品。

(7) 能够判断电子信息资源的真实性、准确性和相关性。

(8) 树立正确的科学态度,自觉地按照法律和道德行为使用信息技术,进行与信息有关的活动。

2.2.2 中小学信息技术教育的教学内容

中小学信息技术教育内容分为基础性内容和拓展性内容。基础性内容是学生运用信息技术开展学科学习和综合实践活动,适应现代社会生活的必要基础,这是必修内容。拓展性内容是针对信息技术条件较好的地区。

1. 小学阶段信息技术教育的教学内容

(1) 形成运用计算机处理信息的基本能力。

- 能识别计算机的外观和常用输入设备(如鼠标、键盘)、输出设备(如监视器、打印机)及其他常用外接设备(如音箱、耳机、话筒等);能通过动手组装或观看组装示范,探究计算机的基本构成,认识不同部件的基本功能。
- 通过打字任务或简单的游戏,熟悉计算机的基本操作,熟悉操作常用输入、输出设备。
- 能在实际操作的基础上,总结利用计算机输入、存储、加工、输出信息的基本流程;

借助自己获取、加工信息的经验，体验计算机在处理信息方面的优势，知道计算机是现代信息技术的核心。

(2) 树立与终身学习和现代社会生活相适应的信息意识，形成积极的信息技术学习态度，养成健康负责的信息技术使用习惯。

- 结合生活和学习经验，体验信息在生活、学习、科研中的重要作用，逐步形成理性认识信息价值（理念先行）、敏锐捕捉有用信息（选择性注意）、主动获取相关信息（有目的的任务驱动）、甄别筛选正确信息（针对性、准确性、价值高低）、共享交流有益信息的良好信息意识；逐步形成判断和使用健康信息、主动抵触不良信息的信息道德判断能力；讨论每个个体在创作和共享有益信息方面的责任。
- 通过身边的事例或观看案例，体验现代信息技术在获取、加工、存储、表达和交流信息方面的作用，理解信息技术是人的信息加工器官的延伸，讨论人类发明创造信息技术的基本历程，形成乐于学习、勤于操作、敢于创新的信息技术学习态度，树立不断提高自身信息素养和技术操作能力、主动参与科技创新的志愿。
- 观察和列举日常生活、学科学习和其他综合实践活动中信息技术的常见应用，讨论这些技术应用带来的利弊。
- 能讨论应用信息、信息产品、信息技术设备和软件时涉及到的法律法规和道德问题，能描述不恰当应用带来的后果；知道如何负责地使用技术设备和信息资料，在引用他人的观点、成果和信息时，知道如何注明出处和给予恰当的致谢；养成保护自己信息安全的意识，学会防查杀病毒、简单的文件加密（如设置使用口令）等信息保护方法。

(3) 学会利用信息技术工具收集和处理信息，以支持学习、探究和解决日常生活问题。

- 能根据学科学习和其他活动需要，分析所需的信息及其类型，讨论确定合适的信息来源（如他人、书籍、报刊杂志、光盘、录像、电视、因特网等），学会从不同信息来源搜集资料的方法（如实验、调查、访谈等）。对信息搜集过程进行一定的规划，初步形成信息需求分析的意识和习惯。
- 学会利用常用设备（如数码相机、探测器、扫描仪、录像机等）获取第一手的信息，或利用常见信息技术设备对传统介质的信息进行必要的数字化转换。
- 学会利用计算机输入和存储资料；学会利用计算机的资源管理功能对文件资料进行合理的分类整理、建立以及重命名文件（夹）、保存文件等，能迅速查找和提取自己计算机内存储的信息；通过比较和实际体验，感受对信息进行数字化编码、存储和管理的优势，认识到数字化是信息技术的核心概念之一。
- 能熟练有效地运用远程通讯工具和在线资源（如 E-mail、因特网等），浏览、查找、下载和保存远程信息，以满足自主学习、合作探究及其他问题解决的需要。
- 能根据任务需要评价信息的相关性、准确性、适切性和可能存在的偏差，甄别和选用有价值的信息。

(4) 学会使用常用信息处理工具和软件，展开写作、绘画等活动，制作电脑作品。

- 学会使用一种计算机画图软件，设计并绘制图形。例如根据表达意图确定图画的主题和大体构思；能设置背景颜色和图画的颜色；能使用常用的电脑绘画工具画出点、线、面；能通过剪切、复制、粘贴等电脑特用的功能对点、线、面进行组合、编辑，构成符合表达意图的完整图画；能给图画上色，能对图画的整体或某个部分进行修改，或设置必要的效果。

- 学会使用一种文字处理软件处理文字信息和写作，在学会常用文字处理功能的基础上，学会通过文字编辑、版面设置、剪贴画、艺术字、绘制图形、插入图片、制作文字表格等方式，增加文档的表现力。
- 熟悉信息处理软件的界面和常用工具，比较不同软件界面的异同，总结具有广泛适用性的操作方式，积累技术应用经验。

(5) 学会使用多媒体制作软件，运用文字、图片、声音等多种方式，灵活地表达想法、创意和研究结果。

- 能根据内容的特点和表达的需要，思考并确定表达意图和作品风格；进而根据表达意图，比较图画、文字、表格、声音等不同信息表达形式的优缺点，选择(组合)合适的表达方式，对作品的制作过程进行初步的思考和规划。
- 学会运用合适的信息处理工具或软件(如文字处理软件、画图或图形处理软件、计算机录音软件等)，导入、插入图画、文字、表格和声音，并进行必要的编辑或修改，设置图像和文字的效果；制作或插入表格；录制或截取一段声音等。
- 学会使用一种简单的多媒体制作软件，集成文字、图画、声音等信息，制作简单的多媒体演示文稿。
- 能根据作品特点和受众的需要，学会选择合适的方式演示或发布电脑作品，表达主题和创意。
- 能对自己和他人的电脑作品进行评议，并在评议基础上对电脑作品进行必要的优化以增强表现力。比较利用电脑制作作品与传统作品的制作过程的异同。
- 讨论所用信息技术工具的优缺点，提出可能的技术改进建议，形成初步的技术创新意识。

(6) 学会运用常用远程通讯工具进行合作学习，开展健康的社会交往。

- 学会使用电子邮件与他人共享信息、获取支持、表达观点或开展合作。
- 学会使用在线讨论工具或已有的学习网站，讨论课程相关问题或开展持续深入的主题研讨。
- 学会使用网页制作软件，规划、设计、制作、发布简单的网站，通过网站共享信息、发表看法、发布成果、交流思想，支持合作探究或其他有意义的社会活动。
- 能观察和讨论网站交往中产生的法律法规和道德问题，在使用网络与人交往时，能遵守相关的法律法规和网络礼仪；能结合实例，讨论网络应用对个人信息资料与身心安全的潜在威胁，形成网络交往中必要的自我保护意识，知道不恰当的网络应用和网络交往可能产生的后果。

(7) 学会设计和制作简单机器人，体验"采集信息—处理信息—控制动作"的基本过程。该部分内容为选修。

- 能识别建议机器人的基本构造；说出各类传感器(如声音、光敏、红外、温度、触摸)

的功能及其对人类功能的模拟，能描述机器人各部分的功能和工作原理，如通过传感器搜集信息。通过程序判断处理信息、控制外部动作等流程。

- 研究和了解现代机器人的发展趋势，讨论机器人与人类在解决相关问题上的优缺点。例如，机器人对复杂情况的反应，机器人可以完成哪些人类难以完成的任务等。
- 学会根据生活和学习中的实际需要，设计、动手制作或组装简单的实物机器人（如：机器人导盲，机器人迎宾、灭火、踢足球、走迷宫等），将编制好的控制程序（使用流程图方式）导出到实物机器人，运行机器人并对机器人及其控制程序做出必要的调试和修改。或使用简单易学的程序语言（如 LOGO）编制简单的程序控制机器人做出简单动作或解决简单问题。
- 在不具备实物机器人的情况下，也可以利用机器人仿真环境来模拟机器人的运动和调试，使用流程图编制的简单的控制程序；初步感受利用程序解决问题的一般过程。

2. 初中阶段信息技术教育的教学内容

（1）理解信息社会的含义，体验和分析信息技术学习和生活带来的影响，表现出良好的信息意识和信息技术使用的习惯。

- 结合学习和生活经验，了解信息的概念及主要特征，讨论衡量信息社会的主要标志。结合自身应用信息技术的经验，进一步讨论信息的价值，在日常生活和学习中表现出理性认识信息价值、敏锐捕捉有用信息、主动获取相关信息、甄别筛选正确信息、共享交流有益信息的良好意识；进一步提高判断和使用健康信息、主动抵触不良信息的信息道德判断能力；讨论每个个体在学习共同体和社会公共知识创新中的责任，形成积极参与有益信息创作和知识创新的意识。
- 结合实例，了解常见的信息编码方式及其对信息处理的意义。
- 调查身边常用的信息技术工具，了解常用信息技术的类别及其在学习、工作和科研中的前途。
- 能列举和分析信息技术的发展变化对工作、学习和社会发展的影响，并能就某个专题进行调查、研究。

（2）探究和初步了解计算机的结构和工作原理。

- 能结合应用实践，总结和描述计算机系统的硬件和软件构成，初步认识互联的概念及与单机的区别。在具备网络的学校中，学生应熟悉局域网的常用功能。
- 了解常见硬件设备的作用及其常用的关键技术指标，比较不同指标对计算机功能的实际影响，学会根据学校、家庭或工作场所的具体要求，设计计算机硬件的配置方案。
- 讨论分析操作系统在计算机中的重要性和主要功能。
- 学习或进一步熟悉资源管理器的有关功能及其相关步骤和命令（例如：格式化、恢复格式化、建立目录、搜索、设置安全和共享等）。通过实践，加深对资源管理的认识，养成资源管理的意识。

（3）利用因特网有效获取信息，支持学科学习，解决实际问题。

- 根据学习或实践需要，提高使用因特网搜索、浏览和下载信息的能力，体验超链接在网页中的作用，提高信息获取能力，学会合法、合理地使用网络工具和资源。

- 能根据学习主题或实践任务，识别网上信息的真实性、准确性和相关性，能讨论网络信息获取与其他信息获取的异同点。
- 能利用BBS、电子邮件、即时通讯等网络交流工具传递信息、表达思想、辅助学习。学会判断不良信息、主动抵触不友好网络交往的必要方式，如学会管理电子邮箱和反垃圾邮件的管理方法，学会在BBS、QQ、MSN等工具上判断并主动屏蔽不良信息的方法等。

(4) 学会制作动画作品，直观地表达动态信息或描述过程。

- 欣赏分析动画作品，比较动画与其他信息表达方式的联系与区别，分析动画在信息表达方面的独特性。
- 通过剖析作品，了解动画的制作原理，熟悉动画制作的基本概念。
- 学会使用一种常用动画制作工具，设计、制作动画，表达动态信息或描述动态过程。

(5) 学会使用电子表格软件进行简单的数据处理，支持学科学习和研究性学习。

- 根据学科学习和研究性学习的需要，学会使用电子表格输入或记录数据，对数据进行整理、分类、成表。
- 根据需要，学会用电子表格的公式和函数等功能对数据进行必要的计算和处理。
- 能通过数据分析，得出结论和发现规律。
- 学会使用电子表格的图表功能，直观地呈现统计结果和研究结论，增强研究结论和结果的说服力。

(6) 能使用常用信息处理工具，综合运用写作、绘画、表格、动画等多种方式，设计、制作并发布多媒体作品。

- 能根据内容的特点和信息表达的需要，确定表达意图和作品风格，选择适合的素材和信息表现形式，并对制作过程进行规划。
- 能根据表达的需要，综合考虑文本、图像、音频、视频动画等不同媒体形式素材的优缺点和适用性，选择合适的素材并形成组合方案；学会使用适当的工具采集必要的图像、音频、视频等多媒体素材。
- 综合运用合适的软件和工具对原始素材进行初步的编辑、加工。
- 使用自己熟悉的多媒体制作软件，集成各类素材，制作多媒体作品。
- 能根据作品特点和受众的需要，选择合适的方式演示或发布电脑作品，表达主题和创意。
- 能通过讨论形成多媒体作品的评价标准，对自己和他人的多媒体作品及其制作过程进行评价，并对作品进行有效的优化以增强表现力；能比较利用信息技术制作电脑作品与传统作品制作过程的异同。
- 讨论所用信息技术工具的优缺点，提出可能的技术改进建议，形成技术创新意识，养成一定的技术创新能力。

(7) 通过网站设计与制作进行合作学习，开展健康的社会交往。

- 结合自己使用网站的经验，比较网站与其他多媒体作品在信息表达与发布方面的异同，比较网站和网页的关系，了解网站的基本结构。

- 学会根据学习或社会交往的需要，设计学习支持网站或其他主题网站，学会合理规划网站或其他主题网站，学会合理规划网站的内容栏目和必要的交互功能。学会使用合适的网站制作工具制作网站，尝试使用常用网站制作技巧支持课程学习、合作研究或健康的社会交往。

（8）设计和制作机器人，以机器人为载体，体验并初步学会通过程序设计解决问题的基本过程。该部分内容为选修。

3. 高中阶段信息技术教育的教学内容

（1）信息技术基础

必修部分即“信息技术基础”模块，与九年义务教育阶段相衔接，它既是信息素养培养的基础，又是后续选修模块的前提。选修部分强调在必修模块的基础上关注技术能力与人文素养的双重建构，是信息素养培养的继续，是支持个性发展的平台。

（2）算法与程序设计

通过分析问题、确定算法、编程求解等步骤来解决问题的过程，其中，算法具有重要的作用，它能够提供一种思考问题的方向和方法。因此，从信息素养同时也是科学素养培养的角度，学习程序设计可以锻炼学生的逻辑思维能力，使学生思考问题时更加科学严密和细致全面。程序设计以算法为思想基础，对于算法，学生在数学课程中学习之后，具备一定的基础，可以在程序设计中进一步体验算法的思想。高中信息技术课程的目的是提升学生的信息素养，提高学生的问题解决能力。人的问题解决同计算机的问题解决一样，需要遵循一定的思想，按照一系列的步骤进行。选择“算法与程序设计”这一模块，就是希望学生借此锻炼和提高思维能力，向着有利于问题解决的方向发展。

（3）多媒体技术应用

多媒体技术与网络技术在人类走出工业文明、进入信息社会过程中起到了巨大的推动作用，被称为步入信息时代的两大技术杠杆。多媒体的概念也早已深入人心，生活中到处可见多媒体的身影，因此，标准研制中将多媒体作为一种普及应用加入选修模块之列。模块的名称定为“多媒体技术应用”，首先强调是“多媒体技术”而不是多媒体作品，着眼于技术的使用过程而不是使用结果，强调在过程中体验思想；其次，强调“技术应用”，不是局限于技术本身的范围，而是将多媒体技术看作是一种技术手段，重视对其的理解和具体应用，应用的目的是为了满足学生表达、交流、创作等实际需求。

（4）网络技术应用

网络是现代通信技术应用的典型代表，在信息社会中，因特网已经成为人们进行信息交流的强有力工具。“网络技术应用”模块介绍网络的基本功能和因特网的主要应用，是选修模块，通过本模块的学习，学生应能掌握网络的基础知识和基本应用技能；掌握网站设计、制作的基本技术与评价方法；体验因特网对生活、学习带来的深刻变化，达到提升学生网络应用能力，增强学生信息文化素养的目的。

（5）数据管理技术

数据管理就是对数据进行分类、组织、编码、存储、检索和维护。随着计算机硬件和软件技术的发展，数据管理技术经历了人工管理、文件系统、数据库系统这三个发展阶段。数据库可以简单理解为数据的“仓库”，它包含大量的数据。由于数据库具有数据结构化、最低冗余度、较高的程序与数据独立性、易于扩充、易于编制应用程序等特点，现实社会中较大的信息系统都是建立在数据库设计之上。随着数据库技术的发展，数据库管理系统从专用的应用程序发展成为通用的系统软件，促进了其在各个领域的应用，现已广泛地渗透到社会之中，影响和改变着人们的生活。

数据库在资源建设中起着越来越重要的作用，通过数据共享可有效提高资源的利用。身处信息的海洋，学生需要掌握数据管理的基础知识和数据库设计的一般方法，这样才能利用现有或根据需要设计建设合适的数据库系统管理信息、辅助学习和生活，从中体验数据管理技术对人类社会生活的重要影响。而且，通过对数据管理的学习，通过对数据中潜在“关系”的发现，可以为知识管理和知识发现奠定技术思想基础。

(6) 人工智能初步

人工智能是计算机科学的一个分支，是一门研究运用计算机模拟和延伸人脑功能的综合性学科。现实中，人工智能在能否实现人类智能及目前的进展是否可以看作“智能”等问题上受到较为普遍的质疑，人工智能的发展也为人们所不满。但是有一点，人工智能研究处于信息技术发展的前沿，它的研究、应用和发展在一定程度上决定着计算机技术的发展方向。普通高中课程改革强调，课程内容要增强与社会进步、科技发展的联系，要适应时代发展需要，体现时代性特征。“人工智能初步”作为智能信息处理技术专题设置，就是因为它代表信息技术的高端，能够反映学科前沿，体现思想和应用。

作为选修模块，人工智能课程目标的基本点定位在了解和体验上，让学生了解信息技术发展的前沿，体验若干典型人工智能技术的应用，感受人工智能对学习和生活的影响，激发对信息技术未来的追求。人工智能对设备条件要求相对较高，所以，标准要求根据高中学生的知识基础和学校实际情况开展教学。

第3章

信息技术教育的特点和基本原则

3.1 小学信息技术课程的特点及其教学方法

3.1.1 小学信息技术课程的特点分析

小学信息技术课程的特点是由信息技术课程的性质和小学生的年龄特征共同决定的。它既不同于以往的小学计算机课，又不同于小学语文、数学等传统课程。它重在对小学生进行初步的信息素养和信息技能的培养。

1. 小学信息技术课程的特点

(1) 实践性

小学信息技术课程是一门实践性学科课程，培养学生应用信息技术解决实际问题的能力是课程的核心目标。在小学信息技术教育中，要特别重视信息操作能力的培养，即应用信息技术方法解决问题的能力的培养。学生不需要死记硬背信息技术的专业术语和概念，他们需要学的是如何对大千世界中浩如烟海的信息进行检索、筛选、鉴别、使用、表达和创新以及如何用所学的信息技术知识来解决学习和生活中的各种问题。实践性是小学信息技术课程的显著特征。

(2) 基础性

小学开设信息技术课，主要是着眼于基础教育在培养人才方面的重要作用。在信息时代，信息技术已经和读、写、算等基本能力一样，成为现代社会每个公民必须具有的基本素质和基本能力。

认知心理学认为，越是基础的东西越具有普遍性和可迁移性。因此，我们选取信息技术学科中的基础知识和基本技能作为小学信息技术课的教学内容。

(3) 整合性

小学信息技术课程与小学其他学科课程相比较，具有较强的整合性。整合性的根本在于它的学科交叉性和它支持知识联系的整体性。它涉及众多的边缘和基础科学，比如信息论、控制论、美学、文学、外语、数学、物理、电子学等。

实施素质教育，减轻学生课业负担，开设整合性课程。信息技术课程具有这种得天独厚的优势，信息技术作为认知工具的本质使它的教学内容不能脱离其他学科内容而独立存在，只有在利用信息技术工具学习其他学科内容的过程中才能学会使用信息技术。

2. 小学生自身学习能力的特点

由于信息技术开设的年级一般为三至六年级，为小学中高年级。学生在中年级段就已经具备了初步的自学能力，他们完全能够读懂信息技术教材内容；而高年级学生具备了一定的独立学习能力和动手操作能力，他们完全可以通过学习课本和动手操作相结合，学会小学信息技术教材上的内容。

3. 小学信息技术教材的特点

小学信息技术教材采用的是任务驱动式编排体系，每一课教学内容具体，图文并茂，而且操作步骤明确、详细。对于具有自学能力的中高年级学生来说，这些语言浅显的内容一看就懂。教师稍加指点，学生学习起来应该很容易，非常适合学生自主学习。

3.1.2 小学信息技术课程教学方法

1. 激发兴趣，积极引导

学习兴趣是人们力求认识世界，渴望获得科学文化知识和不断探求真理而带有情绪色彩的意向活动，是推动学习的强化因素。事实证明，有兴趣的学习能使学生全神贯注，积极思考，甚至可以达到废寝忘食的境地。

比如，对于小学生来说计算机是熟悉而又新奇的，怎样正确引导他们打开计算机的大门呢？那就要靠学习兴趣的激发。儿童的特点之一是喜欢自己动手。小学生刚上信息技术课的时候，总是表现出十分兴奋和好奇，加上老师对计算机神奇功能的介绍，更加深了一种神秘感，这样使学生对计算机又多了一分兴趣，促使学生奋发向上，勤奋好学，始终保持饱满的学习情绪，并且从中享受到学习的兴趣，促进课堂教学效果的提高。

对于一些只有9～12岁的小学生来说，如果处理不好他们的兴趣所在，他们也会产生厌烦的心理，从而影响教学目标的实现。俗话说“兴趣是最好的老师”，提高学生的学习兴趣，也理所当然地成为教师当前进行信息技术教学着力探索的课题。

2. 把握学生认知特点，实施“形象化”信息技术教学

小学阶段智力开发的主要做法是寓教育于游戏之中。在小学生教育教学方面，计算机有其特殊优势，用计算机在玩中游戏、娱乐、学习等，既可以满足学生对计算机的好奇心，又可以迎合小学生的认知特点，采取形象化、游戏化等少年儿童易于接受的教学手段，实施“形象化”信息技术教学。

(1) 形象比喻，帮助学生建立直观想象。

学生从小接触计算机，年龄小，理解能力差，如何才能让他们理解一些必要的抽象基础理论知识？这就需要把计算机难懂的理论与现实中易理解的事物联系起来，使之变得形象化。如教学“存储器”时，把“硬盘”比作一个“大仓库”，里面装有很多很多的软件。

对于小学生的计算机教学，找一些较贴切且又能让他们感兴趣、能轻易理解的事物来作比喻，实践证明效果是很好的。当然，有些比喻不一定确切，但重要的是让小学生有了一个直观的想象，让学生在一种通俗易懂的氛围中接受信息技术知识。

（2）寓教于乐，引导学生愉快地学习信息技术知识及操作技能。

小学生的心理特征是思维活跃，爱玩好动，学习容易从个人兴趣出发，兴趣难以持久。因此不宜采取长时间的说教方式进行信息技术教学，而要采取生动活泼、寓教于乐的方式，激发学生接受新知识。对于小学生来说，正确地引导他们，在玩中学习信息技术知识，足以起到事半功倍的教育效果。

3.2　中学信息技术课程的特点及其教学方法

3.2.1　中学信息技术课程的特点分析

1. 中学信息技术课程的特点

（1）内容系统全面

课程内容更加完整，每个课程模块在兼顾知识的同时，还涵盖到信息技术的新技术、新发展，使中学生对不断发展、变化的信息技术有更好的适应能力，完整的信息技术基础知识和操作内容培养学生能够适应当前信息技术的发展，为学生拓展知识空间提供了极大的便利，学生可以根据自己的兴趣，自主选择所学课程，有利于促进学生的个性发展。

（2）注重问题解决

课程很多实例的选择都是从生活实际出发，贴近学生生活，选择了与学生学习、生活息息相关的事例，如设计旅行计划、介绍我的家乡、管理学生学籍和防范计算机病毒、规范网络使用道德等，这些触手可及的案例让学生感到亲切。这样，带着对生活的种种问题，让学生能够参与到课堂中，甚至走出教室到生活中寻求问题的答案。

引导学生尝试多种工具完成一个任务或解决一个问题，让学生在信息的获取、加工、管理、表达与交流的过程中，掌握信息技术解决问题的方法。

（3）活动设计开放

课程设计的活动主题有创意，开放性极强，可以激发学生的求知欲，给学生创造了足够的想象空间，培养学生的创造力。课程模块通过“情景”、“活动”等为学生提供开放性的学习方式，有利于学生开展自主学习和合作探究，让学生综合运用所学知识和技能来解决问题。

（4）关注科学精神、人文精神的培养

中学生在信息技术应用过程中，不断内化与信息技术应用相关的伦理道德观念与法律法规意识，逐步养成负责、健康、安全的信息技术使用习惯。让学生了解科学发展的进程，同时也能意识到自己承担的社会责任，使学生在实践过程中不仅学习了相关技术，而且自主地接受科学精神、人文精神的培养。

2. 中学生自身学习能力的特点

初中学生喜爱自主，乐意积极探索，教学中应不断发掘学生自我学习的潜能。同时，注意循序渐进的教学方法，使中学信息技术教学上升到不同于小学阶段的教学层次，培养学生良好的信息技术学习习惯与科学严谨的创新精神，在教学中注重收集学生的反馈意见，注重学生学习的感受与体会，充分创设一些让学生自我展现的平台，培养学生的创新意识、创新精神及创新能力，从而全面提高学生的信息素养。

3. 中学信息技术教材的特点

教材的知识体系更加系统、全面，有利于促进学生的个性发展，在兼顾知识的同时，还增加了一些信息技术的新技术、新发展，使学生对不断发展、变化的信息技术有更好的适应能力，为学生步入社会奠定良好的基础；教材中很多实例的选择都是从中学生的兴趣爱好出发，贴近学生生活，引导学生关注信息技术与社会的联系，用所学知识解决生活中的实际问题，注重开放性，在活动设计上尊重学生的自主选择、自我设计，以促进学生的个性化发展为目标，采取立体化的开发方式，为教师和学生提供了丰富的学习资源，也为教师自主构建教学平台奠定了基础。

3.2.2 中学信息技术的教学方法

1. 任务驱动教学法

任务驱动教学法是以富有真实性的任务情景，激发学生学习的动机与好奇心，并且与教学内容紧密结合，使学习者在完成特定任务的过程中获得知识与技能。

在中学信息技术教学中，任务驱动教学法让学生在一个典型的信息“任务”情境下，开展协作学习活动，教师引导帮助学生由易到难，循序渐进地完成“任务”。在实际教学工作中，任务驱动教学法，能让学生的思维“动”起来，乐于学习，进而创造性地学习。

任务驱动教学法通常的执行过程如下。

(1) 创设情境、提出任务

创设情境、提出任务就是使学生在与现实情况基本一致或相类似的情境中学习，创设与当前学习目标有关的真实的情境，引导学习者带着真实的“任务”进入情境，使学习直观性和形象化。

(2) 分析、明确任务

在创设的情境下，教师知道学生进一步分析与当前学习目标密切相关的任务作为学习的重要内容，让学生面临一个具体的需要立即去解决的现实任务。

(3) 引导协作完成任务

在任务完成过程中，教师只是一个帮助者和指导者，要注意观察学生，随时发现学生在学习过程中出现的问题，多给学生以启发和思维指导，让每个学生都能自由地、大胆地去设想和完成任务。

师生和生生之间通过不同观点的讨论和交流来补充和修正解决方案，增强师生间的伙伴关系。随着“任务”的完成，学生在完成任务的过程中掌握了信息技术的知识和技能。

(4) 总结和评价任务

运用任务驱动教学法进行知识和技能教学目标教学，学生所获得的知识是零散的，需要教师总结归纳本节课所遇到的问题，通过交流总结提出完整的、可行性的解决方法。

2. 分层教学与小组合作学习

作为分层教学，先培养小组骨干，再进行小组合作学习，使各层次学生的信息素养都得到提高。分层教学与小组合作学习的基本步骤如下。

(1) 统计和分析入学新生的信息素养情况,教师掌握第一手资料。

(2) 确定每一位学生的水平层次。

(3) 合理分组(一般5人左右为一组)。

(4) 把第一层次的学生确定为小组组长。

(5) 教师对组长进行骨干培养。

(6) 小组组长负责指导和帮助本组学员学习。

(7) 组内按一定规则轮流上机和分工。

(8) 组内进行合作学习。

(9) 以小组为单位进行评价(比赛、讨论、互查)。

(10) 教师不定期进行抽查,并对组长进行管理和安排,实施不定期培训。

3. 网络学习法

根据"学习支架"理论,设计并建立基于"主题"的学习型网站(校园网),学生在教师的组织、引导和督促下,在同学之间的互相帮助下进行自主学习。

网络自主学习法是与传统的接受学习相对应的一种现代化学习方式,是基于计算机网络的自主学习,即学习者在主体意识和自主意识的支配下,利用网络环境所提供的学习资源和学习建议,充分发挥主观能动性和创造性思维,围绕自我学习目标,自主性地进行信息获取,同时对自我的学习活动进行监控、调节、激励、和强化,完善自我知识体系的交互学习过程。

3.3 中小学信息技术教育的基本原则

在新的课程标准下,中小学信息技术课程在教学目的、内容、方法、评价等方面都体现出不同于以往的教学特色。同时,中小学信息技术教育也要遵循一些重要的基本原则。

1. 教育对象的大众性和地域性原则

为了体现义务教育的普及性、基础性,使所有学生得到全面发展、主动发展,信息技术课程在教学实施中,注重学生基础操作能力和基本学习兴趣的培养,通过丰富多彩的大众性、基础性和地域性的学习内容,使学生掌握信息技术学习的一般方法,获得可持续的终身的信息技术学习能力。

中小学信息技术教学重视信息技术基础的教学,教学以基本知识、基本技能为主,而两者之中重点又在基本技能。通过计算机基本知识、基本技能的教学,让学生更加深入地了解信息与信息社会,进而了解信息技术,了解信息技术发展的趋势,信息技术相关的文化、道德和法律问题以及计算机在信息社会中的地位和作用。上述知识和技能都是在社会生活中必不可少的基本知识与技能,因此我们说,信息技术教育的教学内容应该具有大众性、基础性和应用性。

信息技术的发展,不但使信息技术作为教学内容走进我们的中小学教育教学中,并且成为爱国主义教育教学的一个重要工具和手段。在德育教育中,可以通过地域文化的乡土教育来达到爱国主义教育的目的。以家乡的地理、经济、农业、教育、旅游、文化、风俗等为研究主题，使信息技术教学渗透乡土教育的本色，通过让学生搜集本地区的有关知识，既达到掌握信息技术工具的学习任务，又能很好地将学习与学生的生活实际紧密地联系起来，以便更加有效地进行热爱家乡、进而热爱祖国的德育教育。

2. 教育教学方法和途径的多样性原则

信息技术教学以信息技术基础知识为本，向有利于学生学习和应用的方面开放、拓展。灵活性的教材、灵活性的教学内容都是基于教学实际和学生特点的，并且能为学生提供有用的、有益的技术。

在信息技术教学方法和学习途径上，注重各个实施途径的沟通与结合，如课堂学习要与课外活动、常规指导、校外实践、家庭教育等途径相沟通和相结合等。

3. 教育教学任务的实用性和科学性原则

信息技术课是一门集知识性、应用性、技能性和趣味性于一体的综合性学科。信息技术教学也要充分体现信息技术的应用特点，充分发挥信息技术在生活中的实际利用价值。将信息技术融入生活实践中，是信息技术教学的另一特色，对信息技术的掌握有利于提高学生在现代和未来社会的生存能力。

在信息技术教学中，初高中学生的形象思维已有较好的基础，抽象思维也得到初步发展，耐力、平衡力、协调力以及对技术对象的控制性、技术原理的理解力都有较大的发展，信息技术课程在实施教学过程中要遵循教育的基本规律。教师进行教学时，学生学习信息技术的基本操作、基本工具的使用，同时学生在教师的组织下利用信息技术进行学习，以信息技术为手段完成信息技术的教学任务，也就是说信息技术课的教学并不是简单地为了学生学习信息技术本身，更重要的要让学生看到它的实用价值和利用信息技术科学性地解决实际问题的方便之处。将实际生活中的问题作为教学任务来完成，进而使学生了解到信息技术的实用性和科学性。

4. 教学实施中要以“任务”驱动为主的原则

任务的设计要从中小学生的生理和心理特点出发，以培养学生的创新精神和实践能力为重点，因地制宜地确立任务目标，在保证基本知识、技能、态度等教育目标实现的基础上，应尽可能地为学生提供更多自主学习的舞台和目标探索的机会，把积极的劳动与技术态度和正确的劳动与技术价值观渗透到整个任务中去。综合实践课应根据学习需要和条件予以选择，可以在教室，可以在劳技教室，也可以在校外的实验实习基地，授课时可采取集中课时或分散课时、课内课外相结合的方式。

5. 教育实施中的教师指导原则

以学生活动为主，教师所教活动为辅，体现创新性和研究性学习等先进的教学思想，对教学形式必须进行必要的深加工，不再给学生罗列技术说明，更不再放任学生自由练习，而是对学生进行组织、引导和启发。教师应该并且能够采用多方渠道对教材进行拓展、提炼，总结和升华，充分体现出信息技术教育教学中的素养、技术与能力培养。教师的根本任务是为学生的技术学习与探索提供有效的指导和优质服务。

第4章

信息技术教育中的教学设计

4.1 教学设计理论

4.1.1 教学设计概述

1. 教学设计的定义

教学设计是运用系统方法来分析教学问题、设计教学问题的解决方案、检验方案有效性并作出相应修改的过程。我们进行教学设计的根本任务是通过发现、分析和解决教学问题来提高教学系统的效率。

2. 教学设计的理论基础

从学科性质上来看,教学设计属于教育类学科。

教育学和教学论着重研究教育、教学的客观规律,关心的是教的规律是什么。教育学和教学论以心理学为基础,但并不将学习的心理机制作为其研究对象。

教学设计的理论基础有四个,即系统论、学习理论、教学理论和传播理论。由于学生是认知主体,任何教学的目的都是为了促进学生学习质量与学习效率的提高,因此研究人类学习过程内在规律的学习理论,在教学设计过程中起着关键性的指导作用,即学习理论应当是四种理论中最重要的理论基础。另外,在这四种理论中,系统论、教学理论和传播理论的研究内容和理论体系近30年来的发展相对稳定,因而对教学设计理论发展的影响也比较稳定。唯有学习理论,由于自20世纪50年代以来,历经行为主义、认知主义和建构主义等不同发展阶段,因而对教学设计理论发展的影响特别显著,特别引人注目。

进行教学设计实践时,首先要考虑的就是采取什么样的学习理论作为指导,因为学习理论影响到教学设计的各个方面和各个维度。教学设计人员必须深入了解不同学习理论的优势和劣势,以在不同的学习情景中,设计不同的学习策略。

(1) 学习理论对教学设计的指导

学习理论的任务是探索人类学习的内部机制,着重研究学生学习的内部心理因素,关心的是学习机制是什么。

基于行为主义的教学优势在于目标明确，外在的刺激和灌输可以系统地讲述知识，易于形成自动化和机械化的操作，便于教师控制和组织教学等。而它的劣势在于学习的主体始终处于被动接受状态，积极性和主动性难以发挥，严重压抑了学生的创造性。当外在刺激条件与学生知识结构与准备状态不符时，知识传输的效率低下等。

基于认知主义的教学优势在于能够在教学过程中考虑学生的认知心理。在内容的组织和选择上可以更好地符合学生的原有认知结构，教学效率较高。在统一的教学目标的要求下，学生可以达到基本统一的知识结构，便于管理和评测，学生的积极性和主动性得到了一定的发挥等。其弱势在于统一的教学目标未必符合每个人自己的最佳发展形式。统一的学习方式，未必是每个人最佳的学习途径。另外，对于高级技能、复杂知识、解决问题的能力培养、创造力的培养等，基于认知主义学习理论的教学显得有点力不从心。

基于建构主义的教学在真实的问题情景中，借助社会交往与周围环境的交互，解决真实问题，习得技能，学生自我控制学习进程，自我建构学习目标。它能够最大限度地发挥学生的积极性，创造力和主动性，是创造能力培养的最佳途径，适合于复杂知识的理解，高级认知技能和社会技能的形成。其劣势在于没有统一的教学目标，学习评价较为困难，组织与管理学习也十分困难。学习过程中要求学生进行探索，发现和协作，不适合简单的陈述性事实知识的学习。对学生的自主学习积极性、自我控制能力、认知技能都有比较高的要求。

教学设计者的任务就是要在给定的学习任务、学习者和学习环境下，选择一种主要的学习理论，设计出最适合的学习策略。

(2) 教学理论对教学设计的指导

学习理论为教学设计提供了许多有益的指导作用，但它本身并不研究教学，揭示教学的本质和规律是教学理论的任务。教学设计离不开教学理论的指导，同时教学设计这门学科的产生也促进了教学理论的发展，教学设计理论的发展为教学理论的发展提供科学依据。从这一点来看，教学设计研究者应特别重视教学系统的实践研究。

(3) 传播理论对教学设计的指导

传播理论探讨的是自然界一切信息传播活动的共同规律。传播理论指导我们可以把教学过程看成是信息的双向传播过程，包括信息从教师或媒体传播到学生的过程和信息从学生传播到教师的过程，也即是师生人际交流的过程(当然教学过程不只存在师生交流这一种交流活动)。这样我们就可以利用传播理论来解释教学现象，找出某些教学规律。

传播理论对教学设计的贡献在于它的信息传播模式在教育教学中的指导作用。信息传播模式如图 4-1 所示，在师生交流过程中，信息的传播会受到各种干扰。比如说，在课

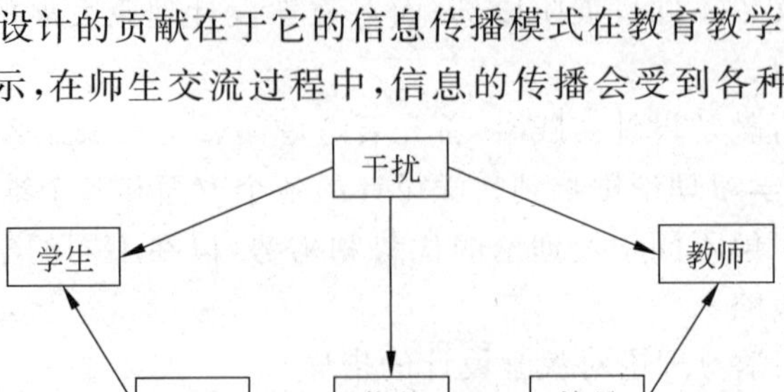

图 4-1　信息传播模式

堂教学过程中存在噪声，就会使学生在接受教师所讲述的内容过程中受到干扰。从传播的角度可以看出，教学设计者要能够事先预见到可能有的干扰并利用有效手段消除对教学传播过程的干扰。

4.1.2　教学设计的基本过程

为了清楚地说明教学设计活动的基本过程，通常会采用教学设计的过程模式来描述。教学设计的过程就是运用系统方法分析教育教学问题、确定教育教学问题解决方案、检验和评价解决方案的过程，如图 4-2 所示。

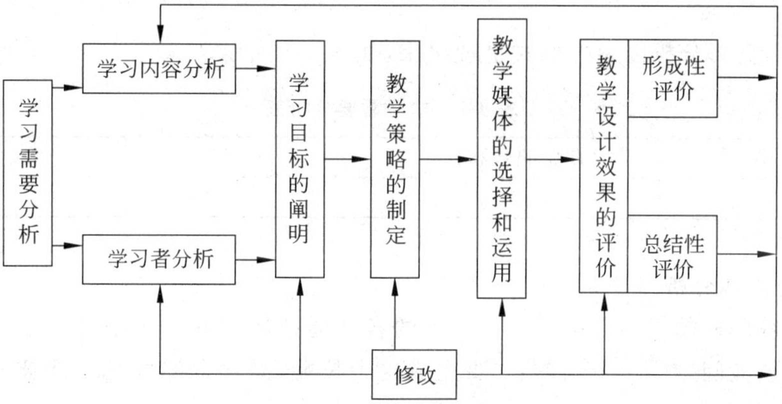

图 4-2　教学设计过程模式

1. 学习需要分析

这一阶段的主要任务是发现教育教学中的问题，分析问题的根源并确定解决相应教育教学问题的约束条件。

学习需要分析首先解决教学设计活动的必要性问题，即确信教学设计是解决教学问题的有效手段；其次要精确地界定教学问题，这需要依靠学习结果分析。

学习需要在教学设计中是一个特定的概念，是指学习者在学习方面目前的状态与所期望达到的状态之间的差距，也就是学习者目前水平与所期望达到的水平之间的差距。这个“差距”便是我们前面所说的教育教学问题。当然，确定“学习需要”并不是学习需要分析唯一的任务。教学设计者还要通过学习需要分析的结果论证教学设计（即后续设计活动）的必要性和可能性，即解决了教学设计是否是解决问题的必要手段以及在现有资源和约束条件下是否可行的问题。

学习需要分析有以下几个基本步骤。

（1）确定期望的状态

确定期望的状态主要是指确定期望学习者达到的能力水平。这种信息可能来源于教学大纲，或者上级教育机构提出的新的教育教学要求，或者是某种社会对人才的需求信息，或者以前教学未达到的目标。

要精确地确定期望的状态，就必须从所期望的状态出发，进行学习结果分析。没有系统地学习结果分析，确定的期望状态将是模糊的。

(2) 确定现状

确定现状主要是指确定学习者能力素质的现状。同样,要想精确界定学习者当前的学习水平也必须首先进行学习结果分析。当前的能力水平也即是教学起点。

确定期望的状态或是学习者的现状,可以采用测试、编制调查表或问卷、观察和座谈等方法。

(3) 分析产生差距的原因

我们可以思考下面这些问题:"差距"是由于教学原因引起的吗? 通过改进教学可以消除"差距"吗? 能否不进行教学设计就可以消除"差距",如调整教学进度和时间,采用更好的教材等。

(4) 学习需要分析以表的形式呈现出来,如表 4-1 所示。

表 4-1　学习需要分析表

现　　状	期望的状态	差　　距	原因分析

2. 学习内容分析

学习内容分析的目的是确定某一任务的各使能技能间的先决条件关系,分析者要针对各个使能技能问这样一个问题:"要完成这个技能,必须掌握哪些其他技能,知道哪些知识和方法,具备什么样的态度"。

为了知道期望的变化,并且将这些期望的变化纳入到一个科学的分类体系中,这个科学的分类体系便是教学目标的分类体系。目前影响比较大的教学目标分类体系有加涅的教学目标分类理论和布鲁姆的教学目标分类理论。这里重点介绍加涅的教学目标分类理论,原因在于加涅的目标分类使我们可以直接找到每种学习结果的学习条件,为设计教学提供了丰富的支持。

加涅的教学目标分类理论将人类的学习分为五大类:智慧技能、认知策略、言语信息、动作技能和态度。

(1) 智慧技能

智慧技能是指个体应用符号或概念与环境相互作用的能力。正规智慧技能的学习始于小学的读写算训练,而会达到哪一种水平是和个体的兴趣和智力相适应的。

(2) 认知策略

认知策略是一种选择和指导包含在学习和思维中的内部过程的认知技能,又称学习方法、解题思路、思维方法等。

(3) 言语信息

言语信息又被称为言语知识。按照广义的知识观,言语信息即为"陈述性知识"。加涅将言语信息的学习分为三类:名称或符号的学习、孤立或单个事实的学习和有组织信息的学习。

(4) 动作技能

动作技能是一种身体运用能力,表现在身体运用的速度、精确度、力量和连续性上。

动作技能的学习不是孤立的，有关相应的规则、标准等知识都必须事先获得。

（5）态度

态度是指影响个体指向某个物体、人或事件的行为选择的内部状态。从态度的定义来看，我们可以从个体的行为选择来测量其态度。但就学习而言，有利于态度学习的条件和态度改变的方法是相当复杂的，还有许多没有被揭示出来。但有一点已被证明，仅凭言语说教是不起作用的。

3. 学习者分析

教学设计的一切活动都是为了学生的学习与发展，因此必须了解学习者。学习者分析的目的是了解学习者的学习准备情况（即初始能力）及其影响学习的心理因素（即学习者特征），为下阶段教学决策提供依据。

学习者的初始能力的确定很简单，在学习结果分析的基础上进行测试或调查分析即可获得相应的数据。

学习者特征主要包括以下七个方面。

（1）学习者的认知成熟度

认知成熟度意指学习者的认知发展阶段。一般来说，我们从学习者的年龄来推断学习者的认知成熟度。瑞士心理学家皮亚杰将智力与思维发展分为感知运动、前运算、具体运算和形式运算四个阶段。感知运动阶段（0～2 岁）是智力与思维的萌芽阶段。这一阶段的儿童离开了手工操作便无法思维。处于前运算阶段（约 2～7 岁）的儿童头脑中已经有了事物的表象，而且能用词来代表头脑中的表象，可以利用知觉表象进行思维。这一阶段的儿童可以从具体经验中学习概念。处于具体运算阶段（约 7～11 岁）的儿童的认知结构中已经有了抽象概念，并且能进行逻辑推理。这一阶段的儿童可以在原有概念的基础上，以下定义的方式获得新的抽象概念，但仍需要实际经验作支柱，需要借助具体事物和形象的支持进行逻辑推理。形式运算阶段（约 11～15 岁）是思维发展的最高阶段。这一阶段的学习者已经具备理解并使用相互关联的抽象概念的能力，其思维特征表现为假设——演绎思维、抽象思维和系统思维等。

（2）学习者的性别

不同性别的学习者对学习将采取不同的态度，普遍认为男性学习者自主探索意识要比女性学习者要强。面对困惑时，女性更倾向于求助于其他人（教师、家长或同学），而男性则更倾向于自我研究。对于前者，教学更鼓励其自我探索以增加独立解决问题的能力，而对于后者适当地鼓励学习者多问多听多交流。

（3）学习者的动机水平

对于高动机水平的学习者如果提供充分的学习者控制，那么将会获得较好的学习效果。而对于低动机水平的学习者如果保证适当水平的教师控制，将会获得较好的学习效果。

（4）学习者的归因类型

学习者的归因类型直接影响学习者的动机水平。有些学习者将学业失败归咎于努力不足这种主观因素，这样会促使学习者付出更多的努力；而有些学习者将倾向于将学业失败归咎于不够聪明或题目太难或没有复习等客观因素，这将无助于学习者提高学习水平。

(5) 学习者的焦虑水平

焦虑是指个体对某种预期会对他的自尊心构成潜在威胁的情境所产生的担忧反应或反应倾向。对于不同焦虑水平的学习者应采用不同压力水平的教学。对于低焦虑水平的学习者,应采用有较大压力的教学;而对于高焦虑水平的学习者,应采用较低水平的教学。

(6) 学习者的学习风格

学习风格是指对学习者感知不同刺激、并对不同刺激做出反应这两个方面产生影响的所有心理特性。学习风格包括学习者在信息加工方面的不同方式,对学习环境和条件的不同需求等。下面列出一些可以考虑的学习风格。

- 信息加工的方式:习惯于归纳推理还是演绎推理;是喜欢动态视觉刺激(如电影)还是静态视觉刺激(如图片)还是喜欢语言文字刺激还是喜欢听觉刺激还是喜欢动手学习;是沉思型还是冲动型;是依赖型还是独立型。
- 感情的需求:需要经常受到鼓励和安慰;能自动激发动机;能坚持不懈。
- 社会性需求:喜欢与同龄学生一起学习;喜欢向同龄同学学习;需要经常得到同龄同学的赞同。
- 环境和情绪的需求:喜欢安静、背景声或音乐;喜欢弱光和低反差;喜欢一定的室温;喜欢学习时四处走动;喜欢在某固定时间学习;喜欢某种座椅。

(7) 学习者文化、宗教背景

教学内容要符合学习者的文化习惯,这样才能更易被学习者接受和理解。教学内容中不能存在宗教歧视、民族歧视和种族歧视。

了解学习者特征的主要方法有观察、采访、填写学习情况调查表和开展态度调查等。了解学习者的目的是为教学决策提供条件,而对于那些无助于教学决策的特征可以放弃不理。

分析学习者特征并不是为了缩小学习者个体之间的差异,相反教学应致力于极大地发展学习者的个性和特长,这样可能会导致增加个体之间的差异。

4. 学习目标的阐明

很多教学设计专家并不直接使用教学目标这一术语,而使用行为目标、学习目标或作业目标等术语。因为他们提倡用精确的行为动词来描述教学目标以避免不同的人对教学目标产生不同的理解。每个学习结果都对应一个教学目标。我们在阐述教学目标时主要参考学习结果的外显行为。注意,在通过外显行为来推断学习者是否达到教学目标时,有时只需参考行为结果,有时则需参考行为过程。

5. 教学策略的制定

教学策略制定的任务是根据以上分析的结果为达到相应的教学目标而确定具体的教学方案。教学策略在这里被最宽泛地定义了,意指对完成特定的教学目标而采用的教学活动的程序、方法、形式和媒体等因素的总体考虑。教学策略具有指示性和灵活性,而不具有规定性和刻板性,可以较好地发挥教学理论具体化和教学活动方式概括化的作用。

笼统地考虑教学策略将不利于教学方案的设计，而且在很多人眼中教学策略等同于教学方法，因此，我们有必要将教学策略进行合理的划分并在设计中分别考虑。

教学策略是抽象的，只具有描述性，不具备规定性。选择和设计教学策略的依据是教学目标、教学条件的限制、学习者的特征、教师能力和条件限制。但教学策略不等于教学活动。下面的工作便是将教学策略根据教学的实际环境转换为具体的教学活动序列。

那么都有哪几类教学活动需要设计呢？在这方面贡献最大的仍是加涅。他根据信息加工学派的认知加工模型提出了九种教学事件(即活动)，分别是：引起注意、告知学生目标、刺激回忆已学过的内容、呈现刺激材料、提供学习指导、引出行为、提供行为正确性的反馈、评价行为、促进保持和迁移。

加涅根据这个模型提出九种教学事件的出发点是：按照学习发生的过程来组织教学，外部教学活动必须支持学生内部的学习活动。

加涅的这九种教学事件又被称为九段教学程序。因为我们可以完全按照这种顺序组织教学活动，并且由于目前被大量应用于讲授式教学，虽然使讲授式教学更科学化，但却使加涅的九段教学程序被误为是以教师为中心教学程序的典型。

6. 教学媒体的选择和运用

媒体条件分析的任务是了解都有哪些教学媒体可以使用以及每种教学媒体的教学特性是什么。教学媒体的教学特性是指教学媒体影响教学决策的特征。

7. 教学设计效果的评价

教学设计的结果通常是教学方案或媒体材料。无论对于哪种成果，要评价教学设计的好与次，将教学方案付诸实施和将媒体材料投入使用是不可缺少的。最有说服力的评价来源于它们的教学效果。

教学设计结果的评价有两种形式：形成性评价和总结性评价。一般以前者为主。形成性评价是在某项教学活动的过程中，为使活动效果更好而不断进行的评价，它能及时了解阶段教学的结果和学生学习的进展情况、存在的问题等，以便及时反馈，及时调整和改进教学工作。总结性评价又称事后评价，一般是教学活动告一段落时为把握活动最终效果而进行的评价。总结性评价注重的是教学结果，借以对被评价者所取得的较大成果作出全面鉴定、区分等级和对整个教学方案的有效性作出评定。

形成性评价与总结性评价除了评价对象不同外，基本方法是一致的，通常包括制定计划(主要是确定指标体系)、选择评价方法(测验、调查、观察)、试用设计成果和收集资料、归纳和分析资料、报告结果等几项工作。

4.1.3　以学生为中心的教学设计

以学生为中心的教学的主要特征是体现了“学生主体、教师主导”的关系原则。要体现这个原则，必须从学生的学习环境入手。所谓学习环境是指学生学习过程中所面对的人际关系和学习资源的组合。要设计出以学生为中心的学习环境并不是一件新任务，其实就是在前面所介绍的教学设计的教学策略选择与设计阶段选择或设计出支持学生自主学习的策略即可。

1. 什么是以学生为中心的教学设计

什么是以学生为中心的教学设计呢？它与一般的教学设计相比有何特征呢？是否只要教学设计者为了学生的学而进行的教学设计就是以学生为中心的教学设计呢？要解释清楚这个问题，必须先了解"以学生为中心"的出处和含义。

"以学生为中心"的观念源于美国儿童心理学家和教育家杜威的"以儿童为中心"的观念，主张解放儿童的思维，以儿童为中心组织教学，发挥儿童学习主体的主观能动作用，提倡在"做中学"。

"以学生为中心"的对立面便是"以教师为中心"。实际上，如果从学生学习活动的管理角度来看，以教师为中心和以学生为中心是一个连续体上的两个极端。任何教学在实际实施时都是处于这个连续体上某一点。如果学生的主体意识不强(比如小学生)并且自律自学能力很弱，这时他将很难有效管理自己的学习，教师的主导作用就要相对增强，最极端的情况是教师完全控制了学生的学习活动。这时教学处于以教师为中心的一个极端。对于这种情况，教师要努力增强学生的主体意识和学习能力，使教学向另一极端靠拢。教师要仔细观察学生能力的变化，该放手时则放手。

如果教学设计方案中所采用的目标及策略充分重视和体现了学生学习的主体作用的话，那么这种教学设计便是以学生为中心的教学设计，否则便是以教师为中心的教学设计。

2. 以学生为中心的学习环境的特征

(1) 学习者控制的倾向。

(2) 提供真实或接近真实的学习情境。

(3) 提供问题解决类的学习任务。

(4) 提供丰富的学习资源。

(5) 提供丰富的学习工具。

(6) 提供足够的支架。

(7) 丰富的人际交流。

(8) 民主的教学气氛。

以上几个特征从各个角度对以学生为中心的学习环境作了说明，确切地说，具备得越多，就越符合"学生主体、教师主导"的原则。

3. 教师的主要工作

要使以学生为中心的学习环境发挥其应有的作用，教师要完成的任务是艰巨的，也是有一定难度的，主要包括以下三个方面。

(1) 准备资源。

(2) 激发和维持学习动机。

(3) 设计复杂的学习任务。

4. 设计和实施以学生为中心的教学可能遇到的障碍

设计和实施以学生为中心的学习环境可能遇到的障碍主要来自四个方面：管理者、

学生、教师自己和环境条件。

(1) 管理者提供的障碍

这可能是最大的，也最不易克服的一类障碍了。教学管理者的教学观念没有转变过来，不认可以学生为中心的做法。

(2) 学生提供的障碍

有些学生，尤其是没有学习动机和没有主体意识的学生，可能会使以学生为中心的教学遇到障碍。他们会不认可这种教学方式。因为自己独立面对学习任务时会茫然不知所措。但学生的障碍可以排除。通过及时提供帮助，改变学生的学习观念可以排除学生带来的障碍。

(3) 教师自己提供的障碍

教师自己的观念转变得不彻底，对以学生为中心的教学感到陌生和不可控制。当教学中遇到困难时，可能不自觉地放弃以学生为中心的教学框架，而以自己较熟悉和能控制的以教师为中心的教学方式进行教学。

(4) 环境条件的制约

环境条件的制约会使以学生为中心的教学遇到障碍。比如学习资源匮乏，或设计不当，不能为教师直接使用。

4.2 教学设计的过程模型

教学设计作为一门科学，从诞生到现在才30多年的历史，但它发展非常快，出现了成百上千个教学设计模型，流派纷呈，百花齐放。为了能吸收一些教学设计理论的精华，借鉴真正有用的经验，我们从众多的教学模型中挑选典型的三个进行分析，指出其中的价值和不足，这对我们当前深化教学改革是有启迪意义的。

4.2.1 狄克—柯瑞模型

狄克—柯瑞模型是典型的传统教学设计模型。如图4-3所示。

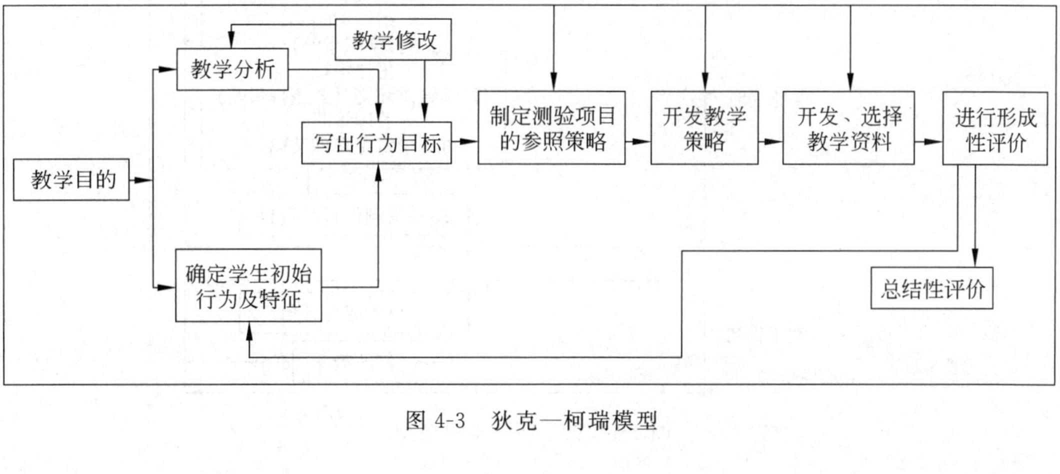

图4-3 狄克—柯瑞模型

该模型体现了传统教学思想。它把"教学目的"置于模型的最前位置,表明整个教学活动都受"教学目的"的控制,要进行教学设计必须首先确定教学目的,这符合教学目标导向原理。传统教学方式的主要特征是以"教"为中心,强调外界客观知识的刺激作用和教师的教学控制作用。

狄克—柯瑞模型是以行为主义的联结学习为其理论基础。行为主义是20世纪20年代由美国心理学家华生创立的一个心理学派,其学习理论包括华生本人的行为"习惯说"、格思里的"接近条件作用"学说、赫尔的"系统性行为"思想以及斯金纳的"操作性条件反射"理论。特别是60年代行为主义心理学家斯金纳倡导的程序教学,程序教学的设计就是依据行为主义学习理论进行尝试的,从而出现了第一代教学设计。起初是对教学机器、个别媒体的设计,后来逐步拓展到对多种媒体乃至整个教学过程和教育项目的设计。70年代后,又被广泛用来指导计算机辅助教学(Computer Assisted Instruction,CAI)的教学设计。可以说,60~70年代,行为主义学习理论在教学设计中占据着统治地位。狄克—柯瑞模型正是在这样的背景下诞生的,在第一代教学设计中有较大影响。

4.2.2 史密斯—雷根模型

史密斯—雷根模型是由P. L. Smith和T. J. Ragan于1993年提出,并发表在他们两人合著的《教学设计》一书中,如图4-4所示。由于T. J. Ragan本人是美国AECT现任的理论研究部主席,又是当代较著名的教育技术与教育心理学家,因而该模型在国际上影响较大。

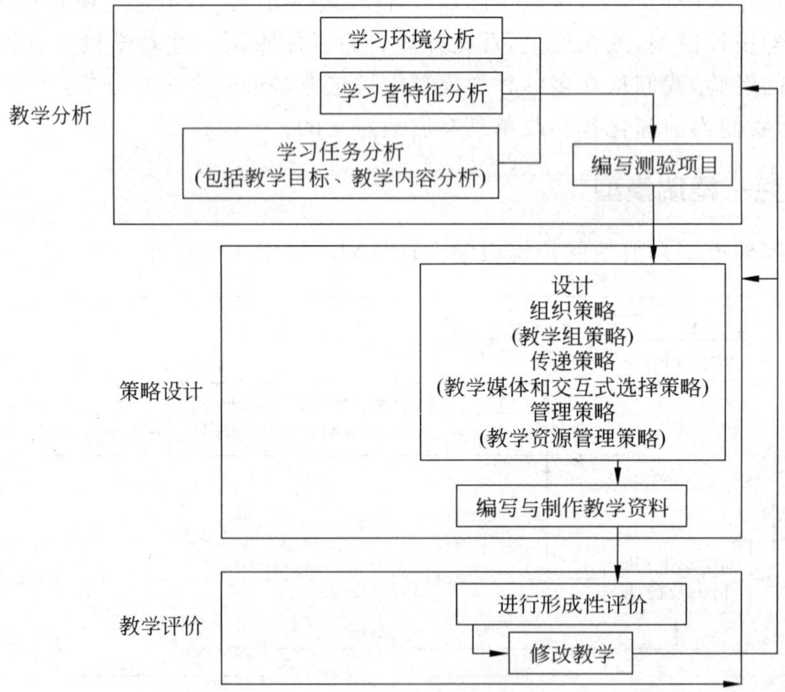

图4-4 史密斯—雷根模型

史密斯—雷根模型是在“狄克—柯瑞模型”的基础上发展起来的，与狄克—柯瑞模型相比，具有以下三个特点。

1. 突出了学习环境分析

史密斯—雷根模型增加了学习环境分析，并放在“教学分析”模块最上面位置，这样突出学习环境分析，也就说明了在“教”与“学”的天平上，加重了“学”的砝码。

2. 深化了对学习者特征的分析

它不像狄克—柯瑞模型那样，仅仅确定学生的外部行为。除了分析基础知识和技能的掌握程度外，史密斯—雷根模型还对学生的认知特点和认知能力进行分析，这是发挥学生学习时内部因素的能动作用，改变学习的被动状态所必需的。

3. 强化了教学策略的设计

在史密斯—雷根模型中明确指出应设计三类教学策略，即教学组织策略、教学内容传递策略、教学资源管理策略。特别是该模型突出了对教学组织策略的设计，既注重揭示教学内容的知识结构，以指导教学内容的组织、知识点顺序的排列；又注意依据学生的认知能力，为特定内容的教学提供具体有效的、可操作的方法。这样，就把教学内容的知识结构和学习者的认知结构结合起来，使教学活动更加符合人的学习规律，更加接近学习的本质。

史密斯—雷根模型可贵之处是在行为主义基础上引入了认知主义，较好地实现了行为主义与认知主义的结合，较充分地体现了“联结—认知”学习理论的基本思想。

4.2.3 何克抗模型

何克抗模型是北京师范大学现代教育技术研究所何克抗教授于1998年提出的，是对史密斯—雷根模型的扩展。何克抗认为狄克—柯瑞模型和史密斯—雷根模型最大缺陷在于最终没有落实到对教学活动进程的设计，即缺少“教学模式”设计。因为教学设计是指对教学系统进行设计，教学系统总是处于运动变化之中，其表现形式即是教学活动进程，而“教学模式”便是教学活动进程的稳定结构形式，在教学设计中有至关重要的意义。

何克抗模型与史密斯—雷根模型的主要区别在于把“教学模式”纳入“教学设计”模块，并把它置于教学策略设计之后，既作为整个教学设计过程的核心，又是整个教学设计过程的最终结果。在何克抗模型中嵌入“教学模式设计”不仅具有理论价值，还具有实际意义，特别对深化各级各类学校教学改革有一定的指导作用。正如何克抗所指出的：由于教学模式具有对教育思想、教学理论和学习理论的依附性，明确提出改革传统教学模式，设计新型教学模式就必定会触动传统的教育思想与教学观念，从而导致教育与教学领域的深刻变革。

我们对以上三个模型作共性分析：①注重教学系统的整体优化；②坚持教学模块的设计；③深深植根于学习理论；④没有突破以“教”为中心的束缚。

4.3 几种教学设计模式

在新课程背景下,教学目标的转移、要求的提升,给现阶段信息技术教学提出了新的课题。在新课程的实施过程中,进行了较为深入的教学模式与方法探究,为更好地实施新课程提供了一个实践指导。

4.3.1 基于"活动理论"的信息技术教学设计

1. "活动理论"的基本框架及教学设计模式

基于活动理论的教学系统是由学习活动构成的,学习活动是教学设计的基本单位,活动任务则是学习活动的核心。活动任务与学习目标构成了直接的因果关系。杨开诚教授在他《以学习活动为中心的教学设计理论》一书中,引入"学习活动"来代替"教学活动"一词,强调了"学习",弱化了"教学",从而突出了学生学习的自主性。把"学习活动"定义为"为达到特定学习目标而进行的师生操作的总和",更好地表明了教学设计的学生中心意识,更有利于突出学生中心地位。本节中的教学设计借鉴了杨开诚教授这一观点,用"学习活动"代替"教学活动"也是为了突出学生的主体地位,以学生活动为中心。

2. 基于"活动理论"的信息技术教学设计实施的基本方法和步骤

学习活动的开展是基于"活动理论"教学设计的核心,教学设计重点在于学习活动的设计。主要分四个阶段来完成:分析阶段、设计阶段、实施阶段和评价修改阶段。

(1) 分析阶段

根据教学大纲目标要求,结合学校实际,设计学习目标。在实际教学中,需要对活动要素进行系统分析,包括四个基本要素、其他要素以及它们间的动态联系。学习活动中的主体(主要是学生)、客体(学习活动内容)、工具(支持学习活动的中介媒体)、活动规则四要素是分析的重点。在活动过程中,各要素之间是彼此联系、动态互动的,因此我们要理解活动的系统性。

(2) 设计阶段

学习活动设计最关键的是活动任务的设计,任务确定后,才能展开支持活动任务的设计。比如学习环境,包括学习资源和工具等人工制品;活动规则和评价标准的拟定,以及在活动中的小组协作、任务分配等。最后设计教学课件(包括电子教案)或制作演示作品(示例作品)。

(3) 实施阶段

在活动展开过程中,可能会有些新情况,甚至会出现突发事件,因此教师应做充分准备,应对意外,及时帮助学生解决问题,以利活动的顺利进行。

(4) 评价修改阶段

学习活动结束后,对学习活动过程和结果进行评价,并以此为依据修改教学设计,总结经验。

在活动理论指导下开展的教学设计,提倡学习活动要在个人自主学习的基础上开展小组协作、讨论、交流，通过不同的观点摩擦，补充、完善和深化学生对主题的意义建构。基于这一模式的教学设计，教师的角色发生了根本性的变化，他们是学习活动的设计者，在活动过程中，更强调教师是学习活动的促进者、协作者，甚至是参与者，对学习活动过程进行引导、监控和评价。

3. 基于“活动理论”的信息技术教学设计的基本原则

以“活动理论”为指导，在学习活动的开展中，学生获得认知。要达到预期的目标，在教学设计过程中，应把握以人为本，以学习活动为中心的根本原则。

(1) 遵循教育规律和高中生的认知规律，支持学生标新立异、求疑探新的想法。

(2) 在实践中创设愉快的课堂情境，以趣激学，寓教于乐，使学生愉快地参与学习活动，体会成就的愉悦，从而达到“乐学—爱学—活泼学”的境界。

(3) 引导学生积极参与课堂教学的实践活动，强调多动手、动脑。

(4) 基于“学习活动任务”，以“自主、互动、探讨、交流”为主要教学形式，充分发挥学生作为学习主体的作用。

(5) 根据活动方案和计划，循序渐进，不急于求成。让学生有领会新模式的时间，体现从易到难、由表层研究到深层探求的递增性。

4.3.2　信息技术环境下基于协作学习的教学设计

协作学习目前已经成为课堂教学与互联网络环境下一种非常重要的教学模式，它对于培养学生的创造能力、求民思维、批判思维、探索发现精神、与学习伙伴的合作共处能力非常重要，许多国家的教育实践中都已非常重视协作学习教学模式的应用。

1. 协作学习与协作学习模式

学生学习的组织形式通常有三种：一种是竞争性组织结构，学习者之间的关系互相对立；一种是个别化组织结构，学习者之间的关系是互相独立的；第三种是协和组织结构，学习者之间协同工作并共同分享学习目标。在面临选择这三种学习的组织结构形式时，David W. 和 Roger R. Jonson 教授推荐选择协作学习形式。研究结果表明，协作学习组织形式比其他两种组织结构更能提高学习的成绩。

(1) 协作学习的基本概念

协作学习(Collaborative Learning)是一种通过小组或团队的形式组织学生进行学习的一种策略。小组成员的协同工作是实现班级学习目标的有机组成部分。小组协作活动中的个体(学生)可以将其在学习过程中探索、发现的信息和学习材料与小组中的其他成员共享，甚至可以同其他组或全班同学共享。在此过程中，学生之间为了达到小组学习目标，个体之间可以采用对话、商讨、争论等形式对问题进行充分论证，以期获得达到学习目标的最佳途径。学生学习中的协作活动有利于发展学生个体的思维能力，增强学生个体之间的沟通能力以及对学生个体之间差异的包容能力。此外，协作学习对提高学生的学习业绩、形成学生的批判性思维与创新性思维、对待学习内容与学校的乐观态度、小组个体之间及其与社会成员的交流沟通能力、自尊心与个体间相互尊重关系的处理等都有明显的积极作用。

(2) 协作学习的基本要素

协作学习目前已经成为一种学习模式，在传统的班级授课和信息技术学习环境中得到了广泛的应用。协作学习模式是指采用协作学习组织形式促进学生对知识的理解与掌握的过程，通常由四个基本要素组成，即协作小组、成员、辅导教师和协作学习环境。

- 协作小组。协作小组是协作学习模式的基本组成部分，小组划分方式的不同，将直接影响到协作学习的效果。通常情况下，协作小组中的人数不要太多，一般以2～4人为宜。
- 成员。成员是指学习者，按照一定的策略分派到各协作小组中。人员的分派依据许多因素，如学习者的学习成绩、知识结构、认知能力、认知风格、认知方式等，一般采用互补的形式有利于提高协作学习的效果。
- 辅导教师。辅导教师在协作学习模式中并非可有可无，因为有辅导教师存在，协作学习的组织、学习者对学习目标的实现效率、协作学习的效果等都可以得到有效控制和保证。
- 协作学习环境。协作学习是在一定环境中进行的，主要包括协作学习的组织环境、空间环境、硬件环境和资源环境。

(3) 协作学习的基本模式

协作学习的基本模式主要有七种，分别是竞争、辩论、合作、问题解决、伙伴、设计和角色扮演。

- 竞争。是指两个或更多的协作者参与学习过程，并有辅导教师参加。辅导教师根据学习目标与学习内容，对学习任务进行分解，由不同的学习者"单独"完成，看谁完成得最快最好。竞争可在小组内进行，也可以在小组间进行。
- 辩论。协作者之间围绕给定主题，首先确定自己的观点。在一定的时间内借助虚拟图书馆或互联网查询资料，以支持自己的观点。辅导教师(或中立组)对他们的观点进行甄别，选出正方与反方，然后双方围绕主题展开辩论。辩论可在组内进行，也可在组间进行。辩论模式有利于培养学生的批判性思维。
- 合作。多个协作者共同完成某个学习任务，在任务完成过程中，协作者之间互相配合、相互帮助、相互促进，或者根据学习任务的性质进行分工协作。不同协作者对任务的理解及其观点不完全一样，各种观点之间可以互相补充，从而圆满完成学习任务。
- 问题解决。该种模式需要首先确定问题。问题的种类多种多样，其来源也不相同。一般根据学生所学学科与其兴趣确定。问题解决过程中可以采取多种方式，如竞争、合作、辩论等。问题解决过程中，协作者需要借助虚拟图书馆或互联网查阅资料，为问题解决提供材料或依据。
- 伙伴。指协作者之间为了完成某项学习任务而结成的伙伴关系。伙伴之间可以对共同关心的问题展开讨论与协商，并从对方那里获得问题解决的思路与灵感。学习伙伴之间的关系一般比较融洽，但也可能会为某个问题的解决产生争论，并在争论中达成共识，进而促进问题解决。
- 设计。它是基于学习者综合能力培养和面向过程的协作学习模式。由辅导教师给定设计主题,该主题强调学习者对相关知识的运用能力,如问题解决过程设计、科学实验设计、基于知识的创新设计等。

- 角色扮演。该种模式是让不同学生分别扮演指导者和学习者的角色,由学习者解答问题,指导者对学习者的解答进行判别和分析。

2. 协作学习的教学设计

协作学习的教学设计主要围绕学习内容开展,根据学习内容不同设计不同的活动方式。建构主义的几种教学模式,如“支架式教学”、“抛锚式教学”、“随机进入教学”、“情境式教学”、“织网式教学”等也可以应用到设计协作学习活动中。

协作学习是在一定的情境中进行的。协作学习的前提是学生已经具有了社会文化的背景知识和从事社会活动的经验。因此,良好的协作学习环境有利于提高协作学习的效果与效率。协作学习环境的设计主要包括:由学习主题确定协作学习的目标、参加协作学习的人数、所依据的学习理论、协作学习系统的性能等。

协作学习需要借助一定的信息资源,因此,在进行协作学习时,教师还需要为学生设计并提供一定的信息资源环境,提高协作学习的效率。

协作学习已成为一种重要的教学模式,它对课堂教学的冲击非常大。在课堂教学中应用协作学习,可以为其注入新鲜活力,从而改革传统教学中诸多缺点。

4.3.3　建构主义学习环境下信息技术教学设计

运用建构主义学习理论去指导信息技术课程的教学设计,是目前亟须解决的重要问题之一,也是信息教学效果的关键之一。

1. 应遵循“以学为中心”的理念

先进的设备给教师和学生都带来全新的感觉,其中最大的变化就是课堂教学丰富多彩,知识量增大,教师方便,学生喜欢。但是,教师还是教学活动的中心,是知识的传播者和灌输者;学生还是处于被支配地位,是外界刺激被动的接受者和灌输对象。先进的媒体则成了教师向学生灌输的新方法与手段,使“书灌”变成了“电灌”,并没有引起教学模式的重大变革。而在建构主义指导下的学习主要目的是为了满足学习者自身的需要。在学习过程中,学习者用发现、探索等方法进行学习,主动搜集和分析有关的信息,并对信息进行加工处理。

在“以学为中心”的教学过程中,强调的是学生是认知主体、是意义的主动建构者,始终是把学生对知识的意义建构作为整个学习过程的最终目的。因此,在多媒体网络教室的设计和建设中,应紧紧围绕“意义建构”这个中心而展开,创设一个有利于学生进行意义建构学习的环境,整个网络教室不论是对学生的独立探索、协作学习还是教师的辅导都方便和实用。总之,网络教室中的一切设计思想和建设实施都要从属于这一中心,都要有利于为完成和深化对所学知识的意义建构服务。

2. 教学设计全力支持合作性学习

建构主义认为,在同一认知水平上的其他儿童比成人更能促使儿童从自我中心解脱出来。学生之间彼此交流看法,可使他们不断了解他人的观点,使自己的学习信心和实践能力得到加强和培养。根据学生不同年龄段的知识储备，心理特征以及所学知识的内在规律，网络计算机教室的设计要支持"意义建构"这个合作学习特点，充分挖掘网络计算机教室设计在引发学生深入地进行调查研究，有效地进行批判性思考、创造性想象，以及增强学生实践能力等方面的教育教学功能，使之成为提高学生"意义建构"能力等方面的重要工具，促进同伴互教、小组讨论、小组练习、小组课题等合作性学习活动。

教学设计在支持合作学习上，既注重人机交互活动对学习的影响，又强调利用计算机支持学生同伴之间的交互活动。在计算机网络工具的支持下，学生们可突破地域和时间上的限制，进行同伴互教、小组讨论、小组练习、小组课题等合作性学习活动。同时协同学校有意识地提供一个合作学习公共数据库，支持学生用电子邮件、论坛、BBS、聊天室等发表自己的观点或响应他人的观点，学生既贡献了自己的想法又共享了他人的意见。

3. 教学环境设计不能只针对教师而忽略学生

建构主义认为，人们学习的最终目的是能够运用所学的知识解决实际问题，而网络教学的主要任务就是培养学生获取信息、传递信息、处理信息和应用信息的能力。与传统课程相比，网络课程最大的优势在于能方便快捷地访问大量相关的学习资源。在学校校园网建立起来后，教学资源库就成为学校必需的软件建设部分。资源库的真正意义是为了帮助学习者能够顺利完成教学内容的学习，设置每一知识点所需要的各种资料及参考性的学习方法等信息。这些内容的有机组合能促使学习者将原有的知识与将要学习的内容建立横、纵向的联系，有利于学习者的知识建构。

4.4 信息技术课程标准和教师培训

1. 新课程的巨大变化要求教师的课标学习要以"概念转变"为前提——利用有缺陷的教学案例引发理念冲突和概念反思

与2000年颁发的《中小学信息技术课程指导纲要(试行)》相比，高中信息技术新课程标准在课程理念、课程培养目标、内容框架以及在倡导的教学方法等方面变化较大，要求教师在学习课标时首先要系统反思原有的、习以为常的理念和做法是否仍然适应新课程的需要。如果自己的原有理念符合新课程的需要，则可利用原有理念框架来"同化"新课程；相反，如果自己已经习惯的理念和做法不适合新课程的要求，则自己的理念必须"顺应"新课程的需要，主动发生理念层面上的概念转变和教学行为上的范式转型。

概念转变的最佳途径是通过具体实例集中凸现教师理解和实施课程标准过程中容易出现的问题，并通过点评和讨论使问题的性质和后果直观化，以冲击教师的原有观念、引发深层反思。

2. 课程标准的弹性和不确定性决定了课标学习是一个主动建构的过程——通过案例设计过程的思维外显化和教学过程的直观化支持教师的主动建构

课程标准的学习是教师在已有知识经验的基础上主动解读课标、建构新课程知识、建设新课程实施能力的过程。由于课程标准是针对全国高中学生信息技术学习的普适性的最低要求，课标对很多知识点及其掌握水平并未作详尽阐释，在教学内容量的取舍上和难度的界定上具有一定的弹性和不确定性，以便给各地的教研部门和教师留下因地制宜、因人而异地实施新课程的适度空间。因此，课标的学习提倡教师在保证本地学生达到课标最低要求的前提下，利用自己的已有知识经验主动建构适合本地情况的课程内容、设计针对本校学情和教学方式。当然，课程标准的不确定也成为导致教师误读和误解课标的主要原因，而课程标准中那些教师们容易出现误解的内容就构成了课标学习的难点和疑点。

3. 地域间的巨大差异和学生间的较高异质性要求课标学习应具有情境指向性——通过多情境教学案例支持课标学习的认知灵活性

课标学习是与情境化的教学实践紧密相联的，其最终目的是在理解课程标准的基础上，结合当地情况和本校学生的实际水平有效开展教学。因此，必须结合具体应用情境来理解和把握课程标准，不能将课程标准过分从具体情境中抽象出来地孤立地理解。

情境性的学习要求真实的任务情境和情境化的学习过程。无疑，教学案例是支持教师开展情境性课标学习的最佳载体。通过教学案例，教师可以不亲临现场就能观摩和体验多种多样的教学过程，并能针对某一主题的不同教学实践进行比较分析。

然而，学习的情境指向性和认知灵活性绝不意味着只单纯强调针对某一具体情境的零散知识，而忽视具有广泛迁移价值的教学经验和具有高度概括性与适应性的课程理论。相反，学习的情境指向性和认知灵活性强调教师在体验各种各样的教学情境和多样化的教学案例的基础上，总结实践经验、提升理论修养，实现“情境—经验—理论”螺旋上升的持续专业发展。本书的案例反思、案例点评和相关讨论会在一定程度上帮助教师实现这一认知过程。

4. 课程标准实验的社会文化背景赋予课标学习很强的社会互动性——通过多视角的案例点评促进教师的社会建构、培育课标学习共同体

由于课程标准的上述复杂性以及新课程实验面临的各种困难，单纯教师个体难以胜任，而往往需要专家、教研员和教师形成课标学习和实验的共同体。课标共同体的独特价值在于其成员之间通过经常性的观念沟通和交流讨论，充分发挥不同成员所具有的多元化知识技能优势，促进对课程标准的社会建构；同时，共同体成员可以围绕共同关注的问题，通过成员间的知识共享、经验综合、资源共享，凝练集体智慧，推动集体性知识的持续发展，实现个人发展与共享性的知识建构活动的统一。

5. 通过教学案例的系统设计和全面描述，引领新课程教学设计，实现理念与实践的结合，降低课程设计到课程实施之间的信息衰减

一般来说，在制定课程标准的专业人员和实施新课程的教师之间往往会出现理念与实践对话的隔膜以及新课程传递过程中的信息衰减，解决这种隔膜和衰减的途径之一是教师在理解课程标准的基础上开展有效的教学设计。但真正有效的教学设计会对教师提出多方面的综合要求：第一，教师需要充分理解新课程倡导的理念和课程目标；第二，教师需要熟练掌握新课程中规定的学科知识和学科技能；第三，需要教师根据新课程的需要激活和调用自己的教学法知识；第四，调查分析学生的认知特点、已有学习水平和多样化的学习需求；第五，然后针对本校的设备情况和学生水平对教学方法进行必要的调适等。而这些活动往往会超过教师的认知负荷。

4.5 信息技术教育中的教案撰写

4.5.1 中小学信息技术教学案例设计模板

教学案例标题

副标题

1. 案例背景信息

2. 教学设计

(1) 教学目标(请参照相应的课程标准、结合具体内容撰写,注意知识与技能、过程与方法、情感态度与价值观三个维度的有机结合,切忌相互割裂;用语要标准)

(2) 内容分析(根据课程标准的规定,结合自己的教学经验和本班学生水平分析教学内容中的重点、难点;简要说明教学内容在整个知识体系中的位置)

(3) 学生分析(简要分析学习者的认知特点、学生已有知识经验及能力水平、对教学内容的了解程度等)

(4) 教学策略设计

- 教学方法设计(说明案例设计者是如何根据本教学主题及其教学目标确定教学指导思想,设计教学方法的,并对选择教学方法的相关依据做简要说明)
- 关于教学流程和教学活动的设计思路(课前对教学活动、学习活动和教学流程的规划和设想,大体阐明设计的关键活动及其流程即可,可以采用流程图方式)

3. 教与学的实际过程描述

(1) 教学阶段及所用时间。

(2) 教师活动。

(3) 学生活动。

(4) 对学生学习过程的观察和考查。

(5) 信息技术的应用。

4. 教学反思

(1) 除了依据教师自身的思考和感受以及同行的意见开展反思之外,要注意搜集并利用学生的反馈、感受和学生的学习结果来支持自己的观点;要注意体现学科特点。

(2) 反思不仅要总结本次教学活动的优点和成功之处,也要注意指出本次教学活动激发的值得研究的课程问题、具启发意义的事件或教学实际实施过程中的缺陷,并就这些问题做出自己的思考,重在通过分析、找出问题的症结,提出改进教学的方法。

(3) 反思要突出重点,不一定面面俱到,建议采用小标题的方式提点反思的几个方面,不宜太多。要注意在事实的基础上加以总结和提升,不要单纯罗列事实和现象。但理论的总结又要注意语言通俗简明,并利用本次教学活动的具体证据来论证,不要长篇大论地引用他人文章，或脱离具体教学活动做笼统的理论阐述。

(4) 反思建议分为几个小标题。小标题原则上不超过 5 个；小标题的名称要到位，能确实提点本课的关键方面和重点，不能空洞、笼统，甚至不知所云。

(5) 模式总结(本部分不是必要要求)

5. 教学资源和参考资料

(1) 参考资料

(2) 本课用到的网络资源及其网址(网络资源的名称、网址或用到的教学网站的名称，最后检索时间)

(3) 本课设计或用到的课件(如果没有，请删掉本标题；如果设计了教学课件，请列出课件的名称，并简要描述教学课件的设计意图、大体结构等)

4.5.2 信息技术课堂教学设计表

为了便于教学和交流，我们可以在课堂教学过程结构设计中统一使用课堂教学设计表，如表 4-2 所示，表内填写教学目标、教学环节、教学活动和教学评价方案等。

表 4-2　信息技术课堂教学设计表

<table>
<tr><td colspan="2">课题</td><td colspan="2"></td><td>课型</td><td></td><td>课时安排</td><td></td></tr>
<tr><td rowspan="3">教学目标</td><td>知识目标</td><td colspan="6"></td></tr>
<tr><td>能力目标</td><td colspan="6"></td></tr>
<tr><td>情感目标</td><td colspan="6"></td></tr>
<tr><td colspan="2">教学重点、难点</td><td colspan="6"></td></tr>
<tr><td colspan="2">教学方法</td><td colspan="6"></td></tr>
<tr><td colspan="2">教学准备</td><td colspan="6"></td></tr>
<tr><td colspan="8">教 学 过 程</td></tr>
<tr><td colspan="2">教学环节</td><td>教学内容</td><td>教师活动</td><td>学生活动</td><td>设计意图</td><td colspan="2">教学反思</td></tr>
<tr><td colspan="2"></td><td></td><td></td><td></td><td></td><td colspan="2"></td></tr>
<tr><td colspan="2"></td><td></td><td></td><td></td><td></td><td colspan="2"></td></tr>
<tr><td colspan="2"></td><td></td><td></td><td></td><td></td><td colspan="2"></td></tr>
<tr><td colspan="2"></td><td></td><td></td><td></td><td></td><td colspan="2"></td></tr>
<tr><td colspan="2">教学评价方案</td><td colspan="6"></td></tr>
</table>

第5章

信息技术教育中常用的教学方法和教学模式

5.1 教学方法概述

教学方法是指在教学过程中，教师和学生为实现教学目的、完成教学任务而采取的教与学相互作用的活动方式的总称。它包括教师的各种工作方式和学生的各种学习活动方式。

首先它是指具体的教学方法，教学方法包括教师教的方法（教授方法）和学生学的方法（学习方法）两大方面，是教授方法与学习方法的统一。教授法必须依据学习法，否则便会因缺乏针对性和可行性而不能有效地达到预期的目的。但由于教师在教学过程中处于主导地位，所以在教法与学法中，教法处于主导地位。

与教学方法密切相关的概念还有教学模式和教学手段。教学模式是在一定教学思想指导下建立起来的为完成某一教学课题而运用的比较稳定的教学方法的程序及策略体系，它由若干个有固定程序的教学方法组成，具有独特的功能。现代教学中最有代表性的教学模式是传授—接受模式和问题—发现模式。

教学方法和教学方式是两个不同的概念，教学方法不同于教学方式，但与教学方式有着密切的联系。教学方式是构成教学方法的细节，是运用各种教学方法的技术。任何一种教学方法都由一系列的教学方式组成；另一方面，教学方法是一连串有目的的活动，能独立完成某项教学任务，而教学方式只被运用于教学方法中，并为促成教学方法所要完成的教学任务服务，其本身不能完成一项教学任务。

教师应当根据教学目标、教学内容、学习者特征以及学校的设备、条件，教师本人的特长和经验，来选择恰当的教学方法。无论选择哪种具体方法，都应促进师生之间的相互交流，激发学生的学习兴趣，引起积极的思维活动，有利于学生掌握知识、发展智能，提高思想品德素养。

教师是整个教学过程的组织者和学生学习的指导者，要有针对性地进行教学，具体采用的教学方法，要积极试验，勇于创新。

5.2 传统教学方法在信息技术教育中的应用

在信息技术学科过程教学中，一方面不断探索新的教学方法和教学模式；另一方面，在中小学信息技术课堂教学中更常见的是采用传统的教学方法，包括直观演示法、任务驱动法、合作学习法、探索激励法等。

5.2.1 讲授教学法

讲授教学法是指教师对知识进行系统的讲解，巩固信息技术常识性的知识。它作为一种最常用的教学方法，同样适合新兴的信息技术学科，这种教学方法主要运用于信息技术常识性的知识教学，如计算机的发展史、计算机的组成等。这种教学方法也同样适用于计算机操作性知识的原理讲解和操作步骤的讲解，如先用讲授法讲操作的实际意义，然后再讲具体的操作步骤。此种教学方式尤其对初一学生的教学十分有利，从教学方法上体现小初衔接。

5.2.2 直观演示法

直观演示法是教师向学生展示实物或直观教具，或者向学生做示范性操作，使学生通过观察获得感性认识的一种教学方法。学生对课程内容有了感性认识，就能更正确、更深刻、更牢固地掌握概念、原理、规律等理性知识。

"从生动的直观到抽象的思维"是人类认识发展的基本规律，在信息技术教学中正确运用直观性教学方法，可以激发学生的学习兴趣和热情，引起学生对教学内容的注意，从而有助于学生应用多媒体工具和相关学习资源来支持课程的学习。直观教学法的运用要注意服务于教学目的，不能为直观而直观。

5.2.3 "任务驱动"法

"任务驱动"教学法是现阶段最常使用的教学法之一，信息技术教学以应用为主，开放性任务驱动尤其适合于信息技术教学，充分培养学生的问题解决能力和协作精神。

任务驱动教学是教师根据教学内容进度，结合学生学习实际情况，给每节课制定出实际的任务，让学生通过学习和努力在本堂课里完成教师预定的任务。任务驱动教学法是一种信息技术学科性比较强的一种教学方法。此教学法多用于信息技术操作方面内容的教学，其成败关键在于任务的确定，任务定得要求太高，学生无法完成，任务要求定得太低，则造成学习时效性差。

5.2.4 游戏教学法

游戏教学法借助与教学相关的游戏，激起学生的学习兴趣，比较适合用于枯燥的信息技术基本操作课教学。但是，目前的问题主要在于很难找到适合的游戏用于课堂教学，所以实际操作起来有一定的极限性。另外，还会因为游戏的新奇刺激使得教师很难掌控学生的学习过程。

5.2.5 示范教学法

示范教学法就是教师操作，学生从教师的示范性操作中学习操作的步骤和方法。这种教学方法主要用于操作性较强的学科教学，如自然实验、科技制作、运动技巧等。

示范教学法在信息技术学科教学中是一种重要而非常有效的教学方法，关注知识学习和能力培养，有利于教师主导，学习过程可控性好，学习效率较高。这种教学法能够很直观地让学生从教师的示范操作中学到操作方法，从而完成学习任务。

在信息技术教学中很适用这种教学方法，但对于学生学习主体的体现相对于任务驱动较弱。

5.2.6 讲演练教学法

讲演练教学法关注知识学习，注重技能训练，通过演示、练习，对于双基的掌握尤其高效，但因为忽视了情境的影响和学生主体作用的发挥，对学生高级思维能力的培养存在严重不足，因此现阶段存在的是经过改良的模式。

学生与老师同步进行操作，学生在操作中掌握所学知识和操作内容。这种教学方法也主要用于操作性较强的学科教学，如自然实验、科技制作等。而这种教学方法在信息技术学科的教学中有着更重要的作用和新的含义，主要有以下两种应用模式。

第一种教学模式为：教师在教师机上操作，通过计算机投影仪展示给学生看，学生则跟着教师的操作和讲解一步一步地操作，直到完成整个操作过程，这种教学模式在信息技术教学中应用很广。教师讲解一步，操作一步，学生跟着操作一步，教师讲解轻松，学生一听就能明白。这种教学模式必须要求计算机教室装有计算机投影仪。

第二种教学模式为：教师看着学生的操作进行指导，学生在教师的指导和讲解下同时进行同样的操作，一步一步直到完成整个操作过程。这种教学模式适用于更为广泛的学校，不需要教师机和计算机投影仪。应用这种教学模式进行教学，教师在教学中要控制好课堂纪律，做好每一步关键操作，充分搞好组织教学，提倡协作学习，营造一种良好的学习氛围。

5.2.7 探索式教学法

探索式教学，培养学生的探索能力和自学能力。探索式教学法就是针对某一特殊的教学内容，教师先进行简单提示或不作讲解，只是给学生一个任务，让其自己完成，让学生在完成任务的过程中探索知识，完成学生任务。应用这种教学方法，学生在探索过程中，教师角色倾向于指导者和鼓励者，多给学生创造探索和发现解决问题的机会，使探索过程顺利进行。

采用探索式教学，多用于趣味性强、有一定难度的教学内容。在教学时所用的时间较多，但能培养学生的探索能力和自学能力，使学生主动求知，活跃课堂，增强学生之间的相互学习和相互帮助，有利于学生创造性思维的开发和培养。

教学方法在课堂教学的真实运用时，不固定于任何一种教学法，是多种教学方法的组合和融合。课堂教学中，“教师主导，学生主体”，在各种教学方法中，关键的一个原则就是

“学要充分，导要必要”，也就是在保证基本目标达成的前提下充分发挥学生的学习主体作用。

因此，没有不好的教学方法，只有不合适的教学方法，对于不同的课型、不同的学生，我们应该选择恰当的教学方法，发挥其优越性，才能提高教学的效率。

教无定法，教学方法本身也在动态发展，需要我们在实践中去验证、去完善。每个教师都在进行着创造、反思和提升，期待着广大信息技术教师不断丰富教学体验，以积累去创造出更多的新型教学方法。

5.2.8 竞赛教学法

依据学生好胜的特点，结合教学内容，组织小竞赛活动，巩固学习计算机的兴趣。如绘图比赛、计算比赛、网络知识大赛等。给学生讲当今世界软件奇才、微软公司总裁比尔·盖茨的“我要赢”的传奇故事来激励学生，使学生随着知识和能力的发展，始终保持高度兴趣。

总之，教师要把自己摆在教学设计者的位置上，在信息技术课教学中充分贯彻“趣味引路”的思想，创造性地设计趣味教学方法，运用现代教育技术，更好地创设情境，激发学习兴趣，使中小学生最大限度地发挥自主性、创造性、灵活性，使学习变成一种新景象：不再是“苦读圣贤书”，而是“学无止境，其乐无穷”。

5.3 信息技术教育中教学方法的选择

从教学论的观点来看，有什么样的教育价值观，就会有什么样的课程与教学目标，会有什么样的教学方法。教学方法的选择本质上是教育价值的选择，明确特定的教育价值观是选择教学方法的基本前提，教学方法的选择要适合特定的教学目标，适合特定的教学内容。选择信息技术课教学方法要作理性思考。

5.3.1 决定信息技术教育教学方法选择的因素

信息技术课程教学的目标、主要任务在《中小学信息技术课程指导纲要》有明确的表述，该课程的地位、作用在《基础教育课程改革纲要》中也有明确的阐述。

信息技术课的核心目标是让学生通过该课程的学习，体验信息技术给自己的学习、生活和娱乐等诸方面带来的变化，由此培养使用信息技术的兴趣，陶冶信息素养，并在这个过程中，促进他们多种能力、个性情感的和谐发展。

中小学信息技术教育是基础性的应用教育，培养意识、培养基本技能比培养本学科专才重要。教学应当明白易懂，只有这样学生才易接受，并牢记不忘。同时教学应适度，要避免学生做力所不能及的事，学生学习活动应建立在学生的个性及能力的基础上，防止学生负担过重，产生厌学情绪。

在选择教学方法时要根据学生的年龄特征和个性差异来选择。一般来说，年级越低，在一节课中越需要不断地变换数学方法。长时间地运用一种方法，就会使学生学习兴趣减退，降低学习效果。

在选择教学方法时还需要考虑到各个班级的发展水平和学生的个性差异。班级特点不同,学生个性不同,所选择的教学方法就要有所不同。

选择和运用教学方法还要考虑到教师自己的特点。教学方法的最优化并不排斥教师的创造性,而是以教法创造性为先决条件的,教师凭借自己的长处,更有效地运用课堂教学的教学方法,像鲁迅先生说的那样,会使枪的使枪,会使棒的使棒,做到扬长避短。

5.3.2 选用教学方法标准的初步探索

前苏联的教育家巴班斯基说过:“不要使教学活动变成变化多端的万花筒。”巴班斯基认为,优选教学方法具有以下六个标准。

(1) 教学方法要符合教学原则。

(2) 教学方法要符合教学目的、任务。

(3) 教学方法要符合教学内容特点。

(4) 教学方法要符合学生学习的可能性、年龄的可能性、学生准备程度以及学生班级集体的特征。

(5) 教学方法要符合现实条件。

(6) 教学方法要符合教师自身的可能性,包括教师已有的经验、教育教学理论修养和实际修养水平、运用各种教学方法的能力、个性品质等。

在选择和运用教学方法时,要注意多种教法的相互渗透和相互补充。这样做有利于全面发展学生的认识能力,有利于调动学生学习的积极性,同时还可以使学生以多种记忆方式和思维方式去理解教材,提高学习质量。下面归纳教学内容的几个特点并结合具体实例来谈谈以下两个方面。

首先,对于学生没有接触过的计算机技术或教学内容,不宜采用探究性学习。

学生没有一点基础如何提出较合理假设,如何围绕问题展开探索,如果这样的教学内容让学生自己探索,学生会不断尝试错误,花费大量的时间还不一定能摸索到方法,所以针对这样的教学内容,应该采用直观的演示、配以明白易懂的讲解,有利于学生轻松地掌握基本知识和技能,为以后较高层次的学习活动打下基础。

实践还证明,老师精讲学生多练,学生很快熟悉软件,他们对其他软件的迁移能力也明显增强。所以,学生对刚开始接触的任何新技术教师都应该以最简明的方式让学生尽快地了解和熟悉,这就为其他内容的学习腾出了更多时间。

相反,对于学生已经积累了一定经验获得一定技能的教学内容,要充分发挥信息技术课在培养学生创新素质、信息素养、协作能力方面的作用。

教师可以整合校本资源和学生资源开发更多的综合实践性质的活动课程,促进学生综合素质和自主学习能力、合作学习能力的发展。实践证明,由于基本知识技能部分的教学花费课时不多,所以留给学生自主学习、合作学习、研究性学习的课时很多,也给老师增加了更多二次开发课程、校本课程的空间;由于学生基础的操作技能是通过“简明高效”的教学掌握的,基础知识是在“做”中渗透的,对信息技术的认识比较深刻,所以学生在实践活动中表现出了较高的信息素养、分工合作的能力和运用信息技术解决问题的能力。

有的教学内容中包含一些信息技术领域内值得研究的问题,或者某种信息技术的学习本身适合用来培养学生的思维能力、探究能力，这样的教学内容就应展开研究性学习。

科学研究有两种方式，一种先摆事实后求结论，根据某类中每一事物共有某一属性推出该类全部事物都具有该属性；另一种是通过理论思维提出假设，然后实验验证。实践证明，通过这种研究性学习训练的学生比没有这种经历的学生自主学习能力增强了，在研究问题时显得聪明许多。

综上所述，根据课程和教学目标要求、课程内容的特点选择、设计的教学方法，能最大限度地发挥不同教学方法的教育价值和作用。

5.4 信息技术教育中教学方法的优化

课堂教学是学生接受信息技术教育的主渠道，上好每节信息技术课，对培养学生信息素养具有至关重要的作用。作为一名教师，如何优化教学方法，深入浅出地让学生获取知识，很值得我们在教学实践中探索。

1. 设计情景教学

建构主义强调学习者意义建构，情境的创设十分必要，尤其是以具体形象思维为主的小学生。注意运用情景开展形象教学，使学生在愉快的教学环境中主动学习。

2. 恰当运用比喻

对于中小学生来说，计算机教学中的一些概念术语很抽象，适当应用恰当生动的比喻，提高学生听课的兴趣，帮助学生理解和记忆概念术语，达到比较理想的教学效果，同时，展开想象也培养了同学们的创造性思维，更激发了学生对信息技术课程的热爱。

3. 基于问题的讲授

以问题为开端，启发学生独立思考，以解决问题为归宿，培养学生的探索创新精神，把发展独立思维能力放在首位。

4. 积极开展协作

协作学习是互相学习，以提高学习成效的一种教学形式。它以建构主义理论和学习理论为基础。开展协作学习，一方面能激发学生的学习兴趣和学习主动性；另一方面也便于学生按照自己的情况安排学习内容和进度，锻炼了学生的自学能力，培养了良好的学习习惯和团结协作精神。当学习任务较大、较难时，为提高学习效率，通常可以采用分工合作的学习方法，每一组独立完成任务，然后大家交流学习体会，解决问题。这样即深入掌握了教学内容，又培养了学生主动学习的能力。

5. 引入游戏教学

爱玩是孩子的天性，许多学生喜欢玩游戏。电脑游戏具有极强的交互性、趣味性、挑战性，对孩子们来说具有极大的诱惑力。教学用引入适当的益智游戏或含有教学知识技能的游戏，以玩为手段，激发学生兴趣，从而引导学生学习知识、技能。例如，小学生刚开始操作鼠标显得极为笨拙，让学生通过玩“纸牌”游戏，在翻牌的过程中，学生熟练了单击操作，在移动位置时，又巩固了双击和拖动操作。这样一来，学生不仅玩得高兴，而且也学得快，还可以间接培养他们的观察能力，进一步激发他们学习计算机的兴趣。

优化教学方法是素质教育的切入点，因此，在课堂教学中开展素质教育，必须从优化教学方法抓起。

5.5 信息技术教育的教学模式

中小学信息技术教育是一项面向未来的现代化教育，也是中小学素质教育的重要内容，它对于提高中小学生适应信息社会具有重要的意义。

随着中小学信息技术教育在我国的不断发展，它必将是走向教育现代化的必由之路。但由于我国计算机教学的起步较晚，因此在全国还没有形成一套统一固定的完全行之有效的教学模式，因此教师需要学习和借鉴一些先进可行的教学方式，总结出一套行之有效的教学模式来促进教学。

5.5.1 信息技术教育教学模式创新的原则

1. 教师是学的主导，学生是学的主体

只有富有创造力的教学主体，才能焕发学习主体的创造活力。这就对教师的素质有很高的要求，最明显的例证是：教师必须面对学生无穷无尽、稀奇古怪的各种问题。

2. 注意学生的年龄特点

小学生的自控能力较差，适宜引入游戏开展教学；中学生更喜欢独立地获取知识，所以教学过程中要注意留给学生一定的创造空间。

3. 注意讲授和操作的关系

既不能只上机不讲解，这样不能保证学生参与上机的时间和上机的质量；又不能只讲解不上机，这样就忘记了教学的根本目的。

4. 注意强化疑难解答这个环节

学生上机时，解答他们个人随时提出的问题，争取使他们提出的问题能马上得到回答，因为学生能提出问题本身说明他已经在动脑筋思考了。

5. 培养学生创造性思维方法

引导学生从各个方向去解决问题，用多种方法来解决同一个问题，但注意思维的求同性与求真性，防止思维的绝对化和僵硬化。创造力的培养不是一两节课就能解决的问题，是贯穿于每节课，每个教学设计之中的。

5.5.2 在中小学信息技术教学中出现的新教学模式

随着对中小学信息技术课程教学方法的不断探索，以及与其他学科教学的整合，使传统的教学模式，包括教学目标、内容、方法以及评价等都发生了重大的变革，下面论述了三种全新的教学模式。

1. 自主学习模式

自主学习模式是指学习者在总体教学目标的指导下，在教师的指导或信息的提示下，根据自己的需要和兴趣,自觉制定并完成学习目标,获得新体验的学习活动,它是以主体性发展为本质特征,能力发展为核心的教学新模式。

这种自主模式的一个典型课题是:沧州市运河区新华小学任丽老师上的五年级的课,学习内容是修改文章的基本方法。全班40名学生40台微机,人手一台,微机联网。教师点明课题之后,一改以往教师讲学生听的做法,而是让学生动手操作:①光标定位;②文字的插入、改写和删除;③撤销和重复命令。学生在操作中围绕所学内容或互相观摩,或互相指点,或互相质疑,或互相咨询……教师边指导,边帮助,边示范,边导航,不只是面向全体学生,而且面向全体学生的每一个。整个课堂气氛活跃,溢于言表。

2. 合作学习模式

合作学习模式是指学生在尽可能小的小组中展开学习活动,而且是在没有教师直接、即时管理的情况下进行学习,小组成员间相互依赖、相互沟通、相互合作、共同负责地学习某些学科性材料,从而达到共同目标的一种学习模式。

这种学习模式的一个典型课例是:唐山市54中朱晓娜老师的一节信息技术课。教学主要内容是交互按钮操作。教学环境有60台微机,学生人手一台。上课在网络教室,与河北省远程教育网及北京101中学网、双威华教网联网。主要软件资源是翰林汇。课堂主要的教学程序是:教师点明课题之后,学生分为10个小组,在原有课前已经逐人下载有关知识的基础上,经讨论分组派代表进行汇报演示。各小组代表分别介绍了变形动画、移动动画、逐帧动画等内容,然后再互相交流切磋。学生分组既有同质分组,又有混合分组,围绕教学目标,人人自得其乐。整个教学,融"知识与技能"、"过程与方法"、"情感态度与价值观"于一体,使人耳目一新。

3. 探究学习模式

探究学习模式是指学生在教师的指导下,从学习生活和社会生活中选择和确定探究专题进行探究,并在探究过程中主动地获取知识、应用知识、解决问题的学习活动。

这种学习模式的一个典型课例是:秦皇岛市海港区交建里小学张稳老师的一节课。学习内容是关于环保方面知识的搜索。学校的教学环境有ADSL宽带网,校园网已经全面建成。资源上有科利华语文、数学备课系统、真源资源库和K12,还有2.6万册图书,包括《小学语文、数学教师》、《中国电化教育》等100多种报刊。该课教学的组织形式是:①教师提出综合性的探究专题,即关于环保知识的搜索;②全班每个学生都自定具体题目。如:"环保"的概念外延及内涵,环保的意义和方法,环保的原则,水的环保,空气的环保等几十个小课题;③在班上报告自己搜索的内容及其来源,并通过微机投影到大屏幕上;④通过讨论,分享信息和个人的创意,进行思维碰撞;⑤在个体展示的基础上同质分类并混合分组,确定下一题目,导入探究的深化。学生环保知识的搜索,既有网络,也有图书和报刊,还有采访和调研。内容非常丰富,达到了全员参与、任务驱动、多种形式、课内外结合的总体整合。

建构主义学习理论强调以学生为中心,它不仅要求学生由外部刺激的被动接受者和知识的灌输对象转变为信息加工的主体、知识意义的主动建构者,而且要求教师要由知识的传授者、灌输者转变为学生主动建构意义的帮助者、促进者。这就意味着教师应当在教学过程中采用全新的教学模式、全新的教学方法和全新的教学设计思想，因而必然要对传统的教学理论、教学观念提出挑战，从而在形成新一代学习理论——建构主义学习理论的同时，也逐步形成与建构主义学习理论、建构主义学习环境相适应的新一代教学模式、教学方法和教学设计思想。

新的教学模式、教学方法和教学设计思想在学习中可以充分激发学生的学习动机，强调学生在教学过程中的主体地位，充分发挥学生的创造性与主动性，老师在学习的过程中只起着引导、答疑解惑的作用。

当然教学模式有多种多样，如讲解接受模式、自学辅导模式、引导发现模式、实验模式等，在诸多教育模式中，没有哪一种模式是最完美的。在教学中，采用哪种教学模式，需要我们在实践中不断地去摸索总结。

5.5.3 优化信息技术教学模式的途径

教学模式和教学方法要达到理想的效果并不容易，信息技术教学会受到很多因素的影响。因此，需要信息技术教师在课前、课上、课后花费更多的时间和心思。在教材内容的把握、教学方法的设计、教学效果的总结上下工夫，以优化信息技术的教学模式，应该注意以下几方面的工作。

1. 把握好任务驱动教学法

设计任务是教师备课的重要环节。老师要把握好备课这一关。备课要针对学生的特点，每节课的任务不能太大，新知识、难点不能太多，使学生在学习中有的放矢，有针对性，目的明确。虽然每节的知识点是独立的，但章节间的知识是互联的，有承前启后的关系。所以，老师课前的导入工作特别重要，导入时要注意章节间知识的联系性，又要明确本节的知识点，使学生思路清晰、目标明确。

2. 注意培养学生的学习兴趣、创新意识和创造力

教学中由于学生的水平差别较大，如果每节课限定一样的学习内容，有些基础好的同学会对这节课不感兴趣，这时在教学设计中要设计一些难度大的任务让他们去完成。学生的创新能力在头脑中构思，在作品中体现，所以，老师应注意通过安排学生创造性地完成作品来达到对学生创造力的培养。

3. 注意知识的总结

在教学中，老师讲解的是教材中的某一知识点，学生完成某一任务是为了学习这一知识点，但学生在上机中会出现各种各样的问题，有些问题是操作中经常遇到而书上没讲的，这就要求老师给予适当的总结和讲解。对于知识点中容易忽略的错误要反复强调。

4. 教学中注意信息技术整合

信息技术与其他学科的整合是信息技术的一个研究热点。学生在解决各种问题的过程中学习并掌握信息技术，使信息技术潜移默化地融入到学生的知识结构中。高中阶段信息技术教学目标之一就是掌握运用信息技术学习其他课程的方法，这种整合要在教学设计中充分体现。

5. 力求硬件设备齐全，保证教学

硬件设备是上好信息技术课的前提条件，这是由信息技术学科特征决定的。一般要保证一人一机，最好是网络教室，有多媒体教学软件，如腾图电子教室、联想电子教室等。只有硬件到位，才能使教学达到理想的效果。

总之，教法的选择，要因人而异，因学生而异，因教材内容而异，不能千篇一律，一刀切。如果离开了这一点，那整个教学活动就成了一潭死水，也就谈不上培养学生的能力，发展学生的智力。最后，还要指出的是，在教学中任何一种方法，实际都不能认为是最佳的。因为在实际教学中，常常是几种教法交替使用，只不过以其中一两个方法为主罢了。我们通常所说的教学艺术的高低，正是表现在这些方法综合运用时所具有的准确性和灵活性上。

第6章 信息技术教育的评价

6.1 教学评价概述

6.1.1 教学评价

1. 什么是“评价”

《辞海》对“评价”的解释：“衡量人或事物的价值”。平常我们对人或事物作出主观的“是好是坏”的判断，实际上就是一种评价行为，而“好”与“坏”，就是进行价值判断所获得的结果。

评价是指根据标准进行价值判断。

2. 什么是教学评价

教学评价是指由教师、学生等主体系统地搜集和有效处理教学信息，并与之进行比较后做出的价值判断。

6.1.2 新课程中信息技术教学评价

1. 新课程中教学评价的发展趋势

（1）由强调量性评价转变到强调质性评价。

（2）评价的功能由侧重甄别转向侧重发展。

（3）既重视学生在评价中的个性化反映方式，又倡导学生在评价中学会合作。

（4）评价不仅重视学生解决问题的结论，而且重视得出结论的过程。

（5）评价主体的多元化评价内容的全面化。

（6）评价方法的多样化。

我国《中小学信息技术课程指导纲要（试行）》指出：教学评价必须以教学目标为依据，本着对发展学生个性和创造精神有利的原则进行。教学评价要重视教学效果的及时反馈，评价的方式要灵活多样，要鼓励学生创新，主要采取考查学生实际操作或评价学生作品的方式。

2. 信息技术教学评价的特点

（1）理论与实践结合紧密。

（2）评价内容呈现多元化。

(3) 评价环境差异较大。

(4) 用计算机及网络为主要评价工具。

3. 信息技术教学评价的指标

(1) 课堂教学的评价指标

- 与目标因素有关的指标。
- 与学生因素有关的指标。
- 与教师因素有关的指标。
- 与教材因素有关的指标。
- 与教学方法和管理因素有关的指标。

(2) 教学材料的评价指标

“五性”：教育性、科学性、技术性、艺术性、经济性。

6.2 信息技术教育评价的内容及其分类

信息技术教学评价在教学环节中的重要性并不亚于教学过程。在教学中，评价无论对教师还是对学生都具有极强的导向性，也就是说，评价方法的优劣性直接影响到教育目标能否实现。

教育评价所涉及的范围很广泛，包括学生评价、教师评价、教学评价、课程评价、学校与教育机构评价、教育政策与教育项目评价等方面。如果按照教育层次加以区分，可以分为基础教育评价、高等教育评价、职业技术教育评价及成人教育评价等方面。按照评价的价值取向分类，可以分为目标取向的评价、过程取向的评价和主体取向(发展性教育)的评价。本章主要关注学生评价和教学评价两方面。

6.2.1 信息技术教育中对学生学习的评价

对学生学习的评价，要关注学生学习的结果，更要关注他们学习的过程；要关注学生学习的水平，更要关注他们在学习活动中所表现出来的情感与态度。发展性学习评价方法必须打破将考试作为唯一评价手段的垄断。

1. 强调评价对教学的激励、诊断和促进作用，弱化评价的选拔与甄别功能

在信息技术教学过程中，应通过灵活多样的评价方式激励和引导学生学习，促进学生信息素养的全面发展。不能将评价单纯作为测量学生学习情况或者给学生排名的工具，切忌利用评价作为惩罚学生的手段；应在教学设计阶段即对教学评价进行系统的规划和准备，全面提高评价的规划、评价方式的选择和准备、施测、计分或等级评定、结果解释和呈现等各个环节(有关方法将在后面的章节中介绍)的规范性、科学性，利用高质量的评价激发学生学习动机，引导学生的学习活动指向预期教学目标。尤其是在向学生呈现评价结果时，应将学生的成绩、等级等定量结果与评价报告、学习建议等定性分析相结合，多采用鼓励性的陈述方式，在激发学生内在学习动机的同时，帮助学生明确自己的不足和努力方向，促进学生进一步的发展。评价结果的呈现要尽量避免给学生贴标签或排名次，弱化评价对学生的选拔与甄别功能，减轻评价对学生造成的压力。教师在了解学生的学习和发展状况的同时，也要利用评价结果反思和改善自己的教学过程，发挥评价与教学的相互促进作用。

2. 发挥教师在评价中的主导作用，创造条件实现评价主体的多元化

教师应注意发挥在信息技术评价中的主导作用，同时充分利用学生的评价能力，在教学过程中引导学生通过自我反思和自我评价了解自己的优势和不足，以评价促进学习；组织学生开展互评，在互评中相互学习、相互促进，共同提高；组织学生参与评价标准的制定，并针对测验题目、学生的作答情况等方面展开班级讨论，共同探讨与评价有关的教学和学习问题，提高学生利用评价分析并改进自己学习行为的能力。

建议教师根据评价目的和当地现状创造条件组织家长、学校、外部考试机构、教育团体等有关机构和人员参与教学评价。为了减少各评价主体的主观因素对评价结果的干扰，教师可以在评价之前设计统一的评价标准，并与各评价主体充分交流，提高评价主体之间的一致性，保证评价的客观与公正。评价结束后，教师应及时收集评价信息，统计、归纳评价结果，将评价结果用明确、简洁的方式尽快向学生和参与评价的有关人员进行解释。

3. 评价要关注学生的个别差异，鼓励学生的创造实践

中小学学生学习和应用信息技术的能力水平、学习风格和发展需求等方面的差异很大，学生进行信息技术创造的欲望也更为强烈，信息技术课程的评价要正视这种个别差异，要充分尊重学生的个性和创造性。信息技术课程的评价标准和评价方式的确定与选用，要在保证达到最低教学要求的基础上，允许学生通过不同的方式展示自己。一方面，不同起点学生在已有基础上取得的进步都应该得到认可，使每一个学生都能获得成功的体验；另一方面，要尊重学生在学习和应用信息技术过程中表现出的个性和创造性，对同一信息作品的不同设计思路和不同设计风格、对同一问题的不同技术解决方案等，都应给予恰当的认可与鼓励。

4. 根据不同信息技术评价内容、评价目的选择和合理运用合适的评价方式

信息技术课在进行过程性评价时，应针对不同评价内容和相应的课程目标，适当选择和灵活运用评价方式，适当渗透表现性评价的理念，以学生在信息技术操作或运用信息技术解决实际问题过程中的表现和成果作为评价依据，全面评估学生在信息技术操作能力、运用信息技术解决实际问题的能力以及相关情感态度与价值观的形成。要正确理解过程性评价的特点，处理好以下关键环节，切实发挥过程性评价的功能。

(1) 根据教学目标制定科学的评价标准和评价量规

首先应根据评价内容和相应的教学目标明确具体的评价目的，然后根据评价目的确定评价标准。应将评价标准进一步分解为评价指标，并对评价指标进行量化，构建规范的评价量规。

在制定评价标准或评价量规时，首先要根据评价目的划分出能客观反映有关学习过程和结果的重要维度或重要方面，然后为每个方面制定不同水平的评价等级。必要时，可以为不同的指标制定不同的权重。对于比较重要的评价，要在正式评价之前挑选部分学生进行预试或预测验，考察评价指标是否合适，并进行调整和修改。评价量规的指标要全面、精炼、可行。可以组织学生参与制定量规，或者在评价前向学生说明量规和评价标准，以引导和激励学生学习。

(2) 通过日常观察、档案袋或表现性评价任务搜集评价资料

在信息技术课的过程性评价中，可以通过现场观察、档案袋或成长记录的方式，系统客观地观察和记录学生在自然情境中的真实表现，也可以设置特定的作业、项目或任务来引发学生某种特定的行为，搜集有价值的评价信息。用于过程性评价的作业、项目或任务应指向具有普遍意义的目标，任务应该是多层次的，可考查学生综合的信息素养，不能过偏；任务应密切联系学生的学习或生活实际，避免设置脱离学生生活或学习经验的任务情境；任务对所有学生都应是公平的，不能偏难或过于偏向某些学生的生活经验。

信息技术课中设计的任务主要以典型作品设计和项目型作业或实践活动为主。

- 典型作品设计。可以在学习过程中随时搜集、分析学生的典型信息技术作品，也可以在测验、考试时设计特定的典型作品设计任务。对学生信息技术作品的评价要重视学生作品设计的思路和过程，不能只评价作品的优劣。信息技术课程中的作品分析大多比较耗时，教师在实际教学中可以适当组织学生遵循统一规范的标准开展自评或互评。
- 项目型作业或实践活动。通过对学生项目型作业或实践活动的评价，可以相对全面地了解学生信息素养的发展水平。
- 评价结果的处理。评价结论既可以针对某一学生的整体表现进行计分和全面分析，也可以针对学生在不同方面的表现分别计分和分析。评价结论中的分数或量化评价结果主要提供有关学生表现水平的参考依据，必须将这些量化结果与定性分析相结合，切忌单纯利用量规分数对学生的学习下结论或排名次。在使用评价结果时要注意考察不同评价者的评价结果是否一致，如果出现较大差异，应注意分析其中的原因，减少评价者的主观因素对评价结果的不良影响。
- 评价与教学过程相结合，动态把握、及时引导学生情感、态度和价值观的形成。学生对待信息技术的态度、信息技术的使用习惯以及在信息活动中表现出的社会责任感和价值观，是在学习和使用信息技术的活动中逐渐形成的。教师应结合具体的教学过程，通过适当的过程性评价方式随时把握、及时引导。教师可以向学生呈现蕴含人文、道德、社会冲突的案例或问题情境，如"信息技术的使用与知识产权"专题，让学生对这些案例或情境进行讨论、分析，或撰写短文，再根据学生表达的观点把握他们的情感、态度以及对有关问题的认识和理解。要注意观察学生在教学过程和各种信息活动中的实际行为表现，考查学生是否真正将有关的法律法规、道德规范等内化为自己的行为准则并自觉指导自己的实践。对情感、态度、价值观的评价，最终要落实为教师对学生的适时预防、关怀或引导，要避免对学生的情感、态度和价值观进行简单量化或脱离实际单纯打分。
- 纸笔测验和上机测验相结合开展总结性评价。应正确认识期末考试等总结性评价的作用和功能。期末考试的主要功能是考查学生所学模块的基础知识、实际操

作技能和利用信息技术解决实际问题的能力，诊断本学期教学存在的问题，帮助教师和学生改进随后的教与学。在组织期末考试等总结性评价时，要根据课程标准的要求和具体考试内容选择合适的题型和考试方式，综合运用纸笔测验、上机测验等多种评价方法；要创造条件全面考查学生信息素养的协调发展，避免只重视知识记忆和计算机操作，忽视学生利用信息技术解决实际问题能力的倾向；要注意结合学生平时学习表现和过程性评价结果，改变单纯以一次测验或考试为依据，评定学生一学期或整个学段学习情况的局面，适度加大过程性评价在期末成绩评定中的比重。纸笔测验和上机测验各有所长，适合不同的评价内容和目标，应相互补充，综合运用。纸笔测验的效率较高，适于短时间内对大量学生进行集中考查，适于考查学生对信息技术基础知识的掌握和理解。信息技术的纸笔测验，要控制选择题、填空题等客观题型的比例，适度设置和增加要求学生通过理解和探究来解决的开放性题目，如问题解决分析、作品设计、短文写作等，以拓展纸笔测验在评价内容和评价目标等方面的广度。上机测验是信息技术课总结性评价中不可或缺的重要组成部分。可供选择的上机测验主要有两类，一类是通过实际操作完成的独立任务，如软件操作水平测试、作品设计与制作等；另一类是综合任务中的上机环节，如利用信息技术进行项目研究过程中的上机活动。期末考试等总结性评价一定要安排上机测验，设计一定比例的联系实际的设计、制作或其他类型的信息处理任务，以评价学生使用信息技术工具或软件的熟练程度，测查学生利用信息技术解决问题的过程、方法和能力。教师和有关机构要针对具体评价目的，灵活选用上机测验的题型和考试方式，不能单纯依赖题型单一、只考查基本知识与操作能力的机考系统，否则容易对信息技术教学产生误导。

5. 改进评价的组织实施，落实评价对教学和学习的促进作用

(1) 选用评价方式时要结合实际情况和具体评价目标，体现针对性和效益性

学校、教师在分析有关评价方法的优劣、选用具体的评价方式时，既要考虑评价方式是否适合具体的教学目标、评价内容、评价主体和客体的具体特点；又要讲究效益，充分考虑各种评价方式对学校的信息基础设施、设备以及对教师、学生的时间和精力等方面的要求。在此基础上，结合班级规模、时间和经费及其他现有条件，选择有针对性、高效益的评价方式。如果采用成本较低、省时、省力的评价方式就能达到相同的评价目的，则不要选用高成本的评价方式。要注意综合运用多种评价方式，相互补充。

(2) 规范评价的规划、编制、施测、计分、结果解释和使用的各个环节

学校、教师要在根据具体信息技术教学内容学则合适的评价方式的基础上，分析各种具体评价方式的特点和要求，严格按照不同类型评价方式的规划程序做好评价准备工作；按照有关原则编制合格的评价题目(项目)并合成全面、有针对性的试卷、测验或评价工具；根据不同评价方式的要求，认真组织施测，尤其要结合具体评价方式的优缺点，在施测过程中注意趋利避害，保证学生能如实、客观地作答；根据评价目的和选用的具体评价方式，选用或编制合适的计分工具或等级评定工具，按照严格的计分或等级评定程序进行计分或等级评定工作；按照科学的方法对学生的成绩进行合成或其他统计处理，对学生的成绩、等级等做出清晰、简洁、明确的解释；并向学生、家长或其他

有关人员迅速提供反馈。

(3) 合理应用信息技术进行教学评价，提高评价效率

信息技术在编制评价题目、实施和管理评价过程、汇总分析评价结果等方面都具有很大的应用潜力，合理利用信息技术辅助信息技术课程评价，可以提高评价的效率和效果。信息技术教师应发挥自身的技术优势，合理利用信息技术支持评价活动。可借助合适的信息技术搜集、管理评价素材，辅助评价题目的编制和评价标准的制定等；可借助测验管理软件，针对不同学生实施分层次评价，或者对评价实施的时间、评价时限等进行控制和管理；可利用电子表格、数据库软件或其他统计软件准确、迅速地统计、分析评价结果，或者对测试题目进行难度、区分度等方面的分析；可利用信息技术记录和收集学生学习过程的信息，帮助实现过程性评价。

注意结合课程标准和教学目标的要求以及本地教学条件，选择合适的信息技术工具和资源，结合自己的评价经验创造性地利用信息技术支持评价活动，强调信息技术在评价中的应用效益和实际效果。不要脱离目标和实际，为用信息技术而用信息技术，避免使用题目固定、形式呆板的考试系统或考试软件。

6.2.2　信息技术教育中对教师教学的评价

对教师教学的评价是根据一定的教学目标，通过有目的、有计划地广泛而系统地收集有关教学效果的信息，并依据这些信息，对学生学习的质量和个性发展水平等行为变化作出价值判断，进而调整、优化教学进程的一种活动。

1. 设计合理、实施恰当的评价是有效教学的有机组成部分

在传统的教学设计中，人们往往只在教学结束后实施评价并将评价作为测量学生学习结果并分析学生是否掌握有关知识技能的根据，忽视了评价对教学和学习的促进作用。近年来，人们日益认识到在教学活动的各个阶段，评价均能通过多种方法提高教学质量并促进学生的学习。从表6-1可以看出，一个设计良好、实施合理的评价过程与一个有效的教学过程是平行的、密不可分的。这种关系表明，教师必须转变传统的评价理念，一方面，不能将评价的功能简单局限于考查学生的掌握情况和排名，而应充分发挥评价对教学的诊断功能，对学生学习的激励和促进作用；另一方面，不能将教学评价局限于仅在教学结束后实施的总结性评价，而应在教学之前的教学设计阶段就对教学过程中和教学后计划实施的评价提前进行系统规划和准备，使对评价的规划成为教学设计和教学计划的重要组成部分，将对“教—学”过程的设计和规划转变为对“教—学—评价”过程的设计和规划，确保评价对教学和学习的“全过程”促进作用。

表6-1　教学与评价之间的关系

教　　学	评　　价
要取得最有效的教学效果，须做到：	要取得最有效的教学效果，须做到：
1. 教学指向一系列界定明确的预期学习结果	1. 评价是被设计来考察一系列界定明确的预期学习结果
2. 教学方法和材料适合计划达到的教学目标	2. 评价的性质和功能适合于要评价的目标

续表

教　学	评　价
3. 教学的设计符合学生的特点和需要	3. 评价的设计符合相应学生的特点且对所有学生都是公平的
4. 教学决策是以有意义的、可靠的、相关的信息为基础做出的	4. 评价提供的信息应当是有意义的、可靠的、相关的
5. 定期告知学生他们的学习进展状况	5. 尽早给学生提供关于评价结果的反馈
6. 对于没有达到要求的学生给予及时的补救	6. 通过评价结果能够揭示具体的学习不足
7. 定期评估教学效果，根据需要调整预期学习目标和教学方法	7. 评价结果能为评价教学目标、教学方法和教学材料的适恰性提供有用的信息

2. 通过全过程评价发挥评价对教学与学习的诊断、激励和促进作用

为了和教学保持完全一致，对评价的规划应当与对教学的计划同步进行，从教学前、教学过程中到教学结束的整个过程中教师需要做大量的决策。在此过程中，精心规划的评价程序能够为教师提供更加客观、全面的信息，并在此基础上帮助教师对教学状况进行判断并做出更为有效的决策。

(1) 教学前的评价——安置性评价

在进行教学前，教师首先需要回答两个问题：

• 对开展新的教学所必需的技能和能力，学生掌握到了何种程度？
• 对计划进行的教学的预期学习结果，学生已经具备到何种程度？

通常通过实施准备状态前测(readiness pretest)来获得有关上述第一个问题的信息，这种测验一般在一门课程或一个单元的教学开始前进行，用来检验学生是否具备了学好新课程所必需的知识和技能。例如，在学习某一选修模块之前，可以先要求学生做一个关于必修模块的测验。如果学生在测验中表现出缺乏学习该选修模块必备的初始知识技能，教师就应有针对性地进行补救，或者根据学生现有的水平调整教学内容。

包含计划教学的预期学习结果的安置性前测(placement pretest)，通常可以回答上述第二个问题。安置性前测与在教学活动结束时进行的测验几乎是一样的，也就是说教学活动结束后所用测验的副本。安置性前测希望了解的是学生是否已经掌握了我们在教学计划中安排的内容。如果他们已经掌握了，我们可能需要调整下一步的教学计划，对于学得好的学生可以鼓励他们跳过某些教学内容，另一部分学生则可以让他们循序渐进地学习。图 6-1 总结了安置性评价的作用。

除了使用前测以外，还可以采用表现性任务来确定学生技能的起点水平。例如，在进行高中“信息技术基础”中“信息加工与表达”部分的教学之前，通过文字处理、多媒体信息搜集与处理等方面的表现性评价任务获得学生在这些方面表现的样本，为随后的教学及其评价提供参考依据。同时，如果教师使用档案袋评价，需要保存教学全过程中的学生档案，这些教学前的表现性评价资料也将是档案袋的重要资料来源，教师应注意妥善保存。

为了确保安置性评价对教学的促进功能，首先，教师应根据教学内容的性质，明确界定学生学习的先决条件，以此决定希望通过预先评价搜集哪些方面的信息。其次，教师应根据预先评价的结果补救学生的不足，将学生置于教学序列中最有利的位置，或者把预先

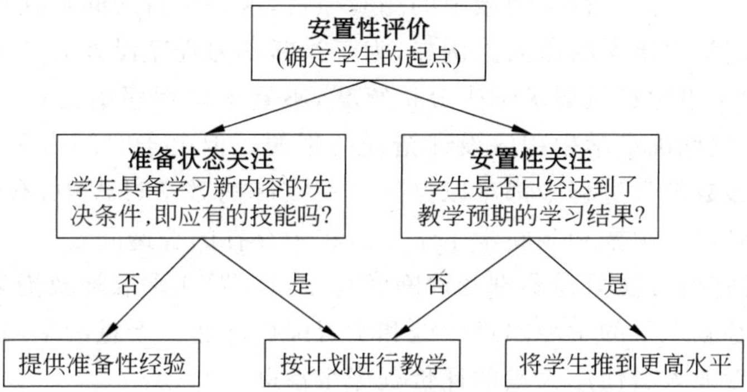

图 6-1　安置性评价教学作用的简化模型

评价的结果作为后续评价的基础。为了提高使用效果,教师应在拟订教学计划阶段就考虑好预先评价的问题,尤其是对于不熟悉学生情况的新教师而言,那些考查学生基本技能的测验结果更有价值。

(2) 教学过程中的评价——形成性评价和诊断性评价

在教学实施过程中评价的主要关注点是学生的学习进展情况,为此,需要回答下述问题:

- 在哪些学习任务上,学生进展顺利? 在哪些学习任务上,学生仍需帮助?
- 哪些学生存在严重的学习困难并需要进行额外的辅导或补助?

在教学过程中实施的用于监控学生的学习进展的评价称为形成性评价(Formative Assessment)。形成性评价一般被用于检查学生对某一特定部分(如某个单元或某一章节)的教学内容掌握程度如何。它与传统教学中教师使用的小测验和单元测验十分相似,但更侧重于测查本单元教学的所有学习结果;同时,利用评价的结果促进学生的学习,而不是利用分数进行排名。这种测验旨在考查学生学习的得与失,以便师生调整教和学。例如,如果大多数学生都做错了某一道试题或某一系列试题,那么与此有关的那部分知识就要以集体教学的形式再教一次。如果大多数学生都未能通过形成性测验,那么就要使用其他的教学方式和引导学生采用其他学习方式,例如,增加有关的课程资源,借助计算机或网络支持教学等。这些矫正的措施往往在对某个单独的学习任务进行考察之后就应立即实施,以便学生在形成性测验之后及时地纠正自己学习上的错误。

利用表现性任务进行的形成性评价可以是对一个产品(例如文档、图表、程序等作品),也可以是对一个过程(例如,开展研究性学习、讨论、展示等)的阶段性评价,主要向学生提供有关其进步和不足的反馈,目的在于监控学生的学习进展、为改进学习提供矫正性的诊断。

如果一个学生一直存在学习问题,以至于形成性评价提供的矫正性诊断无法解决的话,就需要采用诊断性评价(Diagnostic Assessment)来鉴别学生的学习困难。诊断性评价的目标是分析学生学习表现的普遍原因,指出学生学习困难的症结所在并进行补救。例如,诊断性评价可以帮助解决诸如此类的问题:学生编程有困难是因为他们不了解有关的算法,还是没有了解程序语言? 教学中常利用诊断性测验来辅助诊断性评价,诊断性测验一般都包含了大量某一特定领域中的测验项目，这些项目之间存在细微的差别，以便确定产生某种特定学习错误的原因。例如，为了诊断学习程序设计时产生的错误，可以设计一个测验，其中一组题目只要求学生分析算法，不要求写程序语言；一组题目既考查算法，也考查语言。以此确定学生程序设计错误的根源。但由于时间有限、班级规模较大，诊断性测验在大多数教学过程中都难以操作。在实际的教学过程中，有经验的教师更多的是依靠自己的经验来观察和判断学生学习过程中存在的普遍问题。

当然，这两种评价方法只是鉴别和诊断常见学习问题并采取补救措施的简便方法，并不适用与诊断和补救严重的学习困难问题和学习障碍问题。严重的学习问题通常需要由受过专门训练的专业人员使用大量的评价程序来诊断。

图 6-2 总结了在教学过程中，如何利用形成性评价和诊断性评价促进教学和学习。

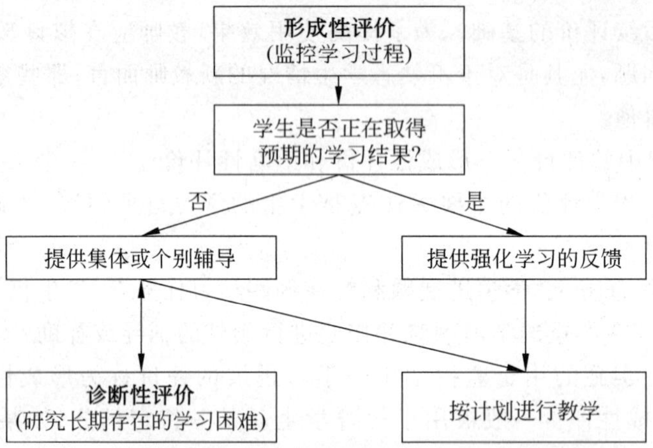

图 6-2　形成性评价和诊断性评价的教学功能简化模型

（3）教学后的评价——总结性评价

在一门课程或一个单元的教学结束的时候，我们关注的主要是学生通过教学在多大程度上实现了教学目标。此时，需要回答下列问题：

- 哪些学生已经掌握了学习任务，可以继续下一步的教学？
- 每个学生的掌握程度如何？

在一门课程或教学活动结束后进行的成就评价叫总结性评价（Summative Assessment），总结性评价主要用于考核学生的学习效果，确定学生的最终学习成绩。这种评价覆盖面很广，既有测验也有表现性评价。尽管总结性评价的主要目的是用于确定学习结果，也应注意给学生提供关于其学习过程的必要反馈，并注意将评价的结果用于评定教学的有效性。图 6-3 是关于如何利用总结性评价促进教学和学习的简化模型。

（4）利用评价促进学习的其他方式

如前所述，评价能够帮助教师做出可直接影响学生学习的各种教学决策。除此以外，评价还从其他方面促进了学生的学习。

- 激励学生学习动机。精心设计、运用得当的评价程序能够对学生的学习动机产生

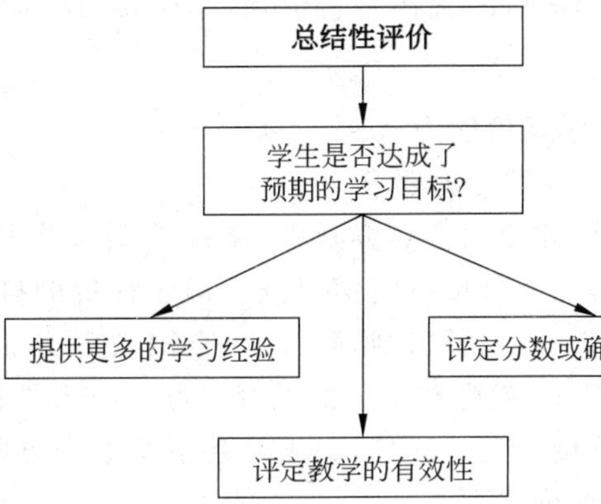

图 6-3　总结性评价教学功能简化模型

激励作用,可以通过激发学习活动,使学习活动指向预期学习目标,以及提供即时的反馈等方面,促使学生努力完成教学目标。为了充分发挥评价对学生的激励作用,应尽量给学生提出短期的学习目标,避免提出遥不可及的、空泛的学习目标;条件允许的情况下,要在教学之前就告知学生教学过程中可能要进行的评价并呈现评价标准,明确需要学习的任务类型,激发学生学习并引导学习围绕将要被评价的学习任务展开;要合理地利用评价的反馈:要将评价结果尽快反馈给学生;在向学生呈现评价结果和反馈时应多采用评价报告、学习建议等方式,多采用鼓励性的语言;反馈应最大限度地反映教学的重点,指出学习的进步和不足,帮助学生了解自己的得失并步明确进一步学习任务,知道在今后的学习中在哪些方面需要做调整;呈现评价结果和反馈时要尽量避免给学生贴标签或排名次,弱化评价对学生的选拔与甄别功能,减轻评价对学生造成的压力。

- 促进学习的保持和迁移。因为评价可以引导学生向完成教学目标的方向努力,所以,评价也可以作为提高学生学习保持(retention)效果和迁移(transfer)效果的工具。一般来说,理解、应用和解释水平的学习结果保留的时间能更长一些,而且比知识水平上的学习结果具有更大的迁移价值。如果在评价的内容中重视这些水平的学习内容,就会引导学生重视对知识的理解、实践应用,并能在以后的学习和生活实践中有意识地加强对技能、应用和解释等能力的关注。
- 促进学生的自我评价能力。所有的教学最终都应当是为了帮助学生更好地了解自己以便做出更明智的决策。教师应及时向学生反馈评价结果,有计划地组织学生自评,并组织可为学生评价,帮助学生分析自己的长处与不足,会逐步培养和提高学生的自我评价能力,以及根据评价独立做出学习决策的能力。
- 利用评价反思和改进教学效果。教师在了解学生的学习和发展状况的同时,也要利用评价结果反思和改善自己的教学过程,发挥评价与教学的相互促进作用。教师应充分利用和分析学生在评价中的表现,确定学生在多大程度上实现了教学目标，反思教学方法和教学材料的选择是否恰当，学生学习活动序列的组织是否恰当等，并提出改进措施。

3. 提高信息技术教师的教学评价能力

(1) 实施有效教学评价对教师的能力要求

信息技术教师信息技术教学评价的主要编制者、施测者、计分者和主要的评价结果利用者，信息技术教师的教学评价能力直接决定信息技术教学评价的科学性、有效性，也直接决定着能否利用评价促进教学。由美国教师联合会、全国教育测量理事会和全国教育协会组成的委员会，1990 年总结了《教师在学生的教育评价中应当具备的能力标准》的报告，提出教师要对学生的学习开展有效的评价，必须具备下述七个方面的能力，教师可对照该标准逐步提高自己的教学评价能力。

- 教师应能熟练选择适于教学决策的评价方法。熟练选择适当的、有用的、便于管理的、技术合理的、公正的评价方法是充分利用教学信息支持教学决策的先决条件。
- 教师应能熟练开发有助于教学决策的评价方法。尽管教师通常会使用正式出版的或其他外部编制的评价工具，但教师进行教学决策所需的大量评价信息往往来源于自己编制和补充的评价工具。
- 对外部编制和教师自编的评价工具，教师都应能熟练施测、评分和解释评价结果。教师能够选择和自编好的评价方法是不够的，教师应能正确地应用这些方法。
- 教师在做出有关个别学生的决策、进行教学设计、开发课程以及提高学校教学质量等方面，都应能熟练使用评价结果。评价结果通常会在不同层面的教育决策中发挥作用：在课堂教学中做出有关学生的决策，在社区中做出关于学校和学区的决策，在社会中通常用于做出教育产业的目标和成果的决策。无论在哪一层面中，教师都是作为一个十分重要的角色参与教育决策的，所以教师必须具备熟练使用评价结果的能力。
- 教师应当能熟练地开发可利用学生评价的有效评分程序。给学生打分是教师职业活动的重要组成部分。分数既能反映学生表现所处的水平，也能反映教师对学生表现的评价。在利用学生评价获取学生的分数或等级时有很多公认的原则，教师应当遵循这些原则。
- 教师应当能熟练地向学生、家长、旁观者以及其他的潜在受众沟通评价结果。教师应当例行性地向学生、家长或其他监护人报告评价结果。另外，他们还经常被要求向其他教育者、潜在受众报告并讨论评价结果。如果不能有效地交流评价结果，评价结果往往会被误用或弃置不用。要想与他人有效地交流学生评价结果，教师应能正确使用评价术语，并能清楚明确地解释评价结果的意义、局限性和潜在的影响。
- 教师应能熟练地识别不合乎伦理的、非法的和其他不恰当的评价方法以及对评价信息不合乎伦理的、非法的和其他不恰当的使用。公正、关注所有被评价者的权力以及职业伦理道德必须贯穿所有的学生评价活动始终，从开始规划评价和搜集评价信息，到解释、应用和沟通评价结果都应如此。

(2) 通过参与各种培训活动和开展校本教研持续提高教学评价能力

信息技术教师应参与各个层面的信息技术教师培训，在深入理解信息技术课程目标、内容标准和教学方法的基础上，不断反思和提高自己的评价理念，熟悉有关评价方法，分析这些方法的优点、局限和适用的内容及目标，逐步提高运用有关评价方法的信心和操作技能。在专家、教研员或其他专业型教师的引领下，积极开展教学和评价领域的校本教研活动，不断反思自己的教学评价实践，有条件的学区和学校可以建立信息技术教学评价的咨询和支持系统，为教师的校本教研提供有关服务和帮助。教师之间、学校之间要积极开展信息技术教学评价方面的研讨和经验交流，参与评价方案的合作设计，不断提高评价的水平。

6.3 信息技术教育中常用的评价方法

教学评价是教学过程的重要环节，对提高教学质量、优化教学过程具有重要作用，进行教学评价的目的是对教学过程进行适时的调整和控制，使之达到预定的教学目标。现代教育理论关注人的多元智能的差异与培养，认为每个人的智力都有独特的表现形式，不能用统一的评价标准来评价一个人的聪明与否、成功与否，而传统的评价方式是以考试为主要方式，在有限的考试时间内很难考查分析、解决实际问题的能力，很难考查学生的创造力和想象力，而且这种终结性的评价，不能及时有效地调控教育教学活动，不利于形成教学中的良性循环。新课程标准明确提出高中信息技术课程以培养学生的信息素养为根本目标，课程标准的制定标志着在课程结构的层面上完成了从计算机教育向信息技术教育的转变，着重培养学生运用信息工具的能力和用信息科学观点思考问题、处理问题和解决问题，学生的信息能力是在亲自解决问题的实践过程中逐渐形成的。一个设计好、实施合理的评价过程是有效教学过程密不可分的组成部分，信息技术教师应逐步树立“教学—学习—评价”有机结合的教学评价观，确保评价对教学和学习的“全过程”的促进作用。面对新的课程标准和新的教学模式，又该有怎样的教学评价与之对应呢？

6.3.1 传统评价模式

随着教育的发展，评价模式也在不断地发展变化，传统的评价模式存在各种各样的缺陷，如何认真做好新课程标准下的学习评价工作？首先，我们必须认真分析传统模式中存在的不足之处，只有这样，才可以在新的评价模式中避免不足，加以改进。

传统的评价模式主要有卷面考试和上机操作考试两种。

1. 卷面考试

卷面考试是一种传统的考核方法，现有的许多科目还是沿用这种方式来对学生进行考核。卷面考试的方法简单、易操作，但教师事后的工作量大而且判卷麻烦。虽然其存在之久从一个侧面说明了这种评价模式在考核学生学习情况方面具有一定的价值，但由于信息技术课的教学内容及其本身的特殊性质，决定了这种评价模式并不适合信息技术学习评价，而且在这种评价模式下学生成绩容易分成多个层次，这跟设计评价的原则也严重相违背。我们设计评价的出发点并不是要用分数来甄别和选拔学生，我们更多考虑的是这种评价方式是否有利于促进学生的发展，是否有利于促进学生潜能、个性、创造性的发挥，能否使每一个学生具有自信心和持续发展的能力。

2. 上机操作考试

随着计算机的更新换代，计算机软件不断更新发展，计算机课的教学内容也随之不断地发生变化，卷面考试已经远远不能满足考核的需要，这时候上机操作考试取而代之。

相对于卷面考试，上机操作考试有了很大的改进，但由于在这种考核方式中学生是处于一种非常被动的地位，所以它对学生信息素养的培养非常不利。另一方面，这种评价方式容易将信息技术课变成社会上的软件培训课，教学与考试内容都要跟着软件的不断更新而不断地发生变化，久而久之容易将信息技术教育引上一条畸形发展的道路，实践证明它也不适合现有的信息技术学习评价。

从上面我们可以看到，旧有的学习考核评价模式代表的是旧有的教学传统观念。评价一个学生学习的好坏，如果仅仅通过考试成绩或一次上机操作的成败来衡量，那么在整个评价过程中学生将会处于一种非常被动的地位。学生在这种评价模式下，不能充分激发出其学习积极性，不能体现出学生是评价主体的原则，所有旧有的评价模式已经不再符合现代教育的需要，我们必须尝试着在信息技术课中采用新的评价模式来对学生进行考核。

6.3.2 作品评价法

“作品评价”是目前信息技术课比较常用的一种评价模式，它不同于以上两种传统的评价模式。所谓作品评价就是指教师根据教学目标事先给学生布置一个任务，然后在教学过程中要求学生边学边利用所学专题的知识来完成一件作品的制作，在制作过程和制作完成之后教师再对学生进行多方面的评价。

由于信息技术课是一门立足于实践、高度综合而且注重创造、技术与人文精神相融合的课程，所以在作品评价模式中可以进行自评、互评与教师评价，力求让评价方式多元化，让学生成为评价的主体，变被动为主动，使评价活动变为学生再学习的动力。通过这种评价方法来提高学生对信息技术的学习兴趣和意识，把信息技术作为合作学习的手段，争取让每个学生都有机会成为优秀者，促进学生综合素质的全面发展。

以高中信息技术课中的“多媒体设计”这一章的评价设计为例，阐述如何利用网络进行信息技术课作品评价以及在实施过程中的问题。

1. 事前的准备工作——搭建“教学与评价”平台

在新的评价活动中我们除了要评价学生对信息技术知识技能的掌握情况，还希望能够对学生应用信息技术的能力、创新意识和实践能力等多方面的进步和变化进行评价。

在以往的信息技术评价中，教师发挥了在评价活动中的主导作用，但却忽略了学生的评价能力，所以在“教学与评价”平台的设计中我们将这一点考虑进去，充分发挥了学生的评价能力，使学生由评价客体变成评价主体，引导学生通过“自我评价”和“相互评价”进行反思，了解自己及同学的优势和不足，以评价促进学习，在自评和互评中相互学习，相互促进，共同提高。这主要体现在以下几个方面。

(1) 通过平台，学生可以根据自己的学习进度和学习程度选择不同层次、不同内容的评价。利用网络实时处理的特性，学生可以通过平台及时了解到相关的反馈信息，教师则可以通过后台管理进行有效的监控、管理学生的作品，加强学习的控制度。

(2) 通过平台，教师可以将学生的多媒体作品汇集起来，从中挑选出部分优秀的作品进行展示，在互评环节中学生则可以相互观看和评价其他同学的作品，相互学习，共同进步。

(3) 有条件的学校教师还可以预先建立起相应的供学生交流讨论的BBS等网上论坛，并鼓励学生通过论坛发言、讨论和学习。通过交流，教师可以从中及时了解学生的反馈信息，而通过学生的主动参与，可以增强学生对教学内容的参与感，激发学生的学习兴趣。

2. 实施的整个过程——实现评价的多元化

根据"多媒体作品"这一专题的教学内容，我们把整个学习过程分为资料收集、素材加工和作品制作三个阶段。这三个阶段的教学及评价实施过程设计如表6-2所示。

表6-2 教学及评价实施过程设计表

学习内容	教学任务	评价内容	评价方式
资料收集	自选主题，根据主题分栏目准备相关的文字和图片素材并进行总体版面设计	1. 信息搜索能力 2. 信息的判断和分类能力 3. 总体规划能力	填写评价量化表和自评
素材加工	对收集到的图片和文字进行加工处理，使之更符合下一阶段的制作要求	1. 加工处理文字信息的能力 2. 加工处理图片信息的能力	利用BBS进行学习交流
作品制作	完成多媒体作品的制作	1. 作品的艺术性、技术性 2. 创新和实践能力	互相评价和教师评价

在整个实施过程中要力求通过平台所提供的自评、互评和教师评价来让评价多元化，并力求做到从各个不同的方式对学生的学习情况和学习进度进行公平、公正的考核，现将平台中自评、互评和教师评价三个评价环节的设计目的介绍如下。

(1) 自我评价

首先，由于信息技术课的教学内容相对比较特殊，学生上机操作成功与否，答案正确与否，学生自己就能从操作结果中得到判断，而且操作结果是直接显示在计算机屏幕上的，不但清楚明了而且公开，所以同学之间易于进行互相判断与监督。以上这些特征为实施自我评价创造了其他学科所不能比拟的条件，加入自我评价这一环节有助于改善以往学生在评价环节中的被动局面，让学生成为评价的主体。

其次，信息技术是一门实践性非常强的课程，但任何实践操作都离不开理论知识的支撑，为了更好地检验学生对制作多媒体作品所需知识技能的掌握程度，在自评环节中我们还提供了相关的知识技能评价。知识技能评价是以试题的形式来对学生进行考核，教师可以根据教学内容和学生的知识水平在后台管理中动态地添加和删除相关试题。

而为了更好地追踪学生作品主题的选取情况，在自评环节中我们加入了情感态度的评价，在这里学生可以用最精练的语言来表述自己所要设计的作品的主题，实践证明情感态度评价更能调动学生学习的积极性；而教师则可以通过后台管理中的“管理自评（查看情感态度）”来查看整体学生的作品主题，从中了解学生的情感态度，并及时做出教学反馈和进行教学调整。

最后，我们在自评环节中加入了过程方法评价，在这一环节中我们根据新课程标准为各个专题的学习提供了不同的评价标准，学生们可以参照相应的评价标准，在交互窗口中对自己学习过程作出一个自评，通过自评结果，学生可以了解到自己的学习过程及方法是否正确，并及时对自己的学习作出调整。

（2）互相评价

在互评环节中，学生可以互相观看和评价其他同学的作品，也可以相互进行投票，从投票数中我们可以看出哪个作品的得票率最高，每个学生的得票数和人气指数都是随时进行更新的。在这一环节中学生从评价的对象变成了评价的主体，从而更好地调动了学生主动参与学习的信心。

（3）教师评价

在教师评价环节中，学生可以看到教师对自己作品的反馈意见，从教师给出的评语中学生们可以及时了解到自己作品的制作情况，以及制作过程中存在的问题，从而继续发扬优点，改正不足，争取更大的进步。

3. 评价实施过程中遇到的问题

由于是第一次尝试通过平台对学生进行多元化的评价，所以在整个评价的实施过程中我们也遇到了许多问题，归纳起来主要有以下三大问题。

（1）技术问题

“教学与评价”平台的运行环境是网络，所以如果同一时段的访问量太大，就经常会出现一些运行错误，导致网页无法正常打开，导致影响到整个评价的顺利进行。所以，选择合适的后台数据库很重要，这样就可以大大降低平台的运行出错率，而且安全性更高。

（2）学生问题

部分学生对待评价的态度不端正，所以在进行自评和互评时会出现一些不公的现象，有些同学不明白评价的目的，出现弄虚作假或投票不公的现象等。

为了让整个评价能够更加公平公正地进行，并发挥其作用，教师必须在评价进行的过程中适当地引导学生，让他们对评价有一个正确的认识，明白这个评价的出发点并不是为了甄别和选拔他们，而是为了更好地促进他们的学习。只有明白了这一点，他们才能安心客观地进行评价，才能让整个评价才能在一个轻松、愉快的环境下进行。

（3）时间问题

在实践中，我们尝试到了新的评价方式的好处，但评价的开展是需要时间的，在课堂上进行评价的环节占去了一部分的教学时间，教学内容相对地减少，所有的这些问题都需要我们在日后的实践活动中不断探索，不断改进。

网络环境下多元化的学习评价模式是一个新生的事物，其开展还需要不断完善。用多元评价标准对学生的学习情况进行评价，通过自我评价、互相评价和教师评价来开展评价是今后教学中探索的大方向，是一种较适合学生全面发展的学习评价模式。

6.3.3 档案袋评价法

档案袋评价法兴起于 20 世纪 80 年代后期的美国，近几年我国教育界引进了这种新型的评价方法。档案袋评价又称文件夹评价，是由学生学习过程中的各种作品和评价汇集而成，分为展示学生的学习进步的发展性档案袋和展示学生最佳作品的展示性档案袋。档案袋评价法旨在提供有关学生学习的实际水平，重视发展的过程，从多角度、多侧面判断每个学生的优点和可能性。笔者采用发展性档案袋记录每个学生一学期的作品、各类评价、任务总结、自我反思、等级评定等。在档案袋评价法中包含作品评价法。

在传统的评价中，教师是评价的主体，学生是评价的客体，他们长期处于被评价状态。档案袋评价法与此迥然不同，在档案袋中记录学生的学习过程，也就让学生拥有了判断自己学习质量和进步的资料，在档案袋中可寻找自己学习的轨迹。

档案袋评价的优点体现在以下三个方面。

(1) 可以清楚地记录学生随着时间推移的学习过程。

(2) 可以很方便地将学生现在的作品同以前的作品作比较。

(3) 为客观公正地评价学生的等级提供依据。

档案袋的内容不是学生单方面的原始资料库，而是学生与教师、学生与学生、学生与家长、学生与他人活动过程的结晶和成果的积累，档案袋评定依据使用目的、不同功能和具体的情况而有各种不同的类型，可以因学校、班级和学生个人的不同情况而不同，笔者是使用电子档案袋记录每个学生每个章节作品、评价、自我反思或课后小结，均以电子文档形式存入每个学生自己的档案袋中，将作品、评价、反思放入相关的章节中，如图 6-4 所示。

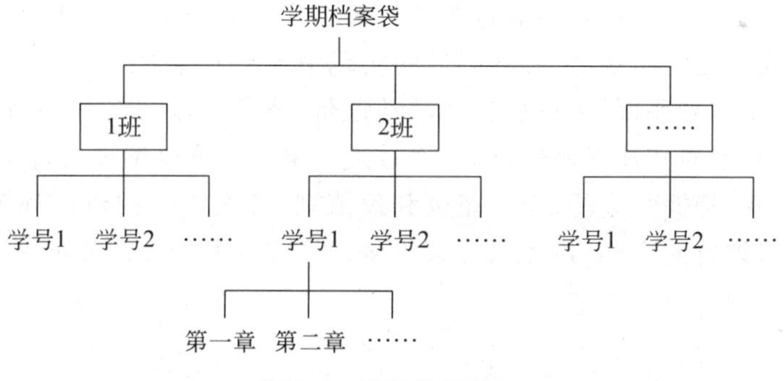

图 6-4 档案袋评价法

应用档案袋评价法应注意以下几点。

1. 注重评价过程

评价要重视学生在学习过程中的自我评价和自我改进，使评价成为学生学会反思、发现自我、欣赏别人的过程，任务的完成没有完全统一的标准，结果是多元化的，在评价过程中，要给有困难的同学以支持和帮助，使之在评价过程中逐步掌握获取信息、筛选信息、传输信息和处理信息的方法，才是信息技术教学的根本。

2. 师生共同设定作品评价标准

以学生作为评价的中心和主体，以激发学生的学习兴趣、促进其学习和发展为评价目的，每个专题的活动过程的档案、每学期学生整体综合实践活动的档案以及各种类型的档案袋评价，由教师和学生共同研究制定出具体的评价标准。确定评价目标时，不仅应对学生的信息技术应用水平进行评价，还应对作品中体现出的学生对内容的理解、小组合作情况甚至口头报告情况等方面制作评价标准。如布置任务"设计一个旅行计划"的同时公布评价标准：内容丰富，界面美观，有超级链接，作品浏览方便，演讲时声音洪亮有感染力，认真倾听其他作品的展示等。

3. 即时评价

对每个专题或每次活动的评价要做到即时评价，使评价贯穿于活动的整个过程，对学生一学期的最终评价将根据学生提交的"学期档案袋"由教师采用定性和描述性语言相结合的方法进行评价，给出等级。

4. 关注个体性

只要他有所进步，就值得表扬，不求最好，只求更好。在新的评价体系中要充分考虑到学生的个体性，也就是要根据学生个体差别采取不同的评价标准。在高一开学初对所教学生进行"信息技术知识摸底调查"并记录在档案袋中，承认学生的个体差异，重视对学生进行个性化的评价，尊重每一个学生的发展需要和个性特长，才能调动每一个学生的学习积极性。

5. 耐心细致对待档案袋的建设

每个学校信息技术教师较少，一般都除了教学以外还担任学校其他工作，而建立档案袋就是一个庞大的工程，若详细地对每个学生每个作品做出公正的评价需要花费大量的时间，这也是客观存在的问题，需要在以后的实践中不断地探索。

综合运用典型作品评价、项目型实践活动评价、成长记录等各种过程性评价方式，全面考查学生的信息素养和技术操作能力；通过组织学生讨论典型社会现象、道德两难情景或相关案例的方式，把握学生的情感、态度和价值观，考查学生的道德规范内化和习惯养成；尽量采用上机评价的方式，避免只考察机械记忆的机考和考察死记硬背的纸笔测验。

实践篇

第 7 章　解读《中小学信息技术课程指导纲要》

第 8 章　普通高中信息技术新课程标准的实施

第 9 章　中小学信息技术教师的专业素养、现状与职后培养

第 10 章　利用微格教学法培养信息技术教师的基本教学技能

第 7 章

解读《中小学信息技术课程指导纲要》

7.1 《中小学信息技术课程指导纲要》概述

7.1.1 我国中小学信息技术(计算机)课程大纲的历史演变

在我国中小学计算机课程的历史上，制定过五个版本的计算机“教学大纲”或者叫“指导纲要”，根据计算机教学目的和内容的演变，计算机课程的发展大致可分为五个阶段。

1. 第一阶段(1981 年—1986 年)

1981 年，在瑞士召开了第三次世界计算机教育大会，由于受前苏联学者伊尔肖夫“计算机程序设计是第二文化”这一观点的影响，我国的五所大学附中和华夏基金会支持的试验学校在高中以选修课的形式开展计算机课程试验，从此拉开了我国中小学计算机教育的序幕。

1983 年，教育部(原国家教委)主持召开了“全国中学计算机试验工作会议”，制定了高中计算机选修课的教学大纲，其中规定计算机选修课的内容和目的为：

(1) 初步了解计算机的基本工作原理和对人类社会的影响；

(2) 掌握基本的 BASIC 语言并初步具备读、写程序和上机调试的能力；

(3) 初步培养逻辑思维和分析问题与解决问题的能力。

课时规定为 45～60 个小时，其中要求至少要有 1/3 的课时上机操作。

2. 第二阶段(1986 年—1991 年)

1986 年，国家教委召开了“第三次全国中学计算机教育工作会议”，本次会议受 1985 年在美国召开的第四次世界计算机教育大会“工具论”观点的影响，在 1983 年制定的教学大纲中增加了三个应用软件的内容，如字处理、数据库和电子表格，课程的目的也相应地包括了计算机的应用。对这些应用软件，各地可根据自身的师资设备条件选用，不作统一要求。

根据当时的国情，还不能把计算机课作为中学的基础性学科，只能作为具有较大灵活性的辅助性学科。在具备计算机专、兼职教师、有十台以上微机，并有专用机房和必要的活动经费等基本条件时，在高中作为选修课，在初中可作为课外活动、兴趣小组或劳技课的学习内容，并初步在小学和初中开展LOGO语言教学的试验。

3. 第三阶段(1991年—1997年)

1991年10月,国家教委召开了"第四次全国中小学计算机教育工作会议",这次会议是我国中小学计算机教育发展中的一个重要的里程碑。国家教委非常重视中小学计算机教育,并成立了"中小学计算机教育领导小组",颁发了"关于加强中小学计算机教育的几点意见"的纲领性文件,整个社会也开始重视计算机普及教育,为学校开展计算机教育提供了良好的社会环境。

根据本次会议精神,全国中小学计算机教育研究中心制定了《中小学计算机课程指导纲要》,并由国家教委基础教育司于1994年10月正式下发。《中小学计算机课程指导纲要》对中小学计算机课程的地位、性质、目的和内容有了比较详细的要求,首次提出了计算机课程将逐步成为中小学的一门独立的知识性与技能性相结合的基础性学科的观点。其中规定中小学计算机课程内容共包含以下五个模块,作为各地编写教材、教学评估和考核检查的依据。

(1) 计算机的基础知识:包括信息社会与信息处理、计算机的诞生与发展、计算机的主要特点与应用、计算机的基本工作原理介绍、微型计算机系统及类型的介绍、我国计算机事业的发展。

(2) 计算机的基本操作与使用:包括联机、开机与关机、系统设置、键盘指法训练、汉字编码方案及汉字输入方法介绍、Apple机及中华学习机CEC-I操作系统的简单介绍、PC机操作系统介绍。

(3) 计算机几个常用软件介绍:包括字处理软件、数据库管理系统软件、电子数据表格软件、教学软件与益智性游戏软件。

(4) 程序设计语言:包括BASIC语言程序设计基础和LOGO语言等。

(5) 计算机在现代社会中的应用以及对人类社会的影响。

这五个模块都是中小学计算机课程中最基本的教学内容,各地在编选教材时,可根据本地区的机器设备、师资水平、课时安排、学生素质等条件进行选择。

4. 第四阶段(1997年—2000年)

《中小学计算机课程指导纲要》虽然是1994年才颁发的,但事实上是在1991年开始制订的,并以"征求意见稿"的方式向各地发布,实际上到1997年已实施五六年时间了。这期间,计算机技术的发展和应用已有了很大的变化,在保留计算机学科的一些相对稳定的教学内容的基础上,为适应计算机技术新的发展和应用,对"指导纲要"做一些修改和调整是非常必要的,譬如增加一些新的教学内容,如Windows、网络通信、多媒体、常用工具软件等。对有些教学内容和教学要求如程序设计语言模块、计算机在现代社会中的应用和对人类社会的影响模块以及对整个指导纲要的结构也需要做些修改和调整。所以,根据这种要求,国家教委起草制定了《中小学计算机课程指导纲要(修订稿)》(以下简称"修订稿"),在广泛征求意见的基础上,已通过国家教委中小学教材审定委员会中小学计算机学科审查委员会的审议,并于1997年10月由国家教委正式颁发,在1998年秋季正式实施。"修订稿"进一步明确了中小学计算机课程的地位、目的、教学内容和教学要求等。其中规定：

小学计算机课的教学应以计算机简单常识、操作技能和益智性教学软件为重点。计算机学科本身的教学内容和课时不宜过多，一般为30个课时，最多也不宜超过60个课时。如果有条件增加课时，建议把教学重点放在计算机辅助教学或计算机应用上。建议在四、五年级开设小学计算机课程。

考虑到我国经济教育发展非常不平衡，在"修订稿"中规定的教学内容仍采用"以模块为主，兼顾层次"的方法，各地可根据自身的师资设备条件选取不同的模块和层次。在"修订稿"中，分小学和中学两大部分，其中中学部分又分为高中和初中两部分。

5. 第五阶段(2000年至今)

从2000年到现在的10多年间，我国中小学的信息技术教育教学进入了一个较快的发展期。2000年11月教育部发出的《关于在中小学普及信息技术教育的通知》中，信息技术就被列入中小学必修课程。这是我国中小学信息技术课程第一次被列入必修课程。2003年3月教育部颁布了《普通高中技术课程标准(实验)》，从而结束了我国中小学信息技术课程只有指导纲要而没有课程标准的历史。虽然目前义务教育阶段的信息技术课程还没有统一的国家课程标准，不过上海市和江苏省已率先颁布了地方"义务教育信息技术课程标准"。它们在课程体系架构、内容编排上都有了很大突破，在一定程度上代表了未来信息技术课程的发展方向，很值得借鉴。2010年7月《国家中长期教育改革和发展规划纲要》中明确指出："加快教育信息基础设施建设。信息技术对教育发展具有革命性影响，必须予以高度重视。把教育信息化纳入国家信息化发展整体战略，超前部署教育信息网络。到2020年，基本建成覆盖城乡各级各类学校的数字化教育服务体系，促进教育内容、教学手段和方法现代化。"我们有理由相信我国中小学信息技术教育一定会有更大的发展，并进入一个更快的发展阶段。

7.1.2　中小学信息技术课程指导纲要的基本框架

中小学信息技术课程指导纲要(2000年版)(以下简称"纲要")的基本框架由以下内容组成。

1. 课程任务和教学目标

中小学信息技术课程的主要任务是培养学生对信息技术的兴趣和意识，让学生了解和掌握信息技术基本知识和技能，了解信息技术的发展及其应用对人类日常生活和科学技术的深刻影响。通过信息技术课程使学生具有获取信息、传输信息、分析信息、处理信息和应用信息的能力，教育学生正确认识和理解与信息技术相关的文化、伦理和社会等问题，负责任地使用信息技术；培养学生良好的信息素养，把信息技术作为其终身学习、合作学习和创造性学习的重要手段，为适应信息社会的学习、工作和生活打下必要的基础。

2. 教学内容

区分小学、初中和高中三个阶段提出不同目标(将在本章第二、三、四节详细阐述)。

3. 教学评价

教学评价由评价原则、方法和评价结果的使用两部分组成。

(1) 评价的原则与方法

教师在进行教学评价时,应以有利于学生信息素养的提高,实践能力、创新精神的养成为目的。另外评价方法在各个教学阶段应有所不同,并应注意以下方法的灵活使用:

- 将形成性评价与终结性评价进行结合。形成性评价在课堂观察中进行,主要是考查学生操作技能的养成,不要过分强调以记忆为主的书面考核。终结性评价应以集体(或个人)完成“探究活动”、“实际(或虚拟)任务”为主。
- 注意评价学生其他学科应用信息技术的能力,建议其他学科在具体场合提出具体的要求。
- 为了便于综合“课堂提问”、“课堂观察”、“操作评价”、“主题报告”等的评价结果,应为每一组和每一位学生设立“学科考核档案”。建议这个任务由学生自己来建立信息处理框架。
- 同时建立学校、教师的评价原则和方法。

(2) 评价结果的使用

评价结果的使用,首先关系到政策导向问题,也与具体的学习阶段有关。例如在目前提倡减轻学生负担的情况下,在小学、初中是不宜强调利用信息技术的评价结果来决定学生的升留和升学问题。

对于教师的评价结果,应以鞭策教师继续学习为主要目的,同时也应作为加强教师队伍建设的依据之一。应防止学校之间盲目进行横向攀比,从而造成资源浪费的不良倾向。

4. 知识单元组合的建议

目前对知识单元(或者模块)的选用,多数用打[*]号的形式。按照这种知识单元框架,除知识点外,还有其他可选项,增加了灵活性。作为指导纲要,应按如下方法给出选择的原则和具体的范例。

- 按经济发达地区、城市和农村三类进行组合;
- 仿照数学、英语等学科的做法按等级进行组合;
- 同一地区按学校的设备和师资情况分类进行组合;
- 按指导纲要试行前期和后期进行组合(考虑信息技术的发展)。

5. 实施指导纲要的建议

(1) 教材建设(常见教材、电子版、网络版教材等)

指导有关教师正确处理课程改革与教材建设的关系,技术发展与教材内容更新的关系。根据信息技术课程的特点,教材应该做到以大纲为准,“一纲多本”。有条件的学校可以根据学校自身特点编写相关的校本课程,比如“机器人”校本课程、“Flash”校本课程、“电脑美术”校本课程等。

(2) 设备配置建议

- 至少保证每两个学生一台计算机,有条件的学校要保证每个学生一台计算机。
- 计算机的配置要达到主流水平,考虑到计算机硬件发展较快,有条件的学校在购买计算机时应适当超前。

(3) 校园网建设建议

- 要根据学校内计算机的数量(教师用的计算机数量加上学生用的计算机数量)合理地配置网络带宽。
- 应配备带有防火墙及杀毒功能的路由器以保证网络安全。
- 计算机教室中的计算机应安装广播系统和 VOD 点播系统,以保证教学的顺利进行。
- 为保证学生健康上网应在服务器上安装不良信息过滤系统。

(4) 有关管理体制的建议(如科组管理、机房管理)

- 学校应根据开设信息技术课程的年级及人数合理安排信息技术教师的人数。
- 鉴于信息技术学科的特殊性,有条件的学校应安排网络管理员和计算机维护人员,如果实在不能达到要求,也要安排信息技术教师或相关人员兼任。

(5) 信息技术教育有关资源库(政府性质,不会引起广告嫌疑)、教育网站的推介

7.1.3 《中小学信息技术指导纲要》的解读

1. 信息素质教育是中小学信息技术课程的核心教育目标和任务

(1) 中小学信息技术课程的教育目标

众多教育专家和学者认为,21 世纪教育的新命题是信息教育,为了适应当今和未来社会的要求,学校教育要从记忆型教育转为信息教育,即培养学生从记忆信息转向应用信息和创新信息,这正是从应试教育向着素质教育改革的方向。全国信息技术教育研究中心指出"信息技术教育是现代社会全面素质教育的一个重要组成部分,其目标是培养现代社会接班人的信息素质"。所谓信息素质是指学生的信息意识、信息伦理道德修养和主动高效地获取信息与处理信息的能力。

21 世纪对人才素质提出的重要内容是"吸引、处理、创造信息和组织利用、规划资源的能力","善于适应环境、改造环境和开拓进取的应变能力","既讲竞争,又善合作、协调共进的组织能力",但无论哪一种能力都应从青少年开始培养。能力的提高、素质的形成是不能靠简单的说教就能奏效的,要经过耳闻目染、亲自体验与实践的过程。信息技术的核心——计算机是一种通用智力工具,同时计算机的操作是一种手、眼、脑高度配合的过程,是培养学生综合能力的有效方法,信息技术课程教学应在培养学生能力、全面提高学生素质方面发挥其独特的优势。因此,信息素质教育是中小学信息技术课程的核心教育目标。

(2) 中小学信息技术课程的教学任务

基于上述信息素质教育的要求,中小学信息技术课程教学的主要任务体现在以下 4 个方面。

- 用我国现代社会主义公民所必备的信息技术基础知识,包括最基本的知识和最基本的技能武装学生,使学生学会收集信息、处理信息并利用信息技术手段自主学习,为他们适应现代化信息社会的学习、工作和生活方式打下必要的基础,以培养学生具有使用计算机和网络及其他信息技术来解决自己工作、生活中问题的意识。
- 结合信息技术课程知识的学习,向学生渗透思想品德教育。培养学生健康的信息

意识和信息伦理道德，使学生能够遵循信息应用人员的伦理道德规范，不作非法活动，也知道如何防止计算机病毒和其他计算机犯罪活动。这就要求教师除了结合信息技术课程教学言传身教外，还要以自己的模范行动来教育学生，方能很好地培养学生良好的信息伦理道德品质，使他们能树立正确的人生观、世界观，能够在信息的汪洋大海中正确把握人生的方向，以形成良好的信息技术道德。

- 发展学生的能力，教会学生学习。在信息技术课程教学中要使学生掌握基础知识和基本技能的同时，还必须有意识、有计划地培养和发展学生的能力，教会学生自学信息技术知识的方法，掌握网络上教育资源的搜集方法，了解计算机和网络以外的其他信息技术。中小学的信息技术课程教学应使学生终身受益，无论学生今后从事何种职业，他们在中学和小学学到的知识和培养的能力都应该是有用的。这就要求教师加强培养学生基本的信息系统（计算机系统）的操作能力和接收、处理信息的能力，包括“信息采集的能力、信息通讯的能力、信息组织与表达的能力、信息加工处理的能力、信息系统的分析与查错能力、对于信息系统与信息进行评价的能力、信息结果的分析与报告能力”等。
- 教学中要发展学生的体力。信息技术课程教学中声光刺激很强，特别是在上机操作课中，不仅体力强度大，而且光亮度非常强。信息技术设备属于比较精密的高科技产品，对于运行环境有一定的要求。例如防尘、温度、湿度、光照、电磁污染等。一般学生机房都应具备必要的防护保护措施以保障机房的小环境。因此，在信息技术课程教学中要注意教学卫生，促进学生的大脑神经系统和身体的正常发育及机能的发展。要结合信息技术课程学科的特点，对学生进行卫生保健方面的教育。例如，要养成学生正确的上机操作姿势，距离显示器屏幕不宜过近，座位与操作键盘高度应适宜，屏幕显示的色度和亮度控制也要适当，同时要求学生在学习中要合理安排用脑和休息，减轻课业负担，保护健康。

综上所述，作为担负着普及信息技术教育责任的中小学阶段的信息技术课程教学，所确定的教学目标与任务应该是：把学生培养成为对信息技术有着浓厚兴趣的、能够比较熟练地用信息技术来接收与处理日常工作和生活中各类信息的人。不应该将培养信息技术人才和普及信息教育等同起来，就像生活中我们不能指望每个人都成为贝多芬和聂耳，但不能说不成为音乐家就失去歌唱的乐趣。

2. 基于信息素质教育的中小学信息技术课程的学科特点与教学建议

根据我国中小学信息技术课程教学体系和教学内容来分析，基于信息素质教育的中小学信息技术课程的学科特点有如下几方面。

（1）发展性特点

由于现代信息技术发展日新月异，无论是硬件还是软件均取得了不少突破性的成就，开辟了许多新的领域，提出了许多新的观点，这就使得中小学信息技术课程教学具有明显的时代发展性特点。

现实表明，以计算机和网络为核心的信息技术的发展速度是当今任何一门学科都未曾有过的。“每 18 个月计算机芯片的性能价格比将提高一倍”普遍地被计算机工程师称之为摩尔定律。计算机硬件技术的高速发展带来的是软件的不断更新换代。这样就能使信息技术课程的学科将在一个很长的时间里处于高速度、高淘汰并存的发展状态之中。那么，如何在中小学阶段为学生打好基础，使学生学到信息技术知识和操作技能，尽可能地对学生的长远发展起作用，是在信息技术课程教学过程中要解决的问题。

从实际调查中发现，现行中小学由于各地经济和教育发展不平衡，计算机硬件和软件配备及教师水平与学生的素质等条件差别较大，因此没有使用统一的教材，教学内容仅是根据本地区甚至是本学校计算机的硬件和软件配置及教师信息技术水平等因素确定。但不管使用何种教材，我们都应该从培养学生的信息素质角度出发，选取信息技术课程学科中的基础知识和技能作为中小学的信息技术课程的教学内容，因为越是基础的东西越具有普适性和迁移性，也就越适应于中小学的素质教育。不能将现在的教学内容和若干年后学生走上工作岗位时的实际需要简单地连接起来。

(2) 综合性特点

中小学信息技术课程与中小学其他学科比较，具有较强的综合性。它涉及众多的边缘和基础科学，比如信息论、控制论、系统论、哲学、美学、文学、数学、物理、机械、电子、工程、光学、生物学等。这就是说，中小学信息技术课程本来就不具备严格意义上的所谓计算机学科性，它兼有基础文化课程、劳动技术教育和职业教育的特点，也兼有学科课程、综合课程和活动课程的特点。

就目前中小学的现实情况来看，信息技术与基础教育结合通常分为三个方面，即信息技术课程教学、计算机辅助教学和计算机辅助管理。应试教育的主要弊端之一是"学科本位"，在我们的实际调查中发现，由于受传统"应试教育"的影响，这三者的界限分得极为清楚，似乎信息技术课程只能讲计算机的"学科"的内容，这种片面强调信息技术课程的所谓学科性，严重束缚了众多信息技术课程教育工作者的思路。因此，现在从小学到初中、高中的信息技术课程教材内容几乎雷同，都是"计算机基础知识、操作系统、文字处理、计算机语言"等，只不过低年级少一两项，或难度低一些而已。实施素质教育，提高教育教学质量，减轻学生课业负担的出路之一是"淡化"学科界限，现代教育技术引入了多媒体教学手段，提出了超文本方式组织教学信息，以任务驱动教学过程的思想，这为实施综合课程教学提供了理论基础和技术手段。

从这一特点出发，针对目前我国中小学信息技术发展的状况，我们应该淡化中小学信息技术课程的"学科性"，强调它的综合性，特别是小学阶段，主要是用计算机，而不是学计算机，是以计算机为工具，与其他学科或活动整合在一起，其综合性非常强。另外，在教学中，应适当淡化信息技术课程与计算机辅助教学、计算机辅助管理之间的界限。这样，可以开拓思路，既有利于信息技术课程教学，也有利于促进计算机辅助教学的发展，同时可以提高计算机硬件的使用率，也能使学生在计算机文化综合应用的熏陶中提高他们的信息素质。

(3) 应用性特点

中小学信息技术课程是一门应用性学科。在信息技术课程教学过程中应该体现这样一种的教学氛围：创造尽可能多的机会(既包括课内也包括课外)让学生亲自动手使用计算机，学生只有在不断的使用过程中才能学好计算机。

理论和实践也已表明，计算机在教学中有着巨大的应用潜力。正因为计算机拥有图画、声音、交互控制、动画视频等多种手段和正在日益发展的远程通讯能力，在教学中的应用将越来越大，在某种程度上将打破传统的教学模式。这方面的作用主要体现在：计算机辅助教学能够使教学更贴近学生和学习实际；减少学生的理解障碍；同时能够提高教学效率。比如教育部基础教育司和电化教育办公室从1997年开始实施的"全国中小学现代教育技术实验学校"项目中采用"计算机与语文识字教学整合"，就是一个非常成功的范例。

(4) 工具性特点

以计算机为代表的信息技术不是一般的工具，而是"人类通用的智力工具"，所以，中小学信息技术课程的学科具有工具性的特点。这就要求我们的教师严格执行"加强基础，淡化语言，注重应用，强化实践"的指导思想。也就是说，通过信息技术课程教学，要求我们的学生必须掌握和应用计算机这个现代化的工具，去处理现代社会的信息。这就要求我们在教学中，应该打破传统信息技术课程教学中的两个误区：一是把信息技术课程上成中、英文打字课；二是把信息技术课程上成单纯的计算机语言课。不可否认信息技术课程中的中、英文打字练习和计算机语言教学都是必不可少的重要教学内容，但是不能因此而只顾一点而不计其余。结合这一特点，在信息技术课程的教学中要求教师注意以下问题：

- 中小学信息技术课程教学的重点应该是计算机操作技能的培养和训练与计算机辅助教学并重，而不应该只重视基本技能的训练而忽视辅助教学功能，也不能只强调辅助教学作用而忽视了基本技能的训练。首先是培养学生运用信息工具的能力，掌握从图书资料的检索到计算机信息处理软件和网络浏览器、网络通讯工具的灵活使用；其次是培养学生主动获取信息的能力，具有敏感的主动的信息意识，能够根据自己的学习目的去发现信息，收集整理必要的信息；再次是培养学生善于处理信息的能力，包括检索、筛选、鉴别、使用、表达和输出信息的能力，能够从丰富的信息中选择和鉴别自己所需的信息，能够简单通俗地表达自己的研究成果并将信息传递给他人，能够充分利用信息工具进行学科知识的学习和研究。
- 中小学信息技术课程教学应该由单纯的语言教学转变为以计算机操作教学为主，以语言教学为辅，让学生在使用过程中学会使用计算机，并使其成为今后进一步学习和工作的工具，用计算机学习写字，用计算机学习算数，用计算机学习绘画，用计算机学习音乐，以及用计算机帮助他们学习数学、语文、自然、英语和其他科学文化知识，并利用计算机开发他们的智力和培养他们的创造能力。
- 在信息技术课程教学方法的设计或选择上，要从学生的实际出发，开展形式多样、内容丰富的课堂教学。让学生"在游泳中学会游泳"，让学生在具体的获取信息、处理信息的过程中实践、锻炼。这一"获取信息、处理信息"过程中的"信息"，当然是与学生各科学习内容相关的有意义的知识。

以信息技术课程的文字处理软件教学为例，该部分的教学完全可以同作文教学紧密结合：教师指导学生使用文字处理软件输入、编辑、修改学生自己的作文，或统一修改教师精心准备的"病文"。比如有位教师把"多媒体计算机与小学作文教学整合"，采用由"①创设情境；②指导观察；③局部分说；④整体总说；⑤计算机打字表达；⑥评议批改"等六个教学环节所组成的新型教学模式来进行作文教学试验。其中除第1、2、6三个环节主要由教师发挥主导作用以外，其余环节包括第 6 环节均可体现学生的主体作用。

在信息技术课程的"创设情境"环节中，根据不同的教学内容，教师要设计并利用不同的多媒体教学软件，通过多媒体的真实情境引起学生观察兴趣，利用多媒体软件提供的图像、动画、活动影像等图文音像并茂的情境代替课本上的静止画面，让学生"看情境讲述"或"看情境写话"，写一段话或写一篇短文。由于多媒体计算机提供的情境比课本更生动更真实，能更容易引起学生的兴趣，因此有助于培养学生观察事物的能力，也更容易激发与培养学生的想象力。

利用多媒体软件的友好交互界面和多媒体的超文本结构，教师可以针对学生的实际情况，按照由表及里、由浅入深、由个别到一般，由具体到抽象的认识规律，采用不同的观察方式，有效地指导学生进行观察，以提高学生观察事物、分析事物的能力。与此同时教师要积极启发学生的想象力，在想象的基础上采用先"局部分说"，然后"整体总说"的方式让学生练习口头讲述。这样既可贯彻由简到繁、循序渐进的教学原则，使学生不会感到有压力，又可为认知主体提供更多的练习"讲述"或"写话"的机会，即主动进行语言文字表达的练习机会。

在"打字表达"环节中，让学生在观看活动情境的同时，把想写的一段话或想写的一篇短文，通过"想打"方式，用键盘在屏幕上打出来。这样就可达到让每一个学生都积极思维、都主动参与的目的，所以，这里的"打字"是起促进思维、帮助认知的作用，而不是要在这个环节让学生去练打字。

在"评议批改"环节中，通常是在教师指导下，由学生参与评议和修改。如果是在计算机网络环境下则可以选择学生中的优秀作文或有典型错误的作文发送到每个学生的终端机上，供全班同学共同赏析和评议。这种基于网络(特别是基于多媒体网络)的评议批改，由于全班学生都能看到同一篇作文，就能使每个学生都来积极参与评议和修改，学生普遍表现出很高的参与热情，因而能收到传统作文教学无法比拟的效果。这样做，学生感到十分亲切，不仅有助于突破传统的作文教学模式，而且也可以愉快地完成信息技术课程的教学任务，从而有效地提高作文教学的质量和效率，达到一箭双雕、事半功倍的教学效果。

(5) 实验性特点

中小学信息技术课程是离不开实验的学科。它的创立和发展都离不开计算机的操作。中小学信息技术课程教学也必须突出实验性的特点。因为信息技术课程教学的性质决定了它不能离开上机实验，上机实验操作直接关系到中小学信息技术课程教学的发展水平和教学水平。在中小学信息技术课程教学过程中，我国发达地区的中小学，比如城镇中小学，上机实验操作的课时数与授课时数之比要求为 1∶1。在我国中小学计算机课程指导纲要中明确规定："对于计算机较多的学校，学生的操作时间一般不低于总课时的二分之一"。

中小学信息技术课程的学科实验性特点主要表现在以下几个方面：

- 信息技术课程是实践极强的学科，不实践学不会，不实践学了也没有用。针对这一特点，我们建议中小学信息技术课程教学应该"面向应用"，以实践为主，精讲多练，"精讲"是指教师要讲出内容的基本知识点和精华；"多练"是指让学生有足够的上机时间，进行有目标、有实际效果的操作，并培养学生的信息技术操作意识和应用意识，不能搞“纸上谈兵”和“无机教学”。

- 对学生来讲，在计算机面前，他所面对的不是一般的物理仪器，而是用来学习、动手操作和进行构思与创造的环境，能培养他们的学习技能、实践能力和创造能力。
- 上机操作是实现中小学生信息素质教育的基本手段，是培养学生操作技能的主要途径，也是发展学生非智力因素的一个重要环节。上机时，学生可以综合应用自己所学到的各学科知识和方法指挥计算机工作，来实现自己的创意，完成自己的各项任务。在这个实践过程中，可以有效地培养观察能力、想象能力、审美能力、逻辑思维能力、以抽象化的形式描述问题的能力、规划能力、创造能力、分析问题和解决问题的能力、与别人合作的能力，以及自信、自强、自立的精神，使学生的综合素质全面得到提高。

(6) 趣味性特点

中小学信息技术课程是一门趣味性很强的学科。因此，在教学过程中，应该充分利用计算机的趣味性，无论在哪个年级，无论什么样的教学内容都应该重视挖掘和体现信息技术课程的趣味性，重视激发、培养和引导学生对计算机的学习兴趣。

根据信息技术课程的学科特点，学生容易对信息技术课程产生兴趣的萌芽，教师应抓住时机，加以引导、扶植、培养，使学生形成真正的兴趣。教师应为学生创设一个良好的学习环境，努力激发学生主动探索的愿望，细心诱导学生的想象和思维，热情鼓励学生的每一点进步，耐心点拨学生的每一个困惑，使学生在学会和会学中不断取得进步。特别要挖掘计算机与其他课程教学整合中体现出来的优越性，用学生身边实实在在的事实去激发其对信息技术课程的浓厚学习兴趣。比如有位数学教师将“计算机与数学课教学整合”，采用多媒体计算机讲授“轴对称”概念：先利用几何画板制作了一只会飞的花蝴蝶，这只蝴蝶刚一“飞”上屏幕，立刻吸引了全体同学的注意，一些平时不爱上数学课的学生这时也活跃起来。同学们根据蝴蝶的两只翅膀在运动中不断重合的现象很快就理解了“轴对称”的定义，并受此现象的启发还能举出不少轴对称的其他实例。这时再在屏幕上显示出成轴对称的两个三角形，并利用多媒体计算机的动画和隐藏功能，时而让两个对称的三角形动起来，使之出现不同情况的对称图形(例如图形在对称轴两侧、两图形交叉或是对称点在轴上等)；时而隐去或显示一些段线及延长线。在这种形象化的情境教学中，学生们一点不觉得枯燥，相反在老师的指导和启发下他们始终兴趣盎然地认真观察、主动思考，并逐一找出对称点与对称轴、对称线段与对称轴之间的关系，在此基础上学生们很自然地就发现了轴对称的三个基本性质，并理解了相应的定理，从而实现了对知识意义的主动建构。这样既高效优质地完成了数学教学任务，又激发了学生对信息技术课程知识学习的浓厚兴趣，更重要的是培养了学生运用信息技术获取知识的信息素质。

7.2 《中小学信息技术课程指导纲要》中对小学阶段信息技术教育内容的要求

小学阶段的信息技术课程目前主要以计算机和网络技术为主(教学内容附后)。教学内容分为基本模块和拓展模块(带 * 号)，各地区可根据教学目的和当地的实际情况在两类模块中选取适当的教学内容。小学阶段信息技术课程，一般不少于 68 学时；上机课时不应少于总学时的 70%。《中小学信息技术课程指导纲要》将小学阶段的信息技术教学分为 4 个基本模块和 2 个拓展模块(带 * 号)。

模块一　信息技术初步

- 了解信息技术基本工具的作用，如计算机、雷达、电视、电话等。
- 了解计算机各个部件的作用，掌握键盘和鼠标器的基本操作。
- 认识多媒体，了解计算机在其他学科学习中的一些应用。
- 认识信息技术相关的文化、道德和责任。

模块二　操作系统简单介绍

- 汉字输入。
- 掌握操作系统的简单使用。
- 学会对文件和文件夹(目录)的基本操作。

模块三　用计算机画画

- 绘图工具的使用。
- 图形的制作。
- 图形的着色。
- 图形的修改、复制、组合等处理。

模块四　用计算机作文

- 文字处理的基本操作。
- 文章的编辑、排版和保存。

***模块五　网络的简单应用**

- 学会用浏览器收集材料。
- 学会使用电子邮件。

***模块六　用计算机制作多媒体作品**

- 多媒体作品的简单介绍。
- 多媒体作品的编辑。
- 多媒体作品的展示。

7.3 《中小学信息技术课程指导纲要》中对初中阶段信息技术教育内容的要求

7.3.1 初中阶段信息技术课程的定位

初中是处于小学与高中的一个衔接阶段。在小学，大部分学生已经初步接触了信息技术，基本掌握了诸如开、关机；鼠标、键盘的操作；文字处理等操作，能够初步使用以计算机和网络为主的信息技术来解决生活中所面临的实际问题。初中阶段信息技术课程应该在此基础上进一步培养学生学习信息技术的兴趣，巩固他们获得的信息技术知识并着力提高学生应用信息技术解决实际问题的能力,为高中阶段信息技术知识的学习打下坚实的基础。

7.3.2 初中阶段信息技术课程的教育目标

总体而言,初中阶段信息技术教育的课程目标为:在初步掌握相关信息技术的基础知识的基础上,进一步培养和发展学生使用和甄别信息的能力,提高利用信息技术解决实际问题的能力。由于初中阶段学生的自我意识开始迅速发展,而信息技术特别是网络对于初中学生的导向性又具有两重性,所以要特别注意培养初中生良好的信息素养和自律精神,使学生能够在一定程度上自觉抵制网络所带来的不良影响。

在初中阶段信息技术的教育教学过程应突出强调以下几点:

(1) 学生在实践活动中,体验借助计算机和网络获取、处理、表达信息并用以解决实际问题、开展学科学习的过程;

(2) 在活动中理解感知信息的重要性,分析信息编码以及利用计算机等常见信息处理工具处理信息的一般过程;

(3) 发展积极参加信息技术技术活动,主动探究信息技术工作原理和信息科技奥秘的兴趣;

(4) 在参与实践活动的过程中,观察、思考、讨论和分析与信息技术应用相关的社会现象,养成适当的信息技术使用习惯。

7.3.3 初中阶段信息技术课程内容设置和选择的原则

1. 采用"非零起点",与小学和高中信息技术教育的衔接

义务教育阶段信息技术教育的内容应以小学阶段规定的内容为基础,初中不再采用"零起点"的内容设置;同时注意与高中信息技术课程标准有关规定的衔接,为学生在高中阶段的学习奠定必要的基础。另外需要通过灵活多样的方式帮助小学未接受过信息技术教育的初一学生尽快跟上学习进度。

2. 以兴趣为起点,以活动为载体,螺旋上升地设置内容

以符合义务教育阶段学生年龄特点和认知规律的实践任务为主线,组织学生进一步学习的信息技术内容。淡化学科体系,打破各操作软件之间的界限,将学生必须掌握的软件知识和操作技能有机融合到不同学年的实践活动中,通过活动的不同技术要求引领学生螺旋上升式学习必要的软件操作。初中阶段的学习尤其要注意引导学生综合运用小学所学的信息技术知识与技能。

3. 鼓励跨学科的活动主题,实现技术学习与技术应用之间的整合

应注意从各学科学习任务中设计活动主题,引导学生以学科学习任务为载体探究和掌握信息技术;同时,加深学生对信息技术在学科学习中价值的理解,推动学生利用信息技术开展学科学习,解决研究性学习问题,实现信息技术作为学习对象与学习工具的双重价值。

4. 淡化学科体系

初中阶段信息技术课程的学习应注意软件知识和操作技能的融合。

5. 适应地区差异、体现地域特色

各省在确定地方课时、界定课程内容、教材呈现方式上有一定的自主权。在达到基本要求的基础上，各地在内容选择及其难度设置上，应适应本地设备、师资及学生的现状；活动选题要体现各地经济社会发展的需要，体现地域特色，鼓励多样化的选题——立足地方现实；体现地方特色；反哺地区经济；融入地方文化。

6. 体现个别差异，鼓励技术创新

学习内容应丰富多样，要求要分水平，以适应学生的个别差异和特殊发展需求；鼓励学生自主选择活动主题、讨论确定合适的活动方式，活动空间要打破教室和书本的局限，鼓励更自主的技术实践和更开放的科技探究与技术创新。

7.3.4 初中阶段信息技术课程的内容及目标要求

义务教育阶段信息技术教育内容分为基础性内容和拓展性内容。基础性内容是学生运用信息技术开展学科学习和综合实践活动，适应现代社会生活的必要基础，是必修内容；拓展性内容是针对信息技术条件较好的地区以及在信息技术方面学有余力的学生设置的选择性学习内容，以引导学生在信息技术学习的广度和深度上进一步发展。初中阶段信息技术的选修课程为智能机器人、基于汉语编程语言的程序教学或根据学校的具体情况而定。初中阶段信息技术课程的教学目标和内容如表7-1所示。

表7-1 初中阶段信息技术课程的教学目标和内容

教学目标和内容
1 了解信息社会的含义，体验和分析信息技术对学习和生活带来的影响，表现出良好的信息意识和信息技术使用习惯
1.1 结合学习和生活经验，了解信息的概念及主要特征，讨论衡量信息社会的主要标志。结合自身应用信息技术的经验，进一步讨论信息的价值，在日常生活和学习中表现出理性认识信息价值、敏锐捕捉有用信息、主动获取相关信息、甄别筛选正确信息、共享交流有益信息的良好信息意识；进一步提高判断和使用健康信息、主动抵触不良信息的信息道德判断能力；讨论每个个体在学习共同体和社会公共知识创新中的责任，形成积极参与有益信息创作和知识创新的意识。如：人与信息、人与信息技术、现代信息技术的应用与影响和计算机的保养及维护
1.2 结合实例，了解常见的信息编码方式及其对信息处理的意义
1.3 调查身边常用的信息技术工具，了解常用信息技术的类别及其在学习、工作和科研中的用途
1.4 能列举和分析信息技术的发展变化对工作、学习和社会发展的影响，并能就某个专题进行调查、研究
1.5 在使用信息产品、信息技术设备和软件时，能自觉遵守相关的法律法规和道德规范，理解不恰当应用带来的后果；了解知识产权的简单知识，养成负责地使用技术设备和信息资料的习惯，学会规范的论文、著作、网络资料等不同资料来源的引用方式；养成保护自己信息安全的意识，知道如何在局域网或互联网中保护自己信息资料和人身安全

续表

教学目标和内容
2 探究和初步理解计算机的结构和工作原理 2.1 能结合应用实践，总结和描述计算机系统的硬件和软件构成，初步认识互联的概念及与单机的区别。在具备网络的学校中，学生应熟悉局域网的常用功能 2.2 了解常见硬件设备的作用及其常用的关键技术指标，比较不同指标对计算机功能的实际影响。学会根据学校、家庭或工作场所的具体需要，设计计算机的软硬件配置方案 2.3 讨论分析操作系统在计算机中的重要性和主要功能 2.4 学习或进一步熟悉资源管理器的有关功能及相关步骤和命令（例如：格式化、恢复格式化；建立目录、复制、移动、搜索；常用硬盘管理功能；设置安全与共享等）。通过实践，加深对资源管理的认识，养成资源管理的意识
3 利用因特网有效获取信息，支持学科学习，解决实际问题 3.1 根据学习或实践需要，提高使用因特网搜索、浏览和下载信息的能力，体验超链接在网页中的作用，提高信息获取能力，学会合法、合理地使用网络工具和资源 3.2 能根据学习主题或实践任务，识别网上信息的真实性、准确性和相关性，能讨论网络信息获取与其他信息获取形式的异同点 3.3 能利用 BBS、电子邮件、即时通讯等网络交流工具传递信息、表达思想、辅助学习。学会判断不良信息、主动抵触不友好网络交往的必要方式，如学会管理电子信箱和反垃圾邮件的方法、学会在 BBS、QQ、MSN 等工具上判断并主动防止不良信息的方法等
4 学会制作动画作品，直观地表达动态信息或描述过程 4.1 欣赏分析动画作品，比较动画与其他信息表达方式的联系与区别，分析动画在信息表达方面的独特性 4.2 通过剖析作品，了解动画的制作原理，熟悉动画制作的基本概念 4.3 学会使用一种常用动画制作工具，设计、制作动画，表达动态信息或描述动态过程
5 学会使用电子表格软件进行简单的数据处理，支持学科学习和研究性学习 5.1 根据学科学习和研究性学习的需要，学会使用电子表格输入或记录数据，并对数据进行整理、分类、成表（编辑、格式化） 5.2 根据需要，学会用电子表格的公式与函数对数据进行必要的计算和处理 5.3 能通过数据分析，得出结论或发现规律 5.4 学会使用电子表格的图表功能，直观地呈现统计结果或研究结论，增强研究结论结果的说服力
6 能使用常用信息处理工具，综合运用写作、绘画、表格、动画等多种方式，设计、制作并发布多媒体作品 6.1 能根据内容的特点和信息表达的需要，确定表达意图和作品风格，选择适合的素材和信息表现形式，并对制作过程进行规划 6.2 能根据表达的需要，综合考虑文本、图像、音频、视频、动画等多种媒体形式的素材的优缺点和适用性，选择合适的素材并形成组合方案；学会使用适当的工具采集必要的图像、音频、视频等多媒体素材 6.3 学会运用合适的软件和工具（如文字处理软件、电子表格软件、动画制作软件、图像加工软件、简单的音频和视频处理软件）对原始素材进行初步的编辑、加工 6.4 使用自己熟悉的多媒体制作软件，集成各类素材，制作多媒体作品 6.5 能根据作品特点和受众的需要，选择合适的方式演示或发布电脑作品，表达主题和创意 6.6 能讨论形成多媒体作品的评价标准，对自己和他人的多媒体作品及其制作过程进行评价并对作品进行有效的优化以增强表现力；能比较利用信息技术制作电脑作品与传统制作过程和传统作品的异同 6.7 讨论所用信息技术工具的优缺点，提出可能的技术改进建议，形成技术创新意识

续表

教学目标和内容
7　通过网站设计与制作进行合作学习，开展健康的社会交往 7.1　结合自己使用网站的经验，比较网站与其他多媒体作品在信息表达与发布方面的异同，比较网站和网页的关系，了解网站的基本结构 7.2　学会根据学习或社会交往的需要，设计学习支持网站或其他主题网站，学会合理规划网站的内容栏目和必要的交互功能 7.3　学会使用合适的网站制作工具制作网站，尝试使用常用网站制作技巧支持课程学习、合作研究或健康的社会交往，例如，利用表格对网页进行布局，了解和使用导航功能，设置超链接，初步了解(如，能看懂简单标识)超文本标志语言(HTML)的作用 7.4　在使用网站及相关现代通信技术开展学习和交往的过程中，能认识到网络影响的两面性，讨论遵守相关法律法规、行为规范的意义，在活动中表现出健康、负责和符合网络礼仪的行为。能讨论分析网络安全的重要性，学会必要的网络信息安全保护方法
*8　设计和制作机器人，以机器人为载体，体验并初步学会通过程序设计解决问题的基本过程(本部分为选修内容，分小学阶段未开设机器人选修课和已经开设有关课程两种情况分别做要求)

小学阶段未开设机器人选修课	小学阶段已经开设机器人选修课
8.1　了解简易机器人的基本构造；说出各类传感器(如声音、光敏、红外、温度、触摸)的功能及其对人类功能的模拟。能描述机器人各部分的功能和工作原理，如通过传感器搜集信息、通过程序来判断处理信息、控制外部动作等 8.2　研究和了解现代机器人的发展趋势，讨论机器人与人类在解决相关问题上的优缺点，例如，机器人对复杂情况的反应；机器人可以完成哪些人类难以完成的任务等 8.3　学会根据生活和学习中的实际需要，设计、动手制作或组装简单的实物机器人(如：机器人导盲、迎宾、灭火、踢足球、走迷宫等)，初步学会将编制好的控制程序导出到实物机器人，运行机器人并对机器人及其控制程序做出必要的调试和修改。或使用简单易学的程序语言(如 LOGO)编制简单的程序控制机器人做出简单动作或解决简单问题 8.4　在不具备实物机器人的情况下，也可以利用机器人仿真环境来模拟机器人的运动和调试使用流程图编制的简单的控制程序；感受利用程序解决问题的一般过程	8.1　在制作和操纵简单机器人的基础上，探究机器人的机械装置、电子装置，了解计算机程序控制机器人做出各种动作的简单流程，体验机器人对信息技术多个门类的综合运用 8.2　通过使用和剖析一段机器人(仿真)程序，感知程序和程序设计语言；了解“确定算法—编程实现”这一计算机解决问题的一般过程 8.3　通过剖析机器人教学平台中的程序实例，理解程序的基本结构 8.4　学会使用一种机器人编程控制软件编制小编程，在仿真环境中运行或导出到实物机器人中运行程序，观察计算机运行程序的结果。根据运行结果对程序进行必要的修改和优化 8.5　开展机器人创意实践活动，学会搭建实物机器人(不具备实物机器人时，学会规划搭建机器人的活动过程，描述搭建常用机器人的方法)；初步了解复合结构的机器人搭建方法 8.6　了解机器人领域的发展前沿，分析我国在机器人领域存在的差距，树立责任感 8.7　通过合作设计、搭建机器人及参加有关竞赛活动，学会分工协作，培养团队精神

7.4 《中小学信息技术课程指导纲要》中对高中阶段信息技术教育内容的要求

7.4.1 高中信息技术新课程标准概述

在2001年下半年开始启动的高中课程标准制定中，明确将信息技术作为一个独立的科目进行课程标准制定。2003年2月发布的《普通高中信息技术课程标准(审定稿)》中明确提出将信息素养作为信息技术课程的主要目标。围绕着此目标，高中信息技术课程的设计体现三个特点：第一，信息技术应用能力与人文素养培养相融合的课程目标；第二，符合学生身心发展需求的课程内容；第三，有利于所有学生全面发展与个性发展的课程结构形式。

高中信息技术新课程包括必修与选修两个部分，如图7-1所示，共6个模块，每个模块2学分。高中信息技术课程总学分为2＋2＋x，其中必修2学分，科目内选修2学分，跨领域选修x学分。

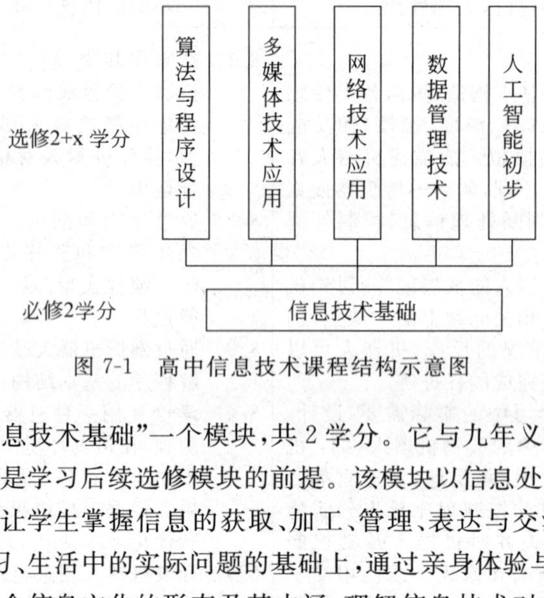

图 7-1　高中信息技术课程结构示意图

必修部分只有“信息技术基础”一个模块，共2学分。它与九年义务教育阶段相衔接，是信息素养培养的基础，是学习后续选修模块的前提。该模块以信息处理与交流、信息技术与社会实践为主线，强调让学生掌握信息的获取、加工、管理、表达与交流的基本方法，在应用信息技术解决日常学习、生活中的实际问题的基础上，通过亲身体验与理性建构相结合的过程，感受并认识当前社会信息文化的形态及其内涵，理解信息技术对社会发展的影响，构建与社会发展相适应的价值观和责任感。建议该模块在高中一年级第一、二学期开设。

选修部分包括“算法与程序设计”、“多媒体技术应用”、“网络技术应用”、“数据管理技术”和“人工智能初步”5个模块，每个模块2学分。选修部分强调在必修模块的基础上关注技术能力与人文素养的双重建构，是信息素养培养的继续，是支持个性发展的平台。模块内容设计既注重技术深度和广度的把握，适度反映前沿进展，又要关注技术文化与信息文化理念的表达。在选修部分的5个模块中，“算法与程序设计”是作为计算机应用技术基础设置的，“多媒体技术应用”、“网络技术应用”和“数据管理技术”是作为一般信息技术应用设置的，“人工智能初步”是作为智能信息处理技术专题设置的。为增强课程选择的自由度，5 个选修模块并行设计，相对独立（见图 7-1）。各选修模块的开设条件有所不同，各学校至少应开设“算法与程序设计”、“多媒体技术应用”、“网络技术应用”、“数据管理技术”中的两个，要进行规划，逐步克服经费、师资、场地、设备等因素的制约，开设包括“人工智能初步”在内的所有选修模块，为学生提供更丰富的选择。建议将选修模块安排在高中一年级第二学期或以后开设。其中“算法与程序设计”模块与数学课程中的部分内容相衔接，应在高中二年级第一、二学期或以后开设。

信息素养理论引发传统计算机课程的内容、结构、教学的全面改革。基于问题式学习、任务驱动教学法成为信息技术课程中的主要方法，同时合作式研究型课程也被列入信息技术课程的教学，信息技术与课程整合成为中小学信息技术教育的焦点。

7.4.2　高中信息技术课程的课程目标

普通高中信息技术课程的总目标是提升学生的信息素养。学生的信息素养表现在：对信息的获取、加工、管理、表达与交流的能力；对信息及信息活动的过程、方法、结果进行评价的能力；发表观点、交流思想、开展合作并解决学习和生活中实际问题的能力；遵守相关的伦理道德与法律法规，形成与信息社会相适应的价值观和责任感。具体可以归纳为以下三个方面。

1. 知识与技能

（1）理解信息及信息技术的概念与特征，了解利用信息技术获取、加工、管理、表达与交流信息的基本工作原理，了解信息技术的发展趋势。

（2）能熟练地使用常用信息技术工具，初步形成自主学习信息技术的能力，能适应信息技术的发展变化。

2. 过程与方法

（1）能从日常生活、学习中发现或归纳需要利用信息和信息技术解决的问题，能通过问题分析确定信息需求。

（2）能根据任务的要求，确定所需信息的类型和来源，能评价信息的真实性、准确性和相关性。

（3）能选择合适的信息技术进行有效的信息采集、存储和管理。

（4）能采用适当的工具和方式呈现信息、发表观点、交流思想、开展合作。

（5）能熟练运用信息技术，通过有计划的、合理的信息加工进行创造性探索或解决实际问题，如辅助其他学科学习、完成信息作品等。

（6）能对自己和他人的信息活动过程和结果进行评价，能归纳利用信息技术解决问题的基本思想方法。

3. 情感态度与价值观

（1）体验信息技术蕴含的文化内涵，激发和保持对信息技术的求知欲，形成积极主动地学习和使用信息技术、参与信息活动的态度。

（2）能辩证地认识信息技术对社会发展、科技进步和日常生活学习的影响。

（3）能理解并遵守与信息活动相关的伦理道德与法律法规，负责任地、安全地、健康地使用信息技术。

上述三个层面的目标相互渗透、有机联系，共同构成高中信息技术课程的培养目标。在具体的教学活动中，要引导学生在学习和使用信息技术、参与信息活动的过程中，实现知识与技能、过程与方法、情感态度与价值观等不同层面信息素养的综合提升和协调发展，不能人为地割裂三者之间的关系或通过相互孤立的活动分别培养。

7.4.3 高中信息技术的内容标准

1. 必修课程——信息技术基础

“信息技术基础”以信息处理与交流为主线，围绕学生的学习与生活需求，强调信息技术与社会实践的相互作用。本模块是高中学生信息素养提升的基础，也是学习各选修模块的前提，具有普遍价值，为必修模块。本模块包括“信息获取”、“信息加工与表达”、“信息资源管理”、“信息技术与社会”四个主题。

通过本模块的学习，学生应该掌握信息的获取、加工、管理、表达与交流的基本方法；能够根据需要选择适当的信息技术交流思想，开展合作，解决日常生活、学习中的实际问题；理解信息技术对社会发展的影响，明确社会成员应承担的责任，形成与信息化社会相适应的价值观。本模块的教学要强调在信息技术应用基础上信息素养的提升；要面向学生的日常学习与生活，让学生在亲身体验中培养信息素养。

2. 选修模块

(1) 算法与程序设计

算法与程序设计模块旨在使学生进一步体验算法思想，了解算法和程序设计在解决问题过程中的地位和作用，并能初步使用一种程序设计语言编制程序实现算法解决问题。

本模块的内容分为以下三个主题。

- 计算机解决问题的基本过程：结合实例，经历分析问题、确定算法、编程求解等用计算机解决问题的基本过程，认识算法和程序设计在其中的地位和作用。经历用自然语言、流程图或伪代码等方法描述算法的过程。在使用计算机解决实际问题的过程中，通过观看演示、模仿、探究、实践等环节，了解顺序、选择、循环三种基本结构及其重要作用，掌握计算机程序的基本概念，能解释计算机程序执行的基本过程。了解程序设计语言、编辑程序、编译程序、连接程序以及程序开发环境等基本知识。
- 程序设计语言初步：理解并掌握一种程序设计语言的基本知识，包括语句、数据类型、变量、常量、表达式、函数。会使用程序设计语言实现顺序、选择、循环三种控制结构。理解模块化程序设计的基本思想，初步掌握其基本方法。初步掌握调试、运行程序的方法。在使用某种面向对象程序设计语言解决问题的过程中，掌握面向对象程序设计语言的基本思想与方法，熟悉对象、属性、事件、事件驱动等概念并学会运用。能够说出程序设计语言产生、发展的历史与过程，能够解释其意义。
- 算法与问题解决例举：内容包括解析法与问题解决、穷举法与问题解决、查找、排序与问题解决、递归法与问题解决 4 个部分。通过实际问题的解决，了解常用算法的概念，能够利用常用算法分析问题、设计算法、编写程序求解问题。

(2) 多媒体技术应用

多媒体技术的应用，在改善人机交互效果、提高信息交流效率方面具有十分重要的价值。"多媒体技术应用"这一模块是针对多媒体技术在生活中的实际应用而设置的。

通过本模块的学习，学生应该在亲身体验的过程中，认识多媒体技术对人类生活、社会发展的影响；学会对不同来源的媒体素材进行甄别和选择；了解多媒体信息采集、加工的基本原理，掌握应用多媒体技术解决问题的思想与方法；初步具备根据主题表达的要求进行多媒体作品规划、设计与制作的能力。

本模块教学要密切结合学生学习与生活的实际，注重利用多媒体表现创意、表达思想，实现直观有效的交流。

本模块由三个主题组成：多媒体技术与社会生活、多媒体信息采集与加工、多媒体信息表达。

(3) 网络技术应用

"网络技术应用"模块主要介绍网络的基本功能和因特网的主要应用，由以下三个主题组成。

- 因特网应用基础：内容包括因特网服务的基本类型、特点与应用领域；因特网服务组织的类型、提供的服务及服务的特点；因特网信息检索工具的类型与特点；搜索引擎、元搜索引擎(又称集成搜索引擎)的工作原理发展趋势；常用的因特网信息检索工具的使用方法及相关技能；与人们学习、生活密切相关的因特网应用技术的基本使用方法及其基本工作思想；利用因特网获取所需信息、实现信息交流的方式方法；因特网在跨时空、跨文化交流中的优势及其局限性。
- 网络技术基础：内容包括计算机网的主要功能、分类与拓扑结构；网络协议的基本概念，因特网 TCP/IP 协议的基本概念、思想与功能；网络通信中常用的信息交换技术及其用途；IP 地址的格式与分类；域名的概念和域名解释的基本过程；因特网 IP 地址、域名的管理办法；小型局域网的构建方法；网络服务器的主要作用与基本原理；代理服务器的概念及其应用。
- 网站设计与评价：内容包括 WWW、网页、网站的基本概念及其相互关系；动态网页的概念及其工作过程；常用的网页制作软件的特点及其应用；规划、设计、制作、发布与管理简单网站的基本方法；根据网站主题要求设计评价指标，对常见网站的设计质量与运行状况进行评价。

通过本模块的学习，学生应掌握网络的基础知识和基本应用技能；掌握网站设计、制作的基本技术与评价方法；体验网络给人们的生活、学习带来的变化。

本模块的教学，要注重激发学生对网络技术和参与创造性活动的兴趣；要结合实际条件，把网络技术基础知识和基本技能整合到学生的日常学习和生活中去，避免技术与应用、理论与实践相脱节；要充分体现网络技术发展趋势，展示网络技术与现代社会生活的相互作用。

(4) 数据管理技术

随着计算机技术与网络技术的发展，数据管理技术已经被广泛地应用到社会的各个领域，渗透到人们的学习生活中。

“数据管理技术”模块的设置，是为了让学生初步了解数据管理的一般过程；体验数据管理技术对人类社会的深刻影响；理解数据管理的工作原理及相关概念；初步掌握数据的组织与收集、整理与存储、应用与维护、统计与分析的一般方法；能够对实际问题进行需求分析、数据库结构设计、数据收集与整理，形成关系型数据模型，使用数据库管理系统对数据进行存储、管理与维护、应用与统计分析；并能够通过设计简单的数据库应用系统，解决日常学习与生活中所遇到的数据管理问题。

数据管理技术模块的主要内容包括数据管理基本知识、数据库的建立、使用与维护及数据库应用系统。本模块要求学生知道数据管理技术的基本概念，了解数据管理技术在社会生活中的应用，初步掌握数据的组织与收集、整理与存储、应用与维护、统计与分析的一般方法，掌握数据库管理系统的使用，掌握数据库间的链接以及数据的导入/导出，了解结构化查询语言的基本概念，明确数据化的思想与意义，能够进行简单数据库应用系统的设计。

(5) 人工智能初步

本模块从人工智能的基本概念及普通高中学生容易理解和掌握的人工智能领域的有关内容入手，通过观摩或实际操作，让学生知道人工智能对人类学习、生活的影响，感受人工智能技术的无限魅力，增强对信息技术发展前景的向往和对未来生活的追求。通过学习了解人工智能技术的发展现状与前景，并能描述人工智能的基本概念；进一步要学会使用一种人工智能语言解决简单问题；并能利用简易的专家系统外壳开发简单的专家系统。

本模块由三个主题组成：知识及其表达、推理与专家系统、人工智能语言与问题求解。

第8章

普通高中信息技术新课程标准的实施

8.1 课程性质与基本理念

根据《基础教育课程改革纲要(试行)》的精神、义务教育阶段信息技术课程的基本理念以及构建高中信息技术课程的背景研究等,《普通高中信息技术课程标准》从课程目标、课程结构、课程内容、课程实施以及课程评价等方面提出了高中信息技术新课程的基本理念。高中信息技术课程的实施要使学生在持续的信息技术应用实践中,把握具有普遍意义的技术文化要素,体验信息文化,提升信息素养,从而支持全面的基础文化素养的发展。

8.1.1 课程性质

1. 基础性

普通高中信息技术课程是《普通高中课程方案(实验)》中规定的技术领域中的一个学科,与九年义务教育中的信息技术教育相衔接,以提高学生的信息素养为主旨,是国家规定的普通高中学生的必修课程。在我国普通高中课程结构中,信息技术属于技术类基础课程。在信息时代,增强信息意识,提升信息素养,具备基本的信息技术能力,已经成为人的生存与发展的必要条件。信息技术课程在基础知识与基本技能教学的基础上,注重科学思想方法的建立、美好情感的培养、科学态度的建立、良好习惯的养成,为学生在其他领域的学习提供工具,为应对未来挑战、实现终身发展奠定基础。

2. 实践性

信息技术课程立足于学生的直接经验和亲身经历,立足于"做中学"和"学中做"。信息技术课程以学生的亲手操作、亲历情境、亲身体验为基础,强调学生的全员参与和全程参与,每个学生通过观察、模仿、练习、探究、分析、设计、创作等活动获得丰富的操作体验,进而获得情感态度、价值观以及能力的发展。

3. 综合性

信息技术课程是一门科学与人文相融合的课程。信息技术课程凝结了大量信息科学原理和方法,体现了明显的科学性特征。同时,它又携带着丰富的文化信息，体现着明显的人文特征。信息技术课程强调各学科、各方面知识的联系与综合运用。在学习中，学生不仅要综合运用已有的数学、物理、语文等学科知识，还要融合法律、伦理、心理、艺术、综合实践等方面的意识。

4. 创新性

培养创新人才是素质教育的最高目标。信息技术课程与现代信息技术的飞速发展紧密相联，教学内容紧随科技创新的步伐，充分体现时代的创新特性。信息技术课程作为新兴的课程，与课程改革同步发展，教师的教学方式与学生的学习方式充分体现出课程改革中注重培养学生创新精神的理念。信息技术课程通过信息的获取、加工、管理、表达和交流，通过信息技术思想和方法的应用及实际问题的解决，为学生展开创造力提供广阔的舞台，是培养学生创新精神和实践能力的重要载体和有效途径。

8.1.2 课程理念

1. 提高信息素养，培养信息时代的合格公民

信息素养是信息时代公民必备的素养，高中信息技术课程在义务教育阶段的基础上，以进一步提升学生的信息素养为宗旨，强调通过合作解决实际问题，让学生在信息的获取、加工、管理、呈现与交流的过程中，掌握信息技术技能，感受信息文化，增强信息意识，内化信息伦理，使高中学生发展为适应信息时代要求的具有良好信息素养的公民。

2. 营造良好的信息环境，打造终身学习的平台

高中信息技术课程经历了从试验、逐步发展到全面普及的阶段。由于信息技术学科历史短暂，发展中受到的制约因素较多，课程建设中存在问题也较多。以高中课程改革为契机，可以充分调动家庭、学校、社区等各方力量，整合教育资源，为高中学生提供必备的软硬件条件和积极健康的信息内容，营造良好的信息氛围。课程建设不仅关注学生当前的学习，更重视可持续发展，为学生打造终身学习的平台。

3. 关注全体学生，建设有特色的信息技术课程

由于发展的不均衡性，学生学习信息技术的起点水平以及个性方面的差异较大是当前信息技术教学中存在的普遍问题。高中新课程强调学生在信息技术学习过程中的自主选择和自我设计；提倡通过课程内容的合理延伸或拓展，充分挖掘学生潜力，实现学生个性化发展；在达到“课程标准”要求的前提下，鼓励因地制宜、特色发展。

4. 培养解决问题的能力，倡导运用信息技术进行创新实践

高中信息技术课程强调结合高中学生的生活和学习实际设计问题，让学生在活动过程中掌握应用信息技术解决问题的思想和方法；鼓励学生将所学的信息技术积极地应用到学习、生活中的各项实践活动中去，在实践中创新，在创新中实践。

5. 注重交流与合作，共同建构健康的信息文化

高中信息技术课程鼓励高中学生结合生活和学习实际，运用合适的信息技术，恰当地表达自己的思想，进行广泛的交流与合作，并在此过程中分享思想、激发灵感、反思自我、增进友谊，共同建构健康的信息文化。

8.2 教学内容分析与教学建议

8.2.1 信息技术基础

1. 信息获取

(1) 课程标准要求

- 描述信息的基本特征，列举信息技术的应用实例，了解信息技术的历史和发展趋势。
- 知道信息来源的多样性及其实际意义；学会根据问题确定信息需求和信息来源，并选择适当的方法获取信息。
- 掌握网络信息检索的几种主要策略与技巧，能够合法地获取网上信息。
- 掌握信息价值判断的基本方法，学会鉴别与评价信息。

(2) 课时安排建议

本部分课时安排建议见表 8-1。

表 8-1 本部分课时安排建议

教学内容	建议学时
信息基本概念和基本特征	1
信息技术的应用实例 信息技术的历史和发展趋势 信息的作用和价值	1
学习信息来源的多样性及其实际意义 根据问题确定信息需求和信息来源，选择适当的方法获取信息	2
信息检索的几种主要策略与技巧 合法地获取网上信息	2
信息价值判断的基本方法 信息的正确鉴别与评价	2

(3) 教学建议

- 目标分析

通过对信息基本特征和来源多样性的了解，学会利用已掌握的信息技术工具进行信息检索，并能够根据实际问题分析确定信息需求和获取信息来源，同时学会选择适当的方法获取信息，尤其是合法地获取网上信息。在网上获取信息方面应能够掌握信息检索的几种主要策略与技巧。通过对信息作用与价值的学习，掌握信息价值判断的基本方法，能够合理地鉴别与评价信息。

- 内容分析

如何利用信息技术主动、合理、合法地获取信息是本单元的核心内容。了解信息的基本特征与信息来源的多样性是学习信息获取方法以及合法进行网上信息检索的基础，是本单元的重点内容。教学中信息获取的主要途径是因特网，利用信息技术进行信息检索和信息过滤，并能够判断信息的价值是该单元的一个难点。掌握信息检索的策略与技巧，是学生学习的主要内容，也是能力提高的最佳途径。

• 学情分析

已具备的知识与能力：按照各地区关于义务教育阶段信息技术课程的要求，学生应完成不少于140课时的学习，学生已初步掌握了一些基本知识和技能。但由于影响信息技术学科教学的因素较多，学生的基础差异较大。

• 资源准备

硬件环境：计算机网络教室（1～2人1台可以接入因特网的计算机）。建议适当配备数码相机、数字录音机、扫描仪、数码摄像机等数字化信息采集工具，以及液晶投影机、交互式电子白板、实物投影机等教学仪器设备。

软件环境：Windows操作系统、Web浏览器。

教学资源：其他地区信息技术教师典型教学案例，信息技术教学网站、博客等。

学习资源：搜索引擎、各相关网站的网址。

• 教学模式与策略建议

建议采取基于问题的学习和小组协作学习等教学模式。适时使用主动式教学策略（支架与淡出策略、反思策略）和社会性策略（合作学习策略、小组评价策略）。倡导学生自主学习。在学习中积极思考，在探究和解决问题中学习。引导学生发现问题，提出解决问题的方案。

• 教学设计参考

教师引导学生从日常生活、学习中发现或归纳需要利用信息和信息技术解决的问题，通过问题分析确定信息需求。教师提出任务，学生根据任务要求确定所需信息的类型和来源。选择合适的信息技术进行有效的信息采集。获取信息后以小组协作学习形式评价信息的真实性、准确性和相关性。并采用适当的工具和方式呈现信息、发表观点、交流思想。组织学生对自己和他人的信息获取活动过程和结果进行评价，并归纳利用信息技术解决问题的基本思想方法。

• 可能遇到的问题及解决方法

关于信息的概念，不同书籍资料中的定义不同。据不完全统计，信息的定义不下几十种。在自然科学中，信息一般定义为消息中不确定的成分；在人文科学中，信息一般定义为事前知识与事后知识之差。信息具有两个重要的特征——不确定性和因人而异。教学中不必要求学生死记信息的定义，而要让学生从其特征以及对人们生活的影响等方面去把握信息的本质。

2. 信息加工与表达

(1) 课程标准要求

- 能够根据任务要求，熟练使用文字处理、图表处理等工具软件加工信息，表达意图；选择恰当的工具软件处理多媒体信息，呈现主题，表达创意。
- 合乎规范地使用网络等媒介发布信息、表达思想。
- 初步掌握用计算机进行信息处理的几种基本方法，认识其工作过程与基本特征。
- 通过部分智能信息处理工具软件的使用，体验其基本工作过程，了解其实际应用价值。

（2）课时安排建议

本部分课时安排建议见表 8-2。

表 8-2　本部分课时安排建议

教学内容	建议课时
计算机的功能、特征及解决问题的步骤	1
字处理软件、表处理软件的基本功能和操作 字处理和表处理软件的综合运用 图形、图像处理软件的基础知识 图形、图像处理软件的综合运用 音频和视频处理的基础知识及应用	10
算法的含义、表示形式和解决问题的基本过程	2
智能信息处理工具软件的使用	1
网络在线交流的基本方法 信息的表达方式和信息的表达技巧 电子邮件的工作原理和电子邮箱的管理	2
分析一个网站 构思、策划、准备素材 制作网页	6

（3）教学建议

• 目标分析

“信息的加工与表达”的学习是让学生了解信息加工和信息表达的一般方法，在活动的过程中通过使用一般信息处理软件巩固、提高软件的操作技能，在活动过程中感受信息加工与表达的一般过程，在活动中提高综合应用软件的能力。通过活动过程使学生逐步地认识到信息技术不仅是学习的内容，也是学习的工具。

• 内容分析

“信息的加工与表达”的学习内容可以由“信息的加工”、“信息的表达与交流”和“网页的设计与制作”三部分内容构成。学习过程中要注意这三部分内容的有机整合。

第一部分的内容学生在初中已经学习过，在高中的学习中更加强调文字处理软件、表格处理软件和多媒体软件在解决问题、加工信息过程中的综合应用。学习任务的设置要考虑知识的深度和广度。有关算法与编程的学习内容要使学生感受算法对于问题解决重要意义，了解程序设计与应用软件的关系。

第二部分的内容要求学生能够合理规范地使用网络发布信息、交流信息、表达信息。使学生体会计算机网络是信息交流的重要途径，能够熟练地以电子邮件、电子公告板、网页的方式交流信息。在使用电子公告板等信息交流工具时要为学生设计有益的交流主题，从而避免网络中不健康信息对学生的影响。

第三部分的内容是通过网页制作活动使学生在制作网页的过程中感受和体会信息的获取、加工、管理、表达与交流的过程。

• 学情分析

在学习本内容之前，学生对常用应用软件的使用一般停留在单个软件的基本操作上，对信息处理的过程和方法没有总体的认识。因此,"信息加工与表达"的教学应该立足于信息处理过程中,着眼于基本软件的综合运用上。

• 资源准备

要较好地完成"信息的加工与表达"这部分教学内容,首先要具备必要的网络设备、多媒体设备和教学中涉及的应用软件。其次,要为学生设计能够较好地涵盖教学内容、体现学习要求的活动项目,为学生准备配合活动内容的学习资料和背景资料。

• 策略建议

"信息的加工与表达"是"信息技术基础"模块的重要内容,建议在进行教学设计时要认真选择、设计教学案例,在案例设计中既要考虑对教学要求的覆盖面,还要考虑基本内容的可拓展性,从而照顾到全体学生学习需要,使每个学生都有收获。

• 可能遇到的问题及解决方法

对来自不同学校、不同学习基础学生的学习,非零起点的教学要求可能是信息技术学科教学设计的难点。在案例的设计中要根据本校学生的学习基础设计学习过程,从而体现"信息技术基础"模块教学在高中信息技术教学中承前启后的作用。

3. 信息资源管理

(1) 课程标准要求

- 通过实际操作或实地考察,了解当前常见的信息资源管理目的与方法,描述各种方法的特点,分析其合理性。
- 通过使用常见的数据库应用系统,感受利用数据库存储、管理大量数据并实现高效检索方面的优势。
- 通过对简单数据库的解剖分析,了解使用数据库管理信息的基本思想与方法。

(2) 课时安排建议

本部分课时安排建议见表 8-3。

表 8-3 本部分课时安排建议

教学内容	建议课时
信息资源管理的一般过程;信息资源管理活动的普遍性及其重要意义;信息分类标准及方法;信息资源管理的标准化思想	1
当前常见的信息资源管理的目的和方法,描述各自的特点,分析其合理性	1
数据库存储、管理大量数据和高效检索信息的优势 剖析简单数据库;数据库管理信息的基本思想与方法	2

(3) 教学建议

• 目标分析

"信息资源管理"的学习是为了让学生了解信息资源管理的一般过程和方法,逐步提高学生的信息资源管理的操作技能和应用意识,形成规范、良好的信息资源管理行为和习惯;使学生能够主动利用信息资源管理方法对日常学习与生活中的信息进行有效的管理。该部分内容也是对选修模块"数据管理技术"学习的引导和铺垫。

• 内容分析

"信息资源管理"可以沿着信息资源管理的发展历史轨迹——人工管理方式、文件管理方式、数据库管理方式，分三个层面来介绍。第一个层面：从学生身边常见的信息资源管理活动说起，引出信息资源管理的一般过程以及过程中所体现的管理思想和方法。第二个层面：从个人信息资源管理的角度出发，强调数字化信息资源管理的各种方法及方法的特点。第三个层面：从社会大角度出发，介绍数据库管理大量复杂的信息资源的必要性与优势，以及一般的方法。

第一个层面的内容可以通过一些具体的实例如图书馆的图书管理，介绍信息资源管理的一般过程和基本思想方法，重点是让学生能够总结出信息资源管理的一般过程，难点是使学生理解信息分类标准、方法，以及信息资源管理的标准化思想。

第二个层面的内容可以通过学生对个人数字信息管理的切身体会作为引入，重点是学生在实践中体会信息资源管理中分类管理的必要性与重要性，从而了解常见的几种管理方法。难点是如何选取实例让学生确实感受到信息资源管理的必要性与重要性。

第三个层面的内容重点是通过对现成数据库的剖析，让学生理解目前数据管理技术的发展和具体实施过程，难点是让学生理解利用数据库管理信息的基本思想和方法。

- 学情分析

学生对信息资源的人工管理和计算机文件管理已经有一些零散的感性经验，但对数据库管理技术基本是陌生的。因此，这部分内容教学的关键是在学生已有的感性经验的基础上，体验、理解信息资源管理的一般过程、思想与方法，以及数据库管理信息的思想与方法。

- 资源准备

教师在进行“信息资源管理”内容的教学时，应该准备一些学生比较熟悉的现成的数据库应用系统，以及正反两方面学生日常管理个人数字信息的实例。此外，还要保证计算机系统中有相应的数据库管理系统。

- 策略建议

由于“信息资源管理”部分的内容更多的是让学生通过实例和实践活动，去体会什么是信息资源管理、信息资源管理的一般过程方法以及数据库管理的思想。因此选择实例、设计实践活动是教学的关键。切合学生生活与学习并且对学生的信息管理素养有影响力的实例，引人入胜的实践活动是这部分内容教学成功的关键。

鉴于更多的教学内容需要学生亲自去体会和总结，在教学方法上可以采用探究法、发现法，让学生在具体的实例和实践活动中去发现问题，找到规律，尽量少些说教。对于信息资源管理中的一些方法、思想，应让学生在实践的过程中去体会、去发现。还需要注意的是，一些有关信息资源管理的概念学生是第一次接触，教师在给出时一定要注意科学性与严谨性。

- 可能遇到的问题及解决方法

在教学的过程中可能会遇到学生不感兴趣、课时不足、数据库内容偏难等问题。就数据库内容而言，关键是让学生理解数据库管理信息的一般方法和思想，所以，不一定非要选网络数据库，只要能够让学生体会到其中的管理思想的实例即可，也不必对其中的具体概念进行详细的讲解。此外，可以在前面一些内容的教学过程中有意让学生保存一些个人管理信息的素材，讲到这部分内容时就可以直接使用了。

4. 信息技术与社会

(1) 课程标准要求

- 探讨信息技术对社会发展、科技进步以及个人生活与学习的影响。
- 能利用现代信息交流渠道广泛地开展合作,解决学习和生活中的问题。
- 增强自觉遵守与信息活动相关的法律法规的意识,负责任地参与信息实践。
- 在使用因特网的过程中,认识网络使用规范和有关伦理道德的基本内涵;能够识别并抵制不良信息;树立网络交流中的安全意识。
- 树立信息安全意识,学会病毒防范、信息保护的基本方法;了解计算机犯罪的危害性,养成安全的信息活动习惯。
- 了解信息技术可能带来的不利于身心健康的因素,养成健康使用信息技术的习惯。

(2) 课时安排建议

本部分课时安排建议见表 8-4。

表 8-4 本部分课时安排建议

教学内容	建议课时
信息技术对社会发展、科技进步以及个人生活与学习的影响	2
与信息活动相关的法律法规	
网络道德规范	
信息的安全和保护	

(3) 教学建议

- 目标分析

“信息技术与社会”的学习是为了让学生进一步体验信息技术给社会经济发展和科技进步以及人们的生活带来的全面而深刻的影响,增强自觉遵守与信息活动相关的法律法规的意识,明确网络道德规范,养成文明上网的习惯。了解信息安全知识,树立信息安全意识。

- 内容分析

“信息技术与社会”主要介绍四部分内容:信息技术对社会的影响、与信息活动相关的法律法规、网络道德规范以及信息安全与保护。

第一部分内容可以组织学生从身边的数字化生活、信息技术对经济发展的带动、对政务信息化、社会事业信息化的推动等方面进行讨论,重点是体验信息技术对人类社会的影响,难点是对信息技术可能带来的不利于身心健康的因素的认识。

第二部分内容可以从知识产权角度出发,强调自觉遵守与信息活动相关的法律法规的重要性。重点是了解我国关于保护计算机软件方面的法律,难点是进行信息活动时,加强法律法规意识,自觉遵守与信息活动相关的法律法规。

第三部分内容可以通过学习《全国青少年网络文明公约》,认识网络使用规范和有关伦理道德的基本内涵。重点和难点是养成自觉遵守网络道德规范的良好习惯。

第四部分内容可以从计算机病毒的概念和特征、计算机感染病毒后的症状及计算机病毒的主要防治措施等几个方面入手,重点让学生认识计算机网络病毒危害性,坚持防范计算机网络病毒的基本原则,掌握一些行之有效的防范计算机网络病毒的方法,难点是掌握常用的病毒防范、信息保护的措施和方法。

- 学情分析

学生已经明确了信息的基本特征，掌握了常用的信息加工与表达的方法，从日常生活中初步感受到信息技术对社会的影响，但对于与信息活动相关的法律法规内容、网络使用规范、有关伦理道德、病毒防范和信息保护的基本方法还不够明确，还没有完全形成自觉遵守与信息活动相关的法律法规的意识、自觉遵守网络道德规范的良好习惯及网络交流中的安全意识等。因此，这部分的教学关键是在学生原有的信息意识的基础上，将上述内容和方法进一步明确。

- 资源准备

由于学生此时已经掌握了从因特网上获取信息的方法，教师可以在备课时准备一些问题构成任务单，并给学生提供相应的网站，让学生到网站上查询相关内容，开展综合探究，围绕任务进行讨论。归纳提炼出一些解决问题的思想方法，通过亲身体验和理性建构相结合，逐步提升信息素养。

教师可以准备一些近期在网络上出现的病毒破坏计算机系统的实例资料，让学生认识病毒的特征。有条件的学校，建议教师在课前安装一个常用的杀毒软件，让学生通过查杀病毒及对杀病毒软件的在线升级，掌握杀毒软件的使用方法。

- 策略建议

“信息技术对人类社会的影响”和“与信息活动相关的法律法规”可以安排1课时。在教学中，倡导学生自主学习，应注意引导学生从日常信息活动中发现问题，分析问题，体验信息技术对人类社会的影响，了解与信息活动相关的法律法规。

“网络道德规范”和“信息的安全和保护”安排1课时。可以让学生进行“限制网络共享”、“减少账户”、“设置口令”、“防止恶意扫描”、“加密文件系统”等实际的操作练习，对于危害网络计算机较为严重的“特洛伊木马病毒”，可以让学生学习设置“切断木马病毒入侵的端口”有效方法尝试对计算机病毒进行防范。也可以引导学生利用网上提供的免费防病毒程序，掌握一种计算机保护的方法。使学生在学习了本内容之后，在防范计算机病毒方面有一个清晰的思路，明确对计算机网络病毒的防范方法和措施。

- 可能遇到的问题及解决方法

对于忽略信息技术对社会负面影响的问题，解决的方法是注意引导学生从正负两方面进行分析。在教学的过程中可能会遇到学生遵守相应的法律法规、网络道德规范、注意信息安全等方面的意识不强的问题，解决的方法是充分利用因特网让学生查询和交流信息，也可以列举大量的常见实例让学生讨论和判断。

8.2.2　算法与程序设计

1. 计算机解决问题的基本过程

(1) 课程标准要求

- 结合实例，经历分析问题、确定算法、编程求解等用计算机解决问题的基本过程，认识算法和程序设计在其中的地位和作用。
- 经历用自然语言、流程图或伪代码等方法描述算法的过程。

- 在使用计算机解决实际问题的过程中，通过观看演示、模仿、探究、实践等环节，了解顺序、选择、循环三种基本结构及其重要作用，掌握计算机程序的基本概念，能解释计算机程序执行的基本过程。
- 了解程序设计语言、编辑程序、编译程序、连接程序以及程序开发环境等基本知识。

(2) 课时安排建议

本部分课时安排建议见表 8-5。

表 8-5 本部分课时安排建议

教学内容	建议课时
计算机解决问题的过程 算法的描述与设计	1
程序的基本结构	1
用流程图描述算法	1
任务分析与系统设计	2

(3) 教学建议

“算法与程序设计”模块旨在使学生进一步体验算法思想，了解算法和程序设计在解决问题过程中的地位和作用。

建议在这部分的教学设计中，使学生体会结构化和面向对象的程序设计的思想，能够用语言描述算法的实现过程，并能够用流程图来描述算法，并引导学生分析流程图描述问题中的基本结构，逐步养成用结构化程序设计分析问题、解决问题的习惯。

建议在教学设计时把“计算机解决问题的过程”、“算法”及“程序设计语言”这三部分内容有机结合起来。这样既可提高学生的学习兴趣，又可以使教学难点分散。为以后的学习内容起到一个铺垫的作用。

建议在本部分的教学中要引导学生理解流程图描述算法的作用，使学生感受到用流程图描述的算法是不依赖于某种语言的。不要使学生用流程图描述的算法成为某种程序语言编写程序的翻版。

2. 程序设计语言初步

(1) 课程标准要求

- 理解并掌握一种程序设计语言的基本知识，包括语句、数据类型、变量、常量、表达式、函数。会使用程序设计语言实现顺序、选择、循环三种控制结构。
- 理解结构化程序设计的基本思想，初步掌握其基本方法。
- 初步掌握调试、运行程序的方法。
- 在使用某种面向对象程序设计语言解决问题的过程中，掌握面向对象程序设计语言的基本思想与方法，熟悉对象、属性、事件、事件驱动等概念并学会运用。
- 能够说出程序设计语言产生、发展的历史与过程，能够解释其意义。

(2) 课时安排建议

本部分课时安排建议见表 8-6。

表 8-6　本部分课时安排建议

教学内容	建议课时	教学内容	建议课时
可视化程序开发工具	1	基于对象程序设计	2
数据的表示与处理	1	代码编写与调试	4
程序的基本结构	1	软件测试与维护	2
结构化程序设计	2		

（3）教学建议

初步使用一种程序设计语言编制程序实现算法解决问题是这部分内容的学习重点。建议在做本内容的教学设计时，选择相对简单的问题，使学生将注意力放在算法的程序语言表达上。问题的选择要注意语句出现的先后顺序和覆盖范围，从而降低语言的学习难度，引导学生在处理问题的过程中学习程序设计语言知识。

建议在教学中要明确教学目标，明确程序设计语言是实现算法的一种工具，避免把算法与程序设计课变成程序设计语言课。应用实例可以相对简单，但学习的过程应突出算法的实现。

3. 算法与问题解决例举

（1）课程标准要求

第一类：解析法与问题解决

- 了解解析法的基本概念及用解析法设计算法的基本过程。
- 能够用解析法分析简单问题，设计算法，编写程序求解问题。

第二类：穷举法与问题解决

- 了解穷举法的基本概念及用穷举法设计算法的基本过程。
- 能够根据具体问题的要求，使用穷举法设计算法，编写程序求解问题。

第三类：查找、排序与问题解决

- 了解数组的概念，掌握使用数组存储批量数据的基本方法。
- 通过实例，掌握使用数据查找算法设计程序解决问题的方法。
- 通过实例，掌握使用排序算法设计程序解决问题的方法。

第四类：递归法与问题解决

- 了解使用递归法设计算法的基本过程。
- 能够根据具体问题的要求，使用递归法设计算法、编写递归函数、编写程序、求解问题。

（2）课时安排建议

本部分课时安排建议见表 8-7。

表 8-7　本部分课时安排建议

教学内容	建议课时	教学内容	建议课时
用解析的方法解决问题	2	用递归法解决问题	2
用穷举法解决问题	2	问题例举	4
在数组中查找数据	2	简单任务分析与系统设计的实施	2
对数据进行排序	4		

(3) 教学建议

在本内容的学习过程中，了解常用算法，能使用这些方法处理简单的问题是本内容学习的重点。

逐步学会从问题分析到方法选择过程的理性思考。能够用程序设计的思想看待问题、处理问题。例如：应用软件中功能按钮与程序的对应关系，表格处理软件中的排序功能与程序设计的关系，交通管理中的"红绿灯控制"与程序控制的关系。文学作品创作的设计与自顶向下，逐步求精设计方法的关系等。通过算法与程序设计课程的学习使学生逐步养成理性地思考问题、处理问题的习惯。

程序设计所体现的是以动态数据处理形式反映客观世界数量变化及运动过程。动态思维方法是分析问题、解决问题的重要方法。动态思维训练是与传统数学、物理等学科运用公理系统进行的演绎思维训练相平行的另外一种重要的思维训练。算法与程序设计课程的学习是提高学生信息技术素养的需要，也是创造学习的需要。

算法与程序设计课程是本学科中知识性较强的学习内容，是信息技术教学的基本内容。在算法与程序设计的学习中结构化程序设计思想和面向对象程序设计思想的建立及算法学习的实施，对学生分析问题、解决问题能力的培养作用是超越学科界限的。是学生体验计算机是如何解决实际问题的重要手段，是其他学科不可替代的。

如果本模块在高一的第二学期以后开设，建议结合数学学科中有关算法的内容开展教学，使学生的学习内容在学科之间相互迁移，从而起到提高学生的学习积极性和学习兴趣的作用。

8.2.3 多媒体技术应用

1. 多媒体技术与社会生活

(1) 课程标准要求

- 了解多媒体技术的现状与发展趋势，关注多媒体技术对人们的学习、工作、生活的影响。
- 通过调查和案例分析，了解多媒体在数字化信息环境中的普遍性。
- 通过网络浏览、使用多媒体软件或阅读相关资料，体验和认识利用多媒体呈现信息、交流思想的直观性、生动性和有效性。
- 体验并了解多媒体作品的集成性、交互性等特征。

(2) 课时安排建议

本部分课时安排建议见表 8-8。

表 8-8 本部分课时安排建议

教学内容	建议课时
了解多媒体技术的现状、发展趋势与普遍性	2
多媒体的特性 常用多媒体播放软件的使用	2

(3) 教学建议

学生通过这部分内容的学习应该对多媒体技术有一个比较全面、概括的了解，得到对多媒体的特性的感性认识，在情感上对多媒体技术产生兴趣，并渴望进行深入的学习。

在义务教育阶段，学生对多媒体技术的特性、现状、发展趋势、对社会生活的影响有所了解和感受；对多媒体技术的原理有所了解，但较浅显。城近郊区学生对新兴数码产品，如 MP3、数码相机、多媒体手机、DVD 机等硬件接触较多，可以较轻松地进行操作。所有学生都应该使用过多媒体软件，对于 Windows 操作系统自带的“媒体播放器”、“录音机”、“画图”和 PowerPoint 比较熟悉；一些媒体播放软件如 ACDSee、金山影霸、豪杰解霸、Flash Player、RealPlay 等多数学生有所接触，可以很快掌握。

进行这部分内容的教学，硬件方面应具备计算机多媒体网络教室(或具备液晶投影机或大屏幕电视、实物投影机、音响设备、学生机配声卡及耳麦、扫描仪、数码相机、数码摄像机、视频采集及压缩卡、DVD 光盘刻录机、MP3 播放器等设备)；软件方面应具备 Windows 操作系统、Web 浏览器、媒体播放器、流媒体播放器等；同时应具备相关多媒体作品和教学网站或相关阅读资料等教学资源。

本部分内容要求学生记忆和掌握的知识内容不多，对多媒体技术发展中的客观性事件不宜做过细的要求，教师应注重学生对学习内容的体验和感受，可以通过优秀的多媒体作品、丰富的教学资源吸引学生的兴趣，使学生得到充分的感性认识，获得情感上的认同。

2. 媒体信息采集与加工

(1) 课程标准要求

- 了解常见的多媒体信息如音频、图形、图像、动画、视频的类型、格式及其存储、呈现和传递的基本原理与特征。
- 能选择适当的工具，分别对音频、图形、图像、动画、视频等多媒体信息进行采集；了解多媒体信息采集的基本工作原理。
- 能根据信息呈现需求，选择适当的工具和方法，分别对音频、图形、图像、动画、视频等多媒体信息进行加工制作。

(2) 课时安排建议

本部分课时安排建议见表 8-9。

表 8-9 本部分课时安排建议

教学内容	建议课时	教学内容	建议课时
多媒体信息处理基本原理	2	音频采集与加工	6
图形图像采集与加工	6	动画视频加工与应用	6

(3) 教学建议

学生通过这部分内容的学习应该对多媒体技术的相关原理有一个较为深入的了解，初步掌握各种软硬件的使用方法，能够对各种多媒体信息进行采集与加工。

学生在初中阶段对多媒体技术的原理已有所了解，但较浅显。有些学生使用过 PhotoImpact、Photoshop、我形我速、金山画王、Flash 等图形图像和动画制作软件；对于音频、视频编辑软件，学生接触较少。学生知识及能力基础差距明显。

因本部分内容涉及多个应用软件的使用，对于各种多媒体软件的使用操作学生可能会遇到较多困难，教学中可能会占用一定时间。

本部分内容教学多数情况下应在计算机多媒体网络教室环境中进行，设备要求与“多媒体技术与社会生活”部分相同。

本部分教学内容对教学软件环境要求较高，除相关多媒体作品及素材、教学网站或相关阅读资料等教学资源以外，还应配备以下各类软件：网页浏览器，音视频媒体播放器、流媒体播放器、动画播放器、音频处理软件、视频编辑软件：图像编辑软件、矢量图形编辑软件、动画制作软件、多媒体集成工具等。

本部分内容需要留给学生较充分的动手实践的机会，课堂教学应做到精讲多练。教学中应注意学生合作学习、探究学习的实际效果。

在遇到多媒体信息的采集时，可能会遇到设备不足等问题，可以采用分组轮流使用，在学生家庭条件较好的学校可发动学生自备一些器材。

3. 媒体信息表达

(1) 课程标准要求

- 通过网络浏览、软件使用和资料阅读，理解多媒体技术是人类在信息社会中表达思想、实现交流的一种有效技术。
- 通过案例分析，了解从问题解决的需要出发，规划、设计、制作多媒体作品的一般方法。
- 学会使用非线性方式组织多媒体信息。
- 能根据表达、交流或创造的需要，选择适当的多媒体编辑或集成工具完成多媒体作品。
- 能使用一种常用的工具制作简单的虚拟现实作品，并了解其工作原理。

(2) 课时安排建议

本部分课时安排建议见表 8-10。

表 8-10 本部分课时安排建议

教 学 内 容	建议课时	教 学 内 容	建议课时
多媒体作品集成	6	虚拟现实	1
流媒体应用	1	作品展示与评价	4

(3) 教学建议

本部分教学内容要求学生在前一段学习的基础上，能够完成表达一定主题的多媒体作品，作品中应合理使用技术。在作品创作之前，教师可以针对一些学生作品，分析评价标准，避免学生容易犯的错误。对学生作品的评价应具体，对其改进作品有帮助。

作品评价可以从作品的以下几个方面考虑。

- 思想性：要求作品主题明确，内容健康向上。
- 科学性：能科学、完整地表达主题思想；内容切合作者的学习和生活实际，有实用价值。
- 规范性：文字内容通顺，无错别字和繁体字；作品的语音媒体应采用普通话，除特殊需要外不宜采用方言，非原创素材、内容应注明来源、出处；作品表现形式易于理解和接受。

- 创造性：素材获取及其加工、内容创作等方面尽可能包含更多的原创成分，主题表达形式力求新颖、直接；构思、创意力求独特、巧妙，作品具有想象力和个性表现力。
- 艺术性：力求反映出作者的审美能力和艺术表现能力；准确运用图形、色彩等视觉表达语言，具有较好的视觉效果，表现形式美观、新颖。
- 技术性：选用制作工具和制作技巧恰当；技术运用准确、适当、简洁；播放流畅，视听效果好；人机交互方便。

8.2.4　网络技术应用

1. 因特网应用

(1) 课程标准要求

- 通过使用因特网，了解因特网服务的基本类型、特点与应用领域；了解因特网服务组织的类型、提供的服务与服务特点。
- 通过尝试与分析，了解因特网信息检索工具的类型与特点；知道搜索引擎、元搜索引擎(又称集成搜索引擎)等因特网信息检索工具的产生背景、工作原理与发展趋势；掌握常用因特网信息检索工具的使用方法，能熟练使用检索工具获取所需信息。
- 通过使用或演示，了解与人们学习、生活密切相关的因特网应用技术的基本使用方法，初步了解其基本工作思想。
- 能够根据实际需求选择恰当的方式方法，利用因特网获取所需信息、实现信息交流；体验因特网在跨时空、跨文化交流中的优势，分析其局限性。

(2) 课时安排建议

本部分课时安排建议见表8-11。

表8-11　本部分课时安排建议

教学内容	建议课时
因特网服务的基本类型、特点与应用领域 因特网服务组织的类型、提供的服务与服务特点	2
因特网信息检索工具的类型与特点 搜索引擎的产生背景、工作原理与发展趋势 常用因特网信息检索工具的使用方法 使用检索工具获取所需信息	4
因特网应用技术的基本使用方法和基本工作思想 利用因特网获取所需信息、实现信息交流	2

(3) 教学建议

本部分主要讲述因特网的应用，包括因特网的基本服务，万维网、电子邮件、远程登录和文件传输的基本工作原理和它们的使用方法；因特网上信息检索方法和常用的人际交流工具；与生活、学习密切相关的因特网应用等。建议安排一些实践体验活动，如设置Outlook Express账户收发邮件、用浏览器访问FTP服务器、了解主要的中文搜索引擎网站的功能、基本的搜索技巧训练、网上论坛的使用等，另外还可以安排一些讨论交流活动。激发学生学习网络技术的兴趣，提高应用网络技术解决学习、生活中实际问题的能力。充分体现将网络基础理论学习与实际应用技能训练有机结合，把做中学和学中做自然地融合在一起。

针对学生在使用因特网的过程中可能出现的困难，可以指导学生注意下列问题。

- 选择恰当的浏览软件。
- 明确应用因特网的目的。
- 选择恰当的网络搜索工具。
- 经常整理自己喜爱的站点。
- 选择优秀的网站。
- 注意保存信息。
- 选择常用的因特网工具。
- 选择正确合理的交流方式。

2. 网络技术基础

(1) 课程标准要求

- 了解计算机网络的主要功能、分类与拓扑结构。
- 理解网络协议的基本概念，能描述网络的开放系统互联协议(OSI)分层模型的基本思想，能描述因特网 TCP/IP 协议的基本概念、思想与功能。
- 能列举并解释网络通信中常用的信息交换技术及其用途。
- 能描述浏览器/服务器(B/S)结构、客户机/服务器(C/S)结构的概念与特点。
- 理解 IP 地址的格式与分类；知道域名的概念和域名解释的基本过程。
- 知道因特网 IP 地址、域名的管理办法及相应的重要管理机构。
- 通过实地考察，了解小型局域网的构建方法与使用方法；知道网络服务器的主要作用与基本原理；能说出代理服务器的概念并知道其作用。

(2) 课时安排建议

本部分课时安排建议见表 8-12。

表 8-12　本部分课时安排建议

教学内容	建议课时
计算机网络的主要功能、分类与拓扑结构	1
网络协议的基本概念、网络的开放系统互联协议(OSI)分层模型的基本思想、因特网 TCP/IP 协议的基本概念、思想与功能	2
网络通信中常用的信息交换技术及其用途	1
浏览器/服务器(B/S)结构、客户机/服务器(C/S)结构的概念与特点	1
IP 地址的格式与分类；域名的概念和域名解释的基本过程 IP 地址、域名的管理办法及相应的重要管理机构	2
小型局域网的构建方法与使用方法 网络服务器的主要作用与基本原理 代理服务器的概念及其作用	3

(3) 教学建议

本部分内容是本模块的基础内容。主要讲述了计算机网络技术和因特网应用的基础理论，让学生体会关于计算机网络的一些概念和规则。针对基础理论和概念理解比较抽象的特点，可以多设置几个学生活动，如：通过分组考察教室内的计算机网络，深入了解计算机网络的三要素，增强对计算机网络组成的感性认识；通过列举日常生活中经常遇到的几个专用网络并描述其主要功能，全班共同讨论，加深学生对身边网络应用的了解，更加深切地感受我们的身边网络应用无处不在；通过分别列出生活中类似于电路交换和分组交换的例子，更加深入地了解电路交换与分组交换。查找域名的 IP 地址、安装并配置代理服务器和了解因特网的管理规定。有条件的学校可以让学生亲自组建小型局域网，学会制作网线，学会测试网络是否连通等。通过安装代理服务器软件，使多台计算机可以同时通过代理服务器上网。学习服务器的基本设置方法，使得服务器可以提供一些服务，如 WWW 服务、FTP 服务等。这些内容实践性强，可提高学生的学习兴趣。

3. 网站设计与评价

(1) 课程标准要求

- 知道 WWW、网页、主页、网站的基本概念及其相互关系。
- 理解动态网页的概念，能解释其工作过程。
- 能够根据表达任务的需求，使用常用的网页制作软件制作与发布动态网页。
- 通过开发实践，学会规划、设计、制作、发布与管理简单网站的基本方法。
- 能够根据网站主题要求设计评价指标，对常见网站的建设质量与运行状况进行评价。

(2) 课时安排建议

本部分课时安排建议见表 8-13。

表 8-13　本部分课时安排建议

教学内容	建议课时
WWW、网页、主页、网站的基本概念及其相互关系 动态网页的概念及工作过程	1
根据表达任务的需求，规划、设计简单网站	2
使用常用的网页制作软件制作与发布动态网页	11
管理简单网站	2
作品展示与评价	2

(3) 教学建议

本部分主要讲述网页、主页、网站的基本概念，动态网页的支持技术以及网页制作工具，网站的规划、设计的步骤与方法，网站的制作与发布以及网站的管理与评估。建议以小组合作方式制订网站开发计划、设计网页结构、确定制作方案，并通过比较与评价，选出最佳方案，根据方案完成网站建设。运用案例教学的思想，逐步展开网站的设计与制作，在整个的网站设计制作过程中，逐步提高学生的综合能力。

在学习网页制作时，建议适当加入 HTML 代码的学习，使学生能理解 HTML 代码的结构，看懂常用代码。

动态网页有两重含义：一种是网页元素的显示效果是动态的，另一种则是网页上的信息是动态的。由于必修模块含有网页制作的内容，因此，建议选修模块适当加一些第一种含义的动态网页。有条件的学校则两种动态网页都可以让学生有所体验。可以为学生准备一些带有注释信息的代码，学生通过读程序或修改一些参数来体验理解动态网页。

8.2.5 数据管理技术

1. 数据管理基本知识

(1) 课程标准要求

- 知道数据管理技术的基本概念，能说出数据管理技术的产生历史与发展趋势。
- 能够使用现成数据库辅助学习，开展专题研究。
- 掌握关系数据库中的库、表、字段、记录等概念。理解"关系"所表达的含义。
- 通过调查与实例分析，了解数据库在多媒体和网络方面的应用方法与应用价值。

(2) 课时安排建议

本部分课时安排建议见表 8-14。

表 8-14 本部分课时安排建议

教学内容	建议课时
初识数据管理技术	1
数据管理技术的基本概念 数据管理技术的作用与基本原理 数据管理技术对人类社会的重要性 生活中数据管理的实例 用 E-R 图描述现实中的实体、属性及相互间的关系；将 E-R 图转化为数据模型 数据管理的基本过程 数据收集、数据分类和建立关系数据模型的基本方法	5

(3) 教学建议

随着数据管理技术的不断发展，数据管理技术已渗透到社会的各个领域，应用于人们生活的方方面面。尽管学生对自己身旁的数据管理技术应用实例习以为常，尽管数据管理技术在必修模块"信息技术基础"的"信息资源管理"部分已经进行了一定的介绍，但是，有关数据管理技术的内涵对于学生来说还是比较陌生的，特别是对于如何从现实世界的实际问题中抽象出数据及其关系，并按一定的规范将数据组织进来，形成数据库，是数据管理技术这个模块的重点，也是难点。

针对本模块的第一个难点"数据管理的基本原理与基本过程"的教学，一定要选择一个与学生的学习生活有着紧密联系且生动有趣的实例，一步步地分析与讲解，先感性后理论，先具体后一般，边举例边讲解，引导学生逐步建立起数据管理的概念。

2. 数据库的建立、使用与维护

(1) 课程标准要求

- 通过实例分析，初步掌握数据收集、数据分类和建立关系数据模型的基本方法。学会使用实体——关系图描述关系数据模型。
- 熟悉一种数据库管理系统软件，掌握建立数据库结构、添加数据和编辑数据库的常用方法。

- 掌握数据检索和报告输出的基本方法；掌握常用数据筛选、排序及统计的方法。
- 掌握数据库之间的链接、数据的导入/导出的基本方法。
- 了解结构化查询语言 SQL 的基本概念；掌握 SQL 的基本数据操作与数据查询语句(SELECT、INSERT、DELETE、UPDATE)的使用方法。

(2) 课时安排建议

本部分课时安排建议见表 8-15。

表 8-15　本部分课时安排建议

教学内容	建议课时
数据管理技术的产生历史、发展过程与发展趋势；数据管理技术的前沿知识；数据库系统的组成与特征	1
数据组织的过程和原理、原则与特点；数据组织的重要性	4
在数据库管理系统中创建数据库，建立数据表，存储数据；并对数据表及数据进行编辑	4
在数据库管理系统中进行数据查询；SQL 语言	4
在数据库管理系统中进行数据输出与维护	4
数据库安全与备份	2
数据的基本统计与分析	3
数据管理技术应用实例分析	4

(3) 教学建议

针对本模块的第二个重点也是难点“数据组织与存储”的教学，为了让学生真正理解关系模型范式的含义，可以采取自底向上的分析方法：即先假设已经有一批收集好的数据(如调查表)，并将所有收集到的数据放在一个表中，然后从应用的角度去分析，发现将所有数据存放在一个表中是不可行的，于是对表进行拆分。针对拆分后的表，再从应用的角度去分析，又会发现问题，于是又拆分表，由此反复，直到每个表中不存在问题为止，这个过程正是关系模型范式产生的过程。教学中再现这一过程可以让学生深刻理解组织数据的原理及原则。

针对本模块的第三个重点和难点“数据统计与分析”的教学，教师可以收集一些大数据量的现实中的实际数据库，通过提出问题、查询数据库、统计数据、从数据中得出结论、将结论应用实践的方法，让学生真正感受到数据管理技术对现实世界的重要性。在这里可以渗透数据仓库、知识发现的一些思想。

3. 数据库应用系统

(1) 课程标准要求

- 理解层次和网状数据模型的基本概念。
- 通过案例分析，理解数据库、数据库管理系统、数据库应用系统的概念及相互关系。
- 初步掌握设计和实现简单的数据库应用系统的基本方法。
- 能描述数据库应用在信息资源管理中的作用。
- 明确数据规范化的思想、意义，知道其在数据库应用系统建设与使用中的价值和作用。

(2) 课时安排建议

本部分课时安排建议见表8-16。

表8-16 本部分课时安排建议

教学内容	建议课时
数据库应用系统开发流程	1
数据库应用系统界面设计	3

(3) 教学建议

本模块还有一个难点是"简单数据库应用系统设计"的教学。针对这一难点,教师要尽可能地选择一些学生学习生活中的实例,如班费管理、学生兴趣统计等,并以设计一些有趣的查询为索引,为学生介绍一些简单的界面设计。

在"数据管理技术"模块的教学过程中,教师需要准备3～5个数据库实例,用于不同内容的教学,可以以其中一个为主,但要尽量避免使用一个数据库实例从头讲到尾,否则会削弱学生学习的兴趣。

8.2.6 人工智能初步

1. 知识及其表达

(1) 课程标准要求

- 能描述人工智能的概念与基本特点;知道人工智能技术随着计算机硬、软件技术的进步和应用需求而发展的事实和客观规律。
- 列举人工智能的主要应用领域;通过演示或实际操作,体验人工智能的若干典型应用,知道其发展现状。
- 掌握知识的概念;学会知识表达的基本方法。

(2) 课时安排建议

本部分课时安排建议见表8-17。

表8-17 本部分课时安排建议

教学内容	建议课时
人工智能的基本概念和基本特点	1
人工智能的发展和作用	1
人工智能技术的主要应用领域和典型应用	2
知识的概念、知识的分类和知识的表示方法	2

(3) 教学建议

该单元是对人工智能基本概念的学习和对人工智能特点、发展、作用与应用领域的了解感受。教学可以组织学生进行小组协作学习、讨论,并在全班进行派代表辩论的形式进行。同时应提供给学生相关的学习资料,引导学生探究式地学习。通过在生活中自主寻找人工智能应用,通过网上体验在线翻译,通过使用符号运算的软件、语音识别系统、汉字识别系统、智能代理、计算机棋牌游戏等感受人工智能及其作用。在知识表达方面，重点是谓词逻辑、产生式规则以及状态空间表示。可将状态空间图概念与“汉诺塔”等问题结合起来进行分析，让学生从中体验知识的表述。

2. 推理与专家系统

(1) 课程标准要求

- 演示或使用简单的产生式专家系统软件，感受用专家系统解决问题的基本过程；了解专家系统的基本结构。
- 通过实例分析，知道专家系统正向、反向推理的基本原理；会描述一种常用的不精确推理的基本过程。
- 了解专家系统解释机制的基本概念及其在专家系统中的重要作用。
- 了解专家系统外壳的概念；学会使用一个简易的专家系统外壳，并能用它开发简单的专家系统。

(2) 课时安排建议

本部分课时安排建议见表8-18。

表8-18　本部分课时安排建议

教学内容	建议课时	教学内容	建议课时
专家系统的作用与类型	1	专家系统解释机制	3
专家系统的基本结构	1	专家系统外壳的开发利用	3
专家系统正向、反向推理、不精确推理	4		

(3) 教学建议

该单元内容较为抽象，可将人类大脑思维和推理过程的方式特点与专家系统进行类比，帮助学生对基本概念的理解。推理部分是该单元的难点，可通过一个简单的程序来演示专家系统正向推理、反向推理和不精确推理的基本过程。让学生动手操作和体验一些专家系统使用，并利用这些专家系统外壳进行简单专家系统的开发利用。其中专家系统的选择应瞄准能够提高学生兴趣和调动学生主动学习积极性内容的（如：动植物、生态等方面）。

3. 人工智能语言与问题求解

(1) 课程标准要求

- 了解一种人工智能语言的基本数据结构和程序结构，掌握相关概念，知道人工智能语言的主要特征。
- 初步学会使用该语言设计程序求解简单问题，并能够上机调试、执行相应的程序。
- 了解状态空间的概念与方法，学会用该方法描述待求解的问题。
- 通过简单博弈问题的分析，了解用盲目搜索技术进行状态空间搜索的基本过程，知道启发式搜索的基本思想及其优点。

(2) 课时安排建议

本部分课时安排建议见表8-19。

表 8-19 本部分课时安排建议

教学内容	建议课时	教学内容	建议课时
人工智能语言的语句和运行机理	4	状态空间的求解	3
人工智能语言编程	6	盲目搜索和启发式搜索	2
用递归算法解决问题	3		

（3）教学建议

该单元内容具有很强的实践性，应安排足够的上机操作时间。使用人工智能语言编制程序求解简单问题是本单元的主要内容。启发式搜索与递归算法是该单元的重点内容，也是难点内容。可让学生进行编制和调试程序以加深对这些内容的理解和掌握。通过运用简单博弈问题可以引导学生掌握状态空间盲目搜索技术的基本方法。而对于启发式搜索的教学内容，可让学生动手操作一些简单棋牌游戏（如：五子棋）。通过及时引导，将具体的游戏场景与抽象的搜索算法联系起来，活跃学生的思维，激发他们的兴趣，化解教学难度。

8.3 高中信息技术课程课堂教学评价

课堂教学是教师组织和引导学生进行有效学习的过程，是通过师生互动、生生互动共同实现具体发展目标的过程。课堂教学是学生学习的主渠道，是教师教育思想、教学能力、教学经验、教学智慧、教学风格的综合体现。课堂教学评价是教师教学评价的主要形式，是课程实施的重要环节。建立完善的课堂教学评价机制，既关注教师的教，又关注学生的学，实现促进学生发展和教师专业成长的双重目标，是提高课堂教学质量、确保普通高中新课程改革顺利进行的重要保障。

8.3.1 课堂教学评价的基本理念

普通高中新课程教学评价强调发展性评价观，突出评价的多元性、互动性、激励性、诊断性、过程性。新课程的课堂教学评价应以以下的基本理念为指导。

1. 以诊断为重点，促进教师专业成长

新课程课堂教学评价的出发点是对教师课堂教学实践的诊断，其重点是诊断教师在课堂教学中存在的问题和不足；最终指向教学质量的提高。评价的主要目的之一是要促进教师不断提高教学水平和专业素养，促进教师个人的发展。

2. 以学评教，促进教学改进，促进学生发展

基础教育课程改革的核心理念是“以学生的发展为本”。这一理念在课堂教学评价中应具体体现为“以学评教”，即以学生的“学”评价教师的“教”。课堂教学的评价，不仅要关注教师教的行为，更要关注学生的学习行为，关注学生在课堂学习中呈现的认知、思维、情感等方面的发展程度。要通过课堂教学目标的评价，引导教师按照课程标准、教学内容的科学体系进行有序的教学，完成基础知识、基本技能等基础性目标；从学生全面发展的需要出发，注重学生的学习状态和情感体验，注意学生发展性目标的形成。通过课堂教学过程的评价，引导教师认真地研究并有效实施课堂教学策略，激发学生学习热情，尊重学生人格和个性，鼓励学生发现、探究和质疑，培养学生的创新精神和实践能力。通过教学效果的评价，引导教师关注学生的发展，关注学生学业水平的整体提升，根据学生的学习需求改进教学。

8.3.2　课堂教学评价的基本原则

1. 导向性原则

课堂教学评价要具有明确的导向性，要充分体现课程改革的指导思想，要通过评价使评价对象的实践和行为不断地符合学科课程改革的要求。课堂教学评价，要考虑课程总目标在每一节课中是否得到具体落实，要考虑是否体现课堂教学改革的理念和方向要求，要考虑是否体现学科课堂教学的特点，是否有利于课程标准的达成。

2. 诊断性原则

新课程背景下的课堂教学评价更加强调评价的分析诊断功能。课堂教学评价的基本点是对教师在教学工作中存在的问题和原因进行分析，并指出改进和发展的方向，进而改善教师的教学行为，提高教学质量。

3. 多元性原则

多元性原则主要体现为评价的主体、方法和功能的多样性。课堂教学评价应以教师自评为主，教育行政人员、教学研究人员、学校管理人员、教师同行、学生、家长等都可以参与到评价过程中来。课堂教学评价的方法可以采用课堂观察法、学生调查法、学生测验法以及自我反思法等多种方法。评价的功能包括鉴定、评比、检查，更应该强调分析、诊断和指导。

4. 可行性原则

课堂教学评价应当简便易行，便于操作。课堂教学评价要符合当前课堂教学改革的实际。评价标准既是期待实现的目标，又必须是目前条件下能够达到的。评价标准要得到教师的认同和接受，以有利于发挥评价的激励功能。评价要点必须是可观察、可感受、可测量的，便于评价者进行判断。

8.3.3　课堂教学评价的基本要素

课堂教学是一个“准备—实施—目标达成”的完整过程，是一个复杂多变的系统。判断课堂教学有效的核心标准是要看学生是否达成了学科课程标准中规定的“内容标准”，即教学目标的落实。影响课堂教学目标落实的主要因素教师与学生，因此，在课堂教学评价中，应关注教师教学的要素、学生学习的要素以及学科特色三方面的内容。

1. 教师教学的要素

教师教学的要素主要包括：教师要依据“内容标准”并结合学生实际确定分层次的课堂教学目标、教学内容；运用恰当的教学方式方法，设计符合学生认知规律和心理特点的教学情境和教学活动；在课堂上灵活地推进教学过程，及时检测、评价和反馈学生的学习状况。

教学目标要符合课程标准的要求，其中应包括知识与能力、过程与方法、情感态度与价值观等方面。教学目标要符合学生实际的程度，要与学生的心理特征和认知水平相适应，要关注学生的差异。教学目标要明确、具体、可测量。

课堂学习环境要有利于学生身心健康，有利于教学目标的实现。教师要创设有利于学生发展的学习条件，要根据课程目标的规定和学生的发展水平，正确选择学习内容，提供充足的学习资源；要根据学生的实际和学科特征，设计恰当的学习活动，确保活动适度、适量；要根据学科的特点和学生的学习需要，选择恰当的教学技术手段。

课堂教学中教师要为大多数学生提供平等参与的机会；要对学生的学习活动进行有针对性的指导；能根据学习内容创设恰当的问题情境；及时采用积极、多样的评价方式；教师的语言准确，有激励性和启发性；能够根据反馈信息对教学进程、难度进行适当调整；正确处理临时出现的各种情况。

2. 学生学习的要素

学生学习的要素主要包括：学生明确应当达到的基本学习目标与基本要求，明确适合本人情况的其他目标与要求，有较强烈的学习动机与兴趣，能与教师和同学进行良好的交流与合作，能够达到预定的学习目标与要求。

学生应当积极关注教师创设的问题情境，积极主动参与到学习活动中去；学生应尽可能多地参与学习活动，方式要多样，时间要适度；学生在学习活动中能提出有意义的问题或能发表个人见解，能按要求正确操作，能够倾听、协作、分享。

课堂氛围应当和谐、活跃、民主、平等，让每一个参与者身处其中感到安全、亲切、有归属感。学生的人格受到尊重，学生的讨论、回答问题、质疑得到鼓励，学习进程张弛有度；课堂气氛活跃、有序；师生、生生交流平等积极。

3. 关于学科特色的要素

课堂教学具有丰富的内涵，学科、学生、教师、教学条件诸方面的不同，使课堂教学情况千变万化。不同学科的教学内容及教学方法存在差异，对教师技能要求不尽相同。相同学科，不同教师在教学风格与特色方面也不一样。因此，课堂教学评价应体现学科的独特要求，提倡创新，鼓励个性化教学。

信息技术学科教学应体现出以下特色：

(1) 技术运用——能够根据教学内容恰当地选择现代教育技术手段进行教学，技术运用取得明显效果。

(2) 实践操作——教学注重实践，教师示范操作熟练规范，指导范围大、效果好，学生练习充分。

(3) 信息意识——挖掘教学内容，有意识地适时渗透信息道德教育、养成学生使用信息技术的良好习惯，综合提高学生信息素养，体现信息技术课程的人文性。

(4) 联系实际——注意从学生的实际生活与学习中提取素材，解决学生遇到的实际问题，促使学生把信息技术应用到日常的学习和生活实际，鼓励学生积极参与社会实践活动。

8.3.4 课堂教学评价的基本方法

课堂教学评价的基本方法主要包括课堂观察法、学生调查法、学生测验法以及教师自我反思法等。在评价过程中，可以单独使用，也可以结合使用。

1. 课堂观察法

课堂观察法即通过听课活动，观察课堂上学生的学习和教师的教学，根据课堂教学评价的基本要素，进行价值判断。课堂观察法一般适用于教师同行、教研人员和教学领导听课评价。课堂观察法也可用于教师自我评价，并将要评价要点与标准内化为自己的教学行为。通过课堂观察法进行教学评价可参考表8-20。

表8-20　中学信息技术学科课堂教学评价表

评课人姓名：　　　　科目：　　　　课题名称：

评价项目	评价要点	符合程度			
		完全符合	基本符合	基本不符合	完全不符合
教学目标	符合课标要求				
	符合学生实际				
学习条件	学习环境利于目标实现				
	学习资源充足、适用				
学习指导与教学调控	为大多数学生提供有效的学习指导				
	能有效调控教学过程				
学生活动与课堂气氛	学生参与活动的态度积极				
	学生参与活动人数多、方式多样				
	学生能提出有意义的问题和见解				
	课堂气氛宽松、融洽、活跃、有序				
教学效果	大多数学生能达成教学目标				
	部分学生能灵活解决问题				
学科特色	技术运用恰当				
	实践操作充分				
	体现信息意识				
	教学联系实际				
评语					

2. 学生调查法

学生调查法，就是运用调查问卷法，了解学生对课堂教学的感受和体验。调查问卷要依据课堂教学的基本要素设计，通过调查了解各教学要素的实施情况及达到程度。针对学生的问卷调查要尽量简明，具有可操作性。

学生参与课堂教学评价的目的不是让学生直接评价教师讲课的优劣，而是广泛收集学生对本课学习的兴趣、态度、注意力集中程度、知识与技能掌握的程度等信息，帮助被评价者自我反思。

学生调查表可参考表8-21。

表 8-21 学生调查表

课题： 班级： 年 月 日

调 查 项 目	学生感受
1. 你喜欢老师上课的方式吗？	是□ 否□
2. 你是否掌握了本节课的主要内容？	是□ 否□
3. 课堂上，你是否和其他同学认真讨论、交流过意见？	是□ 否□
4. 课上，老师是否组织了一些让你感兴趣的活动？	是□ 否□
5. 下课后，你是否还有兴趣思考这节课中学到的内容？	是□ 否□
6. 你是否能独立完成老师这节课布置的作业？	是□ 否□
7. 课堂上是否有足够的动手练习和操作的机会？	是□ 否□
8. 请简单列举你在本节课中学到了：	
9. 请简单列举对老师在今后教学中的建议：	

3. 课堂测验法

课堂测验法，就是依据某节课应该达成的目标要求，如对学科核心概念的理解等，编制一定数量的测试题，在课堂教学结束时进测验检查。通过课堂测验，教师可以及时了解学生学习目标的达成情况，及时诊断教与学过程中可能存在的问题，从而为改进教学提供依据。

测验题目的数量与难度要适中，学生完成测验时间控制在 5～10 分钟比较合适。问题不宜太难，超出学生的理解水平，会影响信息的信度与效度。

学生调查法和课堂测验法，都是通过学生的调查和测验来评价教师的教学，并非每节课都需要进行的，建议教师根据教学需要，有目的、有计划地安排测验的内容和频度。

4. 自我反思法

教师自我反思是教师课堂教学自评的方法之一，是提高教师专业化水平的有效途径，建议每位教师都养成对课堂教学进行反思、不断调整自己教学行为的良好习惯。教师自我反思方法主要包括以下两点。

(1) 写反思日记。在一天的教学工作结束后，写下自己的教学经验和体会。通过反思日记记录课堂中每一个成功和不足之处，记录课堂教学中的教学机智及因一些偶发事件而产生的瞬间灵感，考虑再度教这部分内容时应该如何做，写出“再教设计”。反思日记应成为教师常规的自我评价方法，应成为教师教学的日常行为。

(2) 观摩与研讨。教师相互观摩彼此的课并描述所观察到的情景，随后再与其他教师相互交流。教研活动时，教师同行根据自己的教学实际提出课堂上发生的问题，然后共同讨论解决办法。最终形成的解决办法为所有参加的教师及其所在学校的教师所共享。

第 9 章 中小学信息技术教师的专业素养、现状与职后培养

9.1 中小学信息技术教师的专业素养

9.1.1 信息技术教师所必需的职业资格

信息技术教育是现代教育的重要组成部分，它对培养学生的科学文化素质、创造能力和信息素养起着重要的作用，而决定信息技术教育成效的关键又在于信息技术教师是否合格。本节根据我们多年来的教学经验以及对中小学信息技术教育现状的了解，从知识、素质、能力等方面分析了现代教育对中小学信息技术教师的执业要求，以期对广大中小学信息技术教师和在校的信息技术教育专业的师范生起到借鉴和指导作用，更重要的是期望能起到抛砖引玉之作用。具体说来现代教育对中小学信息技术教师的执业要求体现在以下 3 个方面。

1. 知识方面

在知识方面，现代教育要求中小学信息技术教师必须博学多才、有丰富的文化底蕴。一个人的文化底蕴的深浅一定程度上体现了他对继承与创新能力的高低，以及能否赢得学生的信任。现代中小学学生对知识面的要求都比较广，他们问及的问题涉及到各个学科，信息技术所要处理的对象也是方方面面的。所以，信息技术教师不仅要掌握信息技术的专业知识，还要了解信息技术发展历史长河中的广博知识(这对培养学生的创新意识将起到积极的作用)，而且也要掌握其他学科的基础知识，并能将信息技术与其他学科课程知识进行完美的结合。

2. 素质方面

在素质方面，现代教育要求中小学信息技术教师必须具有先进的教学理念，懂得如何培养学生的非智力因素。作为一个中小学教师，要了解中小学学生的心理发育状况，懂得儿童心理学、教育心理学，具有必要的教学技艺和与人沟通的能力，这是教师从教的根本所在。在教学过程中首先应善于创设情境，激发学生的学习兴趣，因为兴趣是最好的老师，即“知之者不如好之者，

好之者不如乐之者”。同时，还应懂得组织教学和因材施教，并具有先进的教学理念。信息技术是一门操作性、实践性很强的课程，基于以上特点，很多信息技术教师在课堂教学中普遍对学生的知识、技能等方面的教学比较重视，却忽视了对学生非智力因素的培养。而教育心理学告诉我们，人们的心理是一个完整的统一体，它由智力因素和非智力因素构成，二者虽有相对独立性，却又相互联系、彼此影响，密不可分，只有同时处于最佳状态，才能使人的心理获得充分发展，而且，非智力因素往往对智力因素的发展起着保证和促进的作用，离开了非智力因素，人的智力因素乃至整个心理发展就失去了动机和能源。因此信息技术教师更应该关注学生主体性的发挥、能力的培养、方法的指导，关注情感的培养，关注课堂教学的三维目标的达成，同时还应注意培养学生信息安全、信息道德的相关知识与技能。

3. 能力方面

(1) 现代教育要求中小学信息技术教师必须了解目前中小学信息技术教育的现状，并具有根据自己所在地区的实际情况制定相应的教学大纲及教学内容的能力。“现在的中学计算机(信息技术)课教的要么就是平时用不上的东西，要么就是不用教、孩子们也能自学会的东西，这种课怎能不让孩子心生厌恶和恐惧。”中国计算机学会副秘书长杜子德曾经在沪上举行的“全国青少年信息学奥林匹克竞赛”上，如是评价目前的中学计算机教育。《中小学信息技术课程指导纲要(试行)》已经颁发了近 10 年，而在这 10 年的时间里，信息技术在飞速发展，因此，中学信息技术教师，必须了解当前中学信息技术教育的现状，并根据实际对教学大纲、教学内容和重点做出相应的调整，才不至于出现杜子德先生所说的现象。那么，中小学信息技术教育目前究竟存在些什么问题呢？应如何解决？

- 由于信息技术课到目前为止还不是中考或高考科目，因此，学校、学生和家长在中考、高考指挥棒的指挥下就自然而然地将信息技术课列为了不重要的“豆芽”课，得不到相应的重视。为此，我们呼吁有关专家和部门对能否将信息技术课纳入中考或高考做出研究，以解决信息技术课的地位问题。
- 信息技术课的教材像各种计算机软件的简易使用说明书的大汇编，课堂像各个软件公司举办的一连串“短期电脑培训班”。这种形式的教育在计算机出现初期对普及计算机教育起到过重要作用，但今天，计算机已进入到千家万户和绝大多数办公室，因此，其教学形式和内容就应该做出相应的调整，应该向着多媒化、网络化的方向进行调整。强调信息技术是工具，但只有超越工具本身，信息技术才能体现出它的价值，也就是把重点放到利用这个工具去创造新型数字文化上来。比如，可以通过现实生活中的例证，引导学生对信息进行研究分析，产生兴趣，认识到信息技术是自己走向现代信息社会必须掌握的工具。在教学内容上，第一步，要让学生学会根据具体研究问题寻找信息源；第二步，要学会如何综合处理大量数据，剔除“假”信息；第三步，要给学生讲解常见的信息模型及其参数的实际意义，利用模型参数正确认识信息；最后，还要让学生掌握传递、发布信息的方法与技巧，参与到信息社会的活动中。而教师则要转换自己的角色，要从“领导者”、“传授者”这种权威的角色中走出来，正确认识自己、摆正自己的位置，充当教学活动的设计者、组织者、指导者、合作者、评价者、学习者，那么教师就既能上好信息技术课，也能完善自己。

(2) 现代教育要求中小学信息技术教师必须具有过硬的现代教育技术，能主动学习、适应和使用新技术的自学能力。过硬的现代教育技术包括以下三个方面。

- 基础技能，即具有利用计算机来处理日常学习和工作中的事务的能力。
- 多媒体技能，即具备根据主题表达的要求，规划、设计与制作多媒体作品的能力。
- 网络教学技能，即具备以下几方面的能力：能够利用FrontPage、Dreamweaver等软件制作简单的教师个人网页；能够利用网络管理学生的学籍和成绩；能够在网络环境下保护个人数据的安全；能够充分利用网络资源搜集教学信息，不断丰富和改革教学内容、教学方法和教学手段。

信息技术是发展最快的一门技术，因此，信息技术教师要想跟上信息时代发展的步伐，必须具有主动学习、适应和使用新技术的自学能力，为此，教师必须主动不断学习，不断充电，以过硬的、宽广的知识来感染学生，从而使用信息技术教学过程成为师生共同提高的过程。

(3) 现代教育要求中小学信息技术教师必须具有计算机机房的管理能力。现在的中小学信息技术教师几乎都是计算机机房(包括网络机房)的组建者、管理者、机器的维护者等多种角色，所以，中小学信息技术教师必须具有丰富的实践操作能力和管理能力，包括计算机机房的硬件设置和软件配置、环境标准的布局格式、网络连接和计算机及其相关设备的维护、常见故障的处理等维修能力，上机操作规程和机房管理制度的制定、落实的能力。

(4) 现代教育要求中小学信息技术教师必须具有能把信息技术与其他学科进行有机整合的能力。信息技术教师不能唯技术而技术，信息技术课也不仅仅是学生学习技术的过程，更应该是如何融合其他学科知识来进行课程整合的重要阵地，信息技术教育的核心应该落实在信息技术整合于学科教学的应用上。信息技术与学科课程整合的意义表现在：信息技术与学科课程整合已成为当今基础教育改革的重要内容之一；要进行信息技术与学科课程整合就必须建立教学资源库，而教学资源库的建立，可以有力地推动学校教育教学的现代化及教育教学改革的发展；信息技术与学科课程整合成为学校教学过程中一种行之有效的手段，为新形势和技术条件下学科课程的自身嬗变提供了有效的途径，为教学改革创造了条件；信息技术与学科课程整合这一理念成为中西方教育界的共识。因此，信息技术教师应具有把信息技术与其他学科进行有机整合的能力。

北京师范大学何克抗教授在其《信息技术与课程深层次整合的理论与方法》一文中指出，信息技术与学科课程整合，不是把信息技术仅仅作为辅助教或辅助学的工具，而应强调利用信息技术来营造一种新型的教学环境，该环境能支持实现情境创设、启发思考、信息获取、资源共享，多重交互、自主探究、协作学习等多方面要求的教学方式与学习方式，也就是实现一种既能发挥教师主导作用又能充分体现学生主体地位的以“自主、探究、合作”为特征的教与学方式。其实现的基本途径与方法是：第一，要运用先进的教育理论(特别是建构主义理论)为指导，建构主义强调“以学为主”、学生主要通过自主建构获取知识。

第二,要紧紧围绕"新型教学结构"(既能发挥教师主导作用又能充分体现学生主体地位的"主导—主体相结合"的教学结构)的创建来进行整合。教师在进行课程整合的过程中,应密切关注教学系统四个要素(教师、学生、教学内容、教学媒体)的地位与作用。第三,要注意运用"学教并重"的教学设计理论来进行信息技术与课程整合的教学设计。第四,要重视各学科的教学资源建设,这是实现课程整合的前提。第五,要注意结合各学科的特点建构易于实现学科课程整合的新型教学模式。

因此,作为一名合格的中小学信息技术教师必须了解中小学各学科的教学内容、教学目标、教学方法,为此必须向各学科教师虚心请教,学习各科优秀教师先进的教学设计与理念,并学会与人合作。在课堂教学中,利用生活中的问题或其他学科中的问题作为信息技术课堂教学要解决的问题,在学科老师的帮助下,了解这些问题解决的科学方法,然后利用信息技术,使问题的解决更加高效,更加科学,让学生了解到信息技术对于这些问题、这些学科知识有重要的支持作用,使学生可以在自主学习时更有效地使用信息技术。

(5) 现代教育要求中小学信息技术教师具有教育科研信息化的能力。

著名科学家、教育家钱伟长先生指出:"不上课,那他就不是老师;不搞科研,那他就不是好老师。"并且,"没有教学过不好日子;没有研究过不长日子"。中小学信息技术教师通过参加科研,教材的编写和论文的撰写,可以了解、掌握最新的信息技术发展动向和最新的信息技术开发工具并将其融入教学实践,改变教师知识陈旧和教材滞后的状况,有力地促进教学,提高教学质量。因此,一名合格的中小学信息技术教师必须要具有能够利用网络开展教育科研的能力,以及能够利用网络与国内外交流科研成果的能力。

总之,中小学信息技术教师应是具有技术性、理论性、思想性与教育性并重的综合型人才。

9.1.2 信息技术新课程改革背景下信息技术教师的专业发展

1. 新课程改革对信息技术教师专业结构的要求

明确从哪些方面对教师专业发展过程进行考察,这是教师专业结构需要解决的首要问题。叶澜教授将教师专业结构分为教育理念、知识结构、能力结构三部分。信息技术课程改革的大潮又为上述三个部分赋予了新的内涵。

(1) 新课改要求信息技术教师更新教育理念

基础教育改革要以现代教育理念为指导。随着对外开放与交流的深入,许多不同于传统的新型教育思想和理念传入我国,这样的背景下,信息技术教师应更新教育理念。

- 教育目标观:新课程建立了"知识与技能"、"过程与方法"、"情感态度与价值观"的三维目标体系。信息技术教育不仅要使学生掌握信息获取、加工、存储、交流的各种技术手段,还要帮助学生养成正确的学习方法和习惯,并注重培养他们积极的情感态度和价值观。
- 教师观:教师由知识的传授者转化为学习的指导者、促进者。在信息技术教育中教师与学生的平等地位更加突显,信息技术教师不是电脑培训员而是信息海洋中的领航人。

- 学生观：每个学生都是不断发展的具有个性差异的个体。信息技术课程体系中选修模块的设置体现了对学生不同发展需求的关照。教学中要依据多元智能理论，使每个学生既全面发展又个性发展。
- 教学观：教学的过程是师生之间的交往过程，是一种"对话"而非"独白"。教学不仅要"授学生以渔"，更要"授学生以鱼塘"。信息技术教育不仅教知识、教技术，更要培养学生使用知识和技术的意识、能力、方法。教学模式应该是任务驱动、问题探究、以工作为主线等多种形式的结合。
- 学习观：学生不是单纯地接受知识，而是建构知识。新课程注重自主、探究和协作的学习方式，鼓励学生主动参与，积极表达、交流。

(2) 新课改要求信息技术教师更新知识体系

新课程要求信息技术教师改变传统的"学科知识＋教育学知识"的封闭型知识体系，转变为综合的、多层面的、开放和发展的复合型知识体系。主要包括以下几点。

- 通识性知识：包括自然科学、社会科学、人文科学等。这些基础知识不仅是信息技术教师专业发展的基本保障，也是开展信息技术课程整合、探究学习等教学活动所必不可少的。
- 条件性知识：包括教育学、心理学、媒体教学法、教学设计等知识。这些知识有助于信息技术教师认清教育本质、教育过程、教育对象、教学媒体的作用，以便更好地开展教育教学活动。
- 本体性知识：包括专业基础知识、专业理论知识、专业技术知识、专业拓展知识等。如信息处理、信息交流、信息判断、信息技术应用、计算机网络与多媒体、数据库管理、人工智能基础等。
- 实践性知识：来自教师的教育教学实践经历，是教师的经验积累。教学实践包括备课、教学实施、教学控制、作业布置与批改、教学改进等。

(3) 新课改对信息技术教师能力的要求

新课改对信息技术教师能力的要求包括下面几个部分。

- 创新的意识和能力：新课程的基本目标之一就是要培养学生的创新意识和创新能力，要培养创新型的学生，首先要有创新型的教师。思维禁锢的教师很难培养出具有创新思维的学生。
- 教育研究的能力：新课程的实施要求教师要从"教书匠"转变成科研型教师、学者型教师。
- 课程参与的能力：新课程提出了"国家、地方、校本"三级课程体系。地方课程特别是校本课程的实施，给教师研究、设计、开发、实施、管理、评价课程提供了平台，教师应积极参与到课程中去。
- 终身学习能力：新课程改革要求教师具备不断获取和更新知识的能力，迅猛增长的信息浪潮更加要求信息技术教师不断更新自己的知识体系。
- 课程整合的意识和能力：信息技术与课程整合有两个轨迹，一是以信息技术课程为主整合其他课程的轨迹；二是以学科课程为主整合信息技术的轨迹。不论课程整合采用何种方式进行，都需要信息技术教师的积极参与。信息技术教师整合能力的高低从一定程度上影响着课程整合的效果。

2. 新课程改革背景下促进信息技术教师专业发展的途径

教师专业发展面临的最大问题是如何将理论性知识向实践性知识转化，在教师专业发展过程中应全方位地渗透“实践为重”的思想。信息技术教师专业发展的途径应该与教学实践相结合，要以应用型、实践型为主，避免空泛的理论指导或单纯的技术培训。

(1) 反思与对话

反思是中小学教师获得专业发展的有效途径，是使其成为研究型教师、专家型教师的必由之路。教学活动不是简单的重复，教师应该对教学过程、教学现象、教学问题等进行“审视、慎思、明辨”，不断提高和完善教学质量。反思要包括教学中的“亮点”、“盲点”、教学机制、学生创新、所受启迪、改进计划等。网络日志和教育叙事是当前很好的教学反思的形式和载体。

反思是内省的过程，对话是沟通的关键。与专家对话可以使自己汲取更多营养，获得更高层次的指导。与同事对话可以从同伴那里获取有价值的信息和经验，少走弯路。集体备课和师徒制都是行之有效的方式。与学生对话是新课程特别强调的，教育的目的是为了学生的发展，只有充分了解学生的现状和需求才能更好地为学生发展服务。

(2) 实施校本培训

校本培训是把培训放在学校里，放到学校的实践中，使培训渗透到教师的日常教学中，解决实际遇到的教学问题，强调教师的亲身体验与反思，有更强的针对性和参与感。在形式上，校本培训要与中小学课堂实践紧密结合，倡导以情境创设、典型案例分析、问题解决、经验分享、合作研讨等多种形式的参与式教学和培训，注重培养教师在具体情境中解决问题的能力；在培训内容上不能仅限于信息技术技能的培训或空泛的理论指导，而应从信息技术课程改革、信息技术学科专业知识、信息技术教育理论与教学法研究等方面着手。

(3) 重视传统文化的作用

信息技术教师往往被禁锢在技术的“牢笼”中，而忽视传统文化的影响与作用。舒志定研究认为，传统文化是教师成长的前提和基础；文化传统中关注生命的品格，是理解教师专业化的新路向；追求理想人格、忧患意识、“尊德性，道问学”的传统，构成教师专业发展的强劲动力。传统文化中也存在着不利于教师素质完善的一面，突出表现在对客观真理尊重不够、学而优则仕的传统观念、关注生命但把生命等级化等。因此我们要辩证地对待传统文化。

(4) 提高信息技术教师地位，激发教师内在需要

在许多学校信息技术教师不被作为一线教师对待而是被当做教辅人员，工作繁杂不易量化，使得许多信息技术教师职业认同感较差，工作热情受到打击。学校及教育主管部门应积极提升信息技术教师的地位，明确工作职责，完善教师管理体制，激发信息技术教师内在的发展需求和欲望。

9.2 我国信息技术教师的现状

9.2.1 我国信息技术教师的基本现状

我国中小学信息技术教师队伍经过20多年的建设,尤其是在2000年,"计算机"课程明确改为"信息技术"课程,并成为中小学在5～10年内必须开设的"必修课程"后,信息技术教师的队伍不断壮大,可以说发展到现在已经成为我国教师中的一支重要力量。他们不仅决定着信息技术课的教学质量,更重要的是决定着中小学教育的信息化进程。在如火如荼的信息化建设中,教师的角色定位、工作状态、存在价值、专业发展等一直是备受关注的话题。为了切实了解当前信息技术教师的真实状况,《中小学信息技术》杂志曾于2008年围绕上述问题,通过网络发送问卷,对此进行了调查,共回收问卷218份,其中有效问卷207份。该项调查问卷的统计结果分析如下。

1. 参与调查人员的基本情况

在参与调查的信息技术教师中,男性教师为118人,占总人数的57%,女性教师为89人,占总人数的43%。大多数教师毕业于计算机专业,占总人数的46.58%,其次为教育技术专业,占总人数的22.06%,数学、物理或化学等相关专业占总人数的比重为9.8%,其他专业占总人数的比重为21.57%。可见,计算机和教育技术专业毕业的教师已经占据了三分之二,信息技术教师逐渐趋于专业化。

2. 信息技术教师在学校中的地位

通过调查,我们发现,与其他学科教师相比,信息技术教师的地位仍然不高,这主要表现在以下几个方面。

第一,信息技术教师除了承担信息技术教学工作外,还承担了许多其他繁杂的工作(见表9-1,其他工作主要包括信息学奥赛指导、校园电视台管理、学校闭路电视维护、文印等工作),而且这些工作被计入工作量的只有27.67%,79.39%的教师做的这些工作并没有计算到工作量中。信息技术教师承担了如此多的非学科教学工作,这在很大程度上影响了教师的学科教学。

表9-1 中小学信息技术教师所承担的主要工作

工作项目	机房电脑维护	学校电脑维护	网络管理	技术辅教	校信息中心	其他学科教学	其他工作
人数	171	156	123	133	120	47	72
承担比例	20.8%	18.98%	14.96%	16.18%	14.6%	5.72%	8.76%

第二,信息技术教师的课时费与其他学科教师相比差异很大,有这种情况的教师占了56.28%,很小或者无差异的比例分别为18.09%和25.63%。可见,信息技术教师的待遇仍然稍微差一些。除此之外,信息技术教师在评定职称与先进方面也处于劣势。信息技术学科在大多学校是非主科,因为学科本身的一些客观因素而在各项评先进、职称评定中失去了平等竞争的机会的占了77.18%。在工作岗位上得不到与其他教师同等的对待,这种状况在一定程度上挫伤了许多信息技术教师的积极性和上进心。

第三，信息技术教师为参加优质语文、数学等学科做课件，得奖后，86.22%的教师没有得到相应的奖励或荣誉，有时有的比例为 9.69%，有奖励或者荣誉的只有 4.08%。信息技术教师虽然为其他工作做出了很大的贡献，却没有得到应有的认可。

第四，信息技术教师是学校信息技术建设的主力军，但是在信息化建设的决策方面主要具有建议的权力。信息技术教师作为最了解信息化产品以及本校实际的教师，对学校信息化设备的采购主要具有建议权，占了总人数的 62.32%，具有决定权的只有 1.93%，都没有的占 28.99%，说不清楚的占了总人数的 6.76%。

总体来说，学校对信息技术课程还是比较支持的，对于信息技术课程涉及的材料、工具、仪器、设备、教室等需要，60%的学校都能够想办法解决，4.39%的学校立即解决，没有明确态度的学校为 29.76%，只有 5.85%的学校让老师自己解决。

3. 信息技术教师对信息技术课程与教学的看法

经过 20 多年的发展，特别是 2000 年以来，信息技术教师队伍的建设逐渐加强。随着信息技术课程的逐渐完善，信息技术教师对信息技术课程的认同程度在逐渐提高，教师的信息技术教学能力也逐步提高。

信息技术教师对信息技术课程开设的认同度很高。对于信息技术课程的开设，有 43.96% 的教师认为非常必要，应当作为必修课来开设，14.49%的教师认为很重要，但更适合作为选修内容开设，39.61%的教师认为分为必修模块与选修模块能更好地被学生接受。可见，虽然在信息技术课程的开设形式上有所差异，但是信息技术教师仍然主张开设信息技术课程。

随着信息技术课程的发展，信息技术教师逐渐适应了信息技术课程与教学。对信息技术课程实施的总体感觉，15.05%的信息技术教师是很适应，66.5%的信息技术教师是比较适应，12.62%的信息技术教师说不清楚，只有 5.83%的信息技术教师认为很难适应。

在对信息技术教学工作是否有满足感的调查上，只有 20.39%的信息技术教师有满足感，而 29.61%的信息技术教师和 43.2%的信息技术教师则认为没有和一般，还有 6.8%的信息技术教师说不清楚。可以看出，大部分信息技术教师没有从工作中体验到快乐和成功。授课前，能够很认真的教师占总人数的 41.5%，比较认真备课的教师占总人数的 38.2%，简单准备的教师占总人数的 19.8% ，不备课的只占 0.5%。这也可以看出信息技术教学正逐渐走向正规化、常态化。在教学工作中，能够经常针对自己的教学实践问题进行研究，并对教学进行反思的教师占 53.1%，不经常这样的教师占 19.3%，偶尔的教师占 24.8%，基本没有的只占 2.4%。可见，信息技术教师对教学问题进行反思的比例不算高。

关于学生学习信息技术课程的状态，8.25%的信息技术教师感到满意，41.26%的信息技术教师感到比较满意，感到不太满意的占总人数的 35.92%，感到不满意的占总人数的 14.56%。为什么有这么多的信息技术教师对学生学习信息技术课程的状态感觉不满意呢？主要是因为信息技术课程没有纳入中、高考中，学生不是很重视，所以学习信息技术课程的状态未能达到教师的预期。

4. 信息技术教师专业发展

面对信息技术课程的发展，信息技术教师如何实现自我提升呢？通过调查，我们发现信息技术教师专业发展的动机越来越明确，但是信息技术教师在培训等方面得到的支援仍然不够，需要有关方面的进一步关注与支持。

教师要实现专业发展，首先就要问为什么选择做信息技术教师。在这个问题上，53.27％的教师出自主观意愿，27.14％的教师是领导安排的，10.55％的教师是无奈之举，9.05％ 的教师认为无所谓，只是谋生手段。可见，虽然绝大多数的信息技术教师对自身的职业是乐观的，但是仍然有接近 20％ 的教师存在职业懈怠。

当前，对于信息技术课程实施中所得到的培训等专业支援，53.69％ 的信息技术教师认为不满意，41.87％的教师认为比较满意，很满意的教师只占总数的 4.43％。可见，培训等专业支援在信息技术课程实施中是不够的，需要有关方面进一步加大支援力度。

关于信息技术教师的工作侧重点，11.11％的教师认为是思考教学艺术、方法，5.31％的教师认为应该钻研计算机技术，83.57％的教师则认为二者兼顾。可见，信息技术教师仍然要兼顾技术与教学两者，凸显了两者的重要性。这也为信息技术教师的培训指明了方向，即要统筹关注两个方面。以前的信息技术教师培训常常侧重于技术层面，而目前则需要更加关注信息技术教师教学能力方面的培训。

在通常采取下列哪种方式与各地专家、教师进行交流的问题上，借助信息技术工具进行交流的占了绝大多数，而面对面的直接交流则较少。借助专业报刊也占了一定比重（如图 9-1）。

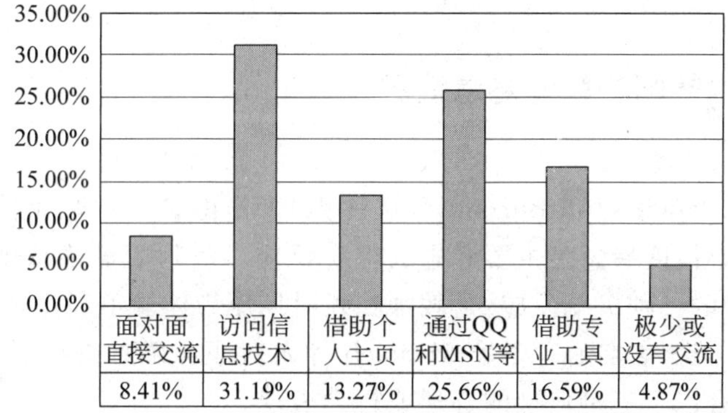

图 9-1　信息技术教师与专家交流的方式

信息技术教师参加专业学习活动或培训的动机多种多样，但是可以看出，信息技术教师有了自我提高的冲动。信息技术教师参与培训绝大多数是为了提高专业技能，更好地完成教学工作，以及学习专业理论知识，提高理论素养，还有获得新课改等方面的信息等。带有功利性的培训动机也具有一定的比重，比如为了完成职称评审对继续教育的要求等。具体比例如图 9-2 所示。

在最有效的培训组织形式方面，基地培训得到了最大程度的认可。42.21％ 的教师认为基地培训最有效，有 22.08％的教师认为基地培训与校本培训相结合的组织形式最有效，而校本培训没有得到认可，只有 6.49％的教师认为校本培训最有效。可见，由于缺

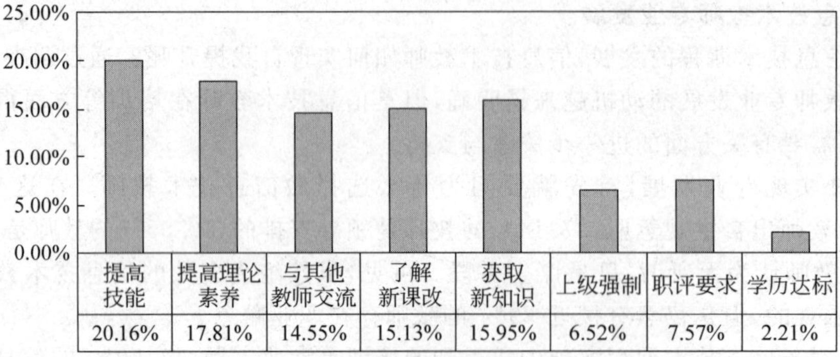

图 9-2 信息技术教师参加继续教育的动机分类

乏相应的专业支持，校本培训并没有取得应有的效果。

在哪种培训内容形式最有效的问题上，教师作为研究者，进行参与式的培训，“从做中学”、结合案例进行的活动加研讨式培训、教学观摩等三种形式得到了一致的认可，而专家讲座则稍微差一些。

通过以上的调查与分析，我们可以看出，虽然信息技术教师队伍正在逐渐得到优化，但是由于学科地位以及发展历史短等因素的影响，信息技术教师队伍建设仍然需要加强。例如，信息技术教师在学校中的地位不高，工作繁重，专业发展仍然未能够得到有效支援等。但是，我们相信，随着信息技术课程发展的逐渐完善，国家对信息技术教育的日渐重视，以及信息技术教师自我的不断努力，信息技术教师的生存现状必然会迎来美好的明天。

9.2.2 信息技术教师的职业倦怠情况

1. “职业倦怠”概述

“职业倦怠”源于英语“Job Burnout”，也称为“工作倦怠”或“职业枯竭”，是指由工作压力引起的，以身心极度疲惫为主要标志的综合反应。教师职业倦怠则是指教师不能顺利应对工作压力时的一种极端反应，是教师在长时期压力体验下而呈现出的情感、态度和行为的衰竭状态。美国著名心理学家 Maslach 等人对职业倦怠进行了大量的研究，其研究指出，职业倦怠有以下三种典型的心理或行为表现。

(1) 情绪衰竭(Emotional exhaustion)，即个体的情绪和情感处于极度疲劳状态，情感资源枯竭，工作热情完全丧失。

(2) 去人性化(Depersonalization)，即个体以消极、否定或麻木不仁的态度去对待自己身边的人，逃避社会交往，不愿与学生接触，对学生表现出冷漠、厌烦。

(3) 个人成就感降低(Reduced personal accomplishment)，即个体对自己工作的意义和价值的评价下降，自我效能感丧失，时常感到无法胜任所从事的工作，在工作中无法体会到成就感。

2. 高中信息技术教师职业倦怠的研究

近几年来，国内研究者主要以中小学语文、数学、英语等学科的教师为研究对象，对教师职业倦怠的成因、表现以及应对策略进行了大量研究。“信息技术教师”是从2000年发展起来的一个新兴的教师群体，因而该研究还很少涉及信息技术教师，但由于信息技术教师工作地位以及劳动分配的特殊性，其工作热情、对待学生的态度和对自己工作的评价会受到较大影响，工作倦怠的表现也将尤为突出。这对中学生信息素养的培养将产生负面影响，因此，研究高中信息技术教师的职业倦怠具有重要的现实意义。有研究者利用调查问卷对来自泰安、济南、聊城3个地区的62名高中信息技术教师进行了有关职业倦怠的调查。在调查所涉及的62名教师中，55.6%来自城市，44.4%来自县城，男女比例为4∶5，年龄主要集中在25～30岁之间，学历以本科为主，职称主要是中教一级和中教二级职称，在鲁中、鲁西地区具有相应的代表性。调查采用Maslach编著的教师职业倦怠问卷(MBI)，分三个维度(分别是情绪衰竭维度、去人性化维度和成就感降低维度)共计22道题目。计分方式为4点计分，中数是2.5，得分越高，职业倦怠程度越严重(2分以下，表明不存在职业倦怠的问题；2分以上，表明存在职业倦怠的问题；2.5分以上，表明职业倦怠问题比较严重)。下面是该项研究的结果。

(1) 总体状况

通过数据分析，高中信息技术教师职业倦怠的平均分值为2.157，这表明高中信息技术教师职业倦怠的情况较普遍，但尚不严重。情绪衰竭、去人性化和个人成就感降低三个纬度的平均分分别为1.914、1.900和2.590，表明目前高中信息技术教师虽在情绪衰竭和去人性化两个纬度上还未出现严重的问题，但个人成就感降低的问题已经比较严重。

(2) 性别及职称差异比较

研究表明：男教师的职业倦怠程度要显著地高于女教师，且在情绪衰竭和去人性化两个维度上存在显著的性别差异，说明男教师投入到工作中的热情和对学生赋予的积极情感要弱于女教师。在个人成就感降低纬度上，虽然男教师的得分高于女教师，但差异并不显著，说明男教师与女教师在工作中均有低成就感，但程度差异不大。通过中教一级教师与中教二级教师的比较可发现，中教二级教师的职业倦怠程度及三个纬度上的得分均高于中教一级教师，但差异不显著。

(3) 教龄差异

研究还表明：高中信息技术教师的职业倦怠随着教龄的增加有不断加重的趋势，尤其在工作4年和7年左右是职业倦怠的两个转折点，这与前面的职称差异有所吻合，但调查中显示，教龄在7年以后职业倦怠程度有所降低。从三个纬度的教龄发展趋势来看，个人成就感低的问题比其他两个纬度的问题都突出，也就是说，中学信息技术教师的职业倦怠问题首先以个人成就感降低表现出来。

3. 职业倦怠的成因

通过调查数据反映出的趋势以及问卷调查后的随访，综合我国中小学信息技术教育的发展状况，我们分析高中信息技术教师职业倦怠的原因主要存在于以下几个方面。

(1) 教师的职业特点

教师的社会期望值高，工作压力大。国家和社会把民族的未来寄托在教师身上，家长把孩子的未来寄托在教师身上，这使教师承担的责任越来越多。另一方面，教师整日奔波于教室、办公室和家庭之间，工作环境单一，且工作占用大部分时间，长时间的劳累有可能会导致职业倦怠。

(2) 信息技术的课程性质

随着国家对中小学生信息素养的重视，中小学信息技术教育改革不断深入，信息技术课程标准日渐成熟，各地区也逐渐把信息技术课纳入中小学的课程体系中。但由于信息技术课带有技术性和操作性特点，考核的难度系数较大，此外受“应试教育”观念的影响，信息技术课程被列为非主干课程，不属于高考科目，从而使这门学科受到学校、学生及家长的冷落。作为信息技术教师，认为工作没有得到认可，感到工作缺乏成就感，个人的社会价值表现得不明显。对男信息技术教师来说，受中国传统观念的影响，这种想法尤为突出，表现出来的职业倦怠程度也要高于女教师。

(3) 工作任务繁杂和工作待遇低

在调查中，80%的教师强调高中信息技术教师的工作任务不单一，往往担任信息技术授课教师、电脑维修员、网络管理员、读卡阅卷人员及摄录编人员等多重角色，不能专心于信息技术的教学工作。并且，除教学外的其他工作往往没有固定的地点和统一的时间，不方便进行量化管理，因此很多工作就成了信息技术教师的义务劳动。很多教师因此失去了工作的积极性和主动性。

(4) 信息技术教师自身的人格因素

研究表明，个人的人生价值观、心理承受力和耐挫力的不同也是影响职业倦怠产生的因素。据调查，信息技术教师的年龄大多在25～30岁，是一支比较年轻的教师队伍，有新的教学思想和教学理念，但缺乏教学经验；有大展宏图的志向和对美好前途的憧憬，但缺少忍耐力和受挫力。一旦理想的我与现实的我出现差距，便会烦躁苦恼，在情绪和行为上产生不良反应。

4. 信息技术教师职业倦怠的对策分析

(1) 加强信息技术教育的督导力度，完善信息技术课程的考核标准。虽然国家政策明文规定要普及中小学信息技术教育，提高学生的信息素养，但受制于经济基础和升学压力，很多地区对国家政策的贯彻力度不够，还需要相关部门给予督导。另外，引起学校、学生和家长对信息技术课程重视的最有效的办法是制定严格的考核制度。2007年，山东、海南等几个省份的高考改革中，开始把信息技术纳入高考科目。虽然所占分值较低，但也说明信息技术教育问题已经受到各地方、学校的重视。这一高考改革政策受到了广大信息技术教师的好评。

(2) 信息技术教师要提高信息素养，完善知识结构。在教育信息化背景下，高中信息技术教师不仅担负着信息技术课的教学任务，还起着推进信息化教育进程的重要作用。在信息技术教育的过程中，教师要具备以下信息素养和知识结构：对信息技术知识的掌握、运用能力；对多媒体技术的实际操作能力；对网络、机房的管理和维护能力；信息技术教学和学术创新能力；教学设计能力；与学生、同事沟通的能力等。信息技术教师只有具备了以上几种能力，才能在学校建设以及与其他学科课程整合的过程中发挥自己的优势，实现个体的社会价值，获得成就感。

(3) 学校要完善教师管理体制，实现对教师评价的多元化。现在，大部分学校评优、提干的主要参照标准是教学成绩和升学率，但由于信息技术课程既非高考科目，也不参加学期考试，所以教学成绩和升学率两项指标在信息技术教师身上都无法体现，他们也就很少有机会参加评优和提干，这很大程度上削弱了信息技术教师对工作的热情。

(4) 信息技术教师要在工作和生活中学会放松心情，经常参加体育锻炼和学校举办的各项集体活动，既放松和锻炼了身体，也可以加强与同事间的沟通交流，缓解工作压力。

总之，面对高中信息技术教师的职业倦怠问题，各级领导和教师要给予充分关注，已有职业倦怠倾向的信息技术教师也要采取积极的应对策略，走出职业倦怠的阴影。

9.3 信息技术教师的职后培养

9.3.1 信息技术教师培训的现状分析

国家教育政策凸现了信息技术教师培训的重要性，加强信息技术教师培训一直是国家教育政策的重要组成部分。从1992年开始，国家教育部曾先后发布了6个关于信息技术教育的文件，无一不把信息技术教师的培训作为重中之重，有的文件甚至对信息技术教师培训的目标和内容做出了明确说明。1992年，《关于加强中小学计算机教育的几点意见》(教基[1992]22号)中指出，“发展中小学计算机教育，教师是关键。各级教育行政部门和学校要统筹规划，有计划地培养、培训计算机课教师。”1994年，《中小学教育工作者“计算机培训”指导纲要》(教基[1994]51号)把计算机学科教师的培训分为上岗培训和职后培训两个层次。考虑到计算机学科教师中相当多的教师是其他学科转行的，但也有一部分教师是计算机专业毕业或已经通过各种渠道学习了不少计算机专业课程，他们可以在本纲要所列的课程中选修相应的课程。对于上岗培训层次，培训目标定为“明确计算机课程的教学目标及教学要求和正确理解教材内容”，培训课程的设置包括：①计算机基础知识及基本操作(60学时)；②计算机课程纲要(10学时)；③计算机教材分析及教法研究(30学时)，其中计算机专业毕业的教师免修计算机基础知识及基本操作。对于职后培训层次，培训目标则定为“掌握计算机硬、软件方面的基础知识、专业知识以及计算机科学技术的新发展；进行计算机学科教学目标、教材教法的研究；用计算机进行教学统计与测量；计算机辅助教学软件的制作”，具体的培训课程设置包括。

①微型计算机原理；②Pascal语言；③常用软件及工具软件介绍(如WPS、杀毒软件等)；④数据结构及算法；⑤操作系统(主要介绍DOS)；⑥汇编语言；⑦数据库管理系统(FoxBase)；⑧教育软件的制作并介绍一些软件工程学的内容；⑨微机简单维修技术(PC机)；⑩中(小)学计算机教学研究；⑪计算机图形学；⑫C语言；⑬教学统计与测量；⑭计算机网络、多媒体技术；⑮计算机系统软件介绍(如Windows和UNIX等)；⑯计算机专业英语等，在课时安排上则从45学时到85学时，其中①～⑩为必修，⑪～⑯为选修，计算机专业毕业的或已修过指定必修课的教师可修读⑩、⑬、⑭和⑮，中学高级教师在⑪～⑯课中任选两门。1996年，中小学计算机教育五年发展纲要(1996年—2000年)(教基[1996]27号)提出进一步加强师资培养培训工作：要根据国家教委颁发的“中小学教育工作者计算机培训指导纲要”的要求制定教师培训计划，促进各级各类教师不断进修提高，使之更好地胜任计算机教育工作。通过师资补充和在职培训，到2000年，中学计算机

专职教师的50%～70%要达到计算机学科大专以上或相当水平的学力标准，全部小学计算机专职教师要达到中专以上的学力标准。

2000年10月，时任教育部部长陈至立同志在全国中小学信息技术教育工作会议上的报告“抓住机遇，加快发展，在中小学大力普及信息技术教育”指出：要加快建设一支数量足够、质量合格的中小学信息技术教育师资队伍；要充分发挥教师进修学校的作用，对在职中小学教师大力开展以计算机和网络为主的信息技术的全员培训；积极抓紧做好对中小学信息技术课程教师进行新大纲和新教材的培训工作。随后，教基[2000]33号文件“关于中小学普及信息技术教育的通知”进一步以政策的形式重申了陈至立报告中的上述内容。2002年6月，《教育部关于推进教师教育信息化建设的意见》(教师[2002]2号)指出，加强对中小学信息技术教育专职教师的培训，争取用2～3年时间对中小学信息技术教育骨干教师和网络技术管理人员有针对性地轮训一遍，不断提高他们的业务水平和能力。

9.3.2 信息技术教师的现状决定了培训的紧迫性

从标准意义上说，信息技术教师是指信息技术教育/计算机(师范)专业毕业，具有信息技术学科教学专门的学识与能力，能胜任并担任学校信息技术课程的教学者。但事实并非完全如此。虽然国家三令五申地强调信息技术教育的重要性，但大多数学校领导缺乏对信息技术教育的重要性及功能的认识，信息技术教育仍处于边缘化学科的地位，忽视了专用专才的原则，使得信息技术教师的任用良莠不齐，信息技术教师专业化长期以来只是一个理想，这将严重地影响信息技术教育的质量。调查表明，在海南省，信息技术学科教师中有70%以上是从数、理、化等相关专业改行来教信息技术课程的，信息技术学科教师的任用缺乏科学性和规范性的现象在不少学校屡见不鲜，从教师相对过剩的某学科中选择一个会进行一般性文字处理，或者就仅仅是摸过电脑的教师去教信息技术课(刘向永、梁竹苑，2002)；在吉林省，来自信息技术(教育)、教育技术、计算机(教育)等相关专业的教师占信息技术学科教师的比例较少，初、高中分别为52%和41.7%，平均不到50%(唐文和、李彦华、刘向永，2005)；在山东寿光，有60%以上是数学、物理或其他学科的老师改行或“兼职”，主要通过短期的信息技术培训后就上岗了(孙强、王萍萍、崔延路，2005)；在北京，信息技术师资从其来源看，具有师范类信息技术专业合格学历的教师比例不高，大多数信息技术教师是从其他相关学科转岗来的。(对于语文、数学等学科)目前在教师的聘任和资格审查上，全市有统一明确的要求，如在学历、教育学、心理学、普通话水平等方面，另外还要通过全市组织的计算机应用水平考试；而对于信息技术学科来讲，全市尚没有统一的要求，各区县根据各自的实际情况作了一些规定，如经过一定时间的专业培训，撰写一定数量的教学论文和教案等(刘向永、梁竹苑，2002)。通过上面的一些数据可以看出，多数信息技术教师具有较少的信息技术学科教育背景，缺乏相应的教学专业知识，呈现出专业知识结构的不合理性。

作为一名信息技术教师，其基本知识结构由学科知识、一般教育教学知识、学科教学知识和技术实践知识四个部分构成。那么他们缺乏哪些专业教学知识呢？我们首先来看转行加盟信息技术学科教育的教师，他们显然缺乏学科知识、学科教学知识和技术实践知识，并且这些教师先前的其他学科教学知识会无形迁移到信息技术课程教学中，对信息技术学科教学知识的形成往往会起到一定的阻碍作用，如何弱化旧有的学科教学知识而产生信息技术教学知识，生成新的学科教学文化则是一个重要问题。对于那些新近从大学毕业的信息技术教师来说，学科教学知识的匮乏则是待补的一个重要课题，王振强(2002)、段青(2002)通过调查也得出了类似的结论，如海南省信息技术学科教师队伍的平均年龄在28岁以下，他们缺少的是课堂教学的锤炼和对教学行为的反思，教学经验的积累相对缺乏(刘向永、梁竹苑，2002)。

从目前实行的新课程角度来看，新课程所折射出的新理念、新教材、新教法和新评价都对信息技术教师的专业知识结构提出了新的挑战和要求，他们表现出明显的不适应。这种不适应具体体现在以下五个方面(马立，2001)。

(1) 教育思想不适应，传统的教育思想根深蒂固，学科为本而不以人的发展为本的教育理念难以纠正，传授式、灌输式的教学方式得心应手，自主、互动、探究的学习方式的培养意识不强，方法不佳。

(2) 教学能力不适应，室内教学还能维持，室外课一筹莫展，课程资源开发的意识和能力相当弱，开放式的教学组织手段贫乏。

(3) 职业技能不适应，现代教育手段的运用能力不强。

(4) 教学评价不适应，习惯于"一张试卷定终身"，而对新课程的过程评价，人文素质的整体评价不熟悉，不习惯，个别人甚至不能接受。

(5) 知识结构不适应，不少教师的知识结构单一，单科发展并且知识陈旧，对新教材学科渗透，展现科技的发展、执行有相当难度。

唐文和等(2005)曾对吉林省信息技术教师的教学方法进行了调查，多数教师在教学中以传统教学方法为主，有83.1%的教师经常应用讲解法进行授课。陈至立(2000)指出，信息技术教育的过程，是学生动手实践的过程；也是学生的一个创造过程；在学生完成一件作品、利用计算机进行学习的过程中，都需要学生开动脑筋、大胆想象，自己动手；开展信息技术教育，是培养学生的创新精神和实践能力的一个极好的途径；我们万万不能把信息技术教育按照学习一门学科的老办法去讲、去学、去考，那将窒息孩子们的创造精神。

基于以上分析，我们可以得出结论：信息技术学科教师来源的复杂性、专业知识结构的不合理性和对新课程的不适应决定了信息技术教师培训的紧迫性。培训有助于发展信息技术教师的专家知识、生成好的教学方法和更好地适应新课程教学，Wilson & Harris (2003)采用内容分析法对英国技术教师持续专业发展文献分析也揭示出培训能发展教师专家知识。

9.3.3　信息技术教师职后培训的常用方式

1. 微型讲座

根据国外的大量研究，在培训中采用大规模、一讲到底的讲座受到了大量的批评，但讲座"所提供的信息比较密集，传递信息的效率比较高，可以由一个人在短时间内向一大群人同时传递信息"(陈向明，2003)，讲座在"散播信息、讲授在其他地方找不到的材料、在短时间内向学生介绍一些他们可能需要花很长时间寻找的内容、激发学生对某课题的兴趣时”是最合适的(Johnson, Johnson & Smith,1998,引自刘春红等译,2004),讲座有利于“教师传递信息、结构化知识呈现、给出知识框架”和“学生接受信息、发展理解、获得建立知识的情境”(Bligh,19%)。因此讲座并不是没有优点,关键在于要使用得法。笔者认为,将传统的长时讲座改造成若干个微型讲座后就会成为一种有价值的培训方法,从而“成为传递知识和概念、提供核心知识和教导学生学习的一个有效手段”(Cantillon, 2003)。所谓微型讲座是指以培训者为主导,将每次讲座时间缩短为20分钟,并把讲座内容与学习者知识及其经验有机结合起来和注重互动的一种培训方法。采用微型讲座通常可以达到以下效果(转引自陈向明,2003)。

- 向参与者介绍新知识和新技能;
- 澄清参与者思想中存在的困惑和问题;
- 在培训开始时做开场白或培训后作总结;
- 在参与者提供的观点的基础上发展出新的观点,提升主题,强调要点;
- 将参与者所表达的思想更加系统地组织起来;
- 给培训方式带来一些变化。

信息技术教师培训的时间相对较为短暂,而可能涉及的内容过多,不可能做到面面俱到,必须做出合理的选择。Wiggins (1998,引自么加利译, 2003)提出了一个内容选择的套环结构。他们认为,最大的圆涵盖了应当宽泛了解的知识,不要求学习者深入细致的掌握;中间的圆代表着通过选择而确定的特定重点知识(事实、概念和原则)与技能(过程、策略和方法);最小的圆是最为重点的部分,要求学习者必须实现持久的理解。Wiggins (1998)还提出内容选择的四条衡量标准持久的价值。所谓持久就是学习者能领会这些重要观念的实质或灵魂,能知道并理解这些内容的基本思路和框架。一般来说,具有持久价值的内容具有三个特征:一是超越孤立而散乱存在的事实或技能;二是侧重于关键性的概念、原理和方法;三是可应用于新的环境。这些具有持久价值的内容居于学科的核心地位。要使学习者潜心于所学科目,要培养他们的洞察力,使他们了解知识是怎样产生、被评价和加以运用的。可靠的学习经验将学习者从一个被动的知识接收者变为积极的建构者。教学者需要发现,学习者常常在掌握什么样的重要概念或者程序时会遇到困难,难在何处;在什么重要的观念上学生可能形成一种错误的观念。

2. 技术实践

对于信息技术教师来说,实践知识不仅仅是学科教学实践知识,还包括技术实践知识。因此,在信息技术教师培训中,需要开展设计、开发制品和技术维护等各种基于技术实践的技术活动,这样可在很大程度上改进信息技术教师的技术实践知识和提升他们的技术能力,这也是信息技术教师培训区别其他学科教师培训的一个关键特性。

技术实践的概念可以追溯到Paeey (1983)。Paeey反对人们将“技术”狭隘地理解为“技艺”,在其名著《技术文化》(1983)中提出了用“技术实践”来替代“技术”这个概念,并认为技术实践指称技术的各个分支并涵盖技艺、组织和文化三个层面。技艺层面主要指知识、技能、工具、机器、资源、产品等;组织层面主要指经济与工业活动、使用者和消费者的反馈、“专利、版权法、研发政策”(Chant,1989)等;文化层面主要指目标、价值、伦理规范、对进步的信念、意识和创新等。

Drengson (1995)认为，技术实践是由“技术知识和技能”、“组织结构”、“文化意图和价值”、“资源使用、原材料和环境”四个维度构成的有组织的活动。姜振寰(2001)认为，技术实践是掌握技术的人所从事的改造自然、重塑或创造适合于人类生存的物质文化环境的有组织的活动。Newzealand Qualineations Authority(2003)认为，技术实践是指个人或群体产生技术解决方案的方式。技术实践的性质由个人或群体的观点、不同的知识和技能、社会和环境、技术发展自身的性质等因素协同决定；情境是指学习者所处的即时社会和环境；社会指的是技术实践被锚定的即时社会定位，具体包括经济、文化、伦理和政治情境；资源指的是解决设计问题所需的要素，包括人力、时间、材料、设备和经济资源；环境指的是技术实践发生的即时物理位置。在上述学者的定义中，Drengson(1995)和 Newzealand QualifieationsAuthority(2003)对技术实践的定义基本上是对 Paeey(1983)定义的另一种表述或对其进行了拓展。从我国信息技术课程标准理念来看，Pacey(1983)的技术实践观点是与其相当吻合的，他的文化层面与国家信息技术课程标准中的“情感、态度、价值观”维度是紧密联系的，而技艺、组织层面是与国家信息技术课程标准中的“知识与技能”和“过程与方法”两个维度紧密联系的。

3. 教法研讨

(1) 教材分析

教材是教学材料的简称，广义的教材包括教科书和教学辅助材料，狭义的教材主要是指教科书。本节所指称的教材取狭义。教材常用于向学习者介绍目前的学问、思想和给定学科的理想，它们在课堂和课程中起着重要作用(Aram，2003)。教材分析能提升教学规划和教案编写，有助于发现和应用多种合适的方法来促进个性化教学，从而为提升教学过程打好基础。因此，如何科学地分析信息技术课程教材，合理地处理教材内容，寻求教材对信息技术教师教学的良性影响，是发展信息技术教师教法知识和提升信息技术课堂教学质量的重要因素，也是信息技术教师培训的重要组成部分。下面论述信息技术教材分析中的基本思想。

信息技术教材分析活动设计的第一个基本思想是“用教材教”。信息技术教材虽然是信息技术教育内容的系统化和物化形态，是信息技术教师开展教学活动和培养学生信息素养的重要依据，但对于信息技术教材的教学认识则存在着两种截然不同的哲学观，即“用教材教”和“教教材”。“教教材”是众多信息技术教师的基本取向，是他们甘愿成为教材奴隶的具体表现，教材对于他们来说就是“圣经”和课堂照搬的工具，“是虐待学生的行为”。在信息技术教师培训中，应该试图打破这种观念，培养信息技术教师科学的教材观——“用教材教”，学会对教材内容进行自我内化、外化、心理学化和创造性构思，学会“在教材提供的基本线索和材料的基础上用不同的方法、手段去调节教材的内容，以适合具体的学习对象”(吴也显，1991)。活用教材和把教材作为教学的重要资源才是“用教材教”信息技术教学的真谛，也是信息技术新课程的精髓所在和信息技术教材分析的行动指南。

教材分析活动设计的第二个基本思想是系统观。对信息技术教材的分析不能仅仅停留在教材本身，孤立地分析教材，要用系统的观点来看待教材和分析教材，即把信息技术教材与信息技术课程标准和信息技术教学目标联系起来作为一个系统，要明白信息技术教材与其他要素的关系，要在信息技术课程标准的统领下和充分领会其实质的基础上分析教材，要在学习目标的关照下研究教材。

(2) 案例分析

案例分析起源于案例教学法。案例教学法早在1870年代就使用于法律教育领域，随后于1900年代和1930年代分别引入到医学和商业教育领域。在最近几十年，案例教学法日益受到教师培训领域的重视，成为教师培训的一个重要工具。采用“教学案例分析”而不是“案例教学法”这一称谓，其主要原因在于凸现信息技术教师在这一活动中的能动性，强调他们运用所学的学科知识和教学知识对教学案例批判地深度分析和解释，生成可应用于自己课堂教学的知识。案例分析包括内容、过程、技能和可选择性策略的案例材料的分析。

(3) 问题讨论

讨论是有价值的教育实践(Bruce，1996)，是“鼓励学习者丰富和提炼他们理解的交换式对话”(Alvermann&Hayes，1989)，是“学习者与教师在高认知和情感层面来回地谈话”(Larson，1996)，是“与学习者教育性的、反思的、结构化的会谈，由对话(熟悉的人之间的交流)、反思(鼓励在较高认知层面的批判性和创造性思考)和结构(讨论需要有领导人组织和进行)三个部分构成”(Wilen，1990)。在信息技术教师培训中，问题讨论是信息技术教师培训的重要工具。可以作为讨论的问题很多，这里我们主要关注的是教学问题。问题讨论旨在就信息技术课程教学中产生的问题展开讨论，寻求教学问题的多种解决方案。问题讨论能够调动信息技术教师的高层次思维，使他们主动地投入到基于真实问题的学习中，使他们通过思考、交流和共享实现多层次、多角度地发展学科教学知识。在讨论中，团队成员的不同背景和知识在问题解决中是非常有效的，它同样有助于道德发展、态度变化和发展、交流技能等社会性发展。

(4) 资源支持

信息技术教师培训离不开资源的支持。在资源支持的设计上不仅要考虑在培训中发挥作用，还要考虑培训结束后它们仍然能在信息技术教师的教学和后续学习中发挥作用。支持信息技术教师培训的资源主要包括培训教材、学习手册、光盘资源和在线网络四个部分。培训教材、学习手册、光盘资源和在线网络对信息技术教师的培训支持成“四维一体”的关系，即将权威性、精华性、稳定性和常用性的内容放在培训教材上，信息技术教师学习的要点、心得等可记载在学习手册上，将多态性和拓展性的文本、多媒体内容和工具资源放在光盘上，将更新性内容放在在线网络上。另外，在线网络还充当信息技术教师培训期间的交流和作为培训后应用支持的重要平台。

最后，需要指出的是信息技术是一门发展很快的学科。所以，与其他学科相比，对信息技术教师的职后培训更为必要。而且，要综合采用各种培训方式加强对信息技术教师的职后培训。

第10章

利用微格教学法培养信息技术教师的基本教学技能

10.1 微格教学概述

10.1.1 什么是微格教学

微格教学(Microteaching)是师范生和在职教师掌握课堂教学技能的一种培训方法,它又被译为“微型教学”、“微观教学”、“小型教学”等。微格教学是在1963年由美国斯坦福大学的D. W. 阿伦(D. W. Allen)和他的同事W. 伊芙(W. Eve)首先开发设立的。在斯坦福大学,微格教学原是为师范生当教师之前提供一个教学实践的机会而设计。微格教学可一般描述为一个缩减的教学实践,它在班级大小、课程长短和教学复杂程度上都被缩减了。因此,英国的G. 布朗(G. Brown)说:“它是一个简化了的、细分的教学,从而使学员易于掌握。”阿伦和伊芙把微格教学定义为“一个有控制的实习系统,它使师范生有可能集中解决某一特定的教学行为,或在有控制的条件下进行学习”。北京教育学院微格教学课题组经过多年的实践和研究认为:微格教学是一个有控制的教学实践系统,它使师范生和教师有可能集中解决某一特定的教学行为,并在有控制的条件下进行学习和训练。它是建筑在教育教学理论、科学方法论、视听理论和技术的基础上,系统训练教师课堂教学技能的理论和方法。

微格教学在20世纪80年代中期引入我国,首先在北京教育学院展开了学习研究,并进行了实践。在此基础上,按照国家教委师范司的意见和要求,先后举办了7期全国部分教育学院教师参加的“微格教学研讨班”。微格教学作为培训教师教学技能的有效方法,很快受到了广大教师的欢迎,微格教学的研究和实践已扩展到中等师范学校、许多中小学和部分高等师范院校。1993年全国各省级教育学院在国家教委世界银行贷款的资助下,分别建立了具有先进设备的微格教学实验室,许多学校和工矿地区的教育机构也自筹资金,因陋就简纷纷建立了微格教学实验室,为这些院校和地区开展微格教学做了必要的物质保证。1988年10月至1989年3月,北京教育学院在联合国教科文组织的支持下开展了微格教学效果的对比实验研究。实验分为微格教学实验组和教学实习对照组，以分析微格教学效果与实习效果的差异。在实验前，对两组学员都进行了听课、录像、评价，以保证初始的基本水平相同。在实验阶段，实验组用微格教学的培训方法，对照组用传统的教学实习方法。最后的实验结果表明，用微格教学对在职教师进行培训的效果明显优于传统方法的效果。类似的实验在国外和国内的一些学校都进行过，多数的结果都表明微格教学的培训方法效果显著。例如，1993—1995 年，北京宣武师范学校在应届毕业班中开展了两轮"中等师范学校开设微格教学课程的实验研究"。实验结果表明：中师开设微格教学课程是必要的，该课程对于培养中师学生教学技能有显著作用。实验班学生在毕业实习中，课堂教学的效果明显优于对比班，特别是掌握教学技能的整体水平高，没有中、差的学生。微格教学促进了实验班学生各科教法课的学习，他们教法课的成绩和备课、写教案的能力都高于对比班。两轮实验还找到了在中师开设微格教学课程的具体办法，使微格教学能作为一门课程在中师院校中固定下来。

10.1.2 微格教学的研究对象

微格教学主要研究各学科专业课堂教学技能的行为模式和有效的教学技能训练程序，以及某些较为复杂的教学专题。

教学技能是微格教学研究的核心问题，没有一个可具体描述、可操作的教学技能行为模式，训练、反馈和评价都无法有效地进行。目前各国在微格教学的研究和实践中所提出的教学技能不尽相同，也没有一个对教学技能概念明确统一的定义。北京教育学院微格教学课题组经过多年的研究和实验认为，根据不同的教育教学思想可以提出各种内容不同的教学技能，但要符合可训练的要求则必须满足如下条件。

(1) 教学技能模式必须是对教师课堂教学行为的描述，而不是对教学提出概括性的原则要求。技能模式应该回答"做什么？怎么做？为什么要这样做？"的问题，使之实现可具体操作，通过外部活动可观察，通过示范可鲜明具体地展示出来。

(2) 教学技能模式中的教学行为应该是课堂教学中的基本行为。

(3) 教学技能模式应该是依据教学活动的行为方式特点和教学功能的特点，对一类教学行为的概括。一项教学技能中的教学行为在行为方式和教学功能方面具有某种共性。各项教学技能之间有比较明确的界定。具有共性的一类教学行为便于集中描述、示范和模仿，可构成基本的、稳定的教学行为模式。

(4) 教学技能操作规则系统的合法性应由相关的教育教学理论来说明，实现理论对实践的指导，实现技能的教学功能的有效性。

(5) 每项教学技能应具有明确的培训目标和可观察的具体评价标准。

微格教学的历史还不长，在我国还是一个新事物，关于教学技能的研究涉及到行为心理学、教育教学理论、教学目标、总结教学经验等多方面的内容，教学技能的研究还有待于在实践中不断深化和完善。

微格教学的另一个主要研究任务是有效的技能训练方法。教学技能中既包含动作技能，也包含心智技能。这两种技能都表现为两个主要成分：一是活动的规则；二是通过练习使活动符合规则，并达到熟练的程度。微格教学应研究如何将外在的技能模式通过理论学习、观摩示范、练习，转变为学员内部的控制程序或表象，经过训练与反馈评价如何矫正内部的技能模式。逐渐使外部的活动符合这些技能规则，使某些内部的心智活动简约化，外部的动作准确、流畅和娴熟。依据对教学技能形成过程的研究，微格教学将研究如何以系统论、控制论的方法，设计训练的程序和实施训练时的各种控制措施，并研究开发应用各种现代化的音像技术和信息评价技术等。

微格教学除主要用于训练教学技能之外，还可以用于分析研究教学中较为复杂的专题。与技能训练不同，在这里主要是应用微格教学中的系统方法、控制方法、反馈手段和评价措施等对某项教学专题进行分析研究，它只提供研究手段而不提供训练模式。由于微格教学中包含了某些一般的教育科学研究的方法和手段，所以可迁移到其他教学专题的研究之中。

10.1.3　微格教学的一般过程

从斯坦福大学的研究者提出微格教学以后的 50 年来，它的训练过程已形成了一定的系统模式，一般包括以下几个步骤。

(1) 事前的学习和研究。学习的内容主要是微格教学的训练方法、各项教学技能的教育理论基础、教学技能的功能和行为模式。

(2) 提供示范。通常在训练前结合理论学习提供教学技能的音像示范，便于师范生或在职教师对教学技能的感知、理解和分析。

(3) 确定培训技能和编写教案。微格教学的教案具有不同于一般教案的特点，它要求说明所应用的教学技能的训练目标，并要求详细说明教学过程设计中的教学行为是该项教学技能中的什么技能行为要素。

(4) 角色扮演。在微型课堂中，十几名师范生或进修教师，轮流扮演教师角色、学生角色和评价员角色，并由一名指导教师负责组织指导，一名摄像操作人员负责记录(可由学员担任)。教师角色扮演一次约 5～15 分钟，并由摄像机记录下来，评价员填写评价单。

(5) 反馈和评价。重放录像，教师角色扮演者自我分析，指导教师和学员一起讨论评议，将评价单数据输入计算机进行定量的综合评价。

(6) 修改教案后重新进行角色扮演。对反馈中发现的问题按指导教师及学员集体的建设性意见修改教案，经准备后进行重教。重教后的反馈评价方法与(4)相同。若第一次角色扮演比较成功，则可不进行重教，直接进行其他教学技能的训练。

10.2　微格教学中涉及的教学技能及在信息技术教学中的体现

在本章 10.1 节中已经指出：微格教学中所研究的核心问题是教学技能。虽然在实际教学工作中所涉及的教学技能很多，但是微格教学训练中所涉及的教学技能归纳起来只有 8 种，分别是：①教学语言技能；②板书技能；③变化技能；④导入技能；⑤讲解技能；⑥结束技能；⑦强化技能；⑧提问技能。在本节中我们将根据中小学信息技术的教学实际来具体阐释它们的含义和微格教学训练中要达到的标准。

10.2.1 教学语言技能

1. 教学语言技能概述

教学语言技能是指教师传递信息、提供指导的语言行为方式,它不独立存在于教学之中,却是一切教学活动的最基本的行为。教学语言技能是在声、情、义三方面实现其教学功能的。声,是指语言的发音准确、标准、清晰、和谐、具有美感;情,是指通过语言声调的抑扬顿挫,节奏的快慢、强弱、长短的变化表达各种感情;义,是指用语义准确、词汇丰富的语言表述所要表达的现象、概念、定义或推断等。因此,教师的语言水平直接影响到学生的学习兴趣,学习质量和智力因素的发展,是课堂教学效率高低的关键。另一方面,教学语言还必须与其他教学技能,如导入、讲解、提问、变化、强化、结束等配合,才能完成整个教学过程。它不能单独游离于其他教学技能之外。所以说,教学语言技能不独立存在于教学活动之中,却又是一切教学活动中最基本的行为。

提到教学语言技能就必须解释一下教学语言的语型。教学语言的语型,是指教学语言的分类属性,即指教学语言属于何种语言类型。从语言学角度来看,一般对语言有两种分类方式:一种是按语言表达方式来划分,可分为口头语和书面语;另一种是按语言用途或运用范围来划分,可分为专门语和普通语。那么教学语言属于何种类型呢?一般认为,教学语言是口头语言与书面语言的有机结合,是专业语言与普通语言的有机结合。

从表达方式来看,教学语言应以口头语言为主,但又不同于一般人的口头语言,因为教学语言中融入了大量的书面语言,所以它比一般口头语言更具有条理性、完整性、准确性和清晰性。它显得更精练、更丰富、更复杂化。教学语言为什么要融入一定量的书面语言呢?因为教学语言要以教材和教案为"书面"蓝本。教材是著作者的书面语言,教案则是教师对教材全面加工和凝练后成为一种更接近教学语言的书面语言。因为教学的最终目的是要掌握用严谨的书面语言表达概念、定义和规律等知识,所以书面语言在教学中必会大量出现。但是教学过程又是师生之间面对面的交流,只有通过大量通俗易懂、生动活泼的口头语言,才能达到理解教材内容的目的。假如教师背书式的讲课,必然会使教学语言失去生命力,教学本身也就失去了魅力。尤其面对小学生,教师的教学语言更要融入大量儿童化的口头语言,以缩短师生之间的距离,才符合儿童的认知水平。从教学语言的方式来看,教学语言应以专业语言为主,并辅以大量的普通语言。各学科有自身的专业语言,而将学科的专业语言转化为普通语言,最终又让学生掌握这些专业知识,是教师所必须具备的独特的语言技能。这种转化表现出教师对教材的理解的深度和广度,表现出教师对学生生理、心理和知识层次研究与认识的水平,反映出教师的思维品质和语言文字的修养。

2. 教学语言的功能

教学语言技能在所有的基本教学技能中具有最为重要的地位,这不仅是因为它是在教学过程中运用最多的技能,而且教学语言的功能也是其他教学技能不能替代的。具体来说教学研究在教学过程中有以下六点功能。

(1) 表意功能

教学语言技能的表意功能,表现在教师运用教学语言叙述、描绘教材的内容,说明、阐述学科的知识，分析、论证科学的原理，来达到准确、清晰地传递知识信息的目的。

（2）指示功能

教师运用教学语言可以明确而简洁地要求学生做什么或不做什么；可以指挥学生怎样去做。教师运用教学语言技能还可以采取各种语气、语调、采用不同音量、节奏，对学生或询问、或暗示、或启发、或命令、或警告，以组织学生参与教学活动。这样可以组织教学，使学生明确课堂上该做什么，不该做什么，以及怎样去做。这样的语言一般都要求简洁、明了，不拖泥带水，能一语中的。

（3）传情功能

课堂教学是师生双边活动过程。教师在传递知识，使学生发展智力和培养能力的同时，必然伴随有师生之间的情感交流。教师通过教学语言的语调、节奏、语气的变化，或蕴蓄平稳，或慷慨激昂，或清新闲谈，或委婉动人，或欢快昂扬，或庄严郑重。凡此种种，均可有效地表达教师的各种情感、情绪及心理活动，达到师生之间感情交流的目的。教师语言技能的传情功能应该自始至终地贯穿于整节课中，自然而然，不着痕迹。

（4）激励功能

精彩的教学语言还可以有效地激励学生的学习兴趣，丰富学生的想象力，启发学生的天赋，开发学生智力，发展学生能力。教师在课堂上生动形象的描述，侃侃而谈地说明、推理，都将促进学生形象思维和抽象思维的发展。学生在听课过程中，除了获取知识，他们的观察能力、记忆能力、推断能力、想象能力、辨析能力等都将在教师正确语言的指引下得到提高。学生思维品质和思维方式的发展，也必然促进语言表达能力的提高。另外，教师教学语言的精美、准确，也将激励和促进学生各种心理品质，如情绪、情感、兴趣、爱好、意志、行为、习惯的发展，最终激励学生的创造力。

（5）教育功能

教师的教学语言技能具有教育功能。它对学生的思想、情操、行为、道德都有着潜移默化的影响。一般来说学生年龄越低，这种影响越大。教学语言技能的教育性是与所教的内容紧密联系在一起的。教师应在传授学科知识中进行思想教育，熏陶和提高学生的道德情操。教师的语言不仅反映自身的专业水平和教育水平，也反映自身的思想、道德和情操的水平。教师既要用学科知识中的教育成分来教育学生，又要把先进的思想、崇高的理想、奋发的精神、旺盛的求知欲、锲而不舍的意志和毅力融于教学语言中，潜移默化地影响学生，用教学语言来"教书育人"。值得注意的是，这种教育性绝不是空头说教，更不是为追求"思想性"而片面追求教育性，而应寓语言的教育性于学科知识和能力教学之中，日积月累，水到渠成。

（6）美育教育

教学语言技能还有美育的特殊功能。语言是心灵美的外现，心灵美是语言的前提。柏拉图认为，教师语言艺术是陶冶学生美感的一个组成部分。教学语言发音的准确、音质的悦耳对学生是一种美的享受，而优美、丰富的语汇也可以引发学生的美感，提高学生品位，起到语言美感的示范作用，促进学生语言美、心灵美、思想美。具有较高的教学语言水平的教师，往往通过优美的语言对学生产生潜移默化的影响和熏陶。同时，优美的教学语言也刺激和激发了学生的语言美感，使学生自觉或不自觉地模仿以至灵活地运用，从而提高了学生的语言表达能力。

可见，教学语言技能在德、智、美等几个方面都有其特殊的教育功能。

3. 信息技术教学中教学语言的训练要点

中小学信息技术课是具有鲜明特点的课程，它对于教师的教学语言技能也提出了相应的要求，其训练要点如下。

(1) 必须使用科学的教学语言

中小学信息技术课程中涉及大量的概念、定义、术语等都是符合科学性的。教师在教学语言技能的运用中必须注意科学性，用词造句、判断推理，都要准确。特别是进行口语化、通俗化解译时，不能违背科学性原则。教师在运用专业用语时，必须做到用语规范，语义确切，不能信口开河。不同年龄的小学生接受某个科学概念或科学原理时，有一个循序渐进的过程。低年龄学生，对许多事物还不能给予极为准确和高度概括的定义，对他们还不能讲清事物的全部内涵和外延，教师要根据他们的认识水平讲明这些概念的初浅的、简单的、低层次的含义。即使这样讲解，也不能违背科学性。

(2) 必须注意教学语言的条理性

教学语言技能的条理性是非常重要的。科学本身是有系统、有规律且符合逻辑的，信息技术学科也不例外。因此教学语言技能的应用必须注重条理性，要言之有序，言之有理，言之有力。这既反映了信息技术学科本身的客观性，同时又反映出教师本身思维品质的周密性与逻辑性。提出问题明确而不含糊；推理合乎逻辑规则；论证问题条理清楚有理有据。教学语言技能的这一特征表现越鲜明，则越符合信息技术学科本身的要求和学生认识过程的规律，学生也就越容易听懂、掌握。尤其需要提出的是，信息技术学科中涉及大量的实际操作过程，教师在叙述这些操作时更要注意语言的条理性。关于这方面的要求，我们在讲解技能和演示技能中还要提到。

(3) 对外部语言的合理使用

教师在课堂上运用教学语言，就是把内部语言经过扩展，并快速按正确词语组合顺序组合成一系列语句，同时通过大脑神经中枢控制发音器官，发出不同音高、音强、音长的语言波，变成能表情达义的外部语言，即有声语言。这些有声的语句，不仅能表达各种意思，而且能传达出多变的感情色彩。这是因为人们会运用语音、语量、语气、语速、语调，以及语言节奏来增加有声表达的特殊效果。可见，运用外部语言表情达义的技能，是构成教学语言技能的外在要素。下面我们分别进行阐述。

- 语音。语音是语言的物质材料。有了语言这一载体，才能使得表达信息的符号——语言，以声音的形式发出、传送和被感知。没有声音，就难以进行正常的学习和交流。不同教师的语音虽然有千差万别，但在教学中有一些要求是共同的，即教学语言必须用准确、流畅的普通话，语音清晰，吐字清楚、坚实、完整。在这个基本要求之下，再力求音色清脆、悦耳、圆润。
- 语量。语量是指讲话声音的大小。语量要符合教学环境，语言情境以及教学过程中表情达义的需要。教学语言的声音不宜过大。声音过大，不仅使教师劳神伤气，而且反而使学生听不真切，容易产生听觉神经的疲劳，甚至产生烦躁不安的感觉。从声环境角度来看，一般上课时教学语言的语量，应在 45 分贝到 65 分贝之间。一般来说，课堂教学语言的语量以中强音量为主，可控制在这样一种程度：既能使最后一排学生听得清楚，又不使第一排学生感到震耳。教师讲课时声音的底气要足，倘若教师讲话少气无力，则容易使学生的注意力分散，学习气氛懈怠，缺乏生气和活力。教师要把每一句话的每一个字，包括最后一个字都清清楚楚地送进学生的耳朵。不能先强后弱，越说越没底气，甚至使最后几个字的字音消失。有时，教师故意低声讲话，以调动学生的听觉注意力或为了符合某种特定的教学情境，但要做到低而不虚，沉而不浊，有内在的声音力度。语量的大小要有一定的变化，整堂课大嗓门讲话会使学生烦乱，但总是小声小气讲话又使学生提不起精神来。因此教师要根据教学内容的需要和情感变化的需要，及时变化自己的语量、音高和音长，以吸引学生的注意力。语量的变化又称为“控嗓”，是教师用语言进行教学调控的常规手段，以此来显示教师教学语言的层次感和声音的和谐美、错落美。

- 语气。语气是指语句中的声音高低、快慢、强弱、虚实的变化，用以表现不同的思想感情。例如，“坐下”这个简单的词语，教师可以采用不同的语气表示温和、亲切、生气、厌烦等多种情感。可见，语气既有内在的思想感情，又有外在声音气息和变化，同时它还贯穿于一句话的始终。教师应当掌握“不同等级”的语气变化，使传达教学信息更生动、丰富。
- 语速。语速是指讲话的平均速度。人们听话的能力有一定的承受量，一旦超出了负载就会听不清楚，这就对讲话速度提出了要求。中央电台广播员的语速为每分钟 350 字左右，课堂口语的速度显然应该再放慢些，一般以每分钟 180 字至250 字为宜。教学语言的语速若过快，如同“开机关枪”一般，学生的思维运转跟不上教师的语言，就会听不明白，不能理解语言的全部含义。若教学语言的语速过慢，拖沓疲软，学生会感到“不够听”的，容易分神，造成精神涣散，注意力不集中。无论语速过快或过慢，都会使学生感到疲劳，因而影响课堂效果。
- 语调。语调是指讲话时，声音的高低升降、抑扬顿挫的错落变化造成的一种旋律感。教师从所要表示的内容出发，运用高低变化，自然合度的语言来讲课，才能加强课堂口语的表达的生动性。语调的感情色彩是很浓重的。特别在讲课的对象是小学生时，学生情绪的调动，常常受教师情绪的影响，而教师的情绪往往在语气、语调中表现出来。
- 节奏。教学语言的节奏，指的是在一个完整的表述中，其语速的快慢变化，语音的强弱变化而形成的语流态势。节奏与语速有联系，但不是一回事。前面说的语速是指讲话的平均速度，并不意味着讲话中的每一个字所占的时间一样长。有的字音长一些，有的字音短一些，句中、句间还有长短不一的停顿。这些由音的长短和停顿的长短所构成的快慢变化，伴随相应的节拍的强弱，力度的大小和语速的快慢交替变换，以及句子长短抑扬的有规律变化，就产生了语言的节奏。节奏由一定的思想感情的波澜起伏所造成的声音形式的回环往复。可以说，思想感情的运动状态是节奏的动因，回环往复是节奏的本质。教师在讲课中既要注入自己情感的变化，同时还要善于调节音程徐疾的变化，形成和谐的节奏。这种有规律的语言节奏的变化，可以加强课堂教学语言的动感，使之充满活力，学生在听有节奏的教学语言时也不易疲劳或紧张。在形成语流态势的过程中，停顿是一种信号。它对大脑的刺激有时甚至超过音量的刺激，使人自然产生探询原因的心理，可以引起学生的注意，也可以给学生一个思考、回味、归纳的余地，还可以制造气氛起到“此时无声胜有声”的强化作用。

10.2.2 板书技能

1. 板书技能概述

传统意义上的板书技能是教师运用黑板或投影片上的文字、符号和图像等方式，向学生呈现教学内容，思维程序，从而使知识概括化、系统化，帮助学生正确理解、增强记忆、提高教学效率的课堂教学行为。但是在信息技术大行其道的今天，传统的板书已经被“电子板书”所替代，所谓“电子板书”是指利用PowerPoint、Publisher等软件将要呈现的教学内容制作成电子演示材料并利用多媒体计算机和投影仪等设备向学生展示。与传统意义的板书相比“电子板书”不仅可以呈现文字和图片还可以使用声音、视频等多种媒体。如果运用得当，“电子板书”的教学效率比传统的板书要高出许多。

板书是课堂教学不可缺少的组成部分，是教师上好课的有力助手，是教师课堂教学中向学生传递信息的一种重要手段。课堂上其他手段所传递的信息多是一次性的而且是短暂的，板书却能多次地、长时间地向学生传递信息。上完一节课，主要内容被保留在黑板上或大屏幕上，会使学生产生一种完整、圆满的感觉，而得到一种精神上的满足。好的板书能突出知识的重点与知识间的联系，能充分调动学生的视觉感官。优秀的板书会使学生得到一种美的享受，能有力地沟通师生情感，给学生创设愉快的思维情景。整齐规范的板书，也是一种无声的语言，是学生学习的模范，对学生书写能力的提高是有力的无声的教学。

信息技术课中的很多内容，特别是一些操作的步骤，如果教师只是讲述或操作学生是很难记住的，而应用恰当的板书呈现出操作的要点却能很好地完成这一教学任务。教师必须充分地意识到这一点。

2. 板书技能的功能

(1) 激发兴趣，启发思维

好的板书常常能引起学生的一系列心理活动。首先是激发兴趣，集中注意力。教师应该在课程开始的时候就将课程的主题以巧妙的方式呈现出来以激发学生的兴趣和注意。

(2) 概括要点，便于记忆

信息技术课程是科学性和实践性很强的一门学科。有很多相似的概念和复杂的操作，这些内容仅仅凭借讲解和演示学生是很难记住的。但是通过板书却能较好地帮助学生记忆。有些有时只用几个简单的记号、几个词、几句话或几张图表就能揭示本质，帮助学生记住所有的操作要领，并指导学生应用。可以看出，板书为学生进行观察、比较、抽象、概括，提供了良好的条件，有助于学生掌握和记忆课堂内容的要点。

(3) 帮助学生形成知识网络

对于教学来说，如何使教学内容的知识结构转化为学生头脑中的认知结构，是一个重要的问题。美国心理学家奥苏贝尔曾非常精辟地讲过，如果我不得不把全部教育心理学还原成一条原理的话，我将会说，影响学生最重要的因素是学生已经知道了什么，要根据学生的原有知识状况进行教学。教师清楚地了解了学生已有的知识结构，由此出发，兼顾新知识的特点，可以采用恰当的板书配合讲解，帮助学生吸收和"消化"新知识。

（4）突出重点，突破难点

课堂教学除了要吃透教材外，还要吃透学生，教师要掌握学生的年龄特征和认知规律，要懂得学生已有的知识基础和实际能力。教师要据此分析学生可能产生的困难并正确分析产生这些困难的原因。这样才能针对学生的具体情况，有的放矢地进行教学。同时，针对教学的重点和学生学习的难点精心设计的板书，能突出重点，突破难点。

（5）指引观察，指导阅读

心理学认为，客观事物时时刻刻都在影响着人们的感觉器官，但是并不是所有的对象都能被知觉。人们总是根据实际需要，有选择地从一般事物中"突出"某些事物作为知觉的对象。其他事物因不显眼而退居次要的位置，被称为背景部分。如果教师能利用板书，处理好知觉对象和背景的关系，提出明确的知觉任务，学生可以获得鲜明的形象，同时对有目的、按顺序的观察方法也会有所了解。

10.2.3 变化技能

1. 变化技能概述

变化技能是教师运用变化教学媒体，变化师生相互作用的形式，以及变化对学生的刺激方式，引起学生的注意和兴趣，减轻学生的疲劳，维护正常教学秩序的一类教学行为。

讲到变化技能就不能不提到心理学意义上的"注意"。注意是心理活动对一定对象的指向与集中。注意不是独立的心理过程，总是在感觉、知觉、记忆、想象、回忆、思维、情感、意志等心理过程中表现出来。注意是一切心理过程的开端，从感知到思维，每一个认识过程都是从注意开始的。俄国教育家乌申斯基谈到注意的作用时说：注意是一扇门，一切来自外部世界的刚刚进入心灵的东西都要从它那里经过。如果注意比作一艘航船，那么注意不仅掌管着起航，还负责领航、护航，也就是注意贯穿于各个心理活动的始终。一旦注意中止，心理活动将偏离目标，甚至终止。研究注意的必要性在于，学生的学习活动必须注意参与。

组织好学生的注意是教学成功的重要条件。变化技能是组织学生注意的重要技能。变化教学的形式和方法，做到多样、灵活，语言简洁流畅，抑扬顿挫，有快有慢，有强有弱，表情和手势的变化，身体动作的变化，都能引起和保持学生的注意。

在课堂教学过程中，教学活动方式的变化，对教师而言，是教师教学修养、能力、风格的体现；对学生而言，是变化对不同感官的刺激，从而唤起学生的注意，引起兴趣。教师在课堂教学活动中运用变化技能，是要在教与学的师生交流中，形成良好的学习气氛，创造出最佳的教与学的环境，用来达到提高课堂教学质量的目的。

2. 变化技能的功能

（1）激发学生的学习动机

学生是学习活动的主人，学生的学习积极性是成功学习的基础。教育对学生的学习是外因，外因必须通过内因才能起作用。因此，有经验的教师，在课堂教学中，都十分注重激发学生的学习动机，调动学生的学习积极性，发挥学生在学习过程中的能动作用，使学生主动地、生动活泼地获得发展。

(2) 引起和保持学习兴趣

林崇德在《学习与发展》一书中提出：要激发中小学生学习，则必须要有兴趣作为他们学习的内在的"激素"。人们常说"兴趣是学习之母"。而"变化"则应该是兴趣的要素。不然，单纯的一成不变的教学方式，将会是单调枯燥乏味的教与学，学习自然谈不上有兴趣。

(3) 集中学生的注意力

课堂教学是师生双边的教与学活动。学生在上课时要注意听教师的讲解，注意观察教师演示教具，全神贯注地理解教材，集中注意去完成作业等。有经验的教师都知道，课堂上不组织学生的注意，学生就不能用心地听，潜心地记忆，积极地思考，不可能十分有效地掌握所学知识。多么有才能的学生，如果学习时漫不经心，心神不定，注意力分散，同样也不能取得好的学习效果。当学生注意力集中时，他就能清晰、完整、深刻地感知材料，思考问题，对非教学内容就很少觉察或根本觉察不到，为富有成效地学习创造最佳条件。课堂教学中，能引起学生无意注意的原因很多，这往往与他们的需要和兴趣有着密切联系。因此，教师就要善于利用变化教学活动方式来组织学生，既利用学生的无意注意进行教学活动，同时又要努力实现通过组织教学使学生的无意注意转向有意注意，并使之得到保持。兴趣往往是这种转化的因素。在课堂教学中，教师应善于运用教学活动方式变化的技能，使课堂教学气氛活跃，寓教于乐，使学生注意力集中并稳定。可以采用教学方式和方法的多样化，避免单调呆板，因为长时间用同一种方式进行单调的工作或学习，都会引起大脑皮质的疲劳，使神经活动的兴奋性降低，难以维持注意。这就要求教师既要非常熟悉教材，并按学生年龄特点组织教材，又要运用多样化的教学方式和方法，引起学生的注意，还应特别注意各种媒体运用的适时和准确。

(4) 创设和谐、轻松的课堂环境

心理学研究证明："学生注意力能量是有限的"，在和谐、轻松、愉快的环境中学习有利于提高工作和学习效率，并能使这种效率得到保持和延长。高度集中注意要消耗相当的体力和脑力。长时间集中注意会使学生疲惫不堪，反而影响学习效率。教师应能把握这一点，熟练地运用变化技能，运用无意注意和有意注意转换的规律，把有意注意和无意注意交融在每一个认识活动中。

3. 变化技能的构成要素

(1) 声音的变化

声音的变化是指教师讲话的语调的高低、音量的大小、节奏舒缓和速度的快慢。这些变化在吸引学生注意力方面具有明显的效果。可使教师讲解、叙述富有感染力和重点突出。声音的变化还可以暗示不听讲或影响其他人听讲的学生，使他们安静下来。

(2) 停顿

教师在讲课时，教学语言是根据教材内容需要而选择设计的。同时，也要为课堂教育教学环境需要创设情景，保证良好的教与学条件。停顿，就是教师教学语言方式的一种。

在教学过程中经常用到。它的作用有以下三点：一是可以稳定情绪。如课前教室不能马上静下来，教师不必讲话，用严肃的目光注视着全体或部分学生，时间不易过长，学生会很快安静下来。二是突然停顿下来，可以暗示某些与课堂无关的行为终止。如在讲课中，个别学生难免出现精神不集中，常有小声说话或玩东西等现象，教师的讲话突然停止下来，并以目光示意，即能达到目的。三是在关键处的停顿，可以提示学生注意，引起思考。例如，在教学中，教师讲到关键处，可有意识的停顿，这种关键处的停顿往往能收到"此处无声胜有声"的效果。总之，停顿是要特定的条件和环境下，传递着一定的信息，也是引起注意的一种有效方式。

(3) 教态的变化

教态的变化是指教师在教学过程中的神情、手势和身体位置的变化。这些变化是学生视觉直接感受到的变化，因此它能引起学生高度注意。

- 神情的变化。在教学中，对教材内容的变化，学生的表现及回答问题的情况，教师应有表情神态上的变化。教师的表情对激发学生的情感，具有十分重要的作用。在整个教学过程中，应使学生感受到教师是亲切、平等、热情和耐心。这样，学生就会"亲其师，信其道"，从而形成和谐的课堂气氛。
- 目光交流的变化。教学中目光的交流也很重要。教学中教师应利用目光与学生进行充分的心底交流。通过教师与学生目光的接触，表达出教师对学生的探询、要求、喜爱、信任、期待和鼓励。也可以表达对学生的暗示、制止、提醒、忠告。注视交流的方法是：从全体到部分到个体；从个体到部分到全体。目光始终要巡视全体学生。在目光接触、情感交流中，教师可以捕捉反馈信息。诸如听讲是否专心、是否感兴趣、是否听懂了等。这种信息反馈对教师教法的改进，对教学经验的积累十分重要。反之，教学中教师的目光游移不定，对教学十分不利。
- 面部表情变化。教师要熟悉学生的面部表情，儿童的面部表情变化是容易观察到的，教师通过察言观色就能掌握大部分情况，有的则需要马上解决，否则可能会影响儿童一天的情绪和学习。在课堂上，情感是打开学生智力的渠道的闸门，师生之间情感的交流是形成和谐的教学气氛的重要因素。在情感交流中，教师的面部表情对激发学生的情感具有重要作用。许多教师微笑着走进课堂，学生会从中感受到教师对他们的关心爱护，理解和友好。学生会热爱自己的教师，从而也爱上教师所教的课程，欣然接受教师对他们的教育。通常教师面部表情的变化多是微笑、兴奋、欢喜、高兴，偶有严肃、生气、板面孔，但一定是赋予教育含义、友善诚挚地进行。总之，教师的面部表情应是丰富的，也是最有学问的。它与教师本人素质有关，运用好面部表情的变化，对教师的教学工作作用是很大的。
- 头部动作和手势变化。教师的头部动作和手势的变化，是可以传递丰富的信息的，它是与学生交流情感的一种重要方式。头部动作有多种多样，使用较多的是点头、摇头，用做师生相互之间传递信息和反馈信息，教师可根据学生的反应可做教学上的调整。学生还可以根据教师给予的点头肯定或摇头否定等信息反馈调整自己的学习行为。如：学生在回答问题时教师点一下头，学生可能会认为是教师表示肯定，同时也包含着鼓励的因素。如果教师不断地点头，那就会被学生理解为很好,可以继续往下说;摇头可能被学生理解为思路错了,需要快速调整。教师有时也用侧头作送耳姿态,表示自己在关注听,或者表示声音太小听不清……教师的头部动作的运用能在不打断学生的思维和口头表达的情况下,起到暗示,鼓励作用,同时,又维护了师生间和谐民主的课堂气氛。手势的变化多是比画动作。它可以帮助学生理解如方位、数量、大小、多少等有关事物的概念、范围和层次等。恰当地利用手势配合语言表达可以加重语气、突出重点,使学生加深印象。

- 身体动作和位置的变化。身体动作可以用来模仿一些事物的动作形象,产生一些微妙的形象的比喻。身体动作的变化往往配合头部动作和手势、面部表情等起到辅助教学作用。身体位置的变化是指教师讲课时身体的移动。课堂教学中教师身体位置的变化有助于传递信息和沟通师生情感。恰当地运用身体位置的变化,能引起学生的注意力,调动学生的积极性。

(4) 教学媒体的变化

教学媒体是指语言、板书、实物、标本、挂图、幻灯、计算机、录音、录像等。随着现代教学手段的发展,课堂教学中适时适量,恰到好处地运用现代辅助教学手段,有利于变换对不同感官的刺激,能更好地激发学生的学习兴趣。

在课堂教学中,媒体运用的变化,关键在于要根据教学需要和媒体特点选择最适宜、最有效的教学媒体,设计和优化教学方案。通常是结合具体的知识点进行的,如采用先讲后播放,边讲边播放或先播放后讲解等方式,将知识的讲解与音像教材的播放结合起来。又如:教师的训与学生的练相结合,让学生参与竞赛性操作制作,使动手动脑的实践活动与培养能力结合起来,都能起到刺激学生各种感官,提高趣味性的作用,适量适度,恰到好处地运用教学媒体,能使学生获得生动具体、形象鲜明的各类教育教学信息资料,调动人体如眼、耳、手等各种感官的作用,是提高课堂教学效益的重要保证。

教学媒体的变化,就是指教师根据教学内容,教学目的和任务,运用不同功能的教学媒体以及与其相适应的教学方法,进行变换运用,使得教学媒体能发挥出功能的优势,从而达到在课堂教学过程中,对学生各种感官进行有的放矢的刺激,并提供良好感知教学活动的学习条件,能获得课堂教学的最佳效果。

10.2.4 导入技能

1. 导入技能概述

导入技能是教师在一个新的教学内容或活动开始时,运用建立教学情境的方式,引起学生注意,激发学习兴趣,明确学习目标,形成学习动机和建立知识间联系的一类教学行为。导入技能广泛地应用于开设新学科,进入新单元、新段落和一节课的开始。

课堂教学中导入新课的环节,是整个课堂教学的有机组成部分,其重要意义不可忽视。著名教师于漪说:"在课堂教学中要培养、激发学生的兴趣,首先应抓住导入新课的环节,一开始就把学生牢牢地吸引住"。好的导入如同桥梁,联系着旧课和新课;如同序幕,预示着后面的高潮和结局;如同路标,引导着学生的思维方向。导入新课是整节课堂教学的准备工作,为师生即将进行的思维活动做好心理准备,为整节课的进行打好基础。

2. 导入技能的功能

课堂教学的导入，犹如乐曲的"引子"，戏剧的"序幕"，负有酝酿情绪、集中学生注意力、渗透主题和带入情境的任务。精心设计的导入，能抓住学生的心弦，立疑激趣，促使学生情绪高涨，步入求知欲高涨状态，有助于学生获得良好的学习效果。导入技能的功能主要有以下几点。

（1）引起学生对所学课题的关注，进入学习准备状态

注意是学习不可缺少的条件，从感知到思维，每一个认识过程都是从注意开始的。乌申斯基曾经这样谈到注意的作用，他说："注意是一扇门，一切来自外部世界的刚刚进入人的心灵的东西都要从它那里通过。"因为学习是对情景的积极反应，失去注意当然就无法学习。注意愈深刻，意识愈清明，则观察、推理、记忆各种心智活动的成效也愈强。好的导入在课的起始就给学生较强的、较新颖的刺激，帮助学生收敛课前活动的各种思想，在大脑皮层和有关神经中枢形成对新学习内容的"兴奋中心"，把学生的注意力迅速集中并指向特定的教学任务和程序之中，为完成新的学习任务做好心理上的准备。

（2）激发学习兴趣，引起学习动机

兴趣是儿童认识需要的情绪表现，是儿童主动探求知识的诱因。潘菽在《教育心理学》一书中说："学习动机中最现实、最活跃的成分是认识兴趣，或叫做求知欲，认识兴趣是力求认识世界，渴望获得科学文化知识和不断探求真理而带有情绪色彩的活动。"人们对客观外界的需要与否和需要的强烈程度，决定着兴趣的有无和兴趣的浓厚程度。兴趣又有直接兴趣和间接兴趣之分。这两种兴趣对于学习都是必要的。缺乏直接兴趣，会使学习成为枯燥无味的负担；没有间接兴趣，又会使学生丧失学习的毅力和恒心。直接兴趣和间接兴趣有机地结合，是激发学生主动积极的学习，从而提高学习效果的重要条件。

所谓学习动机，主要是指学生学习活动的推动力，又称为学习动力。学生的学习活动是由各种不同的心理因素组成的整个动机系统所引起的。学习动机只有被激发，才能发挥作用。学习动机的激发，就是利用一定的诱因，使学生产生强烈的学习愿望或意向，从而成为学习活动的动力。学习诱因的激发，既可以来自从学习活动的本身所获得的满足，也可以来自从学习之外所获得的间接满足。前者称为学习的内部动机，后者称为学习的外部动机。

中小学生充满着好奇心和求知欲，好学、好问、好动手是他们天生的心理本质，他们对周围事物有强烈的敏感性和认识上的积极性，而这些正是主动观察事物、思索问题的内在动力。每堂课的开始，教师最好能给学生设置一个问题情境，引起他们的认识需要，激发起学习兴趣，促使他们积极参与学习活动，这对学生一堂课的学习是很重要的。长此下去，这个量的积累，一定会达到质的飞跃，使学生热爱信息技术课，并且还会迁移到整个学习活动中去。

（3）明确学习目的，传达教学意图

学习的期待是学习动机的一个基本构成要素，是学习者对学习活动所要达到的目标的意念。心理学研究表明，目标性行为的效率明显地高于无目标性行为。目标是人们期望达到的结果。目标在教学活动中具有启动、导向、激励、调节等心理功能，能激发学生对

新学习任务的动机，形成期待心理和学习定势，从而调动其学习积极性。

在学习之前向学生交代本节课的内容，要达到的目的，要完成的任务及参加学习活动的方法。使每个学生都明白他们要学习什么，应达到什么程度，或要得到什么结果。使学生成为学习的主人，避免出现盲目地跟着教师走，不知道这节课要干什么的被动局面。

(4) 承上启下，建立新旧知识间的联系

学习是循序渐进的，要以掌握较低层次的知识为前提，并保证对与此相联系的较高层次的知识进行理解和掌握。要把对同类知识的认识提升到一个新的高度，更需要原有知识做铺垫。在导入活动中，教师通过对旧知识的复习、提问、组织学生做练习等活动，向学生提供新、旧知识联系的支点，能使学生感到新知识并不陌生，降低了学习新知识的难度，易于引导学生参与学习活动。在教师的引导下，使新旧知识之间建立联系，将新知识纳入到原有的认知结构中。

(5) 创设意境，激发情志

学生情感的激发往往与一定的情境有关。教师在导入新课时可以根据教材特点，创设一定的情境，渲染课堂气氛，让学生置身于特定的情境之中，深入体验教材的内涵。导入新课时，教师用充满感情的语言，拨动学生的心弦，激发他们的情志，那么学生学起来必然会情趣盎然。人的思维活动不是凭空产生的，一般要借助于某种环境因素的刺激作用。教师在教学活动中所创设的意境，正是引起学生创造性思维的重要外部条件。

3. 导入技能的类型

导入技能的分类是多种多样的，我们主要从导入的方式上，将导入技能分为 6 个类型。

(1) 直接导入

直接导入是一种最简单的导入方法。上课后，教师开门见山地介绍本课的学习目的和要求，各个部分的主要内容及教学程序。直接在新课题与学生认知结构中的相应概念之间设置矛盾，建立联系，以引起学生的有意注意，产生学习动力。教师简洁、明快地讲述或设问，是直接导入成功的关键。

(2) 旧知识导入

这是一种由已知向未知的导入方法。新知识都是在一定的旧知识的基础上发展起来的。因而教师经常以复习、提问、做习题等教学活动来导入新课，也就是用“温故知新”的方法导入新课。这样导入新课中的“温故”只不过是一种手段，导入新课才是真正的目的。切不可颠倒主次、喧宾夺主。“温故导入新课”不能变成纯粹的复习课，否则这样的导入就是失败的。

(3) 经验导入

这是以学生已有的生活经验为出发点，通过生动地讲解、提问，以引起回忆，引导学生发现问题，导入新课。这种导入通常是在新的教学内容与学生的有关经验既有联系又有区别时采用。

(4) 设疑导入

疑问、矛盾、问题是思维的“启发剂”，它能使学生的求知欲由潜伏状态转入活跃状态，有力地调动学生思维的积极性和主动性，是开启学生思维器官的钥匙。在这种情况下，教师的教学活动会像磁石一样牢牢地吸引住学生的注意力,学生的思维活动和情绪也和教师的教课交融在一起,产生师生间的思维共振现象。只要教师恰当地设置问题和悬念,学生定会产生“愿闻其详”的心情,所以“善导”的教师常常在章节开始,编拟符合学生认知水平、形式多样、发人深思的问题,引导学生回忆、联想,并渗透了本节课的研究主题。

(5) 直观导入

这是以引导学生观察直观教材、教具等活动方式导入新课。通常是在帮助学生提供建立新知识所要求的感性经验时,或是学生缺乏某种有关体验时采用的一类导入。

(6) 事例、故事导入

采取为学生讲寓意深刻又幽默轻松的故事、典故或介绍生活中所熟悉的事例、报刊上的有关新闻等方式,使学生从中得到启示的一类导入。通常是在学生缺乏有关事实的情况下采用这种导入方法。

讲故事创造问题情景符合学生的好奇心理,尤其是对低年级的学生。它给学习带来了欢乐的气氛,活跃了课堂,激发了学生的兴趣,又能使学生在快乐轻松中学习到知识。

10.2.5　讲解技能

1. 讲解技能概述

讲解技能是指教师在课堂中以教学语言为主要媒体向学生传授知识,启发思维,表达情感,传播思想的一种教学行为。

课堂教学一般都离不开讲解,自古至今一直如此。当今各种现代化教学手段在课堂教学中广泛应用,但不管其手段多么科学先进,都无法取代教师的讲解。就是在应用现代教学媒体的过程中,还是需要教师做必要的解说和提示,同样也离不开讲解技能。讲解仍是最基本、最有效的教学手段,仍是课堂教学中应用最普遍的教学形式。所以讲解技能的训练在微格教学中占有重要的地位。

讲解技能有两个特点:第一个特点是,在主客体信息传输过程(知识传授)中,教学语言是主要的媒体,但教学语言又只是讲解技能的一个条件,并不是讲解。讲解技能更注重于组织结构和表达程序。它没有一个固定的模式,它是教师智慧和技巧的结合,它能更多、更好地发挥教师的主观能动作用。同样的内容,不同教师运用不同的语言技巧、不同的组织结构和表达程序进行讲解往往会收到不同的效果。有的教师三言两语,切中要害,使学生茅塞顿开;有的教师词不达意,语义模糊,使学生混沌茫然;有的教师布下疑阵,环环紧扣,步步深入,逼近主题,使学生心领神会,趣味盎然;有的教师思路紊乱,结构松散,颠三倒四,无章可循,使学生厌倦心烦,索然无趣。可见,在讲解中教学语言的组织和表达是极为重要的。讲解技能的第二个特点是,信息传输方向是单一的,由教师传向学生。

讲解技能的这两个特点,决定了它在实际应用中所具有的优势:一是教师在运用讲解技能时不受环境、条件、设备的限制。二是省时、高效,教师可以在有限的时间内,将精心组织的高密度的知识信息传递给学生,使学生获得较多的知识,并根据学生提出的问题,引导学生寻求解决问题的方法和途径。这样,能减少学生认知中的盲目性,从而避免学生在学习中走弯路,充分发挥教师的主导作用。同时教师还可以挖掘教材的思想性,向学生进行德育渗透,而且教师还能有效地控制所要传授的知识内容,控制课堂进程,掌握教学进度。

讲解技能也有其缺点，从学生的角度来说，它是一种接受性的学习方法，学生处于被动地位。学生把教师所讲授的知识经过整理，贮存到头脑中，对所学的内容没有充分的机会做出及时反馈，因此不易发挥学生学习的主动性，对学生创造能力的培养和发展是十分不利的。另外长时间的单纯讲解，其信息保持率不高。据美国约瑟夫、特雷纳曼研究测试，讲解 15 分钟，学生只记住 41%；讲解 30 分钟，只记住前 15 分钟内容的 23%，讲解 40 分钟，则只记住了 20%，特别是小学生，长时间处于听讲的被动地位，很难保持持久的注意力。

由于讲解技能存在着突出的优点和明显的缺点，因此讲解技能有它的适用范围。它非常适用于新知识的传授，对事实性知识的讲解比认识性知识讲解的效果好；在知识综合、概括的总结阶段，讲解技能的运用也是有效的；应用知识时，通过讲解引导、定向，对学生也十分有利。另外，讲解技能要与其他教学技能密切结合，结合多种教学媒体的应用，可以弥补和避免讲解技能的不足。

2. 讲解技能的功能

讲解技能是课堂教学中基本的教学行为。它适应性强、灵活性大，能在各种条件下进行，根据学生的反应可随时调整教学进度，变换讲解方式，吸引学生的注意。因此在各种课堂类型的教学结构中，它都占有相当大的比重。在教学中恰当地应用讲解技能可以实现以下功能。

(1) 联系新旧知识，形成完整体系

美国认知学派教育心理学家奥苏伯尔的同化论说明，新知识的获得主要依赖原有知识结构中原有的适当观念，同时还必须通过新旧知识的相互作用。讲解技能的功能之一是使学生明确新知识与原有知识经验之间的联系，并要明确新知识中各要素之间的关系。

学生所学的各个学科都有其基本结构，即该学科的基本概念、原理和规律的系统，也就是我们通常所指的基础知识。教师在引导学生学习和掌握某学科的知识结构时，还要帮助学生形成科学的认识结构，做到认知结构和知识结构的统一，教师传授新的学习内容时，需利用学生已有的表象，进行正确清楚、生动易懂的讲解，以学生过去形成的概念为中介，解释新的知识、新的概念，使新的学习内容成为已学过内容的合乎逻辑的发展。通过讲解技能把过去所学的内容不断纳入到新的学习内容体系中去，使学生认知结构中原有的观念和新的知识之间建立起实质的联系，形成完整的体系，以加深对新概念的理解。

(2) 启发思维，发展认识能力

讲解是向学生系统传授知识，也是引导学生动脑筋思考的过程。富于启发性的讲解能把学生的思维活动有层次地步步引向深入，不仅使学生获得具体知识，同时还使他们学会思考问题的方法，发展了学生的认识能力。运用讲解技能从生动的直观到抽象的推理，使学生从感性认识上升到理性认识，并认识事物的本质和必然联系，同时培养了学生独立发现问题，分析问题，解决问题的能力。

(3) 培养求知兴趣，激发学习动机

学生的学习是一种积极能动的活动，它是在各种动机的影响下进行的，经常受到学生的认识、愿望、情感等心理动机的支配。学习兴趣是一种积极的心理倾向，这种心理倾向是和一定的情感、体验联系着的。兴趣是引起并维持注意的一个重要的内部因素，在强烈兴趣的基础上，注意既有明确的指向性，又有保持注意的意志努力，学生对感兴趣的事物能主动愉快地去探究它，使认识过程和活动过程不再是一种负担，学习起来精神愉快，乐此不疲。为此教师在教学中要采取多种方式，调动学生的学习积极性，而讲解技能便可创设饶有趣味、引人入胜的情境，具有培养学生求知兴趣，激发学习动机的功能。

3. 讲解技能的类型

(1) 解释式

解释式又称说明式或翻译式，通过讲解将未知和已知联系起来。其讲解的内容又可分为意义解释，翻译性解释，结构、程序的说明和附加说明四种。

- 意义解释是对一些简单概念含义的说明。例如：鼠标"单击"、"双击"的含义等。
- 翻译性解释是用语言将一些符号所表示的含义表述清楚。例如：键盘上"Caps Lock"、"Esc"键的含义等。
- 结构、程序的说明。例如：多媒体计算机的组成部分、实现阶乘的递归算法等。
- 附加说明是指联系人们所熟知的事物、例证和经验，由近及远、由此及彼地解释。

解释、说明性讲解是经常、普遍运用的一种类型。一般适用于初级的、具体的、事实性的知识，适用于简单的概念，对于高级的、抽象的、复杂的知识，单用解释方法难于收到好的效果。

(2) 描述式

描述式又称叙述、记述式。描述的对象是人、事和物。描述的内容是人、事、物的发生、发展、变化过程和形象、结构、要素。描述的任务在于使学生对描述的事物、过程有一个完整的印象，有一定深度的认识和了解。运用描述式讲解时，语言可以增加一些修饰成分，语言要丰富并带有感情色彩，语调、语速随内容的变化而变化，唤起学生的情感和想象，使他们更好地感知教材。

(3) 比较式

比较式是把两种或两种以上的事物、现象联系起来，辨别其共同点和不同点。

乌申斯基说过，"对比方法就是各种认识和各种思维的基础。我们认识世界上的一切事物，不外于是借助于比较方法，我们想象某种新的对象时，如果我们不拿这种对象来与什么东西比较，也不能找出与什么东西的区别……那么，我们对于这个对象就没有丝毫的理解，也不能对它发表任何意见。比较方法在人类认识的整个过程中占据重要的地位，也就是说，比较方法在教授中必然是一个基本方式"。通过比较，可以从共同性寻求规律性，从差异中探求矛盾的特殊性，在被比较的事物中找出共同的东西，并把它们结合起来，进行综合概括。通过比较可以提高学生的识别力、理解力、观察力和综合概括能力。

(4) 释疑式

首先由事实材料引出问题，也可直接提出问题，随着问题的展开，再分析条件，推理论证，最后得出结论，进行总结。释疑式讲解，利用学生的好奇心，引起学生的学习兴趣，定向引导学生的思维。运用释疑式要注意与讨论、实际操作等其他方法配合。

(5) 推理式

推理式讲解是以规律、原理、法规为中心内容，以推理为主要手段的讲解。常用的方法是用实例引出结论，由特殊到一般的归纳方法和三段论的演绎推理方法。推理式讲解除了常用的演绎和归纳推理外，有时也用到类比、分析、综合等其他推理方法。应用时既要注意通俗、易懂，又要注意逻辑严密，不要出现概念和逻辑错误。

10.2.6 结束技能

1. 结束技能概述

结束技能是教师完成一项教学任务时，通过重复强调、概括总结、实践活动等方式，使学生对所学的知识和技能进行及时的系统化的巩固和应用，使新知识稳固地纳入学生的认知结构中的一类教学行为。运用这项技能，还能及时反馈教与学的效果，让学生尝试到掌握新知识以后的愉悦感；亦可设置悬念，促使学生的思维活动深入展开，诱发继续学习的积极性。结束技能不仅只应用于一节课的结尾，课堂上任何相对独立的教学阶段都需要应用相应的结束技能。

由于每节课的教学任务不同，结束的方式也就有所不同。课堂教学的结束通常有封闭型和开放型两种形式。封闭型常用于一章、一节或一课书等比较完整、系统的知识教学之后，使教师能把比较系统的知识要点简明地交代给学生。教师通过精要的小结、完善的结尾起到画龙点睛的作用，使学生所学的知识得以系统化，并加深记忆、强化巩固。开放型的结束大都用于一章、一节、一课书的教学活动中间，或者是某一系统知识的教学中，下一节课是这节课的继续和延伸。教师往往以提出问题，鼓励学生积极探索作为一节课的结束。其目的在于激发学生的求知欲望，调动学生学习的积极性，使学生运用联想和发散思维扩大已有的知识结构，做到情理融合，文道相通，知行合一，起到陶冶情操、发展智力、培养能力的作用。

2. 结束技能的功能

知识的掌握是指知识传递系统中学生对知识的接受及占有，这包括知识的领会、巩固和应用三个环节。知识的掌握即通过一系列的心智活动，在头脑中建立起相应的认知结构。从结束技能的特点可以看出，它的基本任务是完成上述三个环节中的巩固和应用两个环节，并在完成知识掌握的同时培养相应的能力。

结束技能的功能主要有以下几点。

(1) 系统归纳知识，调整认知结构

教师应用结束技能帮助学生系统归纳、概括所学单元，或所学章节的教学内容，使所学的知识纳入学生原有的认识结构，或是形成新的认知结构。总结时，教师要根据学生的心理特点，总结知识的规律、结构和主线，使课堂教学的效果有所提高。

(2) 检查学习效果，强化知识要点

在教学过程结束时，适当地安排学生的实践活动，既可使学生强化巩固所学的知识，又能使教师得到及时反馈，为改进下一节课教学活动提供依据。

(3) 理清认识思路，培养思维方法

结束技能有助于教师引导学生总结知识的认识过程和解决问题的方法，促进学生思维能力的发展。信息技术课是实践性很强的学科。通过观察和实际操作可以培养学生在对大量实际材料的感性认识中，进行分析、比较、判断得出正确结论的能力。在教学中，不仅仅是要培养学生掌握直接知识的能力,更重要的是使学生逐渐形成认识间接知识的正确思路,特别是利用信息技术解决实际问题的能力。

(4) 明确操作要领,完成技能训练

信息技术课有很多要求学生进行实际操作的内容,既有动作技能又有心智技能。教师掌握了结束技能,可以帮助学生巩固操作要领,完成技能训练,这既包括正确的操作动作、操作步骤,也包括分析问题以及验证所得出的结论。

(5) 巩固学习兴趣,渗透思想教育

学生上课有了兴趣才乐意参与信息技术课的研究与实践,才能成为学习的主体。所以教师要从不同的方面去激发学生的学习兴趣。一节课的导入是如此,结束过程也如此。好的结束能使学生的学习兴趣得以保持下去,促使学生学习得更好;好的结束能渗透思想教育,使学生热爱科学,热爱学习,热爱劳动,热爱祖国。

3. 结束技能的实现阶段

一般说来,使用结束技能应该包括以下几个阶段。

(1) 提示进入总结阶段

教师通过概括教学任务和对照教学主要内容的进展情况,提示学生学习已达到总结阶段,为学生主动参与总结提供心理准备。

(2) 概括知识要点

概括是在思考中把抽象出来的各种对象或现象之间的共同本质属性结合起来,联系起来。教师在教学中,要带领学生进行分析归纳,最后概括其要点,明确结论。

(3) 强调新旧知识的区别与联系

在每章、每节课的导入部分中教师往往以认知冲突的方式设疑,以强烈的感情色彩构成悬念,设置问题情景,引起学生的认知需要。根据小学生的认知规律,教师应在教学过程中对导入新课时提出的悬疑要由浅入深地逐步给予回答,直到获得结论。在结束过程中,教师更要注意各步之间的联系,注意对由旧知识逐步地引出新知识,建立主要环节的总结,强调新旧知识的联系与区别。

(4) 回顾研究问题的思路与方法

在教学结束时,回顾解决问题的思路与方法,使学生能加深理解记忆,举一反三,有利于对知识和方法的掌握、运用,有利于能力的提高。

(5) 组织练习和实践活动

练习的目的在于引导学生对所学的知识及时复习、巩固和运用。

(6) 延续,深化,拓宽

课堂教学结束不应是简单的重复罗列,在结束时不仅要总结归纳所学的知识,而且要与其他学科、生活现象等联系起来,把知识向其他方向延伸,拓宽学生的知识面,引起他们更浓厚的研究兴趣,或把前后知识联系起来,使学生的知识系统化。教师应精心设计,注意引导学生在总结中拓宽、引申、运用、提高所学知识和技能,使学生学得更深、更广、更活并培养其创造力。

(7) 布置作业

教师必须有选择地、适量地布置各种类型的作业,使学生巩固知识和训练技能。信息技术课的作业应该以解决各种实际问题的电脑作品为主。

4. 结束技能的应用原则与要点

(1) 及时性。心理学研究表明,记忆是一个不断巩固的过程。由瞬时记忆到短期记忆再到长期记忆,有一个转化过程,实现这个转化最基本的手段是及时总结,周期性复习、巩固。因此,在讲授新知识接近尾声时,应及时总结和复习巩固。尤其是讲那些逻辑性很强的规律性知识,更应及时归纳总结。

(2) 概括性。在结束一节课、一章节或一内容时,教师的总结要高度概括,简明扼要,观点要鲜明,结论要精练,方法要得当,要贯彻精而准的原则。经过精心加工而得出的系统、有效的知识网络,能帮助学生把零散孤立的知识,"串联"和"并联"起来,了解概念、规律的来龙去脉。

(3) 激励性。强化巩固知识,进一步使学生加深对所学知识的重点、难点、关键的理解。通过总结应该使学生体会到获得知识成功地解决问题的愉悦感,并鼓励学生产生继续探索的兴趣。

(4) 布置作业要明确,数量要符合中小学生的年级特点。布置作业时应使每个学生都能准确记下来,对能力较弱的学生,必要时可以检查他们是否记得完全、准确,督促他们按时完成作业。教师还可以概括学生情况,为掌握较好的学生布置选择题和思考题,对于学生普遍感觉困难或有共同性错误的问题,教师应做必要的提示。

(5) 课堂结束的教学活动,教师一定要精心设计,有周密的计划,明确的目的。时间安排要恰当,切忌拖堂。

10.2.7 强化技能

1. 强化技能概述

强化是一个心理学概念,"使有机体在学习过程中增强某种反应重复可能性的力量称为强化"。简单地说,心理学把人们对某种心理活动给以肯定或否定、奖励或惩罚称为强化,它是塑造行为和保持行为强度不可缺少的关键。对教学活动来说,强化是学生进一步学习的重要因素,它是课堂教学中为提高学习的质量,而需要研究的重要变量。

强化的理论基础,早先源于条件反射和反应性条件反射,刺激和反应理论。现代又源于信息论、控制论、系统论中的信息强化理论。

美国心理学家斯金纳于 1953 年提出了"操作性条件反射"的概念。他把一只饿鼠放入实验箱内,当鼠偶然踩在杠杆上时,即能得到食物,为强化这一动作,经多次反复,鼠即会自动踩杆而得食。这类必须通过自己的某种动作(操作)才能达到一定目的而形成的条件反射,称为"操作性条件反射"。在"操作性条件反射"中,强化只同反应(操作)有关,并出现在反应之后。后来训练和行为的强化效果的研究转到人,并在 20 世纪 70 年代具体运用到课堂教学实践中,斯金纳指出,学习者倾向于重复那些受到奖赏的反应,而中止那些没有受到奖赏的反应。

强化技能是教师依据"操作性条件反射"的心理学原理,对学生的反应采用各种肯定和奖励,保持学习力量的方式,使教学材料的刺激与希望得到的学生反应之间,建立起稳固联系,帮助学生形成正确的行为,促进学生思维发展的一类教学行为。

2. 强化技能的功能

(1) 引起注意,保持注意

运用强化技能,为的是促使学生在学习过程中将注意力集中到教学活动上,防止和减少非教学因素的刺激和由此产生的干扰。我们知道,在课堂教学过程中,引起学生注意是比较容易的,而保持学生注意是很困难的。特别是在小学,学生注意保持的时间最长不过15分钟。由于各种因素的干扰,学生注意很容易被分散。教师正确地使用强化技能,就能将学生的注意力集中到教学内容上来,并且得以保持,同时使学生的思维进程始终与教师保持高度的同步。这是很多教师教学经验的一个重要部分。这些教师能经常地、自然地运用强化技能,使学生的注意力高度集中,取得了非常好的教学效果。

(2) 提高兴趣,促进参与

兴趣是力求认识世界、探究某种事物的心理倾向。暂时兴趣是由生理需要引起的。稳定而持久的兴趣是后天形成的。教师的责任就在于有意识地培养和提高学生对所学知识的兴趣,吸引学生主动参与教学活动。

在教学过程中,促进学生主动参与对课堂教学有着十分重要的影响。当然,教师讲学生听,学生也是在参与教学活动,但在这种情况下学生往往是被动参与。被动参与和主动参与有很大差别。比如,解决一个与信息技术相关的实际生活问题,有的学生能很快集中注意,认真分析题目条件和结论,运用已有知识,找到解决方案。其中,有的学生提出一种方案就满足了,不再思考下去;有的学生却继续思考,提出多种或最好的解决方案。有些学生在学习中能知难而进;有的学生却知难而退。有的学生越是遇到困难越肯动脑筋,越兴致勃勃,劲头十足;有的学生遇到困难就感到无从下手,没有信心。有的学生在完成学习任务时,能全神贯注,持之以恒;而有的学生却是心猿意马,浅尝辄止。

学生在学习过程中的上述心理表现主要是非智力因素的反映。教师通过运用强化技能,鼓励、表扬积极参与课堂学习,肯于钻研思考的学生,使他们保持和发扬优点,并号召全班学生向他们学习。对于不爱思索的学生,教师可以设计一些培养和启发思维的作业和其他学习情境,对他们在这方面的进步给予肯定性的评价,唤起他们探索、求新的兴趣,使他们体验到积极思维所带来的喜悦和激情,并逐步养成积极参与教学活动的习惯。教师恰当地运用强化技能,能提高学生的认识兴趣,激发学生的求知欲和上进心,使学生能够主动地探求知识,主动参与教学活动。

(3) 纠正错误,培养习惯

儿童的道德行为是后天通过学习获得的。儿童最初并不理解自己行为的性质,在和同伴的交往中,如果每当儿童做出一个合乎规范的行为就会受到成人的夸奖,而每当儿童做出一个不合规范的行为就会受到成人的否定,那么通过不断地强化,儿童就逐步理解行为的好坏,并相应形成好的行为习惯。人们在社会交往过程中,运用强化手段,不仅可以塑造新行为而且还可以改变旧行为,教师就是要对学生的行为进行定向控制和改造,最后使他们形成预期的行为习惯。

运用强化技能,通过恰如其分的奖与罚,可以培养学生在课堂上的正确的行为方式。如专心听讲、遵守纪律、积极思考、踊跃回答问题、敢于提出问题等。在这里我们强调表扬为主，但也不是绝对禁止批评和处罚。通过对学生反应的强化刺激，以不同形式的奖励为强化物，形成一个 R-S 联结，使学生纠正错误行为，巩固和保持正确行为。通过不断地刺激、联结，进而使他们养成良好的学习习惯。

(4) 沟通师生，培养感情

中小学教师的工作对象是身心处于迅速发展的儿童和青少年。他们需要教师有母亲般的慈爱和关心、需要教师有足够的耐心对他们进行教育。因此教师要具有良好的课堂教学的心理品质，正确、灵活地应用强化技能，能够有效地沟通师生情感。

承认学生的努力和成绩，促使学生将正确的行为巩固下来，使学生的努力在心理上得到满足，对于学生的反应、回答等，马上给予强化刺激，就会因操作性反应原理，增强反应速度，帮助小学生建立正确的神经联系。这是沟通师生间联系的一个重要方面。在情感上沟通师生间的关系，会使学生对教师产生好感，产生信任甚至依赖的情感。学生认为教师关心他、理解他、重视他、信任他，这些都会对学生产生极大的鼓励作用，对他们当前的学习和今后的学习，都会产生深远的影响。

3. 强化的种类

教学过程是师生的双边活动，是通过教师与学生之间的信息联系和信息反馈来实现的。教师传出教学信息后，要对学生的学习行为进行强化，必须能及时、正确地从学生那里取得有关的信息反应，也就是获得反馈。一般情况下，教师可以通过课堂观察、课堂提问、课堂考查或实践操作等方法得到学生的这种反馈信息。同时教师也还要根据这些反馈信息对学生进行强化。

(1) 语言强化

语言强化是当教师发现学生有了所期待的行为后，给予的一种强化。语言强化有两种，分别是口头语言强化和书面语言强化。

口头语言强化是指教师运用一些感叹词或语言评论的方式，通过表扬、鼓励、肯定或批评等方法，对学生的反应或行为表示他判断的态度或引起学生间相互鼓励的教学活动行为。

利用音量和节奏的变化来强化。例如，教师在讲授过程中，可以根据需要强化的要求改变音量的高低、节奏的快慢。这样，一方面可以促使学生的心理活动指向集中在教学内容上，另一方面还可以制止个别注意力分散或做小动作的学生。

利用一些感叹词或简短评价语来强化。例如，在学生回答问题过程中，教师用“嗯”或“哎”等表示自己在聆听，可以促进学生进一步回答或论述问题；在学生回答问题之后，教师用“好！”、“非常好！”、“不错！”、“太棒了”、“非常好的想法”、“真聪明！”、“进步真快！”等来评价学生。学生回答问题是由多方面的因素构成的。如口齿清楚、声音洪亮、迅速简练、熟练、流畅、有创新等。教师可以针对不同的情况予以肯定，以增强学生学习的信心，提高其学习兴趣。

这里，再介绍教师用于强化的几个短句。“回答得很完整。”“你说出了一个十分有意思的想法。”“这个问题向我们提出了一个重要的研究方向和方法。”“做得对，我很满意。”“继续做下去，你会越做越好。”“你可以为此感到自豪。”“你的构思很新颖，再仔细想一想。”

书面语强化是教师运用一些醒目的文字、符号、色彩对比等书面语来强化教学活动的行为。

在教学进程中，如教师正在长段讲述某个内容或学生正在长段地回答问题时，课堂秩序较差，学生注意力容易分散，此时，教师便可以在黑板的一角写一个大大的“静”字。这既能有效消除干扰，又不影响正常的教学活动。又如，学生在黑板上板演书写后，教师可写上评语“好”，用红粉笔写出批语。

(2) 标志(符号)强化

符号强化是当教师所期待的行为一旦出现，不是立即表扬，而是给予一种代表表扬或鼓励的符号。

教师可以准备一些小五星、小红旗、小红花、小图片等标志物。在学生完成了一个学习行动后，对学生进行象征性的奖励。学生的年龄特点决定了这种奖励可以使他们在精神上得到极大的满足，从而强化这项学习行为。教师还可以制作表示学生进步的图表，每天往上面加小红旗等标志物。这种图表有评比的作用，可以激励小学生互相促进，积极向上。

在讲评重点、关键内容的板书中加标志符号，引起学生注意，也是提高学习效果的一种方法。

(3) 动作强化

动作强化是教师运用非语言的身体动作，对学生在课堂上的表现表示出他的态度和情感以此来强化教学的行为。

- 站立位置和走动情况。教师在课堂上站立的位置、走动接近学生的情况，都会产生强化效果。如，教师站在讲台的一侧，相对接近了学生；教师走下讲台，走近正在回答问题的学生或走近正在做小动作的学生，就会起到鼓励或制止作用。
- 身姿。身姿主要是头部的躯干两部分的变化，如，点头、摇头、侧头表示不同的意思，而身体的前倾、后仰、左侧、右侧也能表示对学生的不同态度，都能起到不同的强化作用。
- 手势。手势变化越多、运用得越广泛、强化作用也就越发相对突出。如，拍手、举手竖拇指等，表示对学生的表现给予鼓励或赞赏；摆手、竖食指于嘴唇等，表示不同意或不要小声说话；带领全班学生鼓掌，给予被表扬学生充分的肯定和鼓励；表示对其行为的赞同。
- 微笑。在学生回答问题等学习行为的过程中或完成后，教师用微笑来表示对学生的赞许。学生从这种微笑中可以得到鼓舞。如果微笑突然中止，这也是一种强化信息。可能是学生的回答出现了错误或举止语言不当，这样可以促进学生重新思考、纠正错误。
- 目光。教师讲课时要扩大目光的视区，始终把全班同学都置于自己的视线中，并用广角度的环视表达对每个学生的关注。要用眼神的交流组织课堂教学、捕捉反馈信息，要针对不同学生使用不同的目光点视，对认真听讲、思维活跃的学生要投去赞许的目光，对思想开小差的学生要投以制止的目光，对回答问题胆怯的学生要投以鼓励的目光等。目光是最常用的强化物，教师的目光要保持神采，要用丰富明快的眼神提高强化的效果。

(4) 活动强化

活动强化是教师指导学生用自己的行为相互影响，使自我参与、自我活动达到强化，从而达到促进学习的目的。

- 组织丰富多彩、形式多样的教学游戏。
- 组织“角色扮演”，展现教学内容。
- 组织竞赛性活动。
- 为优秀学生提供展示自己的机会。

强化技能还可按不同的标准划分出不少类型，这里不再一一赘述。但强化技能是在教学活动中运用的最广泛、渗透面最广，也十分重要的教学技能。因此，应重视强化技能的训练和运用。

4. 强化技能的应用要点

(1) 要注意强化的准确与可信

教师应对学生的反应进行迅速、准确的判断，然后决定对学生的操作行为的整体或操作行为的某一个侧面，进行什么形式的强化。教师对强化点的选择要准确，一定要使学生知道强化的是他的哪些行为，从而保证教师的意图能被学生正确地理解，避免发生误解。如果学生不知道教师夸奖的是什么，强化就失去了目标，也就失去了意义，有时甚至会产生负作用。教师通过强化，要将学生的注意引向学习任务上来。提高学生主动参与教学活动的意识，从而帮助学生采取正确的学习行为，使学生正确的操作得到巩固和加强。

(2) 要注意强化的恰当与适度

教师的强化要恰当，强化的方式要与学生的操作行为相适应，还要注意与学生的年龄特点相适应。对学生口头表述的答案，教师可采取语言强化、动作强化；对学生的书面答案，如算式、图形等可以用语言强化，也可以用标志强化；对学生的动手操作可以用语言强化、活动强化等。要使强化的方式与学生行为的方式相适应，这样会使学生感到自然，不生硬，易于接受。

强化还应该适度。过分的强化有时会产生负作用。例如，对于一个脑子不是十分聪明、学习成绩一直不好且自卑心较强的学生，在没有什么突出表现时，说他“十分聪明，反应迅速，学习成绩出众”，他会认为这样的表扬是虚伪的。不恰当地赞扬、过高的评价会使答题的学生感觉是一种讽刺。采用标志强化，在黑板上画得太乱，会使学生眼花缭乱；但是，如果这个同学有独到见解地回答了一个问题或是较好地完成了一种操作活动，教师可以说：“某某同学有自己的见解，回答得多好呀！这是多聪明的办法呀。只要开动脑筋，认真学习，某某同学一定会是很出色的。”这样的强化，有可能树立起这个同学的自信心，使他产生一个极大的转变。采用接近强化时，过分频繁的走动、靠近学生，也会分散学生的注意力；采用接触强化时，若不慎重，可能会使学生产生反感。恰当和适度才能使强化具有较高的效率，较好的效果和尽量小的负作用。

(3) 教师态度要真诚

在强化过程中，师生之间的感情交流是很丰富的。学生能从老师的强化中体验到教师盼望他们迅速成长的殷切心情，体会到教师为自己取得成绩而欢欣鼓舞。学生对这种情感十分敏感，这种情感反过来又会深深打动学生，产生共鸣，使学生产生一种与教师亲近的感觉。这种强化的效果是最佳的。但是，只有教师的真诚才能产生这样的效果，真诚是强化的基础和精髓。教师态度真诚，即使是批评，甚至是使用处罚等反面的强化，学生也能从中感受到教师的殷切期望，而心悦诚服地接受，从而产生积极的强化作用；态度不真诚，学生得不到心灵和情感的感应，会认为教师的强化是虚假的、挖苦的，会产生反感，甚至出现腻烦的心理。

(4) 把握时机

教师把握好强化的时机也是十分重要的。教师应根据具体情况采用即时强化和滞后强化。课堂中的短小提问或一个操作过程，用即时强化效果最好；比较抽象的问题、比较复杂的推理过程等，应待学生充分思考，大多数同学已经能够理解了之后再进行强化。这样的强化才会对大多数同学产生效力。对于小学高年级学生来说，通常在没有听完其他学生的回答以前，不要急于对前面学生的回答给予表扬，这样可以不打断课堂讨论，尊重学生意见，对学生开阔思路、集思广益是很有益处的。对于值得表扬的发言，完全可以放在讨论之后给予肯定赞扬。教师在结束教学活动时，对单个学生提出表扬，对于高年级的学生可能反应更好些。还可以在全班讨论结束后，学生做自己的工作，教师在教室里一边走动，一边做这项工作。

(5) 要注意强化的多样性和个别性

在一节课中，语言、动作、标志、活动等强化方式应交替使用，使学生始终保持一种新鲜感。这样才能达到预期的强化目的。即使是使用同一种技能要素，在反复使用时也要有所变化。教师应确立对学生行之有效的强化方式，同时还要考虑班上学生的年龄和能力特点。

(6) 要注意引发学生间的相互激励

教师可以采用鼓励学生互相鼓励或表扬的强化方式，从而使教学过程中实施的彼此强化得到发展。例如，让一组学生正面评论另一组学生所做的努力，让大家为某同学精辟的阐述鼓掌；由班委会成员表扬学生进步者、互帮互学者等。所以，学生的正确行为习惯，学习的动力，成绩的提高，并不是完全依赖于教师直接给出的强化。

10.2.8 提问技能

1. 提问技能概述

提问技能是通过教师设问，学生回答来启发学生思维，促进学生参与学习，了解学生学习状态，检查学习效果，巩固学生所学知识，发展学生能力，以实现教学目标的一类教学行为。它是课堂教学活动中常用的一种技能。

一个完整的提问过程，一般包括三个阶段：

第一，引入阶段。教师用指令性语言由导入、讲解或演示转入提问，使学生在心理上对提问有所准备。然后用准确、有针对性的语言提出问题。

第二，介入阶段。在学生不作回答或回答思路不对、答案不完善时才引入此阶段。此时教师要以不同的方式鼓励和诱发学生作答。教师可缩小问题的范围，使问题更具体、更有针对性；或变换一个角度，变换一种方式将问题提出；或提示一些材料协助学生作答；或另找一个学生，及时变换提问的对象，以避免课堂冷场造成的尴尬。总之，教师要介入提问之中，启发学生思维，发挥主导作用。

第三，评核阶段。教师以不同的方式，处理学生答案。教师可重复学生答案要点，并予以肯定，使广大同学都听懂和赞同正确答案；教师也可引导其他同学对答案进行补充或更正，甚至引出不同见解的争论，进行思维的交流；教师还可以追问其中某一要点，使问题延伸和深化，并借以补充新的知识和见解。

通过提问的三个阶段，可促使学生参与学习，理解和运用知识。

通过提问过程还有利于形成问题情境。什么是问题情境？温寒江在《现代教学论引论》里指出："在实践和学习过程中，在人们面前出现了新的目的、新的问题，而为达到这些新的目的、解决新的问题，过去的知识、技能已不够用了，这种情境叫问题情境。"问题情境是一种智力的氛围，上课时应使学生处于良好的智力背景中，利于他们去研究问题，发现问题，解决问题，发现真理。可见，教学中的启发式，不是简单的问答式，而是要给学生提出一定的课题，即创设问题情境，使学生不能单纯利用已有的知识和习惯的方法去解决。于是促使学生的思维活跃起来，有了求知的需求。学生对新问题、新知识产生兴趣，引出不同见解，进行发散思维，并引发思维的碰撞——不同见解的争议和论辩。这种在课堂上思维、知识、语言和情感的交流，必然会从根本上活跃课堂气氛，使教学过程一波三折，峰回路转，使学生享受到探索真理的无穷妙趣，养成在头脑里经常问一个"为什么"的思考习惯。可见，问题情境的形成，有利于学生思维品质的形成和发展。

2. 提问技能的功能

(1) 激发兴趣，集中注意

"教学的艺术不在于传授的本领，而在于激励、唤醒、鼓舞"，课堂提问要求教师必须深入研究教材，研究学生，并去激励、唤醒、鼓舞学生，使他们不仅仅知道"是什么?"还要知道"为什么?"并由此激起浓厚的学习兴趣。为此，教师应针对学生思维特点有计划地提出具有一定情趣和启发性的问题，以激发学生学习的兴趣，调动他们主动求知的积极性。同时，沿着教师的指引，使学生的注意力迅速集中到某个特定的事物、现象、专题或概念上，产生解决问题的自觉定向，这将有利于学生定向思维的发展。经验表明，在提问过程中，学生的兴奋点一般都能集中在教师提出的问题上，很少出现走神的情况。

通过提问和探究问题的答案，不仅仅使学生对所学知识产生直接兴趣、短近动机和积极注意倾向，同时还伴随着一种积极的情绪状态。这种情绪状态鼓舞学生主动而愉快地学习。在一节课中，若能使学生始终保持这种情绪状态，并达到若干次小高潮，不仅有利于这节课教学任务的完成，而且久而久之，会引发学生对这门学科的全面兴趣和长久动机。

(2) 沟通情感，促进交流

课堂教学活动是一种认识活动，它是在教师精心设计、严密组织和具体指导下，促使学生获取知识、掌握技能、提高思想认识的特殊的认识活动，是师生之间的双边活动。因此师生之间的交流就极为重要。而提问正是有效解决师生交流的重要方式之一。提问可以促进师生之间、学生之间的交流，架起沟通思维和情感的桥梁。在知识传授和能力培养的课堂活动中，更多和更复杂的活动是在思维领域内进行的。如何使学生的思维能跟着教师的启发而启动，可以说是课堂教学活动成败的关键，而提问恰恰在启发学生思维方面，有其独特的作用。此外，教师对学生回答的反应，如肯定、表扬、鼓励、订正、补充和再启发，不仅促进了师生之间的信息交流、知识交流和思维交流，更重要的是促进了师生之间的情感交流。提问技能的运用，使课堂中这种面对面的教学活动更生动、活泼，并富有感情色彩，发挥了电视教学、函授教学所不具备的特有的优势。师生之间的相互了解、相互信任和相互喜爱也可以由此而产生。特别是学生对任课教师的喜爱和敬佩，甚至可以转化为对该学科的学习兴趣，同时可能引发出长久的学习动机。

通过教师提问还可以及时获取准确、具体的反馈信息，了解学生学习的认识状态、认识水平和思维的具体状况，以便不断调整或控制教学程序。提问还为学生提供了发表个人看法和见解的机会，使他们充分展示自己的思维品质、知识才华和学习能力，促使学生主动参与学习。而学生所表现出的积极性和创造性，反过来更有利于教师的教，有利于促进教师教的积极性和教学水平的提高，使教与学双方相得益彰。

(3) 复习巩固，以旧带新

根据教育心理学的研究，现已发现并绘制出著名的艾宾诺斯保持曲线，或称遗忘曲线。此曲线表明，遗忘的发展是“先快后慢”，“先多后少”。也就是说，在识记后遗忘很快就开始了，而且在开始的短时间内遗忘较多，过了较长的时间以后，遗忘的发展就慢了，遗忘的也少了。因此，应该在尚未急速遗忘时，及时给予强刺激，以提高保持率，减少遗忘。而及时的、经常性的提问，可以帮助学生采取合理的记忆方法，强化刺激，与遗忘作斗争，达到巩固知识的目的。同时，有些问题的设计，还有利于学生运用旧知识，促使学生对旧知识的理解和巩固，使他们得到进一步深化和强化，并为知识的迁移和新知识的学习打下基础。

提问过程中问题的设计一般是以旧知识为基础的。如果已学过的知识在学生头脑中都是各自孤立的、毫无关联的，这既会妨碍学生对这些知识本身加深理解，又会影响他们利用这些知识间的内在联系去理解新的知识。因此，教师要善于对学生已掌握的知识进行纵横分析、善于抓住新旧知识之间的内在联系，抓住了这种联系，就是抓住了提问设计的纲。通过提问，引导学生回忆、联想、分析、概括，从而获取新知识、形成新概念。可见，教师应该引导学生运用知识迁移的规律，使提问过程成为以旧带新的学习新知识、掌握新知识的过程。通过提问，并配合教师的点拨、讲解、归纳和小结，把新知识纳入学生原有的认知结构中，完善和扩展学生的认知结构。

(4) 循循善诱，化难为易

对一些复杂的认知过程，一方面需要教师进行深入有效的讲解，另一方面也需要教师巧妙地设计一连串问题来诱导学生思考、解答。问题的设计要符合学生的认知规律，即由简到繁，由易到难，由单一到综合。教师要善于编拟诱发性的问题，以引导学生由此及彼，由表及里，一层层揭示事物的本质。无论是台阶式提问，还是对比式提问，或者迂回式提问，都要有一个明确的指导思想，即一步步逼近所要提示的道理，逼近所要达到的教学目标，逐步认识所讲事物的“庐山真面目”。教师提问技能的高低表现在通过提问把复杂的内容化繁为简、化难为易、化整为零，使学生随着问题深入讨论、逐个解决，然后再化零为整，自然而然地学懂全部概念，掌握新知识。

(5) 启发思维,发展能力

提问是促进学生思维品质形成和发展的重要方式之一。思维品质主要包括四方面:一是思维的广阔性和深刻性,提问可促使学生抓住事物的本质和内在联系,从多角度、多方面分析问题,甚至能预见事物的进程。二是思维的独立性和批判性,提问可以培养学生独立思考、独立发现问题和解决问题的能力,并能品评和批判自己和别人的见解。三是思维的逻辑性和概括性,提问可以促使学生的推理更符合逻辑规则,并使学生善于把分散的、个别的问题进行概括,得出一般性和概括性结论,提高概括能力和触类旁通、举一反三的能力。四是思维的灵活性和敏捷性,提问可以促使学生灵活运用已学过的知识,解决新的问题,并善于迅速而准确地看出事物的实质,抓住问题的关键,提出解决问题的途径和方法。可见,提问技能有利于培养学生认识问题和解决问题的能力。当然,这些思维品质的形成,还需要其他教学技能的共同配合。

3. 提问的类型

在教学中,需要学生学习的知识是多种多样的,有事实、现象、过程、原理、概念、法则等,对这些知识有的需要记忆,有的需要理解,有的又需要分析和综合。学生的学习基础不同,思维方式不同,这就要求教师根据不同学科、不同内容和学生不同的认知水平,设计不同类型的问题。下面我们介绍几种常见的提问类型。

(1) 回忆型提问

回忆型提问通常是在上课开始的时候,或对某一问题论证的初期,或讲授新知识、新概念过程中联系旧知识时,需要学生回忆所学过的概念、事实或日常生活中的现象,为学习新知识埋下伏笔或提供材料。

一般回忆型提问有下述两种情况:一种是通过回忆已学过的知识,引入新课题;另一种是回忆日常生活中的现象后,再引入新知识的讲授。

总之,回忆型提问经常在导入中应用,也可应用于联系旧知识的讲授之中。问题的设计,要在旧知识中带出新鲜感和趣味性,使学生在轻松愉快的心态中步入知识探索的思维。此时提问所具有的激发兴趣、引起注意、复习巩固、以旧带新等多方面的功能都显示出来了。

(2) 比较型提问

比较型提问通过对事实、概念、事物的对比,区别其异同点,揭示出事物本质,还可将现在正在学的知识与以前学过的知识进行比较,找出新旧知识的内在联系。

比较型提问可以揭示事物或现象的共性和个性,便于学生通过回答认识它们各自的特征,找出彼此间的细微变化、区别和联系,加深对知识的理解和记忆,有效地防止混淆。在讲解、演示和小结时,常常用到这种提问技能。

(3) 观察型提问

通过观察型提问,可以对学生观察、理解、鉴赏、分析、概括和表述等多方面能力进行综合训练。

通过观察型提问,教师在激发学生兴趣的同时,还教会学生由表及里、由局部到整体、由现象到本质、由个别到一般的观察方法,培养学生揭开表面现象,抓住问题实质的思维品质。

(4) 迁移型提问

迁移型提问是指利用学生已学过的知识或正在学习的知识进行定向的伸展、深化，并进行适当的拓宽。由于前后问题联系密切，有利于学生运用前一种思维模式去思考相类似的问题，达到学习迁移的目的，使新旧知识联系起来，进行系统的学习，逐步形成知识的结构网络。

迁移型提问使学生的发散思维得到开启，最后通过概括归纳，得出正确结论。

(5) 理解型提问

理解型提问多用于对所学知识与技能的检查之中。经常在某个概念或原理的讲解之后或课堂结束之时使用这种提问技能。通过理解型提问可以了解学生是否真正理解了教学内容。它要求学生自己组织语言，对事物、事件进行描述、解释、分析，以便对概念、现象和定理加深认识和理解，并能抓住事物的本质，揭示问题的实质。

在理解型提问中，教师可抓住学生回答中含糊不清之处或未详尽描述的细节部分，层层追问，使学生逐步加深对知识的理解。

(6) 概括型提问

抽象是指人们在头脑中抽出现象和事物的本质属性，舍弃非本质属性的思维过程。概括则是把抽象出来的本质属性结合起来并推广到同一类事物中去的过程。因此，概括型提问属于高级认知的提问，它要求学生从已学过的具体知识中抽出本质的属性，用简练的语言予以概括。

概括型提问可以更好地促进学生的抽象思维，进一步发展他们的语言概括能力和表述能力。但对低年级学生来讲，进行这种概括，需要教师不断启发和提示，有时需要在教师的帮助下才能完成概括的任务。

(7) 分析型提问

分析是把一个对象或现象分解成为各组成部分或分解为个别属性的思维过程。分析型提问则是要求学生识别条件和原因，或者找出条件之间的因果关系。由于分析型提问属于高级认知提问，它一般不具有现成的答案，所以学生仅仅靠阅读课本或记住教师所提供的材料是难以回答的。因此需要教师不断给予指导、提示和帮助。尤其对年龄较小的学生，他们的回答往往是简短的、不完整、不全面的。在提出分析型问题之前，教师应先用一些简单的问题予以铺垫，在提出问题后，要予以鼓励，并根据需要给予必要的提示和探询。最后，教师还应根据学生的回答进行分析、总结，使全体学生留下完整而深刻的印象，使学生逐步学会分析问题的方法。

在分析型提问过程中，教师要循循善诱、化难为易，注意培养学生分析、解决问题的能力。

(8) 想象型提问

想象是人们对已有的表象进行加工改造和建立新形象的思维过程，已有表象是指感知过的事物的形象，而新形象则是过去从未感知过的事物的表象。想象型提问要求学生充分发挥自己形象思维的能力，将尚未感知过的事物进行想象并用语言形容出来。一般想象中的形象是有现实根据的，并不是无中生有、凭空臆造的。

想象型提问可以打破学生定向思维的趋势，刺激缺乏独创精神的学生进行创造性思维。同时对学生语言的组织和表述能力也是一种很好的训练。

(9) 运用型提问

运用型提问是让学生运用新获得的知识和回忆过去所学过的知识来解决一些新的实际问题。这种类型的提问往往联系生活和现实中的自然现象,它将考查和训练学生学以致用的能力。运用型提问可以促进学生巩固所学过的知识,培养学生把书本知识转化为解决实际问题的能力,同时也训练了学生灵活运用知识和综合运用知识的能力。

4. 提问技能的应用要点

(1) 要注意提问技能的目的性

教师在运用提问技能时目的性必须明确。教师要设计好关键问题和主问题。这些问题的设计要紧扣教材内容、围绕学习目的和要求,并紧密结合学生的认知需要。这类问题不一定很多,但往往是掌握知识和技能的关键所在。这类问题一般集中在重点、难点和弱点上,解决好这类问题,便突出了重点,攻克了难点,提示了薄弱环节,也就基本达到了教学目标。同时,教师还必须注意问题框架中单个问题之间的内在联系,注意思维的明晰性和连贯性。不要出现思维紊乱或思维跳跃的现象。问题的排列顺序要符合教学内容的进展,符合思维进程的逻辑关系。问题的设计要一环扣一环,随着问题的一个个解决,学生的思路也一步步展开。这样才能使学生循序渐进地认识问题,掌握知识。

(2) 把握提问技能的针对性

教师在设计问题时,必须针对小学生的具体情况,要充分考虑到小学生的年龄特征、知识水平、接受能力等多方面因素,使提问的知识面、深广度、趣味性,甚至提问的语气和态度都恰到好处,能被小学生欣然接受。小学低年级学生的思维形式是以形象思维为主,是以直接感受外部事物为基础的。只有到了高年级,抽象思维的能力才逐步有了提高。因此教师不仅要备教材,还要备学生。教师应根据学生的不同情况,设计多种认知水平的问题,因材施教。此外,教师既要设计问题的本身,又要为解决这些问题作必要的知识铺垫、语言诱导和适当的提示。还要根据教学的进展和学生思维的开展,把握恰当的时机提出问题。同时,既要准备好标准答案,又要事先预测学生可能出现的答案,制定出相应的处理方法。比如,及时捕捉和纠正学生答案中的错误,指出误答的原因,分析错答的性质,并进行正确的引导,甚至可以采用归纳、小结的方法帮助学生形成答案或提示更深层次的思考结果。

(3) 发挥提问技能的激励性

提问技能的运用要能启发学生的思维,激励学生主动地去探索答案。而面对学生的答案,更要坚持以表扬为主的教育方法。对学生答案中的正确的部分,应该给予恰如其分的评价,肯定学生细致的观察、正确的见解或清晰的分析,鼓励学生积极思考、踊跃回答。对于学生答案中错误的地方,除了分析错误的原因,进一步启发和引导之外,还要注意保护学生学习的积极性。

(4) 注意提问技能的灵活性

教师要善于灵活使用提问技能,在提问过程中穿插运用沉默、催促、提示、点拨、重述、评论、强化、延伸、更正、追问和扩展等教学行为。同时,提问技能还应紧密结合其他技能进行训练。如在导入、讲解、实验、讨论和结束的各个环节都可以设问,教师也可以适当采用自答的方式，还可以在学生精神涣散时，采用提出问题的方法来集中学生的注意。总之，在事先有计划的前提下，还应注意课堂上的随机应变。

(5) 注重提问技能的效果

教师设计问题时，还必须考虑它在教学中的作用、意义和效果。教师应避免头脑中闪现出一个问题时，不加斟酌，就脱口而出，这往往会造成无效提问。比如，只需回答"是"或"不是"的问题就不宜多提，它会助长学生齐声回答的不良习惯。问题难度太大也会无趣可激，甚至挫伤学生积极性。这些均属无效提问。可见，教师要把握好问题的难易度，所设悬念一定要能引发学生对问题的疑虑，此时设问才会成功，才能激发学生兴趣，提问才有效果。

资源篇

第 11 章　小学信息技术课程范例教案及点评

第 12 章　初中信息技术课程范例教案及点评

第 13 章　高中信息技术新课程标准典型教案范例

第 14 章　中小学智能机器人教学

第11章

小学信息技术课程范例教案及点评

在第 7 章中我们已经介绍过，根据《中小学信息技术课程指导纲要(2000版)》，小学信息技术课程共分为信息技术初步、操作系统简单介绍、用计算机画画、用计算机作文、网络的简单应用和用计算机制作多媒体作品 6 个模块，其中网络的简单应用和用计算机制作多媒体作品是选学内容。但是，从我们了解的情况来看，随着小学信息技术课程硬件条件的迅速改善，特别是网络条件的改善，大部分小学都开展了这两个模块的教学，而且很多小学都将这两个教学模块作为培养学生良好信息素养和创新能力的重要模块。在这一章中我们将挑选 6 个模块范例教案并给予点评，供大家参考。

11.1 信息技术初步

教案：神奇的信息世界

(一) 教学目标

(1) 智能性目标：了解信息技术在生活中的应用。

(2) 自主性目标：自行想象计算机技术在未来生活中的应用。

(3) 趣味性目标：介绍电脑影像特技及电脑动画，增加学习趣味性。

(4) 活动性目标：通过讨论怎样才能学好信息技术这门课，促进课堂交流活动。

(二) 教学过程

本案例教学过程见表 11-1。

表 11-1 教案“神奇的信息世界”教学过程

教学过程	教 学 内 容
教学或活动过程	一、认识什么是“信息技术” 1. 信息技术是指以计算机及网络技术为主要特征，包括如何收集信息、整理信息、应用信息的学问的科学 2. 什么是信息？通俗地说电视中的新闻，课本上的知识，报纸上的内容等都是信息 3. 联合国教科文组织指出：不懂信息技术的人，将成为 21 世纪的新文盲

续表

教学过程	教学内容
教学或活动过程	二、了解信息技术在生活中的应用 1. 同学们谁能来说一说在我们的生活中哪些地方应用了计算机及信息技术呢？请同学们举例说明 2. 观看配套光盘：第一课——神奇的信息世界（了解信息技术在机器人、火箭发射、遥感卫星、虚拟现实、网上购物、网上图书馆、教学软件、影视制作等方面的应用）边观看，边补充说明各项应用的最新进展 3. 请同学们完整说一说：信息技术在我们的生活中有哪些应用 4. 请同学们发挥自己的想象力，想一想未来的计算机及信息技术广泛应用后，可以给我们的生活带来什么样的变化？请同学们当一当未来的预言家 三、讨论：怎样才能学好信息技术这门课 以四人小组为单位，讨论：你觉得想学好信息技术这门课，有什么好的学习方法？讨论完后，请每一小组总结后，由一个人来发言，表达小组意见 四、观看 计算机制作的影视片段（少林足球）及 Flash 动画（小小作品三号），说明只要同学努力学习，将来一定可以制作出更优秀的电脑动画作品 五、布置作业 在课外搜集各类有关信息技术应用及其改变生活的例子，有条件的同学可以在家长的帮助下，利用网络搜集信息技术的最新发展情况，下节课课前进行汇报

【点评】

信息技术初步这个模块是小学信息技术课程中的第一个模块，该模块的重点应该是激发学生对信息技术的兴趣，并且培养学生良好的信息技术道德素养，对此模块的教学我们提出以下建议。

1. 注重教学内容的"基础性"

在此模块教学内容的选择上，应该突出"基础性"原则。小学信息技术教育应使学生终身受益，无论学生今后从事何种工作，他们在小学学到的知识和培养的能力都应该是有用的。小学信息技术教师选择教学内容要立足现在，展望未来，知道时代对公民的信息技术要求是什么，如今普及的信息技术是什么，最有前途的信息技术是什么。所选学习内容应该是信息技术学科领域中具有一定稳定性的基础知识和基本技能，是学生将来能够利用的，或能迁移到其他领域中去的知识或技能。例如，什么是信息、信息的重要作用、计算机系统的组成、各个组成部分的有关概念及知识、多媒体计算机的概念等都是信息技术课程中相对稳定的基础知识。

2. 强调对知识的应用

在教学方法上，知识和技能的传授应以"任务驱动"为主，注重学生解决问题能力的培养。教学过程可以从完成某一"任务"着手，让学生通过"分析问题→采集信息→处理信息→总结归纳→完善创新"等过程来完成"任务"。让学生在"做中学"，在用中提高，在具体的获取信息、处理信息的过程中进行实践和锻炼，增强他们处理实际问题的能力。在

"任务驱动"中，任务的提出非常重要。任务可分为两种，一种是大任务，即"创造性"任务，如在课外搜集各类有关信息技术应用及其改变生活的例子，有条件的同学可以在家长的帮助下，利用网络搜集信息技术的最新发展情况，上网查询资料并整理、打印等。这种任务往往带有一定的综合性，可以通过学生亲自动手实践，解决实际问题，在应用中把所学的知识转化为相应的技能。另一种任务是小任务，即"试一试"。如利用配套光盘中"拼图"游戏练习鼠标拖动操作；使用金山打字通软件中的"打地鼠"游戏进行练习，增加趣味性。这种任务一般是结合信息技术学习内容而设置的一些探索性的问题和尝试性的任务，让学生在探索中找到解决问题的方法，学会某些知识点和操作技能，有利于培养学生的自主学习能力和探索精神。

在课外，应鼓励学生积极应用信息技术处理生活中的实际问题。如在认识多媒体、了解计算机在其他学科学习中的一些应用时，可以让学生们通过附件中的录音机录下自己英语课文的朗读，与正音进行对比等。这时，信息技术教师要及时给予鼓励，以强化小学生应用信息技术的意识和能力。

3. 尽可能加强信息技术与其他学科的整合

首先，在教师的"教"中，要注意把其他学科内容尽可能地融进信息技术课的教学中，使小学生在学习其他知识的同时，理解信息技术的特点和作用。这是在目前把信息技术作为教学对象的阶段可以采用的一种整合模式，即在信息技术课的教学中渗透和融合其他学科。

其次，在学习方式方面，建构主义学习理论提倡"合作学习"，学会合作是素质教育的一项基本内容，也是信息时代对人的一种要求。信息技术课的整合性使之适合于开展合作学习活动。如在讲授"信息活动"所涉及的"信息加工""信息收集"这些概念时，可以安排学生分成小组，一起调查所在地"环境污染"的状况，并递交一份调查报告。通过这项整合性活动，不仅培养了小学生信息收集和信息加工的能力，而且使小学生增长了自然知识、地理知识、社会知识，锻炼了其数学分析能力和语文综合概括表达能力，同时还能增强小学生的环保意识，使学生在活动中深刻认识到与他人协同作业的重要性，培养其合作精神。

4. 突出教学的"趣味性"

从心理学的角度分析，个人的兴趣往往与肯定的情绪体验相联系，而小学生又有特定的心理特征，如好动、好问、好奇，习惯于游戏，喜欢各种生动有趣的形象，爱听动人的故事，注意力不集中，容易被直观形象、生动活泼、形式新颖、色彩鲜艳的东西所吸引等。如果孩子对信息技术产生兴趣，就会产生一种参与意识，这就成为孩子们学习信息技术的一种动力。能否开发出这种动力，是小学信息技术课教师的任务。如通过演示影视片段《少林足球》和一段音乐来体验多媒体带来的全新体验；通过播放网上 Flash 动画，激发学生学习的兴趣。

11.2 操作系统简单介绍

教案1：让文件有个"家"

（一）教学目标

1. 知识目标

（1）了解文件夹的含义。

（2）掌握新建文件夹，文件夹重命名，文件夹的删除。

2. 能力目标

通过预设教学情境，师生交流、生生交流，师生合作、生生合作等方式，培养学生大胆探究和自主创新的意识，培养学生自主学习、探究学习及合作学习的能力。

3. 情感目标

认识文件夹的作用，养成良好的计算机管理习惯。

（二）教学重点

通过学习能够掌握建立、重命名、删除文件夹的方法。

（三）教学难点

由于文件夹的概念及作用较抽象，学生理解起来有一定的难度。所以把它作为本节课的难点。

（四）教学方法

采用"任务驱动法"，让学生在任务的驱使下，尝试操作，发现问题，教师指导、小组合作解决问题。在教学中，启发、诱导贯穿始终，引导学生质疑问难，成为学习的主人。

（五）教学准备

教学课件、电子板书等。

（六）教学时间

40分钟。

（七）教学过程

本教案教学过程见表11-2。

表11-2 教案"让文件有个'家'"教学过程

教学过程	教师活动	学生活动
激趣导入	师：同学们，我们来玩一个游戏，考考大家的眼力，看谁的眼睛最亮。这个游戏有两个环节，首先我们进行第一个环节。待会儿请大家仔细看大屏幕，看我的文档中出现了几个以咱们班同学名字命名的文件，时间为5秒。大家准备好了吗？大屏幕出示打开的混乱的"我的文档"（5秒钟）。 师：好，谁来说一下有几个以咱们班同学名字命名的文件？谁有不同的意见？	学生观看课件

续表

教学过程	教 师 活 动	学 生 活 动
激趣导入	师：我们一起来数一下看看究竟有几个。××同学答对了，我们来为他鼓掌。 师：下面进行游戏的第二个环节，游戏要求一样。这次我们看“06 信息”文件夹(5 秒钟)中有几个以咱们班同学名字命名的文件，大家一起告诉我有几个？ 师：好！我们大家来一起数一下。大家都答对了，我们来为自己鼓掌。同学们通过刚才这个小游戏，你们有什么想法？ 师：说得非常好！我们再来看一下这两个文件夹。在生活中我们会将物品分门别类地放到不同的抽屉中，那在我们的计算机中管理文件时，可以建立文件夹，不同类型的文件分别放到不同的文件夹中，这样自己的文件就会井井有条了。今天我们就学习：让文件有个“家”(大屏幕出示)	学生回答问题 生：把同类的文件用一个文件夹装起来，管理和使用的时候一目了然，非常方便
教学新课	1. 建立文件夹 (1) 新建文件夹 师：首先，我们先来学习怎样在电脑里建立文件夹。 师：我们打开刚才做游戏时用的“我的文档”文件夹，这里面有图片、音乐和文字，放在一起很乱。看来我们建立文件夹是必要的！ 师：同学们，有谁会新建文件夹？ 方法一：选择鼠标右键→“新建”→“文件夹” 师：××同学做得很好！同学们看清楚了吗？现在老师重复一下他刚才的操作。 师：今天，老师再教给大家一种新建文件夹的方法，请大家仔细看老师的操作。 方法二：选择菜单栏上的文件→“新建”→“文件夹” 师：同学们都看明白了吗？现在我们再来复习一下新建文件夹的两种方法。(看大屏幕)相信大家都学会如何新建文件夹，下面请同学们在自己的电脑上我的文档文件夹中用两种方法新建文件夹。 (2) 文件夹的重命名 师：同学们，现在我们已经学会了如何建立文件夹。你们看看这些文件夹还有什么不完美的地方？ 师：对，每个文件应该有名字，文件夹也不例外。同学们以前学过给文件取名，现在请大家试着为文件夹取名，名字为“06 信息”。 师：哪位同学做好了，愿意上来为大家讲解一下你是怎么做的？ 师：做得很好！我们再来看一下如何为文件夹重命名。(看大屏幕)单击鼠标右键→“重命名”，我们就可以为文件夹取名了。老师提醒大家在为文件夹重命名时，请大家注意文件名不能包含下列任意字符之一“\ / ： * ？" ＜ ＞ |”同学们在给文件夹命名时一定要注意。 2. 文件找“家” 师：同学们，我们的“06 信息”文件夹已经建立好了，接下来让我们为文件找到属于自己的家吧！ 师：同学们知道如何把文件搬到他的家里吗？ 师：我们以前已经学习了如何移动文件，下面就请同学们在自己的电脑上为文件搬家，把属于“06 信息”文件夹的文件移到该文件夹中。 师：哪位同学愿意上来为大家演示一下你是如何操作的？	学生回答，上教师机操作 学生观看教师操作，上机练习 同桌讨论：文件夹没名字。 学生独自操作完成任务 学生思考，回答问题 学生上机练习 学生上教师机操作

续表

教学过程	教 师 活 动	学 生 活 动
教学新课	3. 巩固练习 师：刚才同学们已经把以咱们班同学名字命名的文件都移到了“06 信息”文件夹里。可是还有很多文件没有找到自己的“家”。现在我们来做一个小组比赛。请同学们看大屏幕。请大家在“我的文档”文件夹中新建“文字”、“网页”、“图片”、“音乐”四个文件夹，并且把文件搬到他们自己的“家”中。 师：我们请最快完成任务的小组来为同学们演示一下。 4. 文件夹的删除 师：这个小组的同学做得非常快，现在请同学们和老师一起检查一下是不是所有文件都在相应的文件夹中。 师：大家看一下“网页”文件夹中是空的，我们可以把不需要的文件夹删掉，那么我们应该怎样删除呢？请同学们看老师演示。 单击鼠标右键→“删除”→在“确认文件删除对话框”中，选择“是”。 因为删除是一项非常谨慎的操作，所以计算机给了我们一次改变的机会。 同学们都看明白老师的操作了吗？我们再来复习一下如何删除文件夹。(看大屏幕)下面请大家把“网页”这个空文件夹删除	学生观看屏幕 小组代表上教师机演示 学生边看屏幕边听老师讲解 学生动手操作
总结，布置作业	师：现在我们把我的文档整理好了，这样在管理和使用的时候一目了然，非常方便。我们可以在相应的文件夹中找到我们需要的文件。同学们今天这节课你们有哪些收获？ 师：今天这节课我们为文件找到了自己的家。学习了新建文件夹的两种方法，文件夹的重命名，文件夹的删除。 1. 新建文件夹 方法一：选择鼠标右键→“新建”→“文件夹” 方法二：选择菜单栏上的文件→“新建”→“文件夹” 2. 文件夹的重命名 单击鼠标右键→“重命名” 3. 文件夹的删除 单击鼠标右键→“删除”→在“确认文件删除对话框”中，选择“是”。 通过今天的学习，同学们在使用电脑的时候，就要养成分类保存、管理文件的好习惯。在生活当中，管理其实无处不在，很多事情只要进行了科学巧妙地管理，就能取得事半功倍的效果。因此同学们，让我们做一个有心人，慢慢学会管理好自己的学习和生活。最后老师留给大家一个小任务：请同学们回家后把自己电脑上的文件整理好	学生回答 学生回顾本节课所学知识

教案 2：认识“资源管理器”

（一）教学内容

(1) 认识资源管理器。

(2) 利用资源管理器为文件分类放置。

(3) 重命名文件和文件夹。

（二）教学目标

通过教师的讲解和演示，学生动手操作，能利用资源管理器对各种类型的文件进行分类放置、重命名。

（三）教学重点难点

利用资源管理器进行文件的移动。

（四）教学方法或手段

教师讲解，学生上机练习。

（五）教学条件

广播系统。

（六）教学时间

40 分钟。

（七）教学过程

本教案教学过程见表 11-3。

表 11-3　教案“认识‘资源管理器’”教学过程

教学过程	教 师 活 动	学生活动	教 学 意 图	备注
引入	这两天老师用电脑下了一些材料，可是因为时间仓促，就随便放在了几个新建的文件夹里，现在我们就来比一比，看谁最快告诉我那些文件夹里都有哪些文件。（文件夹在你们的 D 盘） 你是用什么办法打开的呢？ 看来你对于这样的操作很熟练，现在来告诉我们你看到了些什么吧。 虽然我们知道了都有些什么文件，可是有些文件从名字并不能看出它是什么。比如这个，用一串数字起名的视频文件，我们只能打开看看。（一段电影片段） 谁能告诉我这是什么电影的片段呢？ 看来大家都知道啊，那谁还记得片断的最后，提到了什么？ 对，我们好像也缺一个对文件了如指掌的管家。那现在就让我们认识认识它吧	学生回答 观看视频	逐级提出问题，引发学生思考 用视频文件提示问题答案，激发学生兴趣	3 分钟
演示打开方式	1. （板书）这个管家叫做资源管理器。它熟知所有的文件和文件夹。可是它在哪儿呢？ 2. 谁还记得如何打开画图工具？ 3. 我们看看，在画图工具旁边，是不是就有 Windows 资源管理器了呢？单击，将它打开。我们看到了什么？ 4. 双击我的文档，对比一下。我们就可以通过左边的这个文件夹列表，清楚地看出每个文件夹的位置	学生听讲 学生回答	在复习画图工具打开方式的铺垫下，讲授资源管理器的打开方式，浅层认识附件的意义	3 分钟

续表

教学过程	教师活动	学生活动	教学意图	备注
学生实验	好，下面就自己试试打开资源管理器吧。打开之后试试它都可以做些什么，一会儿请同学们说说你们的发现。 现在找两个同学试一试用不同的方法查看文件夹中的内容	学生练习 学生发现	通过实践，验证所学，锻炼操作能力，同时，进度较快的学生可以激发探索意识，兼顾操作较慢的同学，平衡速度	1分钟
深入认识	嗯，大家说得对。下面看老师的电脑，我们实际操作一下。老师下载的文件都在D盘我的文件夹中，让我们利用资源管理器来看看都有些什么文件吧。（教师操作并解说：单击我的文档前小三角将其折叠，单击我的电脑→本地磁盘D→z文件夹，右侧出现了三个文件夹，这里存放了我下载的文件，单击“新建文件夹”，我们看到了右侧出现了一些图片和一个声音文件，下面单击“新建文件夹2”、“新建文件夹3”）	学生听讲 看教师演示	验证学生发现，实际操作，讲授具体操作步骤	1分钟
布置任务	1. 我们可以通过资源管理器看到我们的文件和它所在的具体位置了，但是资源管理器只能做这么多吗？这些下载的文件还是很凌乱，时间长了还是会很难快速地找到它们，怎么办呢？ 2. 让我们先来看一下我的文档。同学们发现什么特点了么？ 3. 老师想把我下载的文件也进行分类，分别放置在新建文件夹，新建文件夹2，新建文件夹3中。下面就请同学们先试试，相邻同学可以相互讨论一下	学生听讲 回答问题 实际操作 相互讨论	由浅入深地利用资源管理器 提出问题，激发思考，给出例子，提示方法，布置任务，促进探索	2分钟
同学演示	我们请一位同学来演示一下他是怎么做的，并说明步骤 他做得很好，那还有别的办法吗？ （总结区别）	学生演示	通过学生操作发现问题，演示多种解决方法	2分钟
讲授新课	1. 通过刚才同学们的整理，我们已经将这些文件夹分类放置了。可问题又来了，每个文件夹的名字都相差无几，怎么能一眼就知道哪个文件夹里放的是什么文件呢？ 2. 让我们给文件夹重新起个名字吧。在右侧的区域中，找到要更改的文件夹，单击右键，选择“重命名”，或者两次单击左键，也可以对它进行重命名。这个文件夹里放置的是图片，那我们就键入“图片”，回车 3. 文件和文件夹的重命名一样。在刚上课的时候，我们看得那个电影《大腕》的片段，也用同样的方法进行重命名	思考，回答问题 学生听讲	提出问题，解决问题，讲授重命名的方法和步骤	1分钟
学生练习	下面，同学们就把你们刚才整理完的文件夹重命名一下吧，并且也把这些文件中名字与文件内容不一致的也重命名	学生练习	巩固知识，锻炼操作能力	

续表

教学过程	教 师 活 动	学生活动	教 学 意 图	备注
总结	今天，我们这节课都做了什么呢？谁来说说？ 说得很好。那同学们还有什么感想和体会吗？	学生总结	学生总结任务内容，淡化知识的形式，浅层体会知识作用，锻炼其概括能力	1 分钟
思想升华	其实，属于我们的空间随处可见，包括我们的教室，我们的房间。下面让我们来看看一个短片。 教师播放短片 大家看了这些整齐的房间肯定多少有些感触。老师想说的是，即使我们没有一个能干的管家，也可以整理好我们自己的空间。养成良好的习惯，会让我们的生活更加方便，舒适。 今天的课就上到这里。同学们，下课	学生听讲 观看短片	跳出学习的知识，让学生们从身边的小事做起，养成良好的管理习惯，培养管理空间的能力	1 分钟

【点评】

毫无疑问，操作系统在计算机中起着重要作用，它不仅在计算机的使用者和计算机之间提供了交互界面，而且操作系统管理着计算机中的软硬件资源。可以说认识并较为熟练地使用操作系统是进一步学习信息技术的基础。虽然现在的信息技术中已经不再讲解与 DOS 有关的内容，然而这一模块中的内容对于以形象思维为主的小学生来说还是比较抽象和困难的。比如文件与文件夹的相关操作，包括文件和文件夹的创建、显示、重命名、删除、复制、移动、应用程序的启动及对误操作的处理等内容，对于小学生来说是较为枯燥和困难的。教师在授课的过程中应首先主动激起学生的兴趣，并设法将一系列抽象的概念和枯燥的操作融入小学生喜欢的任务与活动当中。在教学过程中教师应该多采用形象比拟法、启发探索法、任务驱动法、竞赛法和游戏法等学生比较容易接受的方法。能否调动和保持学生的学习兴趣和学习主动性是这一模块教学中成败的关键。

11.3　用计算机画画

教案：漂亮的教学楼

（一）教学目标

（1）激发学生画图的兴趣，渗透环保意识。
（2）学会矩形、直线、橡皮工具的使用。
（3）熟练鼠标的拖曳操作。
（4）能够选择不同粗细的线来画直线、矩形。
（5）养成仔细观察的好习惯。
（6）能够保存自己的劳动成果。

（二）教学重点和难点

1. 教学重点

（1）熟练掌握鼠标的拖曳操作，学会矩形、直线工具的使用。

(2) 会运用不同粗细的线画不同的矩形、直线。

(3) 会在默认的路径下保存自己的作品。

2. 教学难点

(1) 会运用不同粗细的线画不同的矩形、直线。

(2) 正方形、水平线，垂直线、45 度线的画法。

(3) 会在默认的路径下保存自己的作品。

(三) 教学准备

一幅漂亮的教学楼图片。

(四) 教学过程

本教案教学过程见表 11-4。

表 11-4 教案"漂亮的教学楼"教学过程

教学过程	教 师 活 动	学 生 活 动
知识回顾	1. 打开"画图"程序 2. 铅笔、刷子的练习	1. 开机，并打开"画图"程序 2. 学生在画布上进行铅笔、刷子的练习
导入(出示图片)	同学们，大家希望在有蓝天、白云、青草、绿树的宽敞明亮的教学楼中上课吗?(希望) 看来，大家都希望在好的环境中生活。因此，平时要好好爱惜自己身边的一草一木。今天，我们就来做一个小小设计师，用"画图"程序来勾画我们漂亮的教学楼，好吗	学生欣赏图片；渗透德育思想
勾画教学楼的轮廓	1. 用矩形工具画正面 (1) 单击工具箱里的"矩形"按钮，选中矩形工具。 (2) 鼠标指针移到画布上以后变成十字形图标，像使用铅笔一样按住鼠标左键不放，拖动鼠标至所需大小松开鼠标左键，画出一个矩形。 (3) 技巧：正方形的画法。按住 Shift 键的同时拖曳鼠标画矩形。 2. 直线、橡皮工具的使用 (1) 让学生自己动手动脑，用直线工具画出教学楼的侧面。注意线条的粗细选择，画出的线条有什么不同。技巧：像画矩形一样，按住 Shift 键的同时画直线会产生什么情况。 (2) 在画直线过程中，遇到画错，可以运用橡皮进行擦除，注意橡皮的大小。 (3) 教师巡回指导，根据实际情况进行反馈。 (4) 教师归纳、小结	1. 学生根据教师的演示进行操作。练习矩形的画法。画错后可以用图像中的清除命令进行清除 2. 正方形的画法 3. 最后画成课本第 17 页图 4.3 4. 学生通过观察，自己动手动脑的练习教学楼侧面，注意运用线条的粗细和橡皮的大小，在不同的范围使用不同的选项 5. 给教学楼"安装"门和窗 6. 最后的效果如课本第 20 页图 4.10
保存自己的劳动成果	这是你在画图中创作的第一件作品，可得好好保存。(讲解保存的重要性) 教师演示保存过程。关键注意在文件名框中输入名字后要按"保存"，不要按"取消"或"关闭"	学生按照教师的演示步骤进行作品保存，取好名字，不要忘记
学生作品的展示	展示优秀的学生作品，并鼓励学生进行彼此交流和经验分享	1. 学生作品的交流与展示 2. 关机、师生告别

【点评】

总的来说，这节信息技术课的设计出于以下几点考虑。

1. 运用学生身边的事情来激起学生的兴趣，并渗透相应的情感教育。

兴趣是最好的老师，教师在课前准备一幅漂亮的教学楼图片，蓝天、白云、青草、绿树以及宽敞明亮的教学楼，这样的环境是小学生熟悉和向往的。学生通过面前的电脑，手中的鼠标可以画出这样的情境，而实际生活中，这样的环境只有我们每个人爱护自己身边的一草一木，从我做起。通过绘画这样一幅环境幽雅的图画，能激发学生对周围环境的关心与爱护之心，从而渗透环保意识。

2. 采用任务驱动法使学生掌握"矩形"工具、"直线"工具的使用。

在"画图"程序中，矩形工具是用得比较多的，是组成图形的基本图形，能正确使用矩形工具，为以后的绘图可以打下一定的基础；而直线工具又是非常重要的，它的粗细选择对矩形以及以后学习的椭圆、多边形的轮廓都有影响。两者是紧密结合在一起的，教学中也应该尽可能把两者很好地结合在一起。同时，在学习矩形、直线工具中，掌握一定的技巧，像正方形、规则直线的画法，也是十分必要的，但没有接触过键盘，要找到 Shift 键并运用它对学生来讲可能有一定难度。其实，矩形、直线工具的使用就是对鼠标拖曳动作的熟练操作，要时刻引导学生手腕不要紧张，可以通过多做练习来弥补这一问题。不同工具的选择方法相同，用鼠标单击工具箱中相应的按钮就可以了。选中以后，要引导学生观察鼠标指针发生的变化，这样既有利于更好地掌握铅笔工具的用法，也有利于培养学生的观察能力，对后继的学习是非常有用的。

3. 使学生反复体会"橡皮"工具的使用

橡皮工具的使用其实就是按住鼠标并拖曳动作的操作，关键是按住鼠标左键不放并移动鼠标，直至把画错的线全部擦除为止，放开鼠标。学生往往会因为使用不熟练或手腕紧张而擦除不应该擦除的线条，这里可以引导学生多做练习。橡皮工具中的大小也是很重要的一部分，可以改变橡皮的大小来擦除不同范围的物体。

4. 学生作品的保存是本节课的重点和难点

作品的保存是本课的重点也是一个难点。要让学生明白保存作品的重要性，以及保存自己的劳动成果是一件非常有意思的事，在没有接触键盘的基础上要完成文件名的输入有一定的困难，教师要根据实际情况给予及时的帮助与反馈，不要让学生觉得学电脑是一件很难的事。

11.4　用计算机作文

教案 1：格式刷的使用

（一）教学目标

（1）掌握格式刷的使用方法。

（2）增强自主学习、自主探究及创新能力。

（3）增强合作意识，培养合作精神。

（二）教学内容

Word 2000 中格式刷的使用。

(1) 使用格式刷设置文字格式。

(2) 使用格式刷设置段落格式。

(3) 介绍在格式刷使用中快捷键 Ctrl＋Shift＋C 与 Ctrl＋Shift＋V 的作用。

（三）教学重难点

自主探究格式刷的使用方法。

（四）教学时间

20 分钟左右。

（五）课前准备

一篇杂乱无章的 Word 文档。

（六）教学过程

本教案教学过程见表 11-5。

表 11-5　教案"格式刷的使用"教学过程

教学过程及时间分配	教师活动	教学技能要素	学生活动	媒体板书
导入 4 分钟	同学们在上几节课已经学了许多 Word 的基本操作了，大家回忆一下，你们都学到了什么？ 老师这儿有一篇文档，你们看看它的样子好看吗？ 你们想不想给它打扮打扮，让它变得漂亮一点儿？ 那大家就赶快动手吧，运用已学的知识为这篇文档化化妆，好不好？ 大家可以尽情发挥自己的想象力。 教师巡视、指点 谁设计好了上台给大家演示一下？勇敢一些！ 哪位同学愿意来？好！甲同学你来。 同学们说他设计得好不好？ 你想怎样设计	提问技巧 导入技能 提问技能 变化技能 激励 提问技能 奖励技能	回答：设置字体、字号、字间距、段落格式等 不好看 想 好！ 学生操作 学生面面相觑 甲上台演示 好/不好 讨论	教师控制学生电脑屏幕 屏幕显示
总结 2 分钟	通过今天的学习，你有什么收获吗？ 你都学到了什么？谁能说说？ 用格式刷与以前我们进行字体、段落格式设置用什么不同吗？ 同学们回答得真好！ 大家还要记得灵活运用所学的知识，勤于思考。 今天的课我们就上到这里。下课，同学们再见	技术技能 提问技能	格式刷的使用 更加方便快捷了 老师再见	

【点评】

本节课的内容是小学中年级的一课，学生已经基本具有一定的计算机操作能力(特别是 Word 2000)。因此在教学设计中也充分考虑到了这一点，以学生为主体，让他们自己去探究发现。本课内容虽然简单，掌握格式刷的操作并不难，但真正让学生领悟探究式解决问题的方法和思路却很难。

本节课是以问题探究、小组合作为模式设计的，激发学生自己发现问题、解决问题，培养他们敢于尝试、敢于创新的精神。本节课的大部分时间都是学生在操作、在提问、在思考、在讨论，教师只起到一个组织者、引导者、启发者的角色，也恰好符合了新课标的新理念。与此同时，由于这是一堂以学生为主体的课，课堂中有很多因素不能控制，学生提出的问题也不可能得到充分的预测，因此难免会出现一些不足之处，教师在实际操作过程中应随机应变，探索更好的教学方法。

教案 2：让“数字”一目了然——在 Word 中插入统计图

（一）教学目标

(1) 学会在 Word 中插入对象。

(2) 掌握统计图表的制作方法。

（二）课时安排

1 课时。

（三）教学重点

统计图表的制作方法。

（四）教学过程

本教案教学过程如表 11-6 所示。

表 11-6　教案“让‘数字’一目了然”教学过程

时间安排	教 师 活 动	教学技能	学 生 活 动
5 分钟	水是人类的宝贵资源，对人们的生活很重要。请同学们举例说明。 请同学们看一组数据，是 1990—2000 年北京市的用水量。我们的生活需要的水资源越来越多，但是可利用水资源却越来越少，我们应该怎么办？	导入	学生举例 节约用水 向自己生活的周围宣传节约用水
10 分钟	但是只有我们节约是不行的，要所有人都节约才好。今天我们要把这些数据做成能让人一目了然的图表形式给大家看，让大家都知道节水的重要性，好不好？请大家说说你见过的图表形式。我们就开始学习最常见的一种。先看老师的示例 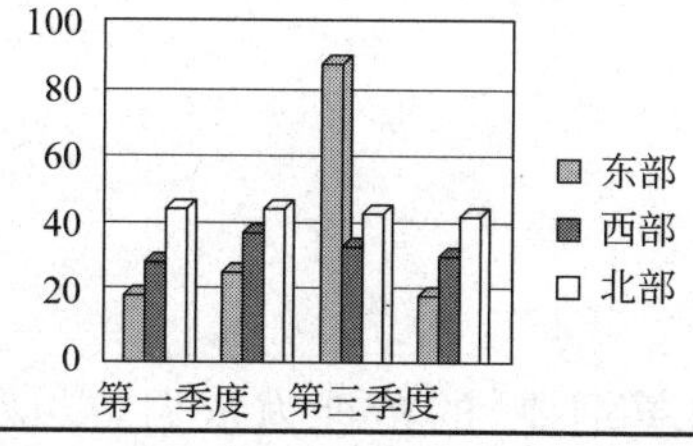	新授	好。(提高学生的学习兴趣，培养学生节水意识以及实际应用所学知识的能力) 同学们发言

续表

时间安排	教师活动	教学技能	学生活动
10分钟	同学们想一想，猜一下，这个图表是怎么做出来的？可以根据你以往的经验。 提示：Word中可插入的对象很多，其中有符号、日期、图片等。那么，图表算不算一个对象呢？大家可以找找看。 既然它属于一个对象，就应该具有和图片一样的属性，对不对？ 谁能说一说，你现在就可以对它进行哪些操作？ 图表的插入及数据的修改对部分学生可能有一定的难度，可以教师先用大屏幕演示，学生再做。 统计图插入好后，在统计图上不同的地方双击，可以修改相应的内容，如在图例上双击，就可以设置图例的格式。也可以删除统计图的某一部分。 Word中有多种图表类型，可以启发学生思考，哪一种最适合这里。 学生们重复教师的演示内容，教师答疑。	以往所学知识的迁移及合作学习 重点讲授 检查学生的接受程度	小组讨论一下 学生动手看，果然有（插入默认的图表） 改变大小、移动等 学生观察
10分钟	教师改变所给的数据，让学生操作。 改变图表不同区域的设置等。	练习阶段	
5分钟	总结： 制作统计图在生活中非常有用，但非常繁琐，而电脑制作却相当快捷。大家说是不是？ 你学会了吗？哪个是你自己研究出来的？哪个是你听老师讲后明白了的？ 除了制作节水的图表外，你还能做哪些？ 制作图表可以和数学中的统计图内容相结合（帮帮数学老师） 好，大家今天回家后的作业就是制作一张节水宣传画，做一个节水小卫士，好不好？ 不过老师告诉大家一个小秘密：图表还可以做成其他的样子，大家自己试一试，看谁做得最漂亮	小结	学生练习 是

【点评】

信息技术与其他课程的整合是将应用信息技术解决实际问题的常用方法。本节课教师以学生在数学课上学习的“统计图表”知识为基础，讲解了在Word中插入统计图的方法，不仅使学生学习到了信息技术的知识，而且向学生传递了将所学知识用于日常生活的思想。

11.5 网络的简单应用

教案：使用搜索引擎查找信息

（一）教学指导思想

本节课的教学设计，以国家《课程改革纲要》的精神为依据，以课程改革为指导，以培养学生信息素养,“培养学生利用网络获取信息的能力,获取新知识的能力,发现、分析和解决问题的能力以及交流与合作的能力”为目标。

(二) 教学目标

1. 知识与技能

(1) 使学生了解使用搜索引擎搜索信息的意义,了解常用的搜索引擎。

(2) 掌握利用简单的关键字搜索信息和下载文字、图片的基本方法。

2. 过程与方法

通过探究学习和实际操作等多种活动形式,培养学生的主动探究、自主学习、团结协作和实践的能力,初步培养学生信息的捕获、搜索的能力。提高学生利用信息技术的综合素养。

3. 情感态度与价值观

培养学生对所查信息真伪进行辨别的能力。

(三) 教学重点

(1) 使用关键字查找信息的方法。

(2) 文字和图片的下载方法。

(四) 教学难点

掌握关键字搜索的技巧,提高检索的效率。

(五) 教学内容分析

这节课的内容以培养学生从网络上获取信息的能力为主,因为信息获取能力是信息素养的一个重要组成部分,培养学生掌握利用网络获取信息的过程和方法,为学生的学习、生活和发展提供服务。同时注意引导学生形成自主学习意识,为今后的多元化交流打下基础。

(六) 学生情况分析

学生通过前两节课的学习,已经对浏览器有所了解,掌握上网的操作。但是对于搜索不太熟悉,针对这种情况,老师结合学生原有的知识加以归纳提升,使学生了解掌握搜索的技巧,不断提高自己的网络信息搜索水平。

(七) 教学方法

教师除常规组织教学外,更多的要在设计教学过程中,抓住学生感兴趣的事和物、利用学生爱表现的特点,通过说、做、比,将知识融入到活动中,并充分给予鼓励和肯定,让学生说有回报,比有收获。

1. 任务驱动

在整节课的设计上,并没有直接将知识展现给学生,而是让学生自己,或者小组为单位围绕老师提出的问题和布置的任务开展探究活动,通过探究学习的过程很好地掌握了本节课的重点内容,进而圆满地完成了教学任务。采用了学生自主探究学习、小组协作学习、教师指导的教学策略,充分体现了以学生为主体的教学思想,很好地培养了学生的集体协作精神。

2. 同步演示

由于学生在机房的注意力难以长时间集中，他们又好动手，多讲无益，但少讲易讲不清楚。教师利用计算机演示搜索的方法步骤。学生演示自己的搜索过程，学生存在的问题及时再现，便于发现与解决，提高了学习效率。

3. 教学手段

演示法、讲授法、自学法、小组合作式学习、探究法、讨论法、赏识教育法。

4. 技术准备

计算机、网络、投影仪、ppt 课件。

（八）教学过程

本教案教学过程见表 11-7。

表 11-7 教案"使用搜索引擎查找信息"教学过程

教学过程	教 师 活 动	学生活动	设计意图
创设情境引入新课	1. 引入：提出恐龙让大家联想 播放动画片《海尔兄弟-恐龙时代》，让学生认识真正意义上的恐龙	观看动画片	激发学生学习兴趣，动用学生的多感官在建立直观表象的基础上引出要学习的知识
	2. 提问：海尔兄弟在动画片中都介绍了哪几种恐龙？（剑龙、梁龙、原角龙）	思考回答	考查学生提取信息的能力
	3. 引导：其实恐龙的种类非常多，还远不止片子中提到的这些，大家想不想了解恐龙的种类呢？		建立起学生获取新知的热情
	4. 与同学交流：平时大家都使用什么方式获取自己想要的信息？ 5. 总结同学回答，引出教师要推荐使用最快捷最方便查找信息的方法——用搜索引擎查找信息	听教师讲解，了解本节课的内容	通过师生之间的互动交流引出本节主题
确定课题	出示课题及板书	看投影	让学生知道本节课的学习内容
探究学习	1. 了解搜索引擎，用关键字查找并下载信息 (1) 介绍搜索引擎 (2) 教师演示使用关键字查找"恐龙种类"的方法 (3) 教师将文字复制粘贴到电脑的文档中，引出下载的定义	观看教师的演示	让学生了解概念，掌握用搜索引擎查信息的初步操作
	(4) 布置任务 学生分成三组，讨论本小组想了解的其中一种恐龙的详细信息，按照老师演示的使用关键字查找并下载文字信息的方法填写"恐龙名片"这个表格，不同小组间进行交流，分享彼此的信息	学生分组讨论确定各组任务，搜索信息，填写表格，组间交流	采用任务驱动法，让学生动手实践，巩固所学知识，小组合作培养学生的合作意识和分享信息的意识

续表

<table>
<tr><th>教学过程</th><th>教师活动</th><th>学生活动</th><th>设计意图</th></tr>
<tr><td>探究学习</td><td><table><tr><th colspan="4">恐龙名片</th></tr><tr><td>恐龙名称</td><td></td><td>恐龙照片</td><td></td></tr><tr><td>拉丁文名</td><td></td><td>恐龙体长</td><td></td></tr><tr><td>恐龙体重</td><td></td><td>恐龙食性</td><td></td></tr></table>(5) 教师巡视，发现问题：大多数组恐龙照片的位置还是空的
2. 用关键字搜索并下载图片
(1) 教师演示搜索和下载图片的方法(打开搜索引擎→点击图片选项→在输入框中输入要查找的恐龙的名称搜索→右击目标图片→图片另存为→选择路径→保存)
(2) 让学生巩固，继续按老师的方法完成表格，并利用以前学习的知识，将图片插入到 Word 表格中，且进行适当的调整。
(3) 请同学提出在完成任务过程中出现的问题，教师通过演示查找同一信息使用不同的关键字查找结果的不同来总结引导。
合理地设计和使用关键字会影响查找到信息的多少和准确性，当使用某一个关键字未查到或查到很少的信息时，我们应该适当变化或添加关键字来缩小查找的范围以便提高信息检索的效率和准确性</td><td>倾听
操作
学生发言</td><td>教师通过发现问题引出接下来的内容，使新知识间衔接自然
引导学生在学习新知识的过程中复习已有知识
教师强调本节课的难点</td></tr>
<tr><td>成果展示</td><td>请一位同学展示本小组合作的成果，并叙述查找过程，带领大家巩固所学知识</td><td>观看投影，倾听、思考</td><td>通过展示成果，激发学生成就感，增强学生自信心</td></tr>
<tr><td>课堂小结</td><td>先请同学总结，之后教师进行系统的总结
1. 输入合适的关键字在搜索引擎中查找信息
2. 文字的下载：选中需要的文字→右击鼠标→复制→打开目标文档→右击鼠标→粘贴
3. 图片的下载：右击图片→图片另存为→选择路径→保存</td><td>倾听与理解</td><td>贯穿全课，让学生有一个整体认识</td></tr>
<tr><td>布置任务</td><td>1. 请同学们欣赏一首好听的儿童歌曲
2. 引导：大家知道这首歌曲叫什么吗？这首歌曲是老师从网上下载的。搜索引擎不仅可以查找和下载文字和图片，还能搜索下载音乐、视频、Flash 等。老师希望课后同学们试着去探索如何在网上搜索和下载自己想要的音乐。下节课我们一起交流</td><td>倾听</td><td>让学生巩固所学知识，为以后知识的学习做铺垫</td></tr>
</table>

【点评】

培养学生正确认识、理解和应用信息技术，使信息技术成为学生学习的用力工具，是信息技术课的一项重要任务。为突出强调这一点,在本课教学中,教师可以有意识地联系生活实际提出任务,从中引出学习目标。通过任务的完成,使学生在学会利用搜索引擎查找学习资源的基础上,形成使用搜索引擎帮助学习的意识与习惯。

11.6 用计算机制作多媒体作品

教案1:自定义动画

(一)教学内容

(1)设置自定义动画。

(2)调整自定义动画顺序。

(二)教学目标

通过教师的讲解以及上机练习,使学生掌握设置自定义动画的方法及如何调整自定义动画的播放顺序,并能运用幻灯片的自定义动画制作简单的动画幻灯片。

(三)教学的重点和难点

设置幻灯片对象的动画效果及播放顺序。

(四)教学方法或手段

教师讲解,学生上机练习。

(五)教学条件

教师广播网络以及幻灯片。

(六)教学时间

40分钟。

(七)教学过程

本教案教学过程见表11-8。

表11-8 教案“自定义动画”教学过程

进程	教师活动	学生活动	教学意图
引入新课	教师:“同学们,今天老师想请同学们和我一起去寻宝,大家愿意吗?但是途中要经过重重挑战,大家还愿意吗?……那就让我们看看藏宝图吧。” 教师展示幻灯片的藏宝图。 教师:“同学们看到了什么?看看藏宝图上还有些什么。” 教师展示幻灯片:让幻灯片动起来。 教师:“看来这个提示很重要,或许这就是我们闯关的线索。那让我们记住这个提示去寻宝吧!首先让我们进入第一关的挑战!”	学生回答:“愿意。” 学生回答:“我们要通过三关才能得到宝藏。而且需要三颗钻石。”	通过寻宝创设贯穿始终的教学情境,激发学生的学习兴趣,以藏宝图的提示引入新课

续表

进程	教 师 活 动	学 生 活 动	教 学 意 图
讲授新课（设置文字的自定义动画）	首先学习对文字进行自定义动画的设置。 教师："第一关的题目是什么呢？" 教师展示幻灯片：让文字动起来 教师："同学们开动脑筋，想一想用什么方法可以办到呢？……看来大家遇到困难了。老师身上带着一个锦囊，让我们打开看看有什么提示吧！" 教师展示幻灯片：锦囊妙计（设置自定义动画的步骤）提示有四类动画效果设置：带有绿色标志的进入效果、带有黄色标志的强调效果、带有红色标志的退出效果，以及带有黑色线条标志的动作路径效果。 教师："同学们准备好挑战这个难关了吗？……让我们去挑战吧。" 教师："我们看到一共有四个小题目。下面老师先按照锦囊中的办法试着做一下第一小题，看锦囊中的方法是否灵验。" 教师边讲边演示： • 设置进入动画：单击鼠标左键选中文字，选择"幻灯片放映"菜单下的"自定义动画"。在右边出现的自定义动画子菜中单击"添加效果"。在"进入"动画效果里选择"弹跳" • 设置退出动画：教师："下面老师请一个同学和老师合作共同完成第二小题，由同学口述，老师协助操作。" • 设置路径动画、强调动画：教师："下面还有两道题目是让文字以'向外溶解'的方式退出和'向右'运动。老师发现底下的同学都跃跃欲试了，那么大家就一起动手完成下面的题目吧。题目已经放在了你们的桌面上，快点打开吧。" • 设置强调动画：教师："同学们基本上都完成了。老师看到有些同学皱着眉头，似乎遇到麻烦了，谁愿意说一说？" 教师："有哪位同学知道该如何解决这个难题呢？……大家赶快试一试。她说的对吗？现在同学们都学会了吗？" 教师："看来同学们都学会了怎样对文字设置动画了。大家闯过了第一关，让我们看看会有什么事情发生呢？" 教师展示幻灯片	学生思考 学生听讲 学生回答："准备好了。" 学生听讲，看教师演示 学生回答："选中文字，选择'幻灯片放映'菜单下的'自定义动画'。单击'添加效果'。在'退出'动画里选择'向外溶解'" 学生上机操作 学生疑惑不知道在什么地方选择"放大"效果 学生回答："在'强调'动画效果里选择'放大/缩小'。" 学生回答："学会了。"	通过教师的讲解和演示，使学生对于如何对文字进行动画设置的步骤有一个清楚的认识，然后让学生亲自参与，加深印象，得到成功的体验。最后让学生自主探索，解决问题，从而掌握设置自定义动画的简单方法

续表

进程	教师活动	学生活动	教学意图
学生练习对图片设置自定义动画	教师：同学们真棒！让我们来挑战下一关吧！ 教师展示幻灯片：让图片动起来 教师："刚才同学们已经学会了对文字设置自定义动画，那么如何对图片进行设置呢？老师相信同学们这次不用打开锦囊，也知道怎么办！下面同学们就亲自动手让图片动起来吧！" 教师："同学们有什么问题吗？……有哪位同学愿意帮助他解决这个难题呢？……我们请这位同学上来演示一下……这位同学真是帮了大家一个大忙啊。现在同学们还有问题吗？" 教师："通过大家的共同努力，我们通过了第二关的挑战，得到了第二颗钻石。让我们快去看看第三关有什么难题在等着我们。"	学生进行上机练习 学生疑惑：不知道如何设置没有规律的路径 学生到前面演示：选择'动作路径'中'绘制自定义路径'中的'自由曲线'。画出给定的路径。 学生回答："没有。"	通过练习，使学生将刚才所学的方法运用到实际中去，巩固所学知识并锻炼学生的操作能力，并让学生自主探索，解决问题
讲授新课（调整动画播放顺序）	教师："我们来到了最后一关的挑战，同学们有没有信心得到宝藏？好，让我们接受挑战吧！" 教师展示幻灯片：让动画按顺序出现 教师："怎样才能让动画按照我们想要的顺序播放呢？让我们看看锦囊里有什么好办法。" 教师展示幻灯片：锦囊妙计（调整自定义动画顺序），请一位同学念。 教师："老师有一个问题，你知道这些启动动画的方式都代表什么意思吗？……老师把这位同学说得简单总结一下。" 教师展示幻灯片：解释"单击"、"之前"、"之后"的开始方式的作用 教师："同学们记清楚了吗？让我们去攻克这个难关吧！都有哪些要求呢？让我们先来看看最初的动画顺序是怎样的……" 教师展示幻灯片 教师："哪位同学愿意挑战这个难关？……同学们，三颗钻石都被我们拿到了，让我们快去开启宝藏吧！" 教师展示幻灯片	学生回答："有。" 学生观看幻灯片、听讲 学生念幻灯片上的内容 学生念幻灯片上的内容 学生回答："单击指单击鼠标左键时；之前指单击鼠标前；之后指上一个结束后。" 学生回答："记清楚了。" 学生到前面演示，如果遇到问题，全体师生帮助解决	引入调整自定义动画顺序的内容，在教师讲解调整自定义动画顺序的方法基础上，让学生亲自动手实践，从而理解、掌握该方法
小结整堂课所学的内容	教师："同学们，宝箱就在我们的面前，让我们快把钻石放在上面打开宝箱吧。看，好多财宝啊！咦？里面好像有一个纸条，让我们看一看。你们都是今天的小勇士！" 教师展示幻灯片 对学生进行奖励与鼓励，总结本节课的知识点	学生观看幻灯片 学生总结知识点："设置自定义动画、调整自定义动画顺序。"	对学生的表现予以赞扬与鼓励，使学生的情感得到升华。通过提问，让学生自己总结本节课的知识点，检查学生的掌握情况，并锻炼学生的概括能力

续表

进程	教师活动	学生活动	教学意图
课堂收尾	观看 Flash(暂定),根据 Flash 的内容设置自定义动画。 教师:"下面大家放松一下,看一段动画……动画看完了,老师要给同学们留一个作业。请同学任意选择动画中的一个场景,利用我们今天学过的知识,用幻灯片制作一段小动画。"	学生观看	以轻松的方式再次激起学生的兴趣,布置作业进行巩固

教案 2:在演示文稿中插入声音

(一)教学目标

通过教师的讲解以及上机练习,使学生掌握在演示文稿中插入适当的声音,学会隐藏喇叭图案,删除插入的声音文件。

(二)教学内容

在演示文稿中插入声音。

(三)教学的重点和难点

插入适当的声音。

(四)教学方法或手段

教师讲解,学生上机练习。

(五)教学条件

教师广播网络以及一首歌曲。

(六)教学时间

40 分钟。

(七)教学过程

本教案教学过程见表 11-9。

表 11-9 教案"在演示文稿中插入声音"教学过程

进程	教师活动	学生活动	教学意图
导入	同学们,现在开始上课。今天我们班上来了一位客人,大家看。(ppt 出示哆啦 A 梦图片)	看屏幕	通过老师出示的哆啦 A 梦图片,引起学生的兴趣,引入问题
	① 大家认识他吗? ② 他就是机器猫	认识/不认识	
	咦,他好像遇到了什么问题。(ppt 展示)	看屏幕	
导入插入	他失去声音了,大家愿意帮助他吗?	愿意	解决问题,引入新课
	老师把他的声音找到了,那我们怎么把声音还给他呢?老师想用演示文稿工具帮助他,好不好	好	
	今天我们就来学习在演示文稿中插入声音		

续表

进程	教师活动	学生活动	教学意图
方法讲解	首先选择我们要插入声音的幻灯片，选择插入菜单中的“影片和声音”选项，找到“文件中的声音”命令选项，找到你要插入的声音，点击确定。大家看，这里有个对话框，“您希望在幻灯片放映时如何开始播放声音”。选择[自动]按钮，是在幻灯片放映时自动播放；选择[在单击时]按钮，则在幻灯片放映过程中单击喇叭图标播放声音。老师先选择[自动]按钮，大家可以在一会的练习中尝试一下[在单击时]按钮。这时屏幕上出现了一个小喇叭图标，这时声音就插进去了	学生听讲	通过教师的讲解和演示，使学生对于如何插入声音有一个清楚的认识
隐藏图标导入	我们来看一下，大家觉得这幅画面有什么问题吗	喇叭图标有些影响画面整体效果	产生矛盾
隐藏图标讲解	很好，我们可以把这个小喇叭隐藏起来，右键单击喇叭图标，选择编辑声音对象，单击显示选项下的小方块，出现对钩后单击[确定]	学生听讲	通过教师的讲解和演示，使学生对于如何隐藏喇叭图标有一个清楚的认识
巩固知识	再来听一下，看，那个会唱歌的多啦A梦又回来了。我们复习一下步骤，谁来说一下	学生回答	巩固所学方法
练习	哆啦A梦的声音已经放到你们的电脑里了，现在大家把声音还给他吧	学生练习	通过练习，使学生将刚才所学的方法运用到实际中去，巩固所学知识并锻炼学生的操作能力
	大家都把声音还给哆啦A梦了吗	还给了	
	ppt出示图片，哆啦A梦离开		
插入合适的声音导入	送走了哆啦A梦，老师要看看大家是不是真的学会了。我这里有一组图片，谁愿意帮老师插入背景音乐	学生上来演示随便插入一个声音	查看学生的练习效果，并且让大家看着巩固一遍，并发现学生插入声音比较随意，不会仔细看
	大家看他插入的过程对不对	对/不对	
插入合适的声音讲解	我们展示一下，大家觉得这个有什么问题吗？	声音是欢快的，背景是舒缓的，不太搭配	产生矛盾
	对，所以我们插入声音时，要考虑主题的感情色彩，插入适当的声音		讲解要插入合适的声音
删除引入	现在老师想换一首背景歌曲，我应该怎么办	删除以前的音乐	引出新问题
删除讲解	那怎么删除啊？	不知道	解决问题，讲解方法
	其实很简单，左键单击喇叭图标，按键盘上的Delete键，插入的声音就删除了		
巩固	我们再来展示一下，喇叭是不是没有了？	是	巩固所学方法
	好，我们回忆一下删除和隐藏的步骤(ppt出示步骤)	同学读	

续表

进程	教 师 活 动	学 生 活 动	教 学 意 图
总结	删除很简单吧，大家都记住了吗	是，记住了	大家一起总结所学的知识，使学生再次巩固所学。并训练总结能力
	谁说说你今天学到了什么(ppt 展示)	学生回答	
	老师这里有一组作品大家来欣赏一下(ppt 展示)。看完你有什么感想？	学生回答	凸显音乐的作用，悲情的歌曲更能渲染气氛，并且提醒大家注意安全
作业	今天的作业是，从三个人物里挑一个，插入合适的歌曲，下节课大家来展示，好不好。今天的课就到这里了，下课		三个不同风格的图片，让大家体会合适的音乐

【点评】

用计算机制作多媒体作品这一模块的教学中我们常常采用情境教学法。情境学习理论在西方出现于 20 世纪 80 年代以后。这种理论认为：知识是具有情境性的，知识是活动、背景和文化产品的一部分，并在活动中，在其丰富的情境中，不断被运用发展的。

新课程中，我们倡导情境教学其意义在于：①促进迁移。情境认知能意识到思维中的疑难困境及产生背景，并能揭示真实的生活情境在学习中的内在意义。而传统学习中学生对于脱离情境的知识的理解也仅仅限于字面上，只懂得用它解决课堂上或是试卷中的问题。②真实的学习。传统学习中人为的、简化的"情境"是为固定的认知路径而设计的。这一路径是课程编制者与教师预设的，而且常常被认为是天经地义的、有效的、有序的、科学的。而心理学家的研究表明了在日常环境中，人们倾向于采用实用的策略，如：个人在采购食品杂货时，很少应用正式数学。他们基本上是通过杂货店的环境和购货活动建构自己的策略。他们将心算、近似值以及物理环境的特征联系起来，以便做出决策。③主体性的建构。置身情境中的学生很容易产生探究的愿望、解决问题的热情与责任感，这些学习的动力资源促使学生主动寻找、确证、评价甚至开发信息要素，自主建构认知的路径，这种路径是个性化、独特的。在教案 1 中教师就是虚拟了一个"探宝"的情景，在夺取宝藏的过程中学生学习了一个又一个的知识点。在教案 2 中，教师也是虚拟了一个为机器猫找回声音的情境，在为机器猫找回声音的过程中学生也学会了如何在多媒体演示文稿中插入声音的方法。

第12章

初中信息技术课程范例教案及点评

初中阶段是处在小学和高中阶段之间的一个阶段，它所具有的承上启下的重要作用是毋庸置疑的。从学生个体的角度来看，一方面，初中阶段的学生的自主性较之小学生有了很大提高；而另一方面，与高中学生所具有的较强的分析问题和解决问题的能力相比，他们又有一定的差距。从信息技术课程的教学内容来看，一方面初中阶段的信息技术要重复一定比例小学阶段已经学习过的信息技术知识，如 Word，PowerPoint 等；而另一方面又增加了许多新的内容，比如网页制作、Excel 的使用、程序设计初步等。在教学方法上，初中的信息技术课既要给予学生较大的自主权又要给予学生必要的指导。

在这一章中我们将从办公软件的使用（Word，PowerPoint）、数据库的初步认识（Excel）、多媒体作品制作（Flash）、网页制作和程序设计五个方面对初中阶段信息技术课程的教学特点进行介绍。

12.1 办公软件的使用

教案 1：修饰 Word 文档

（一）教学目标

1. 知识目标

（1）了解各种字体、字号、字型和颜色的区别，理解它们的作用，掌握改变字体、字号、字型和颜色的方法。

（2）了解边框和底纹为特色的文字修饰效果，掌握边框和底纹的设置方法。

2. 能力目标

通过探究学习和实际操作，培养学生的自学能力、实践能力、创新能力、分析和解决问题的能力，提高学生对信息的处理能力及合理应用技术服务于内容的能力，让学生体验修饰文档在实际生活中的应用，及合理应用时强大的表现能力。

3. 情感态度与价值观

培养学生的审美情趣；

通过师生间、生生间的交流，鼓励学生发表见解，享受成就感，树立自信心。

（二）教学重点

(1) 各种字体、字号、字型、颜色和特殊效果的设置。

(2) 边框和底纹的设置。

（三）教学难点

合理应用所学技术，使文章在表达字面意义的同时，表现出作者的审美情趣。

（四）教学准备

自学网站、学习资料、局域网、投影机。

（五）教学过程

本教案教学过程见表 12-1。

表 12-1　教案“修饰 Word 文档”教学过程

教学环节	教师活动	学生活动	设计意图
提出问题 引入新课	1. 展示网站首页(精美的文档) 2. 提问：与上节课见过的 Word 文档不同的效果体现在哪些方面？ 字的颜色变化 字的大小不等 字的样式不一致 字的字型变化 文字的边框和底纹变化 文字的特殊效果	观看投影 思考、讨论并回答问题	激发学生学习兴趣，培养学生的观察能力和收集信息、分析问题的能力
	3. 教师概括： 字的样式——字体 字的大小——字号 字的形状——字型 字的颜色——字色 边框和底纹——字的特殊效果	观察思考	增强学生的理性认识，并让学生掌握相关术语
	4. 引导：与上节课见过的 Word 文档不同的感觉体现在哪些方面？ 文字感觉更加柔和 色彩更加亮丽 整体感觉活泼自然 重点部分突出，一目了然	思考、讨论并体会教师用意	让学生初步体会文档修饰的作用——突出重点词句、表达某种气氛
	5. 引入： 文字的意义就在于向读者展示作者的思想观点，文档修饰可以使版面美观，重点突出，吸引读者	听教师讲解，了解本节课的内容	自然过渡，引入新内容
确定课题	出示课题及板书	看投影	让学生知道本节课的学习内容

续表

教学环节	教师活动	学生活动	设计意图
探究学习	1. 设置文字的字体、字号、颜色、加粗、倾斜 布置任务Ⅰ： 将标题文字设置成“华文彩云”，“三号”，颜色设置为“浅橘黄色”。将正文第一行文字“百草园”加粗、倾斜。 • 思考： Word中文字大小单位有几种？ 字号和磅值的大小和文字的大小有何关系？ 如何设置比72磅更大的文字？ • 学前指导： 打开学习网站，介绍网站的功能。巡视、指导学生完成任务Ⅰ。 • 引导： 标题的字体放大，更多的是出于对它的一种强调，让人一看就知道：这里是文章的开始，是标题，它说明了文章的内容。采用“华文彩云”是因为这是一种相当活泼的字体，好像是由气泡堆起来似的，相当有活力，它的笔画也较正文中所有其他字体要粗得多，对比明显。用浅橘黄色是考虑到我们文章整体的色彩是以黑色文字为主，将标题设置为浅色，可以使它更显突出。 文字的加粗和倾斜，是一种比较“弱”的突出方式，因为它大多藏于正文之间，所以一般只用于强调不那么重要的词句。而且，由于文化的差异，倾斜文字很少用于中文，更多的用于英文，毕竟“横平竖直”是中文的标准特点。 以上对文字的修饰，增加文字的变化，表达一种轻松活泼的气氛。 • 教学过渡： 设置字体除了可以使用“格式工具栏”之外，还可以使用“格式”菜单栏里的字体对话框，下面我们对字体对话框进行全面的学习。 2. 设置文字着重和特殊效果 布置任务Ⅱ： 给正文第2段中描写比较经典的排比句添加波浪下划线，在引导排比句的词语下添加着重号，将文章第二段中“烟雾”二字设置成“亦真亦幻”动态效果。 • 引导： 相对加粗与倾斜，着重号、下划线就要更明显一些，人们总能一眼就看出文字中划出的部分。文章的中心思想和重点语句、关键字等都可以用着重号和下划线标志出来	通过浏览网站，学习设置文字字体的步骤，独立完成任务Ⅰ 体会加粗与倾斜在正文中的感觉 思考尝试 思考并体会，尝试不同的字体、字号、颜色带来的不同效果 体会加粗与倾斜在正文中的感觉 通过浏览网站，独立完成任务Ⅱ 观察与体会着重号、下划线和动态效果对文字的影响	培养学生自学能力，观察能力，树立自己学习、掌握新技能的信心 培养学生思考问题、解决问题的能力 让学生初步体会不同的字体、字号、颜色对读者造成的影响，初步体会文字修饰在表现气氛时的作用 引入本节课第二项新技能：使用字体对话框 启发式教学，培养学生探索精神、创新能力及处理信息的能力，激发学生学习修饰文字的兴趣

续表

教学环节	教 师 活 动	学 生 活 动	设 计 意 图
探究学习	动态效果是一种强烈的突出文字的方法，可以运用动态效果突出文章的关键字和中心思想等。在大量的静态的文字中，一个词语的稍稍一点动态信息，都会被读者轻易地发现。它也同时给人带来一种活跃的感觉，所以，在正式的文件中，一般不会出现。 动态效果是一种只在电脑上可以看到的效果，在其他所有输出介质上，都只能看到其中的一帧。 让学生同时观察一下其他动态效果，对所有动态效果的感觉有一个大概的认识，可以为下面的开放性练习打好基础。 • 点拨： 观察字体对话框，除了已经讲过的效果之外，还有些什么效果？ 3. 设置文字的边框和底纹 布置任务Ⅲ： 给作者签名加入适当的边框和运用底纹技术，突出显示第二段中的动物和植物。 • 思考： 磅值的大小与边框线粗细的关系。 • 引导： 边框在实际应用中是很少用到的。需要强调的一点是，对人名加入方框，在中国，表示这个人已故，所以，不要乱用。 底纹的应用稍多些，但要注意，底纹的颜色一定要浅，否则，那个区域给人的感觉就会像块补丁似的，与其他地方不协调。而且，底纹的颜色设置与文字的颜色设置反差一定要大，否则，容易出现“底纹掩盖文字”的现象。毕竟，不论我们如何设置效果，文字的内容还是第一需要保证的。 • 点拨： 应用范围中有“文字”和“段落”两种选项，注意区别。在选择段落时，在选项按钮中可以对上、下、左、右边框距正文的尺寸进行调节	体会动态效果的优点及缺点，各种动态效果带来的不同感觉 尝试其他的效果 通过浏览网站，独立完成任务Ⅲ 体会边框与底纹的应用效果，体会底纹与字体之间的协调使用 操作与尝试	动态效果是一种只能在电脑上看的效果，让学生体会各种效果的感觉 培养学生探索研究学习的能力，锻炼学生自己动手能力和审美能力 让学生体会边框与底纹的使用约定 拓展课本内容，培养学生探究问题的能力
课堂检测	布置： “学科总动员”综合练习 以小组为单位，讨论解决	练习	检测学生对本节课技术内容的掌握情况
拓展实践	展示一篇活泼的小文档	观看屏幕	向学生展示字体、字号、颜色在表达某种气氛时的特殊作用，同时也针对下面的练习给学生以启发

续表

教学环节	教师活动	学生活动	设计意图
拓展实践	布置： 给指定的文章，添加适当的修饰，要求体现文章本身的气氛和自己的审美观点。 以小组为单位，讨论解决	思考、讨论	巩固所学知识，考验学生综合能力，培养分析问题与解决问题的能力，提高学生的合作能力及审美情趣
作品展示	学生展示作品，自评作品，自评侧重于审美情趣、技术的应用。 集体评价作品，提出改进方案	观看投影，倾听思考	通过展示作品，激发学生的成就感，增强自信心，拓展知识面，完善与提高本课内容
课堂小结	设置文字的字体、字号、颜色、加粗、倾斜 文字着重和特殊效果 设置边框和底纹 合理应用修饰技术	倾听与理解	贯穿全课，让学生有一个整体认识

（六）上课题目要求

1. 课堂实践任务与要求

(1) 任务 1：设置文字的字体、字号、颜色、加粗、倾斜

- 将标题文字设置成“华文彩云”，“三号”，颜色设置为“浅橘黄色”。将正文第一行文字“百草园”加粗、倾斜。
- 思考：

  Word 中文字大小单位有几种？

  字号和磅值的大小和文字的大小有何关系？

  如何设置比 72 磅还大的字？

(2) 任务 2：文字着重和特殊效果

- 给正文第 2 段中描写比较经典的排比句添加波浪下划线，在引导排比句的词语下添加着重号，将文章第二段中“烟雾”二字设置成“亦真亦幻”动态效果。
- 思考：

  观察字体对话框除了已经讲过的效果外还有些什么效果？

(3) 任务 3：设置文字的边框和底纹

给作者签名加入适当的边框和运用底纹技术，突出显示第二段中的动物和植物。

- 提示：

  姓名要用“方框”，说明这是一个已故的人，底纹一定要浅。

- 思考：

  磅值的大小与边框线粗细的关系。

  对话框右下角应用范围中文字和段落选项的区别？

2. 综合实践题目要求

(1) 实践 1：把格言的作者靠右对齐。

(2) 实践 2：把该段文字中的 $a\times a$ 改写成 a^2。

(3) 实践 3：该病句为重复冗长病句，请你把该病句中重复多余的部分用删除标记。

(4) 实践 4：将给出的 3 个词组加上边框；把这三个词组添加到下面三个句子中合适的位置，然后在词组的下面加上横线，表示是你增添的词。

(5) 实践 5：

① 对"戎机"、"度"、"郭"、"著"进行注释。

要求：给文章中所要注释的文字右上方加上编号，然后在该文章下面写上该编号和字词再加以注释。

② 在本段文章中的一个通假字下面加上点。

3. 拓展与实践要求

以小组为单位给指定的文章，添加适当的修饰，要求体现文章本身的气氛和自己的审美观点。

【点评】

在文章中加入文字修饰，突出文章的结构和重要的内容，清晰地展示作者的思想与观点。在 Word 中，对文字进行字体、字号、字型、颜色、边框、底纹等方面的设置，不仅使文章更加绚丽多彩，引人入胜，而且，合理地使用这些文字修饰，在通过文字内容表达信息的同时，使文章层次分明、重点突出，便于读者阅读与理解。更进一步地向读者表达某种氛围，或严肃庄重，或朴实平和，或清新淡雅，或热情奔放……

本课的学习重点和难点是：合理地使用文字修饰技术，表达更深层次的信息。展示应用本节知识修饰的文档作品，创设教学情境，激发学生的求知欲望。采用任务驱动教学方式，以修饰文档《从百草园到三味书屋》为学习任务，将任务分为三个层次，使学生掌握修饰文档的知识与技能。以"学科总动员"为综合任务，检测前面所学知识技能和其他学科知识的综合应用。独立地完成任务，提高学生分析问题、解决问题的能力，培养学生灵活、综合应用知识的能力，提高审美能力。给指定的文章添加适当的文字修饰效果为拓展任务，学生合理地应用知识，完成任务，激发创作欲望，享受创作的乐趣，培养他们的想象能力、创新能力和审美能力，形成积极、果敢、合作、进取等品质。

安排任务的同时附上思考问题，体现"任务驱动、学科整合、合作学习"的教学思想，培养学生的问题意识，培养学生的归纳总结能力。在完成任务的过程中，学生可以讨论、交流，共同研究解决问题的方法，培养学生的交流与合作能力。

教案 2：多媒体演示文稿作品交流与评价

（一）教学目标

1. 知识技能

(1) 培养学生观察分析、评价演示文稿作品的能力。

(2) 提高学生综合合理使用演示文稿制作技术的能力。

2. 过程方法

通过演示文稿作品的展示、评价，学会正确地评价演示文稿作品的方法。

3. 情感态度价值观

培养学生团结协作的精神，展示自我的能力。

（二）教学重点

评价演示文稿作品的能力。

（三）教学难点

作品点评评价。

（四）技术准备

（1）在教师机里，以小组数建立 4 个文件夹，每个文件夹里存放 6 个 Excel 文件，这 6 个文件分别是每个小组的评价、教师的评价、分数统计。

（2）将存放评价表的四个文件夹共享。

（3）有多媒体教学网的计算机网络教室。

（五）教学过程

本教案教学过程见表 12-2。

表 12-2　教案“多媒体演示文稿作品交流与评价”教学过程

<table>
<tr><th>教学环节</th><th>教师活动</th><th>学生活动</th><th>设计意图</th></tr>
<tr><td>引入</td><td>在这章学习开始，全班划分了小组，确定了各自的主题，综合使用演示文稿制作技术制作了作品。这节课我们将进行分组展示和评价</td><td>复习</td><td>直接切入新课</td></tr>
<tr><td rowspan="3">教师演示</td><td colspan="2">回顾作品的评价标准</td><td>熟悉评价标准</td></tr>
<tr><td>演示一份 PowerPoint 作品（有典型问题的）</td><td>找问题，挑毛病</td><td rowspan="2">总结制作中经常出现的问题</td></tr>
<tr><td colspan="2">师生归纳在演示文稿作品中出现的问题：
1. 整体风格不统一
2. 每页大篇文字堆砌，没有进行合理删减
3. 文字和背景颜色接近，看不清楚文字
4. 使用技术不恰当</td></tr>
<tr><td>学生完善作品</td><td>指导</td><td>学生修改作品</td><td>纠正错误</td></tr>
<tr><td>分组展示</td><td>观看作品并进行评价</td><td>1. 展示讲解
讲解提纲：
（1）主题？选择该主题的意义？
（2）如何规划？分工制作准备的过程？
（3）结合作品展示讲解
• 围绕主题，内容方面怎么确定？
• 围绕主题，选择的媒体和技术？如何服务于主题？
（4）简谈收获体会
• 小组完成评价表
• 每个同学完成课堂作业</td><td>通过展示讲解、观看作品，锻炼同学们观察分析、展示自我的能力</td></tr>
<tr><td>师生点评</td><td colspan="2">公布评价的结果，根据评价标准和结果（从以下方面）点评：
1. 学生的信息技术应用水平
2. 作品中体现出的学生对内容的理解
3. 小组合作情况、发言展示情况</td><td>培养学生评价演示文稿作品的能力</td></tr>
</table>

续表

教学环节	教师活动	学生活动	设计意图
师生共同总结	完成一份比较好的演示文稿作品，需要注意什么？ 1. 事先的规划很重要。 2. 根据主题内容合理恰当使用技术，使技术很好地服务于主题。 3. 根据内容主题，不拘泥于固定的形式，要有创新，有新意……		总结巩固教学目标
板书	多媒体演示文稿作品交流与评价 展示交流过程 1. 展示过程中，每个同学认真观看并填写课堂作业 2. 展示后，以小组为单位商议，给出评价 3. 同学发言 4. 老师点评 5. 公布成绩		

（六）学生作品评价表（见表 12-3）

第 1 组　　组长　　周超超

作品主题：北京 2008

表 12-3　学生作品评价表

PowerPoint 作品的评价标准

标准	项目		自评	第 2 组评价第 1 组	第 3 组评价第 1 组	第 4 组评价第 1 组	教师评价第 1 组	每一项目得分率
主题规划	主题鲜明，符合时代要求或结合学习、生活实际		4	5	5	5	5	0.96
	素材健康积极，围绕主题，突出主题		10	8	10	10	8	0.92
	构思创意独特，主题表达形式新颖		8	8	10	8	5	0.78
整体设计	整体布局统一、合理、美观		5	5	5	5	5	1
	内容充实丰富	幻灯片不少于 15 张	5	5	5	5	5	1
		表现形式多样，比如文字、图片、动画等	5	5	5	5	5	1
		表现形式合理（文字、图片、动画等应用合理恰当）	8	8	10	10	8	0.88
	内容结构合理、呈现顺序恰当		8	8	10	8	10	0.88
页面制作	背景选择适合主题所要表现的内容		5	4	5	5	5	0.96
	每页内容的量合适且文字清晰		4	5	4	4	5	0.88
	内容在页面上布局合理		4	5	5	4	5	0.92
	内容色彩恰当、美观		4	5	5	5	5	0.96

续表

PowerPoint 作品的评价标准

标准	项　　目	自评	第 2 组评价第 1 组	第 3 组评价第 1 组	第 4 组评价第 1 组	教师评价第 1 组	每一项目得分率
演示交流	链接合理无错误而且操作方便	5	4	4	5	5	0.92
	播放速度适宜	5	4	4	2	4	0.76
	小组分工明确	5	5	4	3	3	0.8
	语言简练、清晰、生动	5	4	3	4	4	0.8
		90	88	94	88	87	
	第 1 组最后成绩：	88.5					

注：1. 每个组最后成绩＝4 个组评价成绩的平均值×50％＋教师评价成绩×50％。

2. 从每一项目的得分率可以直观反映出作品有什么特点和存在哪些不足。

【点评】

许多初中学生在小学阶段已经学习过利用 PowerPoint 制作多媒体演示文稿，比较系统地掌握了多媒体演示文稿制作的技术(制作、美化、丰富、播放演示文稿)。如果教师再重复讲解技术要点就不符合学生的实际情况。所以，教师将教学的重点放在对学生多媒体作品的评价上，采用学生自评、学生互评和教师点评相结合的方式进行教学，而且对评价内容还进行了科学的量化，克服了主观评价的随意性。以上这些做法将学生的主动性和教师的指导性很好地结合起来，取得了较好的教学效果。

12.2　数据库的初步认识

教案 1：学校图书我来管——Excel 分析数据

（一）教学目标

1. 知识与技能

(1) 学会数据的排序操作，理解主要关键字与次要关键字，第三关键字的作用。

(2) 学会数据的筛选操作，通过分析，能够确定筛选的条件，了解自定义筛选条件中“与”、“或”的正确使用。

(3) 学会数据的分类汇总操作，经过需求分析会选用恰当的分类字段与数据项。

(4) 初步学会使用 Excel 帮助功能，解决加工信息中的问题。

2. 过程与方法

通过完成图书管理的一系列任务，学会正确地应用数据的排序、筛选、分类汇总操作进行加工、管理、发布信息的方法。

3. 情感态度与价值观

通过让学生参与学校图书的管理，让学生感受到信息技术在我们日常生活中的重要应用，通过对此问题的探究，激发学生进一步学习信息技术的欲望，增强学生的应用所学知识解决实际问题的意识。

(二) 教学重点

能够利用 Excel 提供的数据排序、筛选、分类汇总操作进行相关数据的分析操作。

(三) 教学难点

数据的分类汇总操作。

(四) 技术准备

(1) 硬件：网络多媒体教室,液晶投影仪。

(2) 软件：图书数据. xls,学生借书统计表. xls,教学幻灯片。

(五) 教学过程

本教案教学过程见表 12-4。

表 12-4　教案"学校图书我来管"教学过程

步　骤	教 师 活 动	学 生 活 动	设 计 意 图
创设情境 引入新课	创设情境：每天我们去图书馆,都看到图书馆工作人员为我们借书、还书而忙碌,但他们的工作不止这些。昨天我在图书馆就看到工作人员在忙于这样的 3 件事情。 1. 对各科的每种图书按出版日期先后进行整理 2. 统计各科馆藏数量小于 5 本的图书。 3. 汇总各科图书总量。 看到这么繁琐的工作,不知同学们有何想法,能否用计算机帮助完成呢? 请同学们打开教师机/图书数据. xls(包含字段：图书编号、名称、所属科目、馆藏数量、出版日期),这是我校图书馆部分图书数据,下面,我们通过学习本节内容——分析数据,来帮助工作人员完成这几项工作	学生倾听、观察、思考、讨论	吸引学生,引入新课 这三项工作都是有关图书管理的,而且分别能通过数据的排序、筛选、分类汇总实现,这正是本课知识点的重要体现
新 授 课 (提出问题、分析问题、解决问题)	1. 排序数据 (1) 教师提出问题一： "对各科的每种图书按出版日期先后进行整理"如何实现? (2) 教师引入 Excel 排序概念： Excel 排序是指按表格中的某列以升序或降序顺序方式排列表格数据。 (3) 教师以幻灯片形式呈现操作步骤,并引导学生阅读教材和使用帮助功能,上机实践,尝试完成此任务。幻灯片内容如下所示。 排序的操作步骤： • 选定数据区域：将活动单元格置于数据区域内任意单元格 • 单击"数据"——"排序"	思考问题,回答以所属科目分类,按照出版日期进行排序 通过阅读教材和使用帮助功能自主实践解决问题一	引入排序操作 培养学生分析问题,解决问题的能力 培养学生自主学习解决问题的能力

续表

步骤	教师活动	学生活动	设计意图
新授课（提出问题、分析问题、解决问题）	(4) 由一名学生演示操作步骤。	观察操作步骤，并对别人的操作步骤给予正确的评价	及时发现学生出现的问题，使学生能够对别人的操作予以正确的评价
	(5) 教师精讲完成此任务的操作方法，并重点强调： • 数据区域的选定； • 多关键字的使用； • 工具栏“升序”、“降序”按钮的使用。	理解并掌握数据排序的操作方法 填写自我评价表	规范排序操作步骤，强调重点。理解主要关键字，次要关键字的作用
	2. 筛选数据 (1) 提出问题二： 如何列出语文学科馆藏数量小于5本的图书。 师生讨论，运用现有知识如何求解？ 师生共同分析以科目为主要关键字，馆藏数量为次要关键字为进行排序在求解此问题的局限性，引入新知。	讨论，思考	引入筛选操作； 培养学生分析问题、解决问题的能力
	(2) 引入筛选的概念：[幻灯片] 是指按需取出某些符合条件的数据，将不符合条件的数据隐藏起来。 (3) 要求学生阅读教材和使用帮助功能完成此任务，教师以幻灯片呈现操作步骤。幻灯片内容如下所示 筛选步骤： • 选定数据区域：将活动单元格置于数据区域内任意单元格 • 单击“数据”→“筛选”→“自动筛选”，进行相应设置。 • 退出筛选：再次单击“数据”→“筛选”→“自动筛选”。巡视，观察学生操作步骤。	学生通过阅读教材与使用帮助功能，上机实践，解决问题二 观察操作步骤	掌握筛选条件的设置 学生能够明确筛选的作用，并能根据实际问题，适当采取多次筛选操作 强化知识点
	(4) 师生共同完成此任务，教师强调多次筛选的操作，以及多条件筛选中“与”、“或”的正确使用。	填写自我评价表	
	3. 分类汇总 (1) 提出问题三： “以图书所属科目为分类依据，汇总各科图书总量。”如何实现呢？（教师展示汇总的结果）。	学生讨论	留给学生足够的自由发挥的空间
	(2) 教师对学生可能会想到的方法即：先对“学生借书统计表.xls”数据表按所属科目进行排序，然后通过sum函数完成的操作方法，予以肯定，并引导学生掌握分类汇总。教师以幻灯片呈现分类汇总的操作步骤。幻灯片内容如下所示	学生阅读教材，明确“分类汇总”解决此问题的优越性，自主实践	培养学生分析问题解决问题的能力，掌握分类汇总

续表

步骤	教 师 活 动	学 生 活 动	设 计 意 图
新授课（提出问题、分析问题、解决问题）	• 按要汇总的数据类别排序数据 • 单击“数据”→“分类汇总” • 在分类汇总对话框中设置各项参数。 (3) 师生讨论分析，个别同学出现多个汇总结果的原因 (4) 教师精讲分类汇总的操作步骤，以及相关概念(分类字段，汇总方式，汇总项)	讨论，分析。理解分类汇总前要按分类字段进行排序的必要性。 填写自我评价表	强化分类汇总的重点环节突破难点
拓展提高综合应用	4. 综合应用 (1) 教师提出问题四： “为了保证图书馆的图书能有效地流通起来，图书馆的工作人员每周末要向各班发下一周内需要还书的提醒通知单(图书借阅时限为 15 天)，如果让你完成这项任务，你怎么做？”请依据教师机\图书馆数据\“学生借书统计表. xls”实现。 举例：今天是 2006-10-13，给还书日期在 2006-10-16 至 2006-10-20 的同学发还书提醒通知单。 (2) 师生讨论实现此任务的操作步骤 • 将“学生借书统计表. xls”以班级为第一关键字，姓名为第二关键字进行排序。 • 筛选还书日期等于指定日期的记录	学生思考问题，依据“学生借书统计表. xls”，确定： (1) 此数据表需增加“还书日期”字段 (2) 应用公式，计算出还书日期 (3) 应用排序、筛选操作完成 讨论，实践，制作出还书提醒通知单 填写自我评价表	综合应用所学内容(数据表的建立、公式的使用，数据的排序，筛选)解决生活中的实际问题。 体现高中新课标“培养解决问题的能力，倡导运用信息技术进行创新实践”的理念
走出课堂扩展视野	5. 课外实践 通过本节的学习，同学们更深入的掌握了 Excel 基础知识，那么它是否适合完成图书馆的图书管理工作呢？请大家走进图书馆，体验图书馆图书管理系统的使用，了解它的主要功能，并尝试借助 Excel 完成一些图书管理的工作	课外实践	学生通过尝试图书管理系统的使用，能了解一些数据库管理系统的相关知识，而且学生能更全面的认识到 Excel 具有部分数据库管理系统的功能，可以实现数据的处理，但它不是数据库，Excel 软件与其他软件一样，有其优点及局限性

【点评】

本课是依据北京市全日制普通高级中学教材《信息技术》第五章第四节“数据处理(二)”进行设计的。本课内容为2课时，第一课时内容是数据表结构及浏览数据，通过第一课时的学习，让学生能够根据实际问题，建立相应的数据表，理解字段，记录等相关概念。本节是第二课时——分析数据部分，主要是让学生学会数据的排序、筛选、分类汇总操作，并能灵活应用排序、筛选、分类汇总操作解决实际问题。就知识点来讲，分析数据部分的基础操作学生容易掌握，但是能灵活应用排序、筛选、分类汇总操作解决实际问题则是本节的难点。所以本节从图书馆的图书管理工作入手，让学生在帮助图书管理员解决工作中的问题的同时，既掌握数据的排序、筛选、分类汇总的操作又能够综合应用本节知识解决实际问题。本节课设置的课外作业(让学生走进图书馆)，旨在让学生更深入地了解Excel，认识到Excel虽然具有一定的数据分析功能，但Excel毕竟同专业的数据库管理软件不同，有其局限性。

本课的教学对象是初中二年级的学生，初中二年级的学生接受新知的能力比较强，并具有较强的数学抽象思维，经过前面几堂课的学习，对Excel操作已经有了更深一步的了解，能熟练完成Excel中公式及基本函数(sum，average，max，min，countif，if等)的输入，了解数据表的相关概念(字段、记录等)，并能根据实际问题独立创建相应的数据表。本课教所采用的教学模式主要有以下三种：以学生为主体，教师为主导的教学模式；面向全体学生，强调学生的自主探究学习；任务驱动教学模式。

教案2：Excel中图表的绘制

(一) 教学目标

1. 知识与技能培养

(1) 了解Excel中图表的功能和基本类型。

(2) 学会根据图表对表格数据进行初步分析。

(3) 学会正确分析和处理表格数据。

2. 过程与方法培养

(1) 通过教师的引导，使学生掌握绘制图表的一般方法。

(2) 通过对所给任务的具体实践过程，培养和提高学生动手实践能力。

(3) 通过将操作任务与生活实际紧密联系的方法，培养学生学会运用信息技术分析和解决具体实际问题的能力。

3. 情感态度与价值观培养

(1) 在操作实践中体会图表绘制的便捷和直观性。

(2) 通过对图表的美化修饰形成审美意识。

(3) 树立自信心，敢于面对和解决难题的积极态度。

(二) 教学重点

(1) 图表的功能和基本类型。

(2) 绘制图表的一般操作方法。

（三）教学难点

(1) 数据范围的正确选定。

(2) 正确选择图表类型及正确分析和处理表格数据。

（四）技术准备

多媒体教学网、电子教学讲义、练习文档、课本、黑板。

（五）教学过程

本教案教学过程见表 12-5 所示。

表 12-5　教案"Excel 中图表的绘制"教学过程

教学过程	教师活动	学生活动	设计意图
1. 新课导入： 提出多哈亚运会奖牌获得情况的问题，继而展示一张多哈亚运会奖牌榜的网页。让学生观察表格数据间的关系，得出表中数据显示不够直观的共识，从而引出本节课题—图表的绘制。	提出问题： 哪位同学知道多哈亚运会上各国的奖牌获取情况？ 演示导入环节内容并讲解	学生回答问题 观看演示内容	可能有学生会答出中国、日本、韩国等国家的部分奖牌数，但不可能非常完整的答出所有参赛国的奖牌情况。于是利用一张网页展示最近的多哈亚运会奖牌榜，既可让学生了解亚运会获奖情况；又能为引出本节课题埋好伏笔
2. 新知学习： (1) 关于图表绘制 • 图表有什么功能？ 利用图表，可以将一个表格数据组的内在关系以图形的方式展示出来，比表格更具直观性。	利用网络广播展示本节学习目标 讲解本节新知识	观看教师演示内容，认真听讲。并将教师提示的知识点标记在书上	使学生在认真听讲的过程中明确本节重点知识内容
• 图表有哪些基本类型？ 直方(柱形)图 折线图 扇形(饼图) XY 散点图	结合书本进行知识点的提示	听教师讲解 并记忆基本知识	通过对展示各种类型图表的效果，让学生感受到 Excel 软件强大的图表功能，激发学生学习图表绘制的热情
• 如何绘制图表？ 一般操作步骤： ① 确定生成图表的数据范围； ② 选择能反映数据间相互关系的图表类型； ③ 利用"图表向导"生成图表； ④ 对生成的图表进行局部调整与修饰，使其更加直观和美观；	广播展示 知识讲解 提示学生在书中标记重点	认真听讲 标记知识点	通过演示和讲解，使学生对 Excel 图表制作的方法有初步了解，为下面的操作实践奠定基础
⑤ 利用图表的直观性，对数据进行分析。	演示操作 强调操作要点	观察教师演示 认真听教师讲解 记忆操作方法和要点	利用演示使学生明确绘制图表的操作步骤；了解图表制作的方法

续表

教学过程	教师活动	学生活动	设计意图
(2) 实例讲解： 利用所给多哈亚运会表格数据制作直方(柱形)图表	布置操作任务和要求	根据给定操作要求，进行操作实践活动。	使学生在操作实践中体会柱形图表绘制的具体内容
3. 教师演示 4. 学生操作练习 (1) 基本任务： 利用老师提供的表格，根据自己的需要选取表中数据制作相应的直方(柱形)图表并简单调整修饰。 (2) 尝试练习： 根据老师的要求，利用老师提供的表格数据绘制折线图。	提示学习方法和途径 巡视指导 对学生有疑问的操作进行答疑		使完成基本任务的同学通过尝试练习和提高内容练习巩固本节所学知识，发挥学生潜能
(3) 提高内容： 仍然利用 Sheet2 中表格数据，分别绘制柱形图、饼图图表效果，观察并分析每个图表所反映出的表格数据关系，比较其不同之处。 5. 作业展示及评价	呈现学生作业 进行检查和评价	展示自己的作业效果	了解学生对本节知识的掌握情况
6. 教学小结 关于图表的绘制 • 图表功能：就是使表格数据间的关系更直观 • 图表基本类型归纳： • 绘制图表的方法 选取表格数据范围； 选择能反映数据间相互关系的图形类型； 利用“图表向导”生成图表； 对生成的图表进行局部调整与修饰，使其更加直观； 利用图表的直观性，对数据进行分析。 提示：为保证图表的有效性，数据范围的正确选定是关键步骤	提示注意事项 利用网络广播或黑板进行教学要点归纳	认真听讲 记录要点	通过归纳总结本节知识点，加深学生对知识的理解和记忆

【点评】

由于学生在学习本节知识前已掌握了 Excel 表处理软件的基本表格编辑、数据计算等操作，为完善学习内容，同时激发学生对表处理软件的操作热情。本节课采取了“由任务效果回推解决问题方法——扩展思路，自行发挥应用”的教学方式，借助教师呈现的图表效果，吸引学生对图表绘制方法产生学习欲望；通过教师的启发引领使学生在操作实践中感受从确立目标任务到解决问题，完成任务的成就感，体会自己独立操作或同学互助实现任务后的快乐和满足。

12.3　利用 Flash 制作多媒体作品

教案 1：制作文字形状渐变动画

（一）教学目标

1. 知识目标

（1）巩固图形形状渐变制作方法。

（2）学习文字形状渐变的制作方法。

（3）理解分离图形的含义，掌握将文字转化为分离图形的方法。

2. 能力目标

（1）在实际操作中发现问题，通过讲解揭示问题产生根源，了解和掌握解决问题的方法，培养学生观察能力、分析问题解决问题能力。

（2）培养学生信息处理能力。

3. 情感目标

（1）教育学生取人之长，补己之短。

（2）培养学生审美感和自信心。

（二）教学重点

文字形状渐变动画。

（三）教学难点

分离文字的方法。

（四）教学过程

本教案教学过程如表 12-6 所示。

表 12-6　教案"制作文字形状渐变动画"教学过程

教学过程	教师活动	学生活动	设计意图
复习和引入	上节课中我们学习了利用形状渐变制作图形渐变动画，今天我们将更加深入地研究利用形状渐变可以制作出哪些效果？ 这样漂亮的文字变形动画是怎样制作的呢？让我们一起进入今天的学习	观看教师范例 结合上节课所学内容学生回忆 观看教师范例	回忆巩固所学内容；采用任务驱动式教学方法，激发学生学习兴趣
新课教学	制作文字的形状渐变动画 1. 学生思考 同学们，结合上节课所学内容。请你猜想一下，怎样制作文字的形状渐变动画呢？ 2. 学生回答 （1）在第一帧上创建文字"北京十四中分校"	学生思考并回答	巩固形状渐变知识点。培养学生逻辑思维能力

续表

教学过程	教师活动	学生活动	设计意图
新课教学	(2) 调整文字属性 (3) 在第二十帧上创建空白关键帧 (4) 输入文字“信息技术” (5) 执行形状渐变		
	3. 尝试操作 4. 发现问题 两个关键帧之间出现“虚线”(虚线箭头),执行测试影片时,动画无法正常实现。	学生尝试操作 观察问题呈现现象	在实际操作中发现问题,加深学生直观理解和记忆
	5. 问题根源 为什么会出现这样的状况呢?让我们一起将文字形状渐变与图形形状渐变比较一下吧! 与图形渐变动画中图形相比较,请你仔细观察文字与图形构成有哪些区别呢? {形状→分离图形 文字→组合图形	揭示问题出现根源	通过讲解研究问题产生根源和解决方法,培养学生观察能力、分析问题解决问题能力
	6. 解决方法 将文字转化为分离图形——分离(Ctrl+B)	提出解决问题方法	理解分离图形的含义,掌握将文字转化为分离图形的方法
	步骤: (1) 在第一帧上创建文字“北京十四中分校”,执行修改—分离 (2) 在第二十帧上创建文字信息技术,执行修改—分离 (3) 选中第一帧,执行补间动画—形状	观察教师操作,理解,记忆;	
	7. 学生练习 (1) 制作文字形状渐变动画 (2) 分层次拓展 (3) 结合文字、图形形状渐变和运动渐变设计动画	学生独立完成作业,教师进行个别辅导。	培养学生实际操作能力,结合学生实际分层次作业,强化巩固知识要点
小结	[作业展示与反思] 请思考:制作形状渐变动画的运动对象要有哪些特点? 形状渐变动画只对分离图形起作用,制作文字形状渐变动画时,必须将文字转化为分离图形	欣赏同学作业;取人之长,补己之短 反思与自评	以自评为主的评价体系,有助于加强学生自信心,有利于今后教学

【点评】

“制作文字形状渐变动画”是北京市课改实验教材《信息技术》第四册第四章第三节的内容。本章节授课对象为初一年级学生。通过之前“制作逐帧动画”、“制作运动渐变”、“制作图形形状渐变动画”的学习,学生对Flash软件界面有了一定的了解,对该软件的使用已经有一定的认识。本课旨在通过形状渐变制作方法的深入学习,理解分离图形的含义,掌握形状渐变动画设计文字的变化的方法。教学中培养学生观察能力、分析问题解决问题能力，同时加强学生信息能力的培养。

任务驱动式教学方法是信息技术课程教学过程中常用的教学方法。整个教学过程中，教师把教学内容分解到精心设计的一系列任务中，通过范例展示激发学生学习兴趣；学生尝试在巩固所学过的 Flash 软件基础知识和实际应用的同时，培养学生动手能力；操作中发现问题从而引发学生思考；揭示本质强化知识理论，引出知识要点；解决问题突破课程重难点；学生练习强化学生对知识点的理解，巩固所学内容；学生在自评与反思中重新审视自己的作品，得以对整个知识体系进行整理。通过让学生自己完成任务来学习知识、掌握技能，这种方法对于培养学生分析问题、解决问题的能力，激发和维持学生的学习积极性等有着独特的优势。

教案 2：制作引导线动画

（一）教学目标

（1）理解创建引导线动画的基本原理。

（2）掌握创建引导线动画的方法和一些应用技巧。

（3）培养学生的观察力和想象力，能够举一反三运用所学知识制作相应的动画作品。

（二）教学重点

（1）引导线动画原理。

（2）引导线动画的制作步骤。

（三）教学难点

引导线动画的应用技巧。

（四）教学过程

本教案教学过程如表 12-7 所示。

表 12-7　教案“制作引导线动画”教学活动

知识结构和时间	教师活动	学生活动
复习旧课（2 分钟）	同学们，我们已经学习了一些动画效果的制作，比如“蜗牛爬行”、“歌曲名称”等。不知大家注意到没有，这些动画的运动轨迹有什么规律。（都是直线） 使用投影仪在大屏幕上展示动画，引导学生回顾所学	观看动画，思考
导入新课（3 分钟）	展示另外三个动画：云朵直线飞行、云朵斜线飞行、云朵曲线飞行，提问：三个云朵的运动轨迹有什么不同？学生观察，得出结论：云朵分别做直线、斜线、曲线运动。 继续在大屏幕上展示动画，提问。 在 Flash 中如何做出像这样的曲线运动效果呢？这就是我们这一节课要介绍的引导线动画。使用引导线做的动画，它的运动轨迹可以是一条曲线。这样，我们就可以创建更丰富更生动的动画效果了	观看动画，回答问题

续表

知识结构 和时间	教 师 活 动	学 生 活 动
讲授新课 （5 分钟）	我们首先来了解引导线动画的制作原理。 通过在时间轴上创建一个特殊的图层—引导层，在这个图层中绘制一条曲线，经过设置，可以让某个对象沿着这条曲线运动，从而制作出沿曲线运动的动画。 一个最基本的引导线动画由两个图层组成：上面一层称为“引导层”，它的图层图标为。下面一层称为“被引导层”，图层图标与普通图标一样为。在普通图层上面创建引导层后，普通图层就会缩进成为被引导层。 引导层用来放置引导线。引导线也就是元件的运动路径，可以使用铅笔、线条、椭圆和画笔等绘图工具进行绘制。 被引导层用来放置被引导的元件，当创建运动动画后，元件就会沿着引导线运动起来。 下面，我们通过一个简单的实例具体学习如何制作引导线动画	认真听讲
演示 （7 分钟）	1. 制作沿着曲线运动的小球动画 （1）新建影片，设置影片的高度和宽度值，将图层 1 重命名为 ball 层（如图 1 所示）。 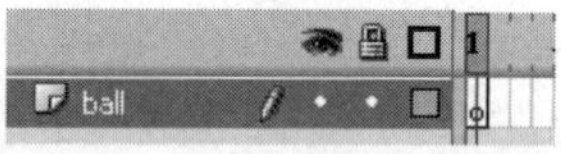 图 1　图层 1 （2）在 ball 层的第 1 帧画一个小球。 提问：怎么把它转换为元件？ （3）在图层面板中单击“添加引导层”按钮，添加一个引导层（如图 2 所示）。 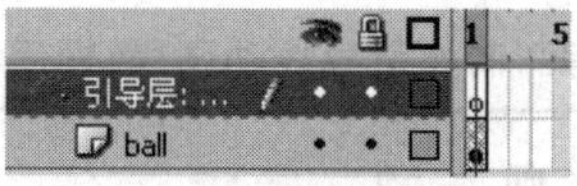 图 2　引导层 （4）在引导层的第 1 帧用铅笔工具画一条曲线（如图 3 所示）。 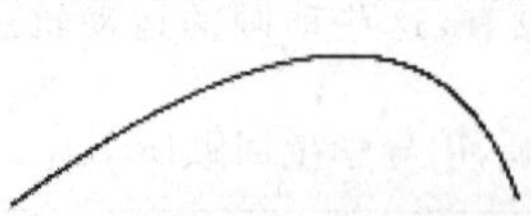 图 3　引导层第 1 帧画曲线 提问：怎么使画出的线段比较平滑呢？ （5）在引导层的第 25 帧插入关键帧。 （6）在 ball 层的第 25 帧上按 F6 键插入关键帧。 （7）在 ball 层第 1 帧上将小球移动到引导线的起始位置（如图 4 所示），在第 25 帧上将小球移动到引导线的结尾位置（如图 5 所示），即分别将元件的中心吸附在引导线上	边观察老师操作，边思考回答问题 答案：按 F8 键将小球转换为一个图形元件。将它命名为“小球” 答案：在铅笔工具的选项面板里选中“平滑”选项

续表

知识结构和时间	教 师 活 动	学 生 活 动
演示 （7 分钟）	 图 4　引导线起始位置  图 5　引导线结尾位置 （8）在小球的第 1 至第 25 帧之间创建补间动画。 （9）测试、保存影片。时间轴如图 6 所示。 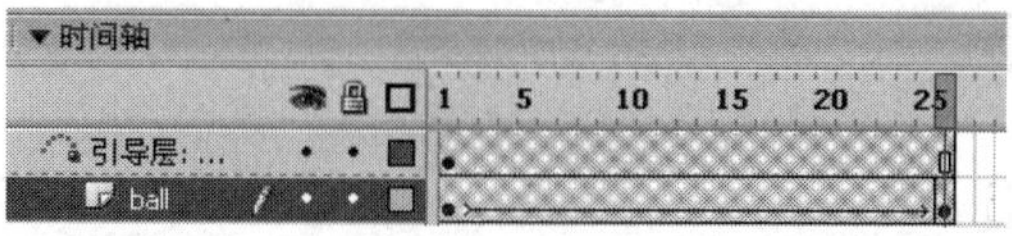 图 6　时间轴 现在，我们一起来回忆刚才的操作，把创建引导线动画的操作归纳起来，一共有四大步骤，分别是： 创建元件； 编辑引导层； 使元件的注册中心吸附到引导线上； 创建元件的动画	
课堂练习 （20 分钟）	现在，我们进行上机练习，（提问）请大家想一想，生活中，有什么对象的运动轨迹是一条曲线或者是不规则的线条呢？举个例子，比如雪花飞舞、小船在海里乘风破浪。还有什么？（学生答）随风飘落的树叶、小鸟在天空中飞翔、运动员在跑道上跑步…… 根据刚才归纳的几个步骤，参照我演示的沿着曲线运动的小球动画，把你想到的动画做出来，制作的时候，只要把小球元件改成你想到的对象就可以了。 注意动画能否成功的关键是元件中心有没有与引导线衔接好。 当大部分学生完成一个元件的引导线动画后，继续引导学生：假如要制作几只蝴蝶沿着不同的路径飞舞，能不能做出来？ 只要在动画中添加多个引导层，绘制多条引导线，使它们分别引导每一个的元件的运动就可以了	积极思考，产生较大的兴趣，愉快地进行练习
作品展示并小结 （8 分钟）	这次课学习了在 Flash 中创建引导线动画的方法。希望同学们今后能根据今天所学的知识，运用这种动画技术，制作出更加丰富多彩的动画效果	

【点评】

本节课的内容是《制作引导线动画》，在整节课的构思上，教师采用在复习旧知识的基础上引入新课，教师先通过一个简单的实例进行讲授并总结制作过程，然后布置分层任务让学生进行课堂练习，最后进行作品展示和小结。在导入新课的环节上，教师通过把本节课要学习的动画与前面学过的动画做比较，吸引学生的注意力，激发学生学习新知识的兴趣。在演示阶段，通过演示一个简单的引导线动画的制作过程，使学生对这个制作过程有一个感性认识。在演示完成之后，把动画制作过程归纳为几大步，方便学生记忆，使学生对这个制作过程上升到理性认识。在课堂练习时，布置基本任务和拓展任务使学生初步掌握引导线动画的创建过程，并能运用到实际中。

本节课的课堂特点有以下三点。

(1) 通过导入演示，营造了活跃的课堂气氛，学生能够积极思考问题。如：在演示过程中学生能够积极思考并回答问题。

(2) 从学生的作品可以看出，学生分组实践能充分调动兴趣，有效地锻炼了学生动手、动脑操作能力。

(3) 通过课堂练习，学生能够掌握本节所学知识。

12.4 网页制作初步

教案：使用主题美化网页

（一）教学目标

1. 知识和技能

(1) 掌握应用主题的方法。

(2) 学会建立网站导航。

(3) 了解网页中色彩搭配的基本常识。

2. 过程与方法

经过几次课的学习，学生对网站和网页的制作已有所了解，大多数同学能够以小组为单位制作简单的网站，因此教学过程根据知识的难易采用不同的教学方法，使用多媒体教学，讲解、示范、练习相结合。

3. 情感态度与价值观

(1) 通过小组合作，培养学生的合作学习能力，增强同学间的团结协作精神。

(2) 探究问题的兴趣与能力，激发学生进一步学好信息技术的热情。

(3) 通过练习色彩搭配，培养良好的审美情操。

（二）教学重点

(1) 掌握应用主题的方法。

(2) 学会建立网站导航。

(3) 了解网页中色彩搭配的基本常识。

（三）教学难点

掌握应用主题的方法。

（四）技术准备

网络、多媒体。

（五）教学过程

本教案教学过程如表 12-8 所示。

表 12-8　教案“使用主题美化网页”教学过程

教学过程	教 师 活 动	学 生 活 动	教 学 意 图
导入新课	利用两个网站(未使用主题修饰与使用主题修饰)做对比，突出主题修饰的效果，引入课题，提示要使用主题修饰网站，需要三个步骤，板书(详见板书) 1. 建立导航结构 (1) 教师演示(根据自己网站结构层次建立导航结构) 步骤： • 切换至导航视图：打开站点→“视图”菜单→导航 • 拖拽建立导航结构 (2) 练习 • 模仿老师的操作步骤，给自己的网站建立导航结构。 2. 在站点中应用主题 (1) 任务根据提示完成 使用你喜欢的“主题”修饰网站主页 (2) 步骤提示 • 打开主页→切换至“网页”视图 • “格式”菜单→“主题”选项 • “主题应用到”选择“所选的网页”→选择满意的主题→单击确定 3. 插入网页元素 (1) 教师介绍网页横幅的概念及功能 [任务 1]　自己寻找操作步骤 试着向主页中插入网页横幅，要求使用“图片”属性，并且将主页的名称输入到“网页横幅文本”中 (2) 教师介绍导航栏的概念及功能 [任务 2]　根据提示完成 向主页中插入导航栏，要求使用“基于导航结构的链接栏”，并且导航栏为“纵向连接的链接栏”，其他设置为默认。 [步骤] • “插入”菜单→“导航” • “插入 Web 组件”选择“链接栏”→“选择栏类型”选择“基于导航结构的链接栏”→下一步 • 使用页面主题→下一步	观看 模仿练习 自学 练习 练习 练习	情境导入，创设情境，激发兴趣 自己动手建立导航结构 自学步骤提示，完成使用主题修饰网页 寻找方法，试着按要求向主页中添加横幅

续表

教学过程	教 师 活 动	学 生 活 动	教 学 意 图
	•"插入纵向连接的链接栏"→完成 •"常规"选项卡中选择"子层"→确定 [任务扩展] 书 P108 试一试 4. 配色 教师介绍配色的基本常识，展示几种使用配色方法修饰的网站，提高学生的审美能力。 提供"自定义主题"的操作方法，有能力的学生可以试着创作自定义主题。	听讲解	按照提示完成插入导航栏 通过步骤模仿，增强他们对操作的理解
作业练习	[作业] 根据自己的能力选择其一(组长分配角色) 使用 FrontPage 提供的主题修饰自己的网站 要求：主题要适合网站的内容和风格 使用自定义的主题修饰自己的网站 要求：颜色搭配协调，整体风格统一，界面整洁美观	根据本组实力，选择完成	
作品展示并小结	小组上交作品，在班内展示，全班同学欣赏并给予评价 介绍几个成功的网站，供大家学习	自评和互评	了解配色的基本常识，提高审美能力 巩固和加深知识点 通过自评和互评，验收本次课成果

板书

第五节　使用主题修饰网页

一、建立网站导航结构

二、应用主题

三、插入网页元素 { 网页横幅 / 导航栏 }

【点评】

学生经过先行课的学习，已经能够掌握制作网站、网页的方法，通过插入图片，表格来简单的修饰网页，对网站和网页的制作已有所了解，大多数同学能够以小组为单位制作简单的网站。本课中希望学生能达到以下学习目标。

(1) 在教师的指导下通过小组合作，培养学生的合作学习能力，增强同学间的团结协作精神。

(2) 通过对教师所提出问题地探究激发学生学习兴趣与提高学生的自主学习能力，进一步唤起学生学好信息技术的热情。

(3) 通过练习色彩搭配，培养良好的审美情操。

12.5 程序设计初步

教案 1：圆面积计算器

（一）教学目标

1. 知识与技能

（1）学会应用开发 VB 应用程序的一般步骤。

（2）掌握一个 VB 程序的建立、调试、运行、保存的过程。

（3）学会使用 TextBox 控件。

2. 过程与方法

（1）通过课前检测，检查学生知识掌握情况。

（2）通过设计圆面积计算器，提高学生对 VB 中表达式的书写、运算方法。

（3）针对初中学生的学习特点和学习能力，学生可以通过在线帮助网站学习本课任务。

3. 情感、态度与价值观

（1）利用计算机解决简单数学问题。

（2）提高学生分析问题、解决问题的能力。

（二）教学重点

（1）学会应用开发 VB 应用程序的一般步骤。

（2）TextBox 控件使用。

（三）教学难点

（1）程序设计的思想。

（2）开发 VB 应用程序的一般步骤。

（四）教学准备

（1）硬件准备：学生机，教师机。

（2）软件准备：Visual Basic 6.0、在线帮助网站、在线检测网站、PPT 课件。

（五）教学过程

本教案教学过程如表 12-9 所示。

表 12-9　教案“画圆面积计算器”教学过程

教学意图	教 师 活 动	学 生 活 动	教学资源使用
复习检测	检查学生的 VB 理论知识的掌握情况	学生通过自己的用户名密码答题	通过在线答题网站
分析试卷	通过简单分析检测题试卷巩固学生的 VB 理论知识	和老师一起分析试题	

续表

<table>
<tr><th>教学意图</th><th>教 师 活 动</th><th>学 生 活 动</th><th>教学资源使用</th></tr>
<tr><td>课题引入</td><td>大家知道我们的日常工作是离不开计算机的，计算机对人类的作用就是帮助我们工作。今天我们的任务就是设计一款软件，目的就是让计算机帮我们计算圆的面积</td><td>学生了解课题</td><td>PPT 课件：首页</td></tr>
<tr><td>导出任务</td><td>设计要求：
用户在界面上输入一个数作为圆的半径，当单击“计算”按钮时，屏幕上显示以这个数为半径的圆的面积</td><td>学生认识到并接受任务</td><td>PPT 课件：本节课任务</td></tr>
<tr><td>分析产生问题</td><td>我怎么才能通过计算机输入一个数作为半径？
答案：通过 TextBox 控件，可以给计算机输入数字作为圆半径。
我怎么告诉计算机圆面积的计算公式是 πr^2？
答案：我们想单击“计算”按钮得到结果，所以必须为按钮单击事件添加程序代码在编写代码的过程中告诉计算机圆面积的计算公式是 πr^2</td><td>老师带着学生一起分析这个工程都需要哪些控件和它的制作原理</td><td>PPT 课件：圆形图片</td></tr>
<tr><td>观察效果</td><td>看最终实现的效果</td><td>看教师提前做好的程序</td><td>屏幕广播</td></tr>
<tr><td>教师示范操作（设计圆面积的计算器）</td><td>思路分析完后，开始制作。
我们根据开发应用程序的一般步骤：
1. 设计程序的界面
包括：三个 Label，一个 TextBox，两个 CmmandButton。
2. 设置对象属性
<table>
<tr><th>对象</th><th>属性</th><th>属性值</th></tr>
<tr><td>Label1</td><td>Caption</td><td>输入圆的半径：</td></tr>
<tr><td>Label2</td><td>Caption</td><td>圆的面积为：</td></tr>
<tr><td>Label3</td><td>Caption</td><td>?</td></tr>
<tr><td>Text1</td><td>Text</td><td>（删除为空）</td></tr>
<tr><td>Command1</td><td>Caption</td><td>计算</td></tr>
<tr><td>Command2</td><td>Caption</td><td>退出</td></tr>
</table>
为节省课堂时间，教师只添加部分控件</td><td>教师操作演示，学生通过屏幕广播学习</td><td>PPT 课件：开发应用程序的一般步骤</td></tr>
<tr><td>学生实践操作(一)</td><td>两个步骤介绍完后，学生马上着手设计界面和设置对象属性。
教师巡视指导</td><td>学生开始设计界面和设置对象属性</td><td>PPT 课件：各控件的属性设置表</td></tr>
<tr><td>设置完成</td><td>提问：按照我们开发应用程序的一般步骤，第三步我们应该做什么了？</td><td>找一个学生回答：编写事件代码</td><td>PPT 课件：开发应用程序的一般步骤</td></tr>
</table>

续表

教学意图	教 师 活 动	学 生 活 动	教学资源使用
前两步后	3. 编写事件代码。 提问： 单击“计算”按钮计算机就显示答案，所以我们必须处理这个按钮的什么事件？ 计算机如何获取用户从文本框中输入圆的半径？	学生回答单击事件 学生回答	屏幕广播教师的操作过程
教师讲解	板书：　　r=Text1.Text 下面要做的工作就是要告诉计算机圆面积公式： $s=\pi r^2$ 提问：在 VB 程序中用什么来表示乘号？ [强调] VB 程序中乘号 * 不可以省略 板书：　　s=3.14 * r * r 最后就是要输出结果，也就是让计算机告诉我们最后的值。 提问：如果用 Label3 来装结果，要获取结果，代码应该怎么写？ 板书：　　Label3.Caption=s 教师演示最后效果	Text1.Text 学生回忆是否省略乘号不写？用 * 表示，不省略。	
	4. 运行、调试程序		
	5. 保存程序。 学生保存在自己电脑的 D 盘，自己的文件夹		
	同时老师提供了在线帮助，圆面积计算器的制作步骤非常清楚，制作过程中有问题的同学可以参考		
学生实践操作(二)	接着前面的操作结果，添加“计算”按钮的单击事件代码，代码板书在黑板上。并完成运行程序、结束运行、保存程序的操作。	学生开始自己制作，教师巡视指导	
学生示范	其中教师让一名学生到教师机上编写程序		
知识拓展	用 VB 编程求矩形的面积		PPT 课件：知识拓展
总结问题	教师在巡视过程中会发现一些学生容易犯的错误，在学生大都作完后，统一说说易犯的问题		
学生作品展示	展示两至三名学生的作品 并加入教师和学生的点评和自评		通过屏幕监控展示学生作品
全课总结(先学生总结再教师总结)	这节课我们利用已经学过的知识，真正制作了一个小型的软件，通过计算机程序设计让计算机帮助我们求圆的面积。以后我们学数学计算圆的面积时，如果半径特别大不好算，就可以用自己设计的软件来帮助计算了。 今天我们学习的知识点有： (1) VB 程序设计的原理 (2) 输入：r=Text1.Text (3) 计算：s=3.14 * r * r (4) 输出：Label3.Caption=s		PPT 课件：课堂小结

续表

教学意图	教 师 活 动	学 生 活 动	教学资源使用
作业	没完成的同学：继续完成课堂任务。 完成的同学：求矩形的面积 预习：加法运算器。		PPT 课件：作业
板书设计	§8-3 圆面积计算器 输入：r=Text1.Text 计算：s=3.14*r*r 输出：Label3.Caption=s		

【点评】

初中一年级的学生还没有较强的逻辑思维能力，大部分学生对于学习还处于模仿的阶段。对于教材第八章 VB 程序设计，学生还不具备完整的面向对象程序设计的基本思路。通过前面几节课的学习，大部分学生通过练习已经能够使用 Form、Label、TextBox、CommandButton 等控件，并且初步学习了 VB 程序设计中的一些相关概念：事件、对象、属性等。

本节课的主要目的就是学生通过自己动手制作一个 VB 工程，来具体体会 VB 程序设计的方法和步骤，通过自己的设计学生可以巩固制作 VB 程序设计的思想，为以后的复杂程序的编写打下良好的基础。本节课的任务是设计一个圆面积的计算器，能根据用户输入的圆半径，用公式计算出圆的面积值。

教案 2：初识循环结构

（一）教学目标

1. 知识与技能

（1）了解循环语句的功能，掌握 FOR/NEXT 循环语句的使用方法。

（2）能够读懂简单循环结构程序实例。

（3）理解循环语句的执行过程。

（4）学会使用循环思想解决实际问题。

2. 过程与方法

（1）教师通过逐步引导，使学生在“提出问题”—“手工画圆”—“编程体验”等一系列活动环节中自主探究，初步掌握用循环语句解决画图问题的基本方法。

（2）通过分析实例代码，并填写程序执行过程记录表，初步学会分析循环语句的执行过程的方法。

3. 情感、态度与价值观

通过完成几个难度不同的任务，激发学生探究知识的欲望，促进学生进一步学习信息技术热情，增进学生在面对困难时的勇气和信心。

（二）教学重点

（1）了解 FOR/NEXT 语句功能及使用方法。

（2）理解循环语句执行过程。

(3) 学会分析问题，用循环思想设计算法、解决简单问题。

(三) 教学难点

(1) 理解循环语句的执行过程。

(2) 用循环思想设计算法、解决问题。

(四) 教学方式

自主探究、协作学习、任务驱动。

(五) 教学资源

多媒体网络教室广播系统、投影、多媒体课件、教科书、任务书。

(六) 教学过程

本教案教学过程如表 12-10 所示。

表 12-10　教案"初识循环结构"教学过程

教学过程	教 师 活 动	学 生 活 动	设计意图	时间
观察思考总结格式	1. 引导学生观察代码，找出此代码与以前学过的顺序结构代码有何不同？并试着猜想上述代码中各个常量所代表的意义。体会半径由常量变为变量的过程 2. 分析代码，了解循环思想，认识到：圆心的固定不变，和半径的有规律变化(即问题中包含有重复执行的处理)，决定了同心圆问题一定要采用循环结构来解决 3. 师生一同归纳出循环语句的一般格式： For 循环变量=初值 To 终值 [Step 步长值] 　　循环体 Next 循环变量 4. 观察、比较代码和一般格式的联系与区别，体会"循环变量"、"初值"、"终值"、"步长值"、"循环体"的用法(强调格式中的"空格"符)	观察、对比、思考，体会半径的变化过程 认真分析代码，了解循环思想 和教师一同归纳出循环语句的一般格式 找出具体代码和一般格式的联系、区别，从而理解"循环变量"、"初值"等概念的用法	观察、分析代码这一过程，实际上是学生自主探究的过程。通过对问题的分析、研究，他们会发现问题的内在规律、特点，进而理解循环思想	3 分钟
分析实例探究循环过程	1. 教师给出下列代码： For S=0 To 800 Step 200 　Print S Next S Print "循环结束时 S 的值为：";S 让学生思考代码实现什么功能？然后教师以"800 米赛跑，路程的变化"这一贴近学生生活的实例(配有流程图)来解释上述代码，帮助学生了解循环语句的执行过程	联系实际、分析代码，了解循环语句的执行过程。	教师选取"800 米赛，路程变化"这一实例，使学生能够从这个贴近自己生活的实例中更深刻地了解循环语句的执行过程	3 分钟

续表

<table>
<tr><th>教学过程</th><th>教 师 活 动</th><th>学 生 活 动</th><th>设计意图</th><th>时间</th></tr>
<tr><td>分析实例探究循环过程</td><td>2. 教师引领学生仔细分析程序代码，并填写下表。
<table><tr><th>第几次循环</th><th>循环开始时S的值</th><th>S与终值800比较</th><th>是否执行循环体</th><th>执行Next语句后S的值</th></tr><tr><td></td><td></td><td></td><td></td><td></td></tr></table>对于循环变量的值超过终值的理解：
• 初值＜终值，步长为正，循环变量的值＞终值时停止循环。
• 初值＞终值，步长为负，循环变量的值＜终值时停止循环。</td><td>认真分析代码，填写表格，深入了解循环执行过程

思考、理解</td><td>通过填写表格的方式，让学生了解循环结构中变量与终值的关系：只有当循环变量的值大于（步长为正）或小于（步长为负）终值时才终止循环；而循环变量的值等于终值时，还是要执行一次循环体

在教师的引导下，理解变量与终值的关系</td><td>4分钟</td></tr>
<tr><td>设置“陷阱”深入了解</td><td>1. 教师给出一组FOR循环结构的小题，每道题都设置了“陷阱”（有书写格式不正确的，有不符合题目要求的），让学生通过讨论找出每道题的错误之处并改正，从而使学生深入了解FOR/NEXT循环语句的格式、功能（找“陷阱”练习的具体习题，请见：教学资源/学生资源/找陷阱.doc）。
2. 师生共同总结书写FOR循环结构的一些注意事项：
(1) For-Next语句成对出现，循环变量名称保持一致
(2) 步长值可正可负，当步长值为1时，Step及步长值可以省略
(3) 循环体可以是一条语句，也可以是多条语句</td><td>相互讨论，找出“错误陷阱”，深入了解循环语句格式、功能

认真思考，和教师一起总结出书写FOR循环语句的注意事项</td><td>学生通过讨论找出教师预先设置的“错误陷阱”这一过程，他们必然对循环语句的格式及功能有了更深入的了解。同时也培养了学生间协作学习的能力

在上一环节的找“错误陷阱”之后，教师及时给出书写循环结构的注意事项，从而减少学生的书写错误</td><td>5分钟</td></tr>
<tr><td>拓展练习</td><td>[必选任务]
任务一
• 要求：在“同心圆”程序的基础上改写代码，绘制出“一组圆心发生移动的圆”，运行结果如图1所示。
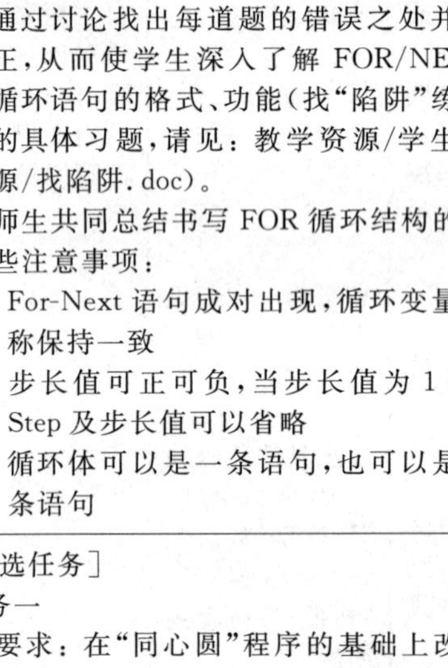
图1　一组圆心发生移动的圆</td><td>观察、思考，相互协商、分析问题，提出解决方案，独立编写代码，完成任务

倾听同学讲解问题</td><td>任务的设置主要是培养学生观察、分析问题的能力，以及对循环思想的理解

通过该任务使学生认识到哪类问题需要用循环结构来解决，以及该类问题有哪些共同特征</td><td>18分钟</td></tr>
</table>

续表

教学过程	教 师 活 动	学 生 活 动	设计意图	时间
拓展练习	• 教师请一名学生上台分析问题，讲解其解题思路并运行程序。(教师小结) [可选任务] 说明：以下两个任务为可选任务，提前完成任务一的学生可以从以下两个任务(任务二、任务三)中任选一道题来完成。 任务二 要求：在任务一的基础上，完成运行结果如图 2 所示的任务。 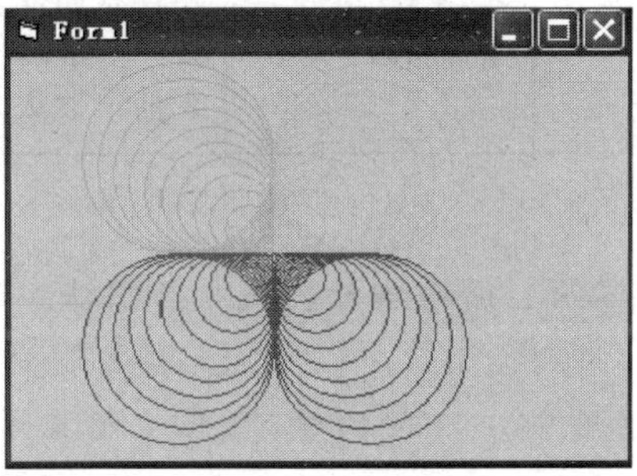 图 2　任务二 任务三 要求：编程输出“奥运五环”，结果图如图 3 所示。 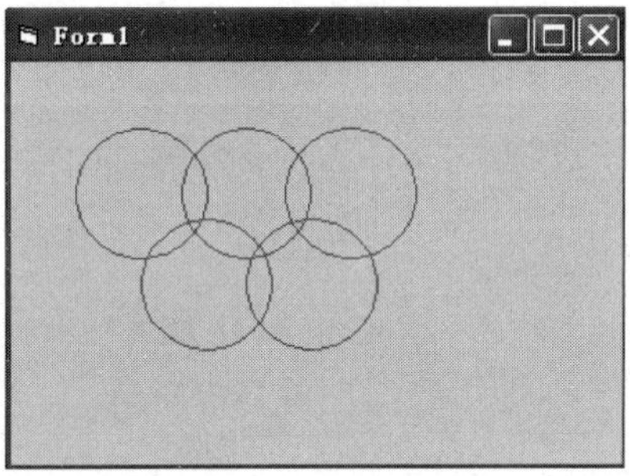 图 3　奥运五环	仔细阅读要求 与他人共同探讨，分析问题 设计算法、上机实践	新课程主张面向全体学生、关照所有学生。该部分“可选任务”的设置体现了分层教学，给那些对于知识掌握较快、能力较高的学生更多的空间，让他们在课堂上充分展示自己的才能，学到更多的知识	包括在上面任务时间之内
本课小结	学生畅谈自己对循环问题的理解、感受，以及在实际生活中循环结构有哪些用途。 教师对学生完成任务的整体情况进行点评，对完成任务较好的学生给予表扬；对稍差一些的学生也进行适当的鼓励。 教师引导学生参与总结，归纳本课重点内容： 1. FOR 语句格式的三个部分：FOR 语句、NEXT 语句，和循环体。记清每部分的格式及用法	畅谈认知、表达感受 倾听教师点评的同时，对自己的行为进行反思，总结经验教训	发挥学生主体性，使课堂教学充满活力。通过学生的表达，教师可以及时了解学生对知识的掌握程度。及时对学生完成任务的情况进行点评，使学生能够对自己的表现进行反思。同时表扬、鼓励是为了更好地激发学生的学习积极性	6 分钟

续表

教学过程	教师活动	学生活动	设计意图	时间
本课小结	2. 理解FOR循环结构的执行过程。 3. 会用循环思想分析问题、设计算法、解决问题。 4. 课堂反馈 要求学生每人填写一张“课堂评价表”,表内包含了本节课所要掌握的一些知识技能,以及学生在本节课中的表现状况。(学生填写课堂评价表的过程实际上是自我检测的一个过程。)课后教师针对学生的反馈信息及时调整教学策略,总结并制定下一步的教学方案	和教师一起总结本节课的重点知识,对知识进行强化记忆 针对本节课内容,认真填写课堂评价表	学生参与总结,对他们来说是对知识记忆和内化的过程 教师及时掌握学生的反馈信息,并根据反馈内容及时调整教学方案,制定下一步教学策略。学生通过填写课堂评价表也能够进一步了解自己对知识的掌握状况	2分钟

【点评】

本节课为循环结构的第1课时,主要内容有:循环语句的格式与用法,循环的执行过程,循环结构问题的解决方法。

本课教学对象为初中二年级的学生。通过前一阶段的学习,学生已经对程序设计有了一定的了解。掌握了VB语言的一些基本语句和语法,也积累了一些编写、调试代码的经验。虽然学生已经具备了一定的编写代码能力,但他们还没有真正地理解程序设计思想,分析问题和设计算法的能力还不够。所以本节课的设计主旨是:从“问题”着手,让学生试着去分析问题,在此基础上设计算法、编写代码。最终学会用循环思想分析、解决实际问题。

第13章

高中信息技术新课程标准典型教案范例

2003年2月教育部颁布的《普通高中信息技术课程标准(审定稿)》中明确提出将信息素养作为信息技术课程的主要目标。围绕着此目标，高中信息技术课程的设计体现三个特点：第一，信息技术应用能力与人文素养培养相融合的课程目标；第二，符合学生身心发展需求的课程内容；第三，有利于所有学生全面发展与个性发展的课程结构形式。

高中信息技术新课程包括必修与选修两个部分，其中选修部分包括：算法与程序设计、多媒体技术应用、网络技术应用、数据库管理技术和人工智能初步5个模块供学生选择。在本章中我们选择了其中3个模块中的5个优秀教案供大家学习、参考。

13.1 "算法与程序设计"的典型教学设计

13.1.1 Java程序设计的教学设计

表13-1 Java程序设计的教学设计

<table>
<tr><td colspan="6">教学基本信息</td></tr>
<tr><td>课题</td><td colspan="5">孰是孰非——Java中的逻辑运算</td></tr>
<tr><td>学科</td><td>信息技术</td><td>学段</td><td>高中</td><td>年级</td><td>高一</td></tr>
<tr><td>相关学科</td><td colspan="5">程序设计、数学</td></tr>
<tr><td>教材</td><td colspan="5">书名：《信息技术基础》出版社：中国地图出版社</td></tr>
<tr><td colspan="6">指导思想与理论依据</td></tr>
<tr><td colspan="6">新课标倡导培养学生主动参与，乐于探究，自主学习及交流与合作等能力，其核心理念是以学生为本，重视培养和发展学生学习的主动性和主体性。
本节课的设计从学生的学习兴趣出发，采用让学生进行体验、参与、合作与交流的学习方式，学习新内容，提高学生用程序解决问题的能力，从而提高学生的信息素养。在教学上将遵循以下基本理念：既面向全体学生，又要尊重学生的个体差异活跃思维、展现个性；指导学生活动，注重让学生参与、合作，从中感受成功</td></tr>
<tr><td colspan="6">教学背景分析</td></tr>
<tr><td colspan="6">1. 内容分析
课标要求学生要能够"恰当地使用三种结构编写源程序"，"逻辑运算"则是灵活用好分支结构和条件循环语句的基础，所以本课内容对算法与程序设计的学习至关重要</td></tr>
</table>

续表

教学背景分析

2. 学情分析

学生已学习了算术运算、关系运算，并学习了 if 条件语句的简单应用，学习了 for 循环语句及多重循环多简单应用，知识上已做好了准备

学生对逻辑问题比较感兴趣，高一学生有能力理解一些简单的逻辑问题

3. 教学方式与教学手段

讲授法、小组合作

4. 课时：1 课时

教 学 目 标

1. 知识目标：

(1) 掌握与、或、非逻辑运算符及基本计算方法

(2) 能够依据优先级关系，计算混合逻辑关系表达式的值

2. 技能目标：

(1) 能够根据实际问题写出逻辑关系表达式

(2) 能够运用逻辑运算初步解决实际问题

3. 情感目标：

了解运用逻辑关系解决实际问题的程序设计思想，体验方法

教学重点、教学难点

教学重点：

掌握与、或、非逻辑运算的方法并能够根据实际问题写出逻辑关系表达式

教学难点：

能够根据实际问题写出逻辑关系表达式并解决实际问题

教学过程(表格描述)

教学阶段	教 师 活 动	学生活动	设计意图	时间设计
创设情境	做一个寻人启事的小游戏。 寻人： 1. “男生”并且“3 月份出生”并且“座位在第三组” 2. 早餐“吃鸡蛋”或“喝牛奶”或“吃面包”的同学 3. 早晨没有“迟到”的同学	参与游戏	为新课做铺垫	3 分钟
新课一：介绍逻辑运算符及计算方法	同学们请思考： 刚才的寻人条件是怎样描述的？ 我们能不能用程序来解决此类问题呢？ ——逻辑运算 以上问题可表示为： 1. “男生”&&“3 月份出生”&&“座位在第三组” 2. “吃鸡蛋”‖“喝牛奶”‖“吃面包” 3. ！“迟到” 逻辑运算符：与(&&)、或(‖)、非(!) 这是逻辑运算的与、或、非，它们是怎样运算的？	听讲并回答问题	了解逻辑运算符	3 分钟

续表

<table>
<tr><th>教学阶段</th><th>教 师 活 动</th><th>学生活动</th><th>设计意图</th><th>时间设计</th></tr>
<tr><td rowspan="4">新课一：
介绍逻辑运算符及计算方法</td><td>逻辑运算：
请同学们看教师演示，教师用程序计算“与”运算结果，总结“真真为真”
<table><tr><th>A</th><th>B</th><th>A&&B</th></tr><tr><td>true</td><td>true</td><td>true</td></tr><tr><td>true</td><td>false</td><td>false</td></tr><tr><td>false</td><td>true</td><td>false</td></tr><tr><td>false</td><td>false</td><td>false</td></tr></table></td><td>听讲、看演示</td><td>了解“与”运算的计算方法</td><td>2 分钟</td></tr>
<tr><td>小组合作：
请同学们小组内探究，填写表格：
或运算
<table><tr><th>A</th><th>B</th><th>A ‖ B</th></tr><tr><td>True</td><td>true</td><td></td></tr><tr><td>True</td><td>false</td><td></td></tr><tr><td>False</td><td>true</td><td></td></tr><tr><td>False</td><td>false</td><td></td></tr></table>非运算
<table><tr><th>A</th><th>!A</th></tr><tr><td>true</td><td></td></tr><tr><td>false</td><td></td></tr></table></td><td>小组内实践、讨论完成“或”、“非”运算的真值表</td><td>探索“或”、“非”运算的计算方法</td><td>3 分钟</td></tr>
<tr><td>学生回答问题，将真值表补充完整
教师总结：
“或”运算：“假假为假”
“非”运算：“非取反”</td><td>回答问题
听讲</td><td>了解“或”、“非”运算的计算方法</td><td>2 分钟</td></tr>
<tr><td>练习：
int a=5,b=6;
1. (5>3)&&(2>4)
2. (a>3)&&(b>4)
3. (a>3) ‖ (b<4)
4. !(a>3)
5. !!(a>3)</td><td>做练习
回答问题</td><td>巩固所学知识</td><td>2 分钟</td></tr>
<tr><td rowspan="2">新课二：
学习混合运算的计算方法并练习</td><td>提出问题：(a>3)&& ! (b>4) ‖ (2<3)</td><td>思考</td><td>为后面学习做铺垫</td><td rowspan="2">2 分钟</td></tr>
<tr><td>与、或、非运算的优先级：
1. ! 非
2. && 与
3. ‖ 或
练习：int a=5,b=6;
(a>3)&&!(b>4) ‖ (2<3)</td><td>听讲、思考、回答问题</td><td>学习与、或、非混合运算的方法</td></tr>
</table>

续表

教学阶段	教 师 活 动	学生活动	设计意图	时间设计
新课二：学习混合运算的计算方法并练习	在实际问题中，往往会出现多种运算，要想计算表达式的值，我们要先了解一下优先级关系。 优先级： 高——低 ！-算术运算-关系运算-&&-‖-赋值 a＞b&&x＞y　相当于　(a＞b)&&(x＞y) a＝＝b‖x＞y　相当于　(a＝＝b)‖(x＞y) !a‖a＞b　相当于　(!a)‖(a＞b)	听讲	学习混合运算的方法	2分钟
	练习： 1. 5＞3&&2＜6‖8＜4－2 2. 6＜5＋3&&4＜2‖！(2＞＝0)	做练习 回答问题	巩固所学知识	2分钟
新课三：写出符合题意的表达式	根据题意写出逻辑表达式： 1. 输入一个年份，判断是否是闰年。 提示：先从键盘输入一个年份，然后判断此年份是否符合闰年的条件。 学生回答闰年的判定条件 条件：(1) 能被4整除，但不能被100整除。 (2) 能被4整除，又能被400整除。 条件：n%4＝＝0&&n%100!＝0 ‖ n%4＝＝0&&n%400＝＝0 一个问题往往有多种逻辑表述方法，同学们可以课后思考其他解法。 写出符合题意的表达式步骤 (1) 分析题意 (2) 描述条件 (3) 写出表达式	听讲、思考、回答问题	练习根据题意写出表达式	4分钟
	2. 输出既能被2整除又满足个位数字比十位数字大1的所有两位数。 学生回答 条件：i%2＝＝0&&i%10＝＝i/10＋1	听讲、思考、回答问题	进一步练习根据题意写出表达式	2分钟
	小组合作 学生练习 3. 输出能被25整除或者个位数字比十位数字大1的所有两位数。 条件：i%2＝＝0||i%10＝＝i/10＋1	上机练习 回答问题	初步掌握简单问题的逻辑表述	2分钟
练习解决实际问题	4. 诚实族和说谎族是来自两个荒岛的不同民族，诚实族的人永远说真话，而说谎族的人永远说假话。谜语博士是个聪明的人，他要来判断所遇到的人是来自哪个民族的。 谜语博士遇到三个人，知道他们可能是来自诚实族或说谎族的。为了调查这三个人是什么族的，博士分别问了他们问题，这是他们的对话： 问第一个人："你们是什么族?"，答："我们之中有两个来自诚实族。"第二个人说："不要胡说，我们三个人中只有一个是诚实族的。"第三个人听了第二个人的话后说："对，就是只有一个诚实族的。"	听讲、思考	分析解决逻辑问题的方法	5分钟

续表

教学阶段	教 师 活 动	学生活动	设计意图	时间设计
练习解决实际问题	请根据他们的回答判断他们分别是哪个族的。 教师分析： 每个人都有两种可能，来自诚实族或说谎族，说话或真或假。 如果我们定义三个整型变量 a，b，c 代表三个人的身份，a 为 0，表示 a 来自说谎族，他说的是假话，a 为 1 表示 a 来自诚实族，他说的是真话。 条件可表述为： (a==1&&a+b+c==2 ‖ a==0&&c+b+c!=2)&& (b==1&&a+b+c==1 ‖ b==0&&a+b+c!=1)&& (c==1&&a+b+c==1 ‖ c==0&&a+b+c!=1)	听讲、思考	分析解决逻辑问题的方法	5 分钟
	小组合作： 学生上机练习，用程序解决刚才的问题	上机练习	尝试用程序解决逻辑问题	5 分钟
总结归纳	本节课我们学习了与、或、非逻辑运算及其应用，请同学们课后做学案中的练习以巩固本课所学内容。 是真是假？孰是孰非？具体问题，具体分析，这节课就到这里，下课	听讲	梳理本课内容，帮助学生加深印象	1 分钟

板书设计：第二单元 第二节 孰是孰非——Java 中的逻辑运算
一、逻辑运算符
二、逻辑运算规则
三、优先级
四、写条件
五、应用

13.1.2　Visual Basic 程序设计的教学设计

表 13-2　Visual Basic 程序设计的教学设计

教学基本信息					
课题	程序的循环结构二——DO 循环				
学科	信息技术	学段	高中	年级	高一
相关学科	数学、政治				
教材	书名：《算法与程序设计》(选修) 出版社：广东教育出版社 出版日期：2007 年 6 月				
教 材 分 析					

本节课是《算法与程序设计》(选修)广东教育出版社出版中程序的循环结构的第二种结构，循环结构是程序设计的三种基本结构之一，是程序设计的基础。本节主要讲授 Do 循环语句的基本结构和 Do 循环语句的应用。通过教师的引导，注重实例分析，充分利用 VB 的特点，从需要出发，围绕实例学习，让学生自主去感受和领悟 Do 循环语句的用法和优势。

通过本节课的学习，充分调动学习的积极性，让学生进一步掌握 VB 语言中的循环语句，使学生学会循环控制结构，有效地培养学生分析问题、解决问题的能力，从而可以解决比较复杂的实际问题，并进一步掌握调试、运行程序的方法

续表

学习者特征分析
教学对象为高一的学生，学生已经掌握顺序结构和选择结构的程序设计语言，能够应用这些基本的思想设计一些解决简单问题的算法、具备一定的算法基础和具有一定的比较、归纳能力。循环结构是三种程序结构中最难于理解的一种结构。但这又是最重要的一种程序结构，后续的算法的设计的教学，都要以此为基础。如何让学生更好、更快地理解"循环"这一过程，是第一个要解决的问题。 学生在学习本节内容之前已经学习了 For 循环语句，理解掌握了 For 循环语句的语句格式、执行过程，并且通过学习知道了 For 循环语句适合解决循环次数事先能够确定的问题。针对本节内容，先给出一个 For 循环的实例，通过教师层层深入的问题让学生体会到 For 循环的局限性，引导学生探究解决问题的方法，给出 Do 循环语句格式并了解其执行流程，执行方式，最终掌握 Do 循环结构

教 学 目 标	
知识目标	1. 通过对 For 循环的分析，熟练掌握该种循环结构条件的设置 2. 掌握 Do 循环语句的基本格式 3. 理解 Do 循环语句的执行过程 4. 能用 Do 循环语句编写程序解决实际问题
能力目标	1. 培养学生知识和技能的迁移能力 2. 培养学生分析问题、解决问题的能力
德育目标	1. 培养和激发学生利用信息技术解决问题的兴趣 2. 培养学生的交流和团结协作精神

教 学 重 点
1. Do 循环语句的基本格式 2. Do 循环语句的执行过程 3. 循环条件的设置

教 学 难 点
循环条件的设置

课型	新授课	教学方法	任务驱动、自主学习	教学媒体	多媒体网络教室

教 学 过 程	教 师 活 动	学 生 活 动
复习与练习 比一比： 1. 编写程序：计算从 1～100 的整数的和，并把程序代码发布到学习网站上。 参考程序： '计算 1 到 100 的整数的和 Dim i,s As Integer For i=1 To 100 s=s+i Next i Print "1 到 100 的和是";s 2. 判断一个数奇数和偶数 参考程序： Dim a As Integer a=fix(100 * rnd) If a/2=a\2 then	提问、引导、演示、讲解	观察、思考、讨论、练习

续表

教学过程	教师活动	学生活动

Print a; "是偶数"
　Else
　　Print a; "是奇数"
　End if
练习 1：
　　编写程序：使得在从 1～100 的加法过程中，当和>=200 时，程序自动退出循环并输出此时的和以及循环变量的值，并把程序代码发布到学习网站上。
　　提示：可以使用语句 exit for
　　通过比一比 1、2 以及提示中退出循环的语句可以得到以下的程序：
　　Dim i,s As Integer
　　s=0
　　For i=1 To 100
　　　s=s+i
　　　If s>=200 Then
　　　　Exit For
　　　End If
　　Next i
　　Print "循环变量的值是";i,"和是"; s
	提问、引导、演示、讲解	观察、思考、讨论、练习

新课讲授： 　　Do 循环的结构和功能 演示与讲解：Do 循环的结构。 语法： 　　DO 　　循环体 　　LOOP UNTIL 条件 Do 循环的执行过程，如图 1 所示。 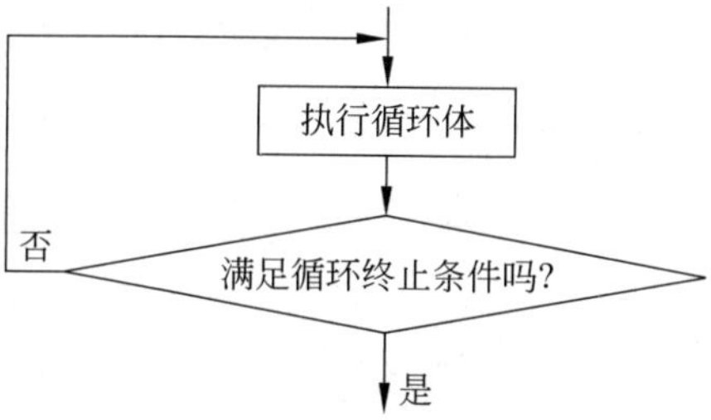 图 1　执行流程图 (1) 先执行一次循环体，然后判断是否满足循环终止条件，若满足条件则退出循环，否则继续进行循环。不管开始条件是否成立，循环体至少执行一次。 (2) Do 循环语句本身不能修改循环条件，所以必须在 Do...Loop 语句的循环体内设置能够改变循环终止条件的语句，使得整个循环趋于结束，不然将出现无限次的循环，程序将不能正常结束，出现死循环。 　　试一试：写出程序运行的结果，并说出程序循环的次数	讲解、引导	聆听、思考

续表

教学过程	教师活动	学生活动
(1) Dim i,s As Integer i=1 Do i=i+1 s=s+i Loop Until i>3 Print s (2) Dim i,s As Integer i=1 Do s=s+i i=i+1 Loop Until i>3 Print s (3) Dim i,s As Integer For i=3 To 1 s=s+i Next i Print s (4) i=3 Do s=s+i i=i+1 Loop Until i>3 Print s	讲解、引导	思考、讨论、回答
练习与巩固 练习 2: 学生练习使用 Do 循环修改练习 1,完成退出循环的功能,并把程序代码发布到学习网站上。 参考程序: Dim i,s As Integer i=1 S=0 do s=s+i i=i+1 loop until s>=200 Print "循环变量的值是"; i,"和是"; s 提问: For 循环和 Do 循环的区别是什么? 练习 3: 由于受到金融危机的影响,预计日本的 GDP 今年的增长率是−4%,中国是 7%,2008 年中国的 GDP 是 4.333 万亿美元,日本的 GDP 是 4.8068 万亿美元,如果按照这种速度发展,多少年之后,中国的 GDP 将超过日本?如果人民币每年升值 2%,日元每年升值 5%,在同样的发展速度之下,多少年后,中国的 GDP 将超过日本?如果中国以 13 亿人计,日本以 1.27 亿人计,同样情况下,多少年之后,中国的人均 GDP 将超过日本?	巡视、解答转播 提问、引导 巡视并解决问题	操练、示范 思考、讨论回答问题 巡视并解决问题

续表

教学过程	教师活动	学生活动
拓展与提高： 1. DO 循环的其他结构形式 2. 选作练习 1：使用其他三种形式修改程序，分析程序的执行过程，比较几种形式的区别及用途 3. 选作练习 2：利用文本框控件给出斜抛运动的初速度、与水平方向的夹角，单击按钮在窗体中画出斜抛运动的轨迹 相关知识： 水平方向的速度是：v1＝v0cosθ 竖直方向的速度是：v2＝v0sinθ－gt 水平方向的位移方程是：x＝v0tcosθ 竖直方向的位移方程是：y＝v0tsinθ－gt^2/2	启发、引导优势学生练习、总结和比较	思考、讨论、练习、总结
总结： 1. Do 循环的结构和特点 2. Do 循环与 For 循环的区别 3. 如何使用 Do 循环解决问题	讲授、总结	聆听、思考

学习效果评价设计

本课评价主要依据教学过程中的网络平台内容的形成和完成来进行。

1. 基于网页讨论、留言与作业提交的速度和质量；
2. 基于网络形成的小组讨论与交流的内容；
3. 学生编写的问题解决程序；
4. 学生课堂回答问题的表现

评 价 量 规

1. 任务程序完成情况
   A. 完成了设定的所有任务；
   B. 完成了 2 个任务，另一个基本完成；
   C. 完成了 2 个任务；
   D. 完成了 1 个任务，其他的基本完成；
   E. 完成了 1 个任务，其他的任务基本没有完成；
   F. 任务都基本上没有完成。
2. 程序的编写质量
   A. 程序能正常运行，实现预期的效果，解决既定的问题；
   B. 程序能正常运行，有些问题没有很好解决；
   C. 程序基本上能正常运行；
   D. 程序运行中存在结构和语法等问题。
3. 任务完成的速度
   A. 问题回答和编写程序有 2 个以上排列班级前 10；
   B. 问题回答和编写程序有 2 个以上排列班级前 20；
   C. 问题回答和编写程序有 1 个以上排列班级前 20；
   D. 问题回答和编写程序有 2 个以上排列班级前 30；
   E. 基本上完成了程序的编写；
   F. 程序编写有比较大的问题

续表

本教学设计与以往或其他教学设计相比的特点
本课相较其他教学设计主要有以下几个特点： 1. 从实际问题入手，问题跨学科。编程解决的问题涉及历史、数学、政治等学科； 2. 网络平台为学习与交流环境，在程序的调试、问题的求解、学生积极性的发挥上有很好的效果； 3. 任务的设计、情景的创设和环境的设计有利于发挥学生的个性特长。通过任务的分层次设定和基于网络的编程速度和程序运行效率的比赛都有利于调动学生的兴趣、发挥其个性特长

13.2 "数据库管理技术"的典型教学设计

表 13-3 "数据库管理技术"的典型教学设计

使用数据库的教学设计					
教学基本信息					
课题	使用数据库				
学科	信息技术	学段	第二学段	年级	高一
相关领域	信息技术、社会、地理、研究性学习				
教材	书名：《信息技术基础》信息技术（必修） 出版社：广东教育出版社 出版日期：2006 年 7 月				
设计人	大兴区第八中学 程锦				
指导思想与理论依据					
本节所依据的课程标准是：通过使用常见的数据库应用系统，感受利用数据库存储、管理大量数据并实现高效检索等方面的优势。信息的存储与管理的学习是为了让学生了解信息资源管理的一般过程和方法，逐步提高学生的信息资源管理的操作技能和应用意识，形成规范和良好的信息资源管理行为。在日常学习和生活中能够主动地使用信息资源管理方法有效地管理信息					
教学背景分析					
1. 教学内容 广东教育出版社《信息技术基础》信息技术（必修）教材第五章第二节主要讲授了如何使用数据库，第一节"认识信息资源管理"已经对信息资源管理的各种方法及其特点等方面作了整体的概括，包括计算机文件管理、超媒体技术及数据库应用系统等知识。本节"使用数据库"为 1 课时，主要介绍常见数据库应用系统的使用，例如：校本课程管理系统，学籍信息管理系统，通过与 Excel 软件的对比，让学生亲自动手尝试在数据库中添加、修改、统计、检索等操作，体会利用数据库存储、管理大量数据并实现高效检索的优势。同时，指出数据库管理方式也是一种信息资源管理的有效方式，在日常生活中数据库的应用也是非常广泛的。 2. 学生情况 在日常生活中学生对信息资源管理方式只是有一些简单的感性认识，前两节课通过"图书分类检索"、"资源管理器"以及访问因特网上相关的信息网页这些实践活动，已经学过了信息资源管理的一般过程及过程中所体现的管理思想和方法。本节课，对于数据库的应用，比如网上购物、自动取款、网络游戏、QQ 即时通讯、电子邮件等也并不陌生，但是真正实际地操作数据库却很少。因此，调动起学生学习数据库的兴趣就非常关键。对于数据库的基本操作，只有通过学生亲身感受和体验，才能更进一步地理解信息资源管理的一般过程、思想和方法，感受数据库在管理大量数据和检索时的高效性。 3. 教学方式 本节课主要采用了探究式教学法、任务驱动法，辅以教师讲解和演示等方法，引导学生观察、讨论、动脑思维、动手尝试，在发现问题、分析问题、解决问题的过程中，进行小组协作学习，自主学习，感					

续表

受数据库在日常生活中应用的优势，并且合理分析其不足之处。在整个学习活动中，教师是学生的指导者和引领者，带领学生逐步理解数据库管理信息的思想和方法。

4．教学手段

在任务的驱动下，学生通过“学案”从任务一到任务三的完成，由浅入深，逐步深化理解和感受数据库在日常生活中的应用优势。通过上网操作实践，小组交流讨论，合作完成任务来体验探究式学习的过程，增强学习的主动性和积极性。利用机房投影和多媒体广播系统，展示操作过程，有效评价和激励学生正确思维和提高应用计算机水平。通过讨论与交流这一环节，使学生能够大胆地表达自己在学习过程中的感受，将学习心得分享给大家，教师进行总结与补充，这样学生对知识的印象会更深刻。

5．教学资源准备

（1）网络机房，安装 Access 中文版软件，多媒体广播系统。

（2）教师用课件、学生学案（如图 1、图 2 所示）。

图 1　教学用课件

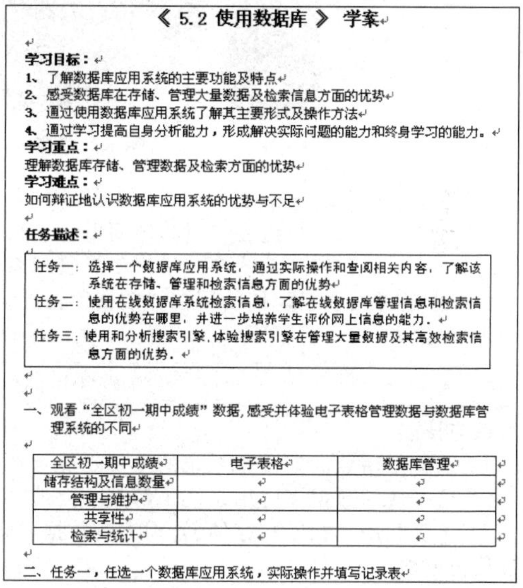

《5.2 使用数据库》 学案

学习目标：
1、了解数据库应用系统的主要功能及特点
2、感受数据库在存储、管理大量数据及检索信息方面的优势
3、通过使用数据库应用系统了解其主要形式及操作方法
4、通过学习提高自身分析能力，形成解决实际问题的能力和终身学习的能力。

学习重点：
理解数据库存储、管理数据及检索方面的优势

学习难点：
如何辩证地认识数据库应用系统的优势与不足

任务描述：

任务一：选择一个数据库应用系统，通过实际操作和查阅相关内容，了解该系统在存储、管理和检索信息方面的优势
任务二：使用在线数据库系统检索信息，了解在线数据库管理信息和检索信息的优势在哪里，并进一步培养学生评价网上信息的能力。
任务三：使用和分析搜索引擎，体验搜索引擎在管理大量数据及其高效检索信息方面的优势。

一、观看“全区初一期中成绩”数据，感受并体验电子表格管理数据与数据库管理系统的不同

全区初一期中成绩	电子表格	数据库管理
储存结构及信息数量		
管理与维护		
共享性		
检索与统计		

二、任务一，任选一个数据库应用系统，实际操作并填写记录表

图 2　学生用学案

（3）配合教学的数据库应用系统实例（如图 3、图 4 所示）。

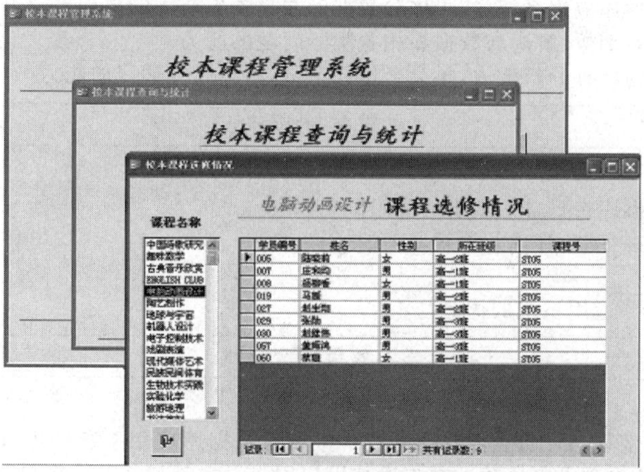

图 3　校本课程管理系统

续表

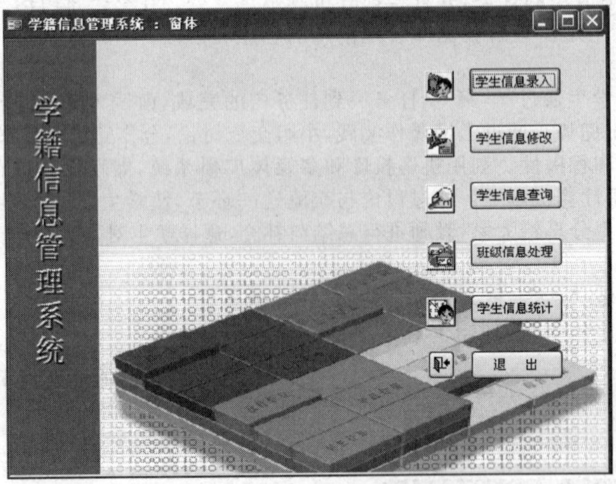

图 4　学籍信息管理系统

(4) 给学生准备的记录表

- 根据“全区高三成绩表”数据，填写电子表格和数据库管理的不同点。
- 从“校本课程管理系统”和“学籍信息管理系统”中任选其一，实际操作并填写记录表。
- 根据参考网址，填写“使用在线数据库情况记录表”。

(5) 评价表

教学目标(内容框架)

1. 知识与技能

(1) 了解常用数据库应用系统的主要功能及特点

(2) 通过使用数据库应用系统了解其主要形式及操作方法

(3) 感受利用数据库在存储、管理大量数据并实现高效检索方面的优势

2. 过程与方法

从“校本课程管理系统”、“学籍信息管理系统”以及“全区高三成绩表”出发，进行小组协作学习，自主学习，感受数据库在日常生活中应用的优势，辩证地认识数据库应用系统。

3. 情感态度与价值观

(1) 通过使用数据库应用系统，初步体验数据库在日常生活中的应用

(2) 初步培养学生剖析、解决与数据库相关实际问题的能力

(3) 引导学生提高自身分析能力，学会合作式学习，培养终身学习的能力

教学重点、教学难点

1. 教学重点

(1) 了解常用数据库在日常生活中的应用

(2) 理解数据库在存储、管理及检索方面的优势

2. 教学难点

辩证地认识数据库应用系统的优势与不足

学习效果评价设计

1. 评价方式

“使用数据库”这节课的评价重点在于考查学生对于数据库应用系统的理解，以及实际生活中数据库的应用优势，能否合理选择正确的数据库加以应用。学生对于学习策略和方法调整，例如选择工

续表

具、完成任务的安排等。活动效果与表达技巧，例如结果呈现方式、对数据库应用优势的认识等。学习的态度和合作水平等方面都是对学生学习效果评价的重要标尺。从课堂提问到小组探究合作完成各项记录表，从学生回答问题的方式方法中教师都应该给予准确而又有高度性地评价。教师针对教学的各个环节都应该结合学生的上课的实际情况正确对待，真正做到以"学生的学习为中心"教师只充当教学的指导者和引导者的作用，将课堂回归给学生，让学生成为课堂活动的中心，以学生问题为出发点，教师适时指导，用激励性的语言有效地评价学生。 2. 评价量规： (1) 通过电子表格与操作"校本课程管理系统"，感受到了数据库在处理数据方面的优势。 (2) 学会了在线数据库的使用方法。 (3) 了解了在线数据库在管理信息，检索信息方面的优势。 (4) 在检索信息时，可以有多种方式方法。 (5) 了解了不同搜索引擎在搜索相同内容时为什么不同。 注：学生勾选，上传到服务器中
本教学设计与以往或其他教学设计相比的特点
1. 借助教学课件图文并茂的特点，用多样化的多媒体技术吸引学生兴趣 2. 任务设计合理，按照学习规律由感知到理性认识，逐级提高，步步加深，环环相扣 3. 注重预设与生成的关系。课前对教学设计的各环节做到心中有数，在授课的过程中根据学生思维、学习进度等情况，灵活机智地对教学环节进行微调，以期达到最终的教学目标和效果 4. 重过程管理。对于三个任务的实现，都是按照先让学生尝试、体验，然后动手动脑小组合作填写相应的记录表，最后教师总结评价。在这个过程中学生体会到了合作学习的快乐

【点评】

1. 教学目标明确，符合课程标准与学生实际，操作性强。能正确理解新教材，抓住新教材的特点，思路清晰，在整个教学活动中教师始终围绕教学目标展开，取得了预期的教学效果，对于数据库这一新的教学内容是一次非常好的教学尝试，起到了示范的作用。

2. 教学设计巧妙、教学环节完整。在教学过程中，程老师把抽象的数据库这一个概念通过与电子表格的比较以及展示股票信息，使学生容易接受和理解，也有助于重难点的突破。教学中有复习提问—新课引入—讲授新课—讨论和交流—归纳与提升—交流与讨论—课堂总结等，在每个环节中有活动有问题，并且学生能积极地参与到课堂活动中，使每个学生都有不同程度的收获。

3. 在教学中，教师为了让学生更好地完成学习目标，准备了恰当合理的教学资源来帮助学生理解数据库，如教师用演示文稿，电子表格(含6000条数据)，股票信息，校本课程和学籍管理数据库系统，参考网站以及学案资源，这些素材的准备为本节课提供了有力的支持。

4. 建议：(1)在与学生交流在线数据库检索信息的优点时，可以让学生去实践操作一下，这样有利于全体学生的参与。(2)任务二主要是让学生理解在线数据库在检索大量数据方面的优势，而老师在教学过程中展示了在"在线数据库"中没有找到信息的一个例子，这样不利于任务二的实现，建议取消这个例子。

13.3 “多媒体技术应用”的典型教学设计

表 13-4 “多媒体技术应用”典型教学设计

<table>
<tr><td colspan="6">教学基本信息</td></tr>
<tr><td>课题</td><td colspan="5">视频加工中效果的应用</td></tr>
<tr><td>学科</td><td>信息技术</td><td>学段</td><td>高中</td><td>年级</td><td>一年级</td></tr>
<tr><td>相关领域</td><td colspan="5">技术领域、影视制作</td></tr>
<tr><td>教材</td><td colspan="5">书名：《多媒体技术应用》 出版社：地图出版社 出版日期：2004 年 9 月</td></tr>
<tr><td colspan="6">指导思想与理论依据</td></tr>
<tr><td colspan="6">针对多媒体模块选修课，学科指导意见指出：要“掌握应用多媒体技术解决问题的思想与方法；初步具备根据主题表达的要求进行多媒体作品规划、设计与制作的能力。”“密切结合学生学习与生活的实际，注重利用多媒体表现创意、表达思想，实现直观有效的交流。”因此，本课教学，贯穿始终的是先规划再做事的思想，以及技术服务于思想的理念。
课程改革的基本理念之一是“寻求个人理解的知识建构”，确立了新的知识观，积极倡导学生“主动参与、乐于探究、勤于思考”，以培养学生“获取新知识”、“分析和解决问题”的能力，视知识为一种探索的行为或创造的过程。因此，本课教学，采用范例教学法，首先引导学生就影视作品中的范例进行分析，理解效果添加的意义与应用范畴。然后呈现教师自制的反映学生军训生活的范例作品，激发学生的创作欲，引导其在积极主动的参与中建构知识，掌握技能</td></tr>
<tr><td colspan="6">教学背景分析</td></tr>
<tr><td colspan="6">1. 教学内容
以视频作品的一般制作流程为主线，“视频加工”单元共安排了 6 节课。本课是“视频加工”中的第三节，旨在帮助学生进一步掌握视频加工的基本操作流程，明确技术是手段，为表达思想而服务。引导学生在此思想的指导下，应用“会声会影”给剪切好的素材添加效果等，进一步继续自己的视频加工创作。
2. 学生情况
本课教学为借班上课。学生属于师大二附中高一多媒体班。在前两课的学习中，学生已经对视频加工的基本操作流程有了一定认识，对视频作品进行了初步规划设计，并应用“会声会影”对素材进行了剪辑。学生知道可以应用转场、特效等，但是大多没有考虑过为什么要加转场、特效，应该在什么情况下加，达到何种效果，表达何种思想。因此，教师有必要引导学生明白，学习技术的目的是表达思想，技术要为传递思想服务。
3. 教学方式
本课所采用的教学方法主要是范例教学法和任务驱动法。
“范例教学”是以典型范例为中心的教学法，使学生能够依靠特殊范例掌握一般方法，并借助这种“一般”独立地进行学习。因此，教师所采用的范例必然是蕴涵着基本概念、基本规律、基本知识结构的。在本课教学中，我首先精选了三个影视作品中的转场效果为范例，帮助学生在循序渐进的探讨交流中明确效果的添加是以需求为前提的，服务于一定的规划设计需求，从而更好地传递思想。之后，使用自制视频短篇“难忘军训”给学生以整体认知，并激发学生创作兴趣。
“任务驱动”强调让学生通过完整真实可行的任务，学习知识、获得技能、内化伦理。是以任务为主线，以教师为主导，以学生为主体的教学方法。本课安排了“添加效果”、“添加文字”、“音效处理”这样三个具体可行的小任务。任务本身顺应本课所处视频加工阶段的操作流程，前两个要求全体学生完成，后一个为拓展内容，兼顾不同层次的学生进行实践互动。
4. 技术准备
本课在计算机教室上课，需要计算机、局域网、“会声会影 10”软件；学生自主学习帮助网站，视频加工素材，课堂演示用 PPT(包括教师从 3 个影视作品中截取的转场片断，自制短片“难忘军训”等)</td></tr>
</table>

续表

教学目标及教学重点、难点
1. 教学目标 （1）通过探讨设置转场、添加滤镜等效果的作用，理解技术是手段，必须服务于思想 （2）学会视频加工中添加效果的操作方法，能够根据需求为视频添加效果 （3）激发学生进行视频加工创作的兴趣 2. 教学重点 恰当地使用视频编辑效果 3. 教学难点 根据表达思想的需要进行规划设计

教学过程（表格描述）

教学阶段	教师活动	学生活动	设计意图	时间安排
引入主题	1. 点评学生前一节课的实践活动，强调： （1）为什么要剪辑素材？ （2）剪辑哪些素材？ （3）怎么剪辑？ 2. 引导学生看流程图，明确下一步目标，并引发思考：视频加工中， （1）效果有哪些？ （2）为什么要添加效果？ （3）添加哪些效果合适？	1. 听讲思考，回顾、巩固所学。 2. 统观视频加工流程图，明确进程，并随着教师的问题引导进入学习情境（如图 1 所示）。 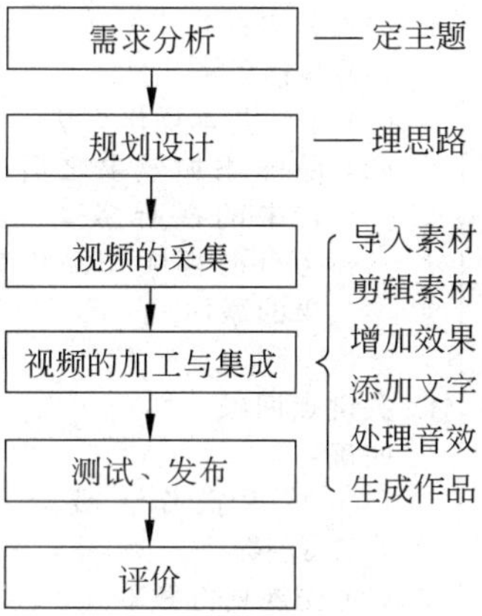 图 1　视频加工流程图	通过流程图帮助学生明晰认知，培养其有条理按计划地逐步实践 通过对流程图的审视，首先帮助学生回顾上节课的实践活动，确定本课学习目标。对于教师提出的问题，并不要求学生回答，只是通过问题引发思考，引导学生进入学习情境	1 分钟
新课学习	1. 添加效果的需求分析 ——以转场为例 （1）播放影视作品转场片断①，引发思考：为什么要进行镜头的组接？其意义何在？ （2）提问：所有的镜头之间都需要刻意的组接吗？ （3）归纳：影视作品中常见的基本转场效果主要有淡变、溶变、叠化的方式	1. 添加效果的需求分析 ——以转场为例 （1）思考交流所看片段中镜头组接的意义 （2）思考交流：是否所有镜头之间都需要添加转场效果？ （3）听老师介绍，了解基本转场效果	以添加转场效果的需求分析为例，引导学生理解，效果的添加，技术手段的应用，是为了使思想的表达更为流畅，更易于被观众接受，更具艺术感染力 把影视制作中关于转场的基本知识呈现给学生，帮助其提升认识	4 分钟

续表

教学阶段	教师活动	学生活动	设计意图	时间安排
新课学习	2. 添加效果的规划设计 ——以转场为例 分别播放影视作品中的转场片断②③，引导分析： （1）片断中采用的是何种转场方式？ （2）为什么要设置该种转场效果？ （3）不同转场效果的应用范围。	2. 添加效果的规划设计 ——以转场为例 看实例分析： （1）所看片段采用的转场类型？ （2）该种效果在视频作品中的意义何在？ （3）分析明确： 不同转场效果适用于不同的规划设计需求。理论上的淡变、溶变、叠化仅仅是概括的基本方法，实际应用中要根据表达思想的需要灵活运用转场效果。	播放影视作品中的转场镜头，给学生以感性认知，引导其进行简单分析，理解转场效果的运用是为传递思想服务的	4分钟
	3. 添加效果的技术实施 （1）简介教师自己对视频“难忘军训”其中一点的思考，说明自己想要表达的思想。 （2）演示操作 实现既定思想内容的转场效果的实现方法。 （3）播放视频“难忘军训”，激发兴趣。	3. 添加效果的技术实施 （1）观察思考 （2）了解基本操作方法 （3）品味添加效果之后所带来的视听感受。思考自己视频作品中效果的添加	教师首先解说自己的设计思想，然后演示操作。帮助学生理解要灵活运用技术进行创作，从而更好地表达思想 范例“难忘军训”与前一课（“剪辑素材”）所放范例内容一致，但增加了各种效果，更具感染力	1分钟
	4. 关键点概述 强调： （1）实现效果的技术应用大同小异 （2）技术服务于思想	4. 关键点回顾 明确： （1）技术操作上要学会迁移 （2）先规划再做事	通过关键点概述，强化学生的认知：要根据表达思想的需要进行技术实践	
实践操作	5. 布置任务 针对自己的作品，就所要传递的思想进行添加效果的设计。通过帮助网站自主学习技术应用，落实自己的设计思路： （1）添加效果 （2）添加文字 （3）音效处理	5. 明确任务 自主学习技术应用，实现自己的思想意图： 应该完成：任务1 任务2 时间允许接着完成： 任务3	技术的应用对于学生来说不是难点，引导其通过学习帮助网站自主学习，解决操作层面的主要问题	1分钟
	6. 巡视指导	6. 自主实践	教师在巡视指导过程中，除了答疑解惑之外，询问学生就效果添加的设计思路，引导其从视频传递思想的角度进行设计制作	19分钟
	7. 组织交流 请个别同学展示自己添加的效果，并说明自己应用该效果所要传递的思想	7. 学习交流 观看同学添加的效果，理解其传递的思想，继续思考自己视频的加工创作	通过交流，强化“技术传递思想”，帮助学生拓展思路，更好地完善自己的作品	4分钟

续表

教学阶段	教师活动	学生活动	设计意图	时间安排
归纳总结	1. 应用软件进行视频加工的基本流程是怎样的？ 2. 视频加工和电子报刊、网站制作一样，只是一种手段，它最终的目的是表达主题、交流思想	1. 回顾视频加工基本思路。 2. 明确：主题思想指导规划设计，规划设计决定技术应用	引导学生巩固视频加工的基本流程，理解技术仅仅是手段，要服务于表达、交流或创造的需要	2分钟

学习效果评价设计

评价方式：

1. 评价学生课堂的关注度(观察法——课堂评价，以鼓励提示为主)

(1) 对教师演示视频的关注——学生进入情境的时间、人数比例，观看视频的表情、神态等。

(2) 学生实践过程中的参与度——自觉实践任务的人数比例，专注度。

2. 评价学生作品(量化等级评定——课后评价)

评价作品是否恰当地添加了转场、滤镜、文字等效果。

评价量规：

基本信息					视频加工中效果的添加——基本内容							总分
					转场		滤镜		文字		音效	
学号	姓名	作品名称	表现主题	文件名	切合主题思想，为传递思想而添加	视觉感受顺畅舒服	切合主题思想，为传递思想而添加	视觉感受顺畅舒服	根据需求适当添加，有必要的片头片尾等信息	清楚明了，驻留时间适当，易于阅读	与视频整体风格一致，起到一定的烘托渲染效果	
					2	1	2	1	2	1	1	10

注：音效是选择任务，因此分值较低，在最终作品中再重新考量。

本教学设计与以往或其他教学设计相比的特点

本课教学设计中，进行视频加工的基本流程贯穿始终，突出了先规划再做事的思想，贯彻了学科指导意见中的“掌握应用多媒体技术解决问题的思想与方法”，“根据主题表达的要求进行多媒体作品规划、设计与制作”等思想。

本课 4 个范例循序渐进，由局部表现到综合应用，有梯度地应用于学习新知环节的不同阶段。学生结合剧情观看影视中的转场镜头，比较容易地领会到了效果的添加是为表达思想而服务的，明白了为思想而做规划，为规划好的内容而应用技术的道理。此外，教师在演示技术实施的过程中，也是首先把自己的设计思想传递给学生，然后演示应用技术达成自己设计意图的方法，再播放自制的贴近学生生活的范例作品。可以说，技术服务于思想这一理念的渗透是贯穿始终的。由此，使得这节高中信息技术课不再囿于技术，而是向思想的高度提升

【教案反思】

1. 成功之点

(1) 范例教学法的运用

本课范例教学法的应用还是比较成功的。学生结合剧情观看影视中的转场镜头，比较容易地领会到了效果的添加是为表达思想而服务的，理解了为思想而做规划的重要性，为规划好的内容而应用技术的道理。因此，大部分学生不再为了技术而技术，都是在有目的地在自认为需要的地方进行效果的添加。如，学生 1 为了突出重点，应用了一个聚光灯

的效果，定焦于辩论赛场上的主要辩手身上；学生2为了表现回忆，制作了旧影片效果。为了突出同学们训练的艰苦，他又加上了风、雨的效果；学生3把所有主题镜头都放到了覆叠轨上，在视频轨上却仅仅放置了金黄色有简洁纹理的图片。这样，她所有的视频都是通过遮罩显现的，造成一种透过时光的遮盖，重新审视回顾的感觉。

(2) 技术服务于思想的理念渗透

除了应用范例让学生明白效果的添加是为了更好地表达思想，使情节画面更易于被观众接受，更具艺术感染力之外，教师在演示技术实施的过程中，也是首先把自己的设计思想传递给学生，然后演示应用技术达成自己设计意图的方法。可以说，技术服务于思想这一理念的渗透是贯穿始终的。所以最后的课堂小结阶段，学生很容易就归结到了这一点。

(3) 学生作业的审视

虽然是在外校借班上课，但本着认认真真做事的务实求实精神，我还是就学生前一节课完成的剪辑工作判了作业：花了三个小时的时间拿着学生的规划草案对应着保存在每一台学生机里的项目文件，逐一审视，逐一写批语。由此，发现了我自己在教学中的漏洞：忽视了系统默认的存储路径在系统盘，而学校系统盘装有保护卡的矛盾，导致学生使用“另存为静态图片”功能从视频截取的图片丢失。还有就是逐帧剪辑的问题强调得不够，以致有些学生剪辑好的视频片断不够精准。可见，判作业不仅仅是对学生的督促，也是教师对自己的教学查漏补缺的重要环节之一。

教学本是严谨的求知活动，来不得虚假。因此，本课的起始阶段，我还是先正视了前一课的遗留问题，然后才引入正题。

另外，在判作业时，对班里的一个个别生进行了教育。他采集的镜头都是校园里不和谐的一面——恋爱，抄作业……他的规划设计草案也充满了消极的思想，多次出现“无聊”一词。我在给他的批语中说：“选材很特别，剪辑得很好，你想表达的思想实际上很积极！”然后，在草案背面写道：“你绝不是一个无聊的人！你看不惯这些，说明内心富有正义感，有批判精神……”“瞧那些有责任意识的法律工作者，那些有正义感的新闻工作者，他们直面社会阴暗面，却用内心的阳光与积极力量冲散阴霾……你也会是这样的人！”后来在课堂实践中，我巡视到他的位置时，轻轻指了指他草案的背面，他笑着，用很明朗的声音说：“看到了！谢谢老师！”之后，又不知所措地问：“怎么改呢？”我告诉他，可以加几句文字“美好的校园本应纯净无瑕，是否该出现如此不和谐的场景？”他欣然点头……

2. 遗憾之处

(1) 脚本没能贯穿始终

本课讲视频加工过程中效果的添加，没能更好地考虑前后衔接问题，学生在前两课所做的规划设计到这里没有延续性。因此，今后的教学中，学生所做规划设计还要既有整体性，又有每一阶段的实施计划，让脚本贯穿始终。

(2) 缺乏针对效果的具体明晰的规划设计

添加效果也需要规划设计，这一点我关注到了，但关注得不够。针对效果的规划设计，是否跟前两节课的规划设计有一定区别？在做规划的时候，是否就要引导学生考虑到后期实现的问题？要表达哪种思想，适合应用哪种效果？是不是应该引导学生以此为出发点再进行细致的分析，深入的规划设计？这是需要我在以后的教学活动中继续研究实践的。

资源篇中提供的教学案例具有微观性、个别化的特点，通过对小学、初中以及高中信息技术课程优秀范例教案的详解和点评，再现了信息技术课程真实的教学过程，同时，用新课标、新思路和新理念对课程进行严格的审视、客观的评价和反复的分析，使教学过程变得清晰。案例是教学情境的故事，是教研活动和教师培训的有效载体，教育情景中获得的一手教学素材，更容易为教师所接受，能够较快地应用于教育改革实践。

新课程标准鼓励教师发挥创新精神和创造才能，为此，更要引导教师大胆地去突破传统课堂教学中形成的种种戒律，不以教学方案的详尽、课堂结构的完整、板书设计的精美等传统观念来束缚教师，鼓励教师展现自己的教学风格，鼓励所有教师领会新课标，上出一堂信息技术的创新课。

资源篇把具体案例由局部案例研究探索的成果变成了课程改革的共同财富，通过分析案例、思想交流、观点碰撞，在对话和互动中促进教师教学水平的提高，旨在充分激发教师参与并且持续深入地开展课程改革的积极性。

第14章

中小学智能机器人教学

14.1 初识教育机器人

14.1.1 机器人的定义和组成

1. 机器人的定义

联合国标准化组织采纳了美国机器人协会给机器人下的定义："一种可编程和多功能的操作机；或是为了执行不同的任务而具有可用电脑改变和可编程动作的专门系统。"

2. 机器人三定律

机器人三定律(Three Laws of Robotics)是科幻小说家艾萨克·阿西莫夫在他的机器人相关作品和其他机器人相关小说中为机器人设定的行为准则：

第一法则：机器人不得伤害人类，或袖手旁观坐视人类受到伤害；

第二法则：除非违背第一法则，机器人必须服从人类的命令；

第三法则：在不违背第一及第二法则下，机器人必须保护自己。

3. 机器人的组成

机器人一般由执行机构、驱动装置、检测装置、控制系统和复杂机械等组成。

(1) 执行机构

执行机构即机器人本体，其臂部一般采用空间开链连杆机构，其中的运动副(转动副或移动副)常称为关节，关节个数通常即为机器人的自由度数。根据关节配置形式和运动坐标形式的不同，机器人执行机构可分为直角坐标式、圆柱坐标式、极坐标式和关节坐标式等类型。出于拟人化的考虑，常将机器人本体的有关部位分别称为基座、腰部、臂部、腕部、手部(夹持器或末端执行器)和行走部(对于移动机器人)等，如图 14-1 所示。

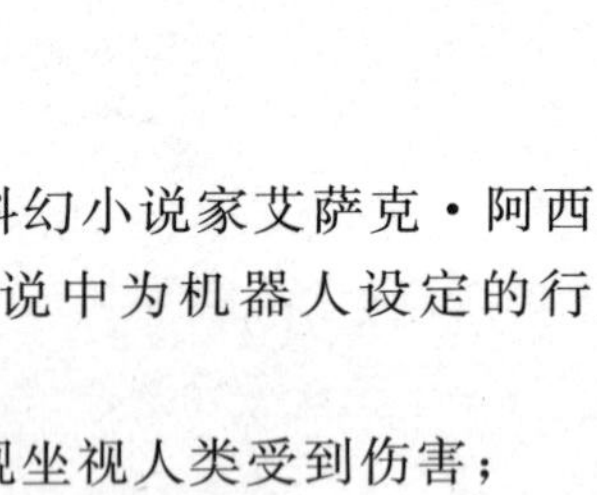

图 14-1　机器人的执行结构示例

(2) 驱动装置

驱动装置是驱使执行机构运动的装置。它按照控制系统发出的指令信号，借助于动力元件使机器人进行动作。它输入的是电信号，输出的是线位移量、角位移量。机器人使用的驱动装置主要是电力驱动装置，如步进电机、伺服电机等，此外也有的采用液压、气动等驱动装置。

(3) 检测装置

检测装置的作用是实时检测机器人的运动及工作情况，根据需要反馈给控制系统，与设定信息进行比较后，对执行机构进行调整，以保证机器人的动作符合预定的要求。作为检测装置的传感器大致可以分为两类：一类是内部信息传感器，用于检测机器人各部分的内部状况，如各关节的位置、速度、加速度等，并将所测得的信息作为反馈信号送至控制器，形成闭环控制。另一类是外部信息传感器，用于获取有关机器人的作业对象及外界环境等方面的信息，以使机器人的动作能适应外界情况的变化，使之达到更高层次的自动化，甚至使机器人具有某种“感觉”，向智能化发展，例如视觉、听觉等外部传感器给出工作对象、工作环境的有关信息，利用这些信息构成一个大的反馈回路，从而将大大提高机器人的工作精度。机器人的检测装置示例如图 14-2 所示。

图 14-2　机器人的检测装置示例

(4) 控制系统

机器人的控制系统有两种类型。一种是集中式控制，即机器人的全部控制由一台微型计算机完成。另一种是分散(级)式控制，即采用多台微型计算机来分担机器人的控制，如当采用上、下两级微型计算机共同完成机器人的控制时，主机常用于负责系统的管理、通讯、运动学和动力学计算，并向下级微机发送指令信息；作为下级从机，各关节分别对应一个 CPU，进行插补运算和伺服控制处理，实现给定的运动，并向主机反馈信息。根据作业任务要求的不同，机器人的控制方式又可分为点位控制、连续轨迹控制和力(力矩)控制。

14.1.2　机器人的发展

1. 古代和近代机器人

机器人一词的出现和世界上第一台工业机器人的问世都是近几十年的事。然而人们对机器人的幻想与追求却已有 3000 多年的历史。人类希望制造一种像人一样的机器，以便代替人类完成各种工作。

西周时期，中国的能工巧匠偃师就研制出了能歌善舞的伶人，这是中国最早记载的机器人。

春秋后期，中国著名的木匠鲁班，在机械方面也是一位发明家，据《墨经》记载，他曾制造过一只木鸟，能在空中飞行“三日不下”，体现了中国劳动人民的聪明智慧。

我国汉代大科学家张衡不仅发明了地动仪，而且发明了计里鼓车。计里鼓车每行一里，车上木人击鼓一下，每行十里击钟一下。

公元前2世纪，亚历山大时代的古希腊人发明了最原始的机器人——自动机。它是以水、空气和蒸汽压力为动力的会动的雕像，它可以自己开门，还可以借助蒸汽唱歌。

1662年，日本的竹田近江利用钟表技术发明了自动机器玩偶，并在大阪演出。

1738年，法国天才技师杰克·戴·瓦克逊发明了一只机器鸭，它会嘎嘎叫，会游泳和喝水，还会进食和排泄。瓦克逊的本意是想把生物的功能加以机械化而进行医学上的分析。

在18世纪的自动玩偶中，最杰出的要数瑞士的钟表匠杰克·道罗斯和他的儿子利·路易·道罗斯。1773年，他们连续推出了自动书写玩偶、自动演奏玩偶等，他们创造的自动玩偶是利用齿轮和发条原理而制成的。它们有的拿着画笔和颜色绘画，有的拿着鹅毛蘸墨水写字，结构巧妙，服装华丽，在欧洲风靡一时。由于当时技术条件的限制，这些玩偶其实是身高一米的巨型玩具。现在保留下来的自动玩偶是瑞士努萨蒂尔历史博物馆里的少女玩偶，它制作于二百年前，两只手的十个手指可以按动风琴的琴键而弹奏音乐，现在还定期演奏供参观者欣赏，展示了近代人的智慧。

19世纪中叶自动玩偶分为两个流派，即科学幻想派和机械制作派，并各自在文学艺术和近代技术中找到了自己的位置。1831年歌德发表了《浮士德》，塑造了人造人"荷蒙克鲁斯"；1870年霍夫曼出版了以自动玩偶为主角的作品《葛蓓莉娅》；1883年科洛迪的《木偶奇遇记》问世；1886年《未来的夏娃》问世。在机械实物制造方面，1893年摩尔制造了"蒸汽人"，"蒸汽人"靠蒸汽驱动双腿沿圆周走动。

2. 现代机器人

1910年，捷克斯洛伐克作家卡雷尔·恰佩克在他的科幻小说中，根据Robota（捷克文，原意为"劳役、苦工"）和Robotnik（波兰文，原意为"工人"），创造出"机器人"这个词。

1911年，美国纽约世博会上展出了西屋电气公司制造的家用机器人Elektro。它由电缆控制，可以行走，会说77个字，甚至可以抽烟，不过离真正干家务活还差得远。但它让人们对家用机器人的憧憬变得更加具体。

1912年，美国科幻巨匠阿西莫夫提出"机器人三定律"。虽然这只是科幻小说里的创造，但后来成为学术界默认的研发原则。

1913年，诺伯特·维纳出版《控制论——关于在动物和机器中控制和通讯的科学》，阐述了机器中的通信和控制机能与人的神经、感觉机能的共同规律，率先提出以计算机为核心的自动化工厂。

1914年，美国人乔治·德沃尔制造出世界上第一台可编程的机器人，堪称世界上第一台真正的机器人，并注册了专利。这种机械手能按照不同的程序从事不同的工作，因此具有通用性和灵活性。

1915年，在达特茅斯会议上，马文·明斯基提出了他对智能机器的看法：智能机器"能够创建周围环境的抽象模型，如果遇到问题，能够从抽象模型中寻找解决方法"。这个定义影响到以后30年智能机器人的研究方向。

1959年，德沃尔与美国发明家约瑟夫·英格伯格联手制造出第一台工业机器人。随后，成立了世界上第一家机器人制造工厂——Unimation公司。由于英格伯格对工业机器人的研发和宣传，他也被称为"工业机器人之父"。

1962 年，美国 AMF 公司生产出“VERSTRAN”(意思是万能搬运)，与 Unimation 公司生产的 Unimate 一样成为真正商业化的工业机器人，并出口到世界各国，掀起了全世界对机器人和机器人研究的热潮。

1962 年—1963 年，传感器的应用提高了机器人的可操作性。人们试着在机器人上安装各种各样的传感器，包括 1961 年恩斯特采用的触觉传感器，托莫维奇和博尼 1962 年在世界上最早的“灵巧手”上用到了压力传感器，而麦卡锡 1963 年则开始在机器人中加入视觉传感系统，并在 1964 年帮助 MIT 推出了世界上第一个带有视觉传感器，能识别并定位积木的机器人系统。

1965 年，约翰·霍普金斯大学应用物理实验室研制出 Beast 机器人。Beast 已经能通过声纳系统、光电管等装置，根据环境校正自己的位置。20 世纪 60 年代中期开始，美国麻省理工学院、斯坦福大学、英国爱丁堡大学等陆续成立了机器人实验室。美国兴起研究第二代传感器、“有感觉”的机器人，并向人工智能进发。

1968 年，美国斯坦福研究所公布他们研发成功的机器人 Shakey。它带有视觉传感器，能根据人的指令发现并抓取积木，不过控制它的计算机有一个房间那么大。Shakey 可以算是世界上第一台智能机器人，从此拉开了第三代机器人研发的序幕。

1969 年，日本早稻田大学加藤一郎实验室研发出第一台以双脚走路的机器人。加藤一郎长期致力于研究仿人机器人，被誉为“仿人机器人之父”。日本专家一向以研发仿人机器人和娱乐机器人的技术见长，后来更进一步，催生出本田公司的 ASIMO 和索尼公司的 QRIO。

1973 年，世界上第一次机器人和小型计算机携手合作，诞生了美国 Cincinnati Milacron 公司的机器人 T3。

1978 年，美国 Unimation 公司推出通用工业机器人 PUMA，这标志着工业机器人技术已经完全成熟。PUMA 至今仍然工作在工厂第一线。

1984 年，英格伯格再推机器人 Helpmate。这种机器人能在医院里为病人送饭、送药、送邮件。同年，他还预言：“我要让机器人擦地板、做饭、出去帮我洗车、检查安全”。

1990 年，中国著名学者周海中教授在《论机器人》一文中预言：到 21 世纪中叶，纳米机器人将彻底改变人类的劳动和生活方式。

1998 年，丹麦乐高公司推出机器人(Mind-storms)套件，让机器人制造变得跟搭积木一样，相对简单又能任意拼装，使机器人开始走入个人世界。

1999 年，日本索尼公司推出犬型机器人爱宝(AIBO)，当即销售一空。从此娱乐机器人成为目前机器人迈进普通家庭的途径之一。

2002 年，美国 iRobot 公司推出了吸尘器机器人 Roomba。它能避开障碍，自动设计行进路线，还能在电量不足时，自动驶向充电座。Roomba 是目前世界上销量最大、最商业化的家用机器人。

2006 年 6 月，微软公司推出 Microsoft Robotics Studio。机器人模块化、平台统一化的趋势越来越明显，比尔·盖茨预言，家用机器人很快将席卷全球。

2008 年，美国佐治亚理工大学的研究人员设计出一个名叫 El-E 的机器人。这个机器人在一个绿色激光笔的引导下，可以抓取实验人员想要它拿到的东西。机器人 El-E 外形与人并无相似之处，不过，它拥有像人眼一样分布规则的两个摄像头。

2009年，日本科学家研制出世界第一款可表达人类表情的机器人，它具有表情和肢体语言。它能够表达出快乐、忧虑、悲伤、惊奇、难过、生气和厌恶。这款机器人被命名为KOBIAN。

2010年，美国工程师托尼·穆里甘发明了名为EMILY的机器人救生员。EMILY机器人的游泳速度是人类救生员的15倍，每个机器人都装配着较小的电泵，启动后喷射出强劲的水流，从而推进EMILY机器人前进。EMILY机器人长1.2米，目前已在加利福尼亚州祖马海滩进行了测试，它可以远程进行操控。

2012年6月，我国自主研发的"蛟龙号"载人深潜机器人在马里亚纳海沟成功突破7000米深度，创造了世界同类潜水器的最大下潜深度。

2012年8月，美国宇航局的"好奇"号火星车成功登陆火星。

14.1.3 机器人教育

1. 机器人教育的概念

"机器人教育"(Robot-Based Education)应该包括以下三方面内容：

(1) 机器人学科教学(Robot Subject Instruction，简称RSI)。

(2) 机器人辅助教育(Robot-Assisted Education，简称RAE)。

有人将机器人辅助教育细分为：

- 机器人辅助教学(Robot-Assisted Instruction，简称RAI)。
- 机器人管理教学(Robot-Managed Instruction，简称RMI)。
- 机器人辅助测试(Robot- Assisted Test，简称RAT)。
- 机器人辅助学习(Robot-Assisted Learn，简称RAL)。
- 机器人代理(师生)事务(Robot-Represented Routine，简RRR)等。

(3) 机器人与传统学科相互渗透。

2. 国际上的机器人教育

国际上机器人教育一直是个热点，早在1994年麻省理工学院就设立了"设计和建造LEGO机器人"课程(Martin)，目的是提高工程设计专业学生的设计和创造能力，尝试机器人教育与理科实验的整合；麻省理工学院媒体实验室"终身幼儿园"项目小组开发了各种教学工具，通过与著名积木玩具商乐高公司的紧密合作，该项目组开发出可编程的乐高玩具，帮孩子们学会在数字时代怎样进行设计活动。同时，国外的一些智能机器人实验室也有相应的机器人教育研究的内容。

美国、日本等国家高度重视机器人学科教育对高科技社会的作用和影响，已在信息技术课与课外科技活动中开设了有关机器人的课程。

自1992年开始，美国政府有关部门在全国高中生中推行"感知和认知移动机器人"计划，高中生可免费获得70kg重的一套零件，自行组装成遥控机器人，然后可参加有关的比赛。

日本高度重视机器人教育和机器人文化的普及。在日本，每所大学都有高水平的机器人研究和教学内容，每年定期举行各种不同层次的机器人设计和制作大赛，既有国际性高水平比赛，也有社区性中小学生参加的比赛。

新加坡国立教育学院和乐高教育部于 2006 年 6 月在新加坡举办了第一届亚太 ROBOLAB 国际教育研讨会，通过专题报告、论文交流和动手制作等方式，就机器人教育及其在科技、数学课程里的应用进行交流，以提高教师们开展机器人教育的科技水平与应用能力。

3. 我国的机器人教育

2000 年，北京景山学校以科研课题的形式将机器人普及教育纳入到信息技术课程中，在国内率先开展了中小学机器人课程教学。2001 年，上海市西南位育中学、卢湾高级中学等学校开始以“校本课程”的形式进行机器人活动进课堂的探索和尝试。2005 年，哈尔滨市正式将机器人引入课堂教学，在哈尔滨师范附小、60 中、省实验中学等 41 所学校开设了“人工智能与机器人”课程，用必修课形式对中小学生进行机器人科学方面的教育。此外，香港在高中及高等教育改革中，也在高中“设计与应用科技”课程中增设了机器人制作的课程。

近年来，我国的机器人教育在全国中小学计算机教育研究中心及众多知名专家以及一些省市的大力推动下，有了很大的发展。教育机器人逐步成为中小学技术课程和综合实践课程的良好载体。新的高中课程标准在“信息技术”科目中也设立了“人工智能初步”选修模块，迈出了我国高中阶段开展人工智能教育的第一步，这也意味着我国的人工智能教育在大众化、普及化层面上跃上了一个新的台阶。

全国中小学计算机教育研究中心举办了两届“全国中小学程序设计与机器人教学研讨会”，启动了“全国中小学机器人教学实验区、实验学校”项目。中国科学技术协会青少年科技中心主办了机器人教育交流的全国性网络平台：中国青少年机器人教育在线。

从各地情况来看，较多的学校只是以课外活动、各种兴趣班、培训班的形式开展机器人教学。通常的做法是由学校购买若干套机器人器材，由信息技术课程老师或综合实践课程教师进行指导，组织学生进行机器人组装、编程的实践活动，然后参加一些相关的机器人竞赛。目前，只有极少数的地区和学校将机器人教学纳入了正规课堂教学。

目前，北京、上海、广东、山东、湖北、黑龙江、浙江等省市已经开展了较大规模的机器人教学实验。这说明，我国青少年的机器人普及教育正在迎来一个快速发展的新时期。

4. 国内使用的主要教育机器人

教育机器人是由生产厂商专门开发的以激发学生学习兴趣、培养学生综合能力为目标的机器人成品、套装或散件。它除了机器人机体本身之外，还有相应的控制软件和教学课本等。目前国内使用的主要教育机器人见表 14-1。

表 14-1　国内使用的主要教育机器人（排名不分先后）

序　　号	名　　称	网　　址
1	中鸣机器人	http://www.robotplayer.com/
2	未来伙伴机器人	http://www.xpartner.cn/
3	乐高机器人（丹麦）	http://www.semia.com/
4	纳英特机器人	http://www.robotedu.com
5	博思威龙机器人	http://www.bds-tech.com/

14.2 教育机器人的硬件

教育机器人本质上是由控制系统、执行系统和信号采集系统组成的具有一定自主能力的机器人系统。因此，教育机器人的硬件通常由直流减速电机、伺服电机、各种传感器、A/D 转换模块和以单片机为核心的系统控制器构成。

14.2.1 模拟信号与数字信号

模拟信号是指用连续变化的物理量表示的信息，其信号的幅度，或频率，或相位随时间作连续变化，如目前广播的声音信号，或图像信号等，如图 14-3(a)所示。

数字信号指幅度的取值是离散的，幅值表示被限制在有限个数值之内的信号，如图 14-3(b)所示。二进制码就是一种数字信号。二进制码受噪声的影响小，易于由数字电路进行处理，所以得到了广泛的应用。

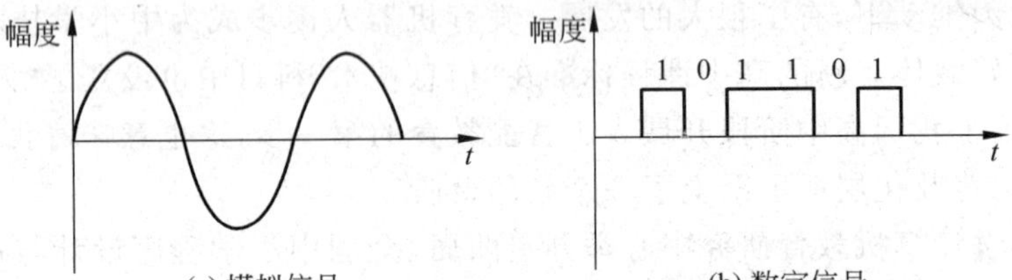

图 14-3 模拟信号与数字信号

数字信号和模拟信号是可以相互转换的。

数字信号和模拟信号在教育机器人中都有应用，在使用时要注意区别。

1. 模数转换(Analog-to-Digital Conversion，简称 ADC)：为把模拟信号转换为信息基本相同的数字信号而设计的处理过程。模数转换如图 14-4 所示。

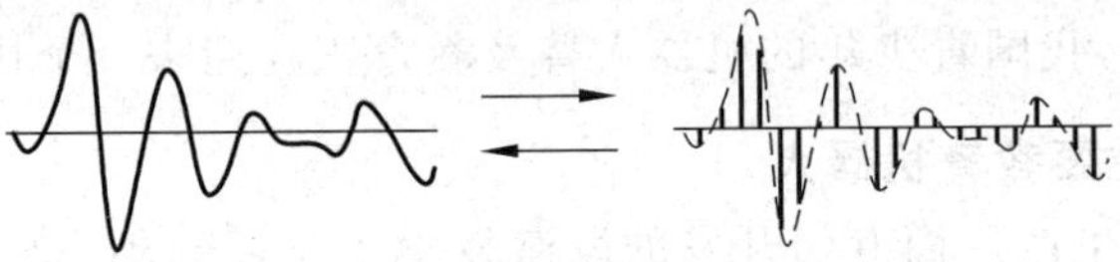

图 14-4 模拟信号与数字信号的相互转换

2. 数模转换(Digital-to-Analog Conversion，简称 DAC)：为把数字信号转换为信息基本相同的模拟信号而设计的处理过程。

14.2.2 教育机器人的控制核心——单片机

单片机是一种集成电路芯片，是采用超大规模集成电路技术把具有数据处理能力的中央处理器 CPU、随机存储器 RAM、只读存储器 ROM、多种 I/O 口和中断系统、定时器/计时器等功能(可能还包括显示驱动电路、脉宽调制电路、模拟多路转换器、A/D 转换器等电路)集成到一块硅片上构成的一个小而完善的微型计算机系统。从上世纪 80 年代，由当时的 4 位、8 位单片机，发展到现在的 32 位主频 1GHz 的高速单片机，更新速度很快。

单片机诞生于 1971 年，经历了 SCM、MCU、SoC 三大阶段。较为成功的是 Intel 的 8031，此后在 8031 上发展出了 MCS51 系列 MCU 系统。基于这一系统的单片机系统直到现在还在广泛使用。随着工业控制领域要求的提高，开始出现了 16 位单片机，但因为性价比不理想并未得到很广泛的应用。20 世纪 90 年代后随着消费电子产品大发展，单片机技术得到了巨大提高。随着 Intel i960 系列特别是后来的 ARM 系列的广泛应用，32 位单片机迅速取代 16 位单片机进入主流市场。

图 14-5　Z80 单片机

图 14-6　16 位单片机

图 14-7　32 位单片机

1. SCM 发展阶段

SCM 即单片微型计算机(Single Chip Microcomputer)。在 SCM 发展阶段主要是寻求单片形态嵌入式系统的最佳体系结构。“创新模式”获得成功，奠定了 SCM 与通用计算机完全不同的发展道路。在开创嵌入式系统独立发展道路上，Intel 公司功不可没。

2. MCU 发展阶段

MCU 即微控制器(Micro Controller Unit)。在这一阶段，主要的技术发展方向是：不断扩展满足嵌入式应用时，对象系统要求的各种外围电路与接口电路，突显其对象的智能化控制能力。它所涉及的领域都与对象系统相关，因此，发展 MCU 的重任不可避免地落在电气、电子技术厂家。在发展 MCU 方面，最著名的厂家当数 Philips 公司。Philips 公司以其在嵌入式应用方面的巨大优势，将 MCS-51 从单片微型计算机迅速发展到微控制器。

3. SoC 发展阶段

SoC 嵌入式系统(System on Chip)的独立发展之路，就是寻求应用系统在芯片上的最大化解决。因此，专用单片机的发展自然形成了 SoC 化趋势。随着微电子技术、IC 设计、EDA 工具的发展，基于 SoC 的单片机应用系统设计会有较大的发展。因此，对单片机的理解可以从单片微型计算机、单片微控制器延伸到单片应用系统。

14.2.3　教育机器人的执行机构

教育机器人的执行机构通常包括行走部和执行部两类。行走部如果采用轮式底盘或履带式底盘则使用直流减速电机作为执行机构。如果是仿生机器人或类人型机器人的行走部一般采用伺服电机或舵机。执行部，如机械手等，通常采用伺服电机或舵机。

1. 直流电机

(1) 直流电机的原理

根据安培定律,通电导线在磁场中将产生力的作用。如图 14-8 所示,直流电机里边固定有环状永磁体,电流通过转子上的线圈产生安培力,当转子上的线圈与磁场平行时,再继续转受到的磁场方向将改变,因此此时转子末端的电刷跟转换片交替接触,从而线圈上的电流方向也改变,产生的洛伦兹力方向不变,所以电机能保持一个方向转动。

由于直流电动的转速一般都比较高,而扭矩又较小,所以在大多数情况下,使用直流减速电机作为机器人的驱动装置,如图 14-9 所示。

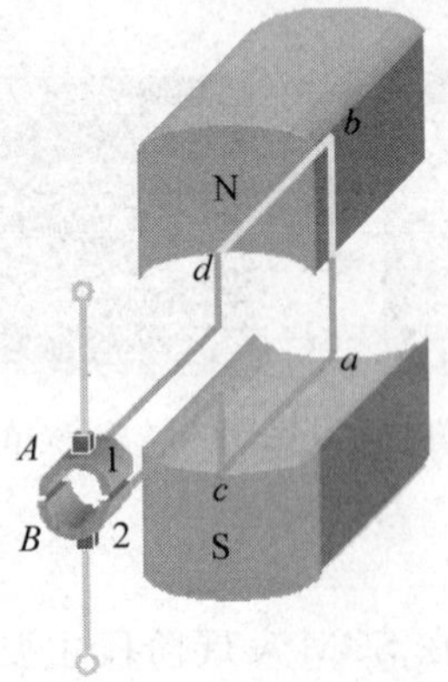

图 14-8　直流电机

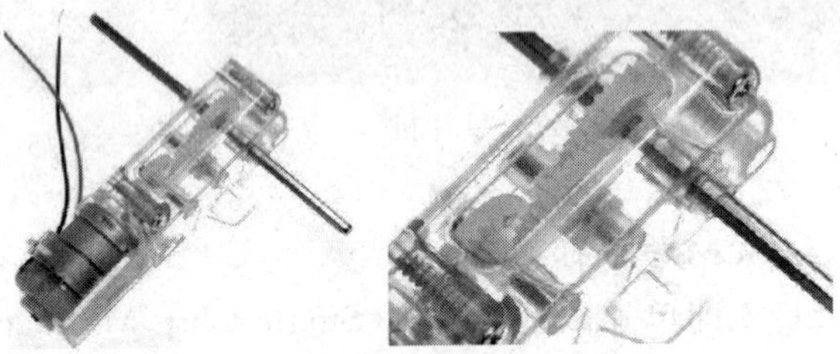

图 14-9　减速电机

(2) PWM 调速

PWM 即 Pulse Width Modulation 的缩写,称为脉冲宽度调制,如图 14-10 所示。PWM 是利用微处理器的数字输出来对模拟电路进行控制的一种非常有效的技术,广泛应用于测量、通信、功率控制与变换(调速)等许多领域。

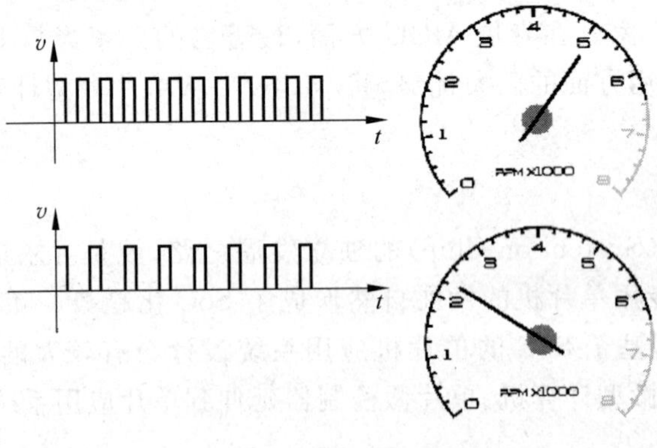

图 14-10　脉冲宽度调制

2. 伺服电机(舵机)

舵机简单地说就是集成了直流电机、电机控制器和减速器等,并封装在一个便于安装的外壳里的伺服单元，是能够利用简单的输入信号比较精确地转动给定角度的电机系统。舵机安装了一个电位器(或其他角度传感器)检测输出轴转动角度，控制板根据电位器的信息能比较精确地控制和保持输出轴的角度。这样的直流电机控制方式叫闭环控制，所以舵机更准确地说是伺服电机，英文 servo。

舵机的主体结构如图 14-11 所示，主要有几个部分：外壳、减速齿轮组、电机、电位器、控制电路。简单的工作原理是控制电路接收信号源的控制信号，并驱动电机转动；齿轮组将电机的速度缩小，并将电机的输出扭矩放大，然后输出；电位器和齿轮组的末级一起转动，测量舵机轴转动角度；电路板检测并根据电位器判断舵机转动角度，然后控制舵机转动到目标角度或保持在目标角度。

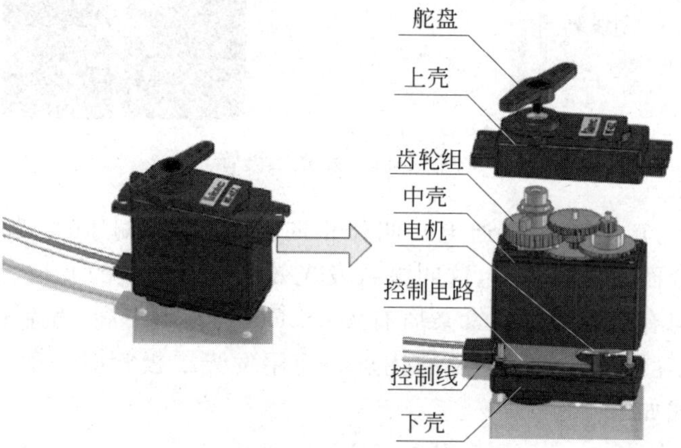

图 14-11　舵机主体结构

模拟舵机需要一个外部控制器(遥控器的接收机)产生脉冲宽度调制信号来告诉舵机转动角度，脉冲宽度是舵机控制器所需的编码信息。舵机的控制脉冲周期为 20ms，脉宽从 0.5ms～2.5ms，分别对应 0°到 180°的位置。如图 14-12 所示。

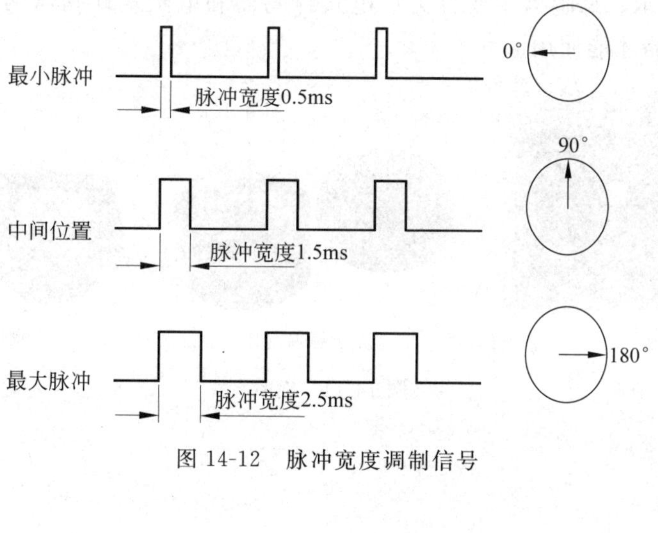

图 14-12　脉冲宽度调制信号

3. 发光二极管

发光二极管(Light-Emitting Diode,简称 LED)是一种能发光的半导体电子元件,如图 14-13 所示。这种电子元件在 1962 年出现,早期只能发出低光度的红光,之后发展出其他单色光的版本,时至今日能发出的光已遍及可见光、红外线及紫外线,光度也提高到相当的光度。而用途也由指示灯、显示板发展至被用作照明。

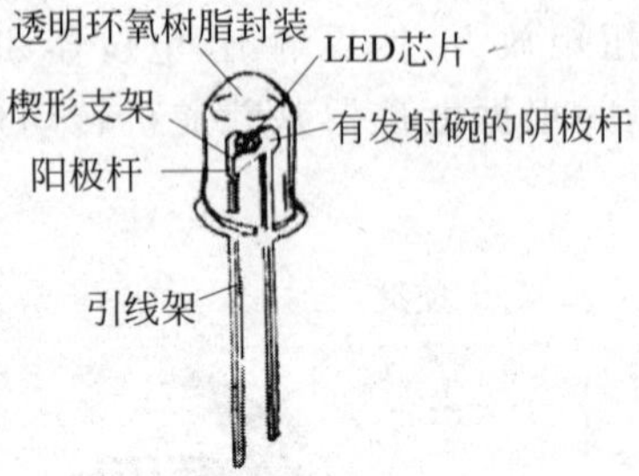

图 14-13　发光二极管

LED 只能往一个方向导通(通电),叫作正向偏置(正向偏压)。当电流流过时,电子与电洞在其内重合而发出单色光,这叫电致发光效应。而光线的波长、颜色跟其所采用的半导体物料种类与有意渗入的元素杂质有关。LED 具有效率高、寿命长、不易破损、开关速度快、高可靠性等传统光源所不及的优点。使用发光二极管时一般要加限流电阻。限流电阻的计算公式如下:

$$R = (E - U_F)/I_F$$

式中 E 为电源电压,U_F 为 LED 的正向压降,I_F 为 LED 的一般工作电流。

4. 喇叭(无源蜂鸣器)

蜂鸣器是一种一体化结构的电子讯响器,采用直流电压供电,广泛应用于计算机、打印机、复印机、报警器、电子玩具、汽车电子设备、电话机、定时器等电子产品中作发声器件,如图 14-14 所示。蜂鸣器主要分为压电式蜂鸣器和电磁式蜂鸣器两种类型。蜂鸣器一般需要放大电路才能使用。

功放　　无源蜂鸣器　　喇叭

图 14-14　喇叭

14.2.4　教育机器人的常用传感器

1. 碰触传感器(数字信号)

碰触传感器相当于开关,只有两个状态,导通或断开。如图 14-15 所示。

2. 灰度传感器(光电传感器、模拟信号)

光电传感器是采用光电元件作为检测元件的传感器,如图 14-16 所示。它首先把被测量的变化转换成光信号的变化,然后借助光电元件进一步将光信号转换成电信号,如图 14-17 所示。光电传感器一般由光源、光学通路和光电元件三部分组成。

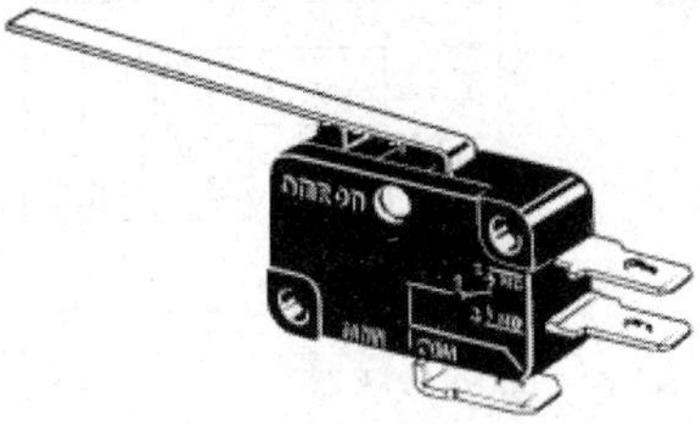

图 14-15　碰触传感器

红外型　　光敏电阻型

图 14-16　灰度传感器

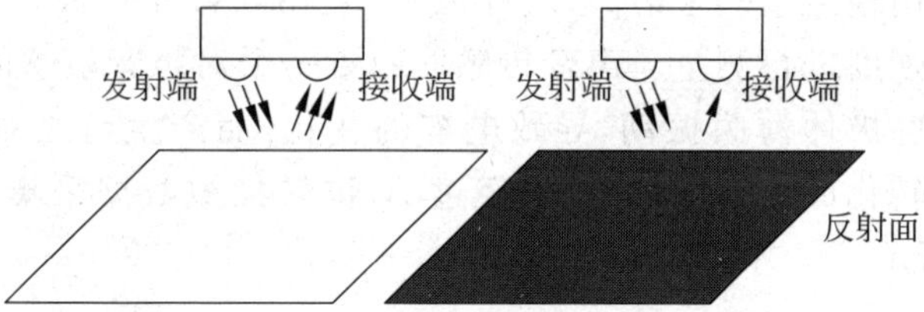

图 14-17　光电传感器

由于反射面性质的不同,由发射端发出的光线会有多少不同的进入接收端,接收端的光信号会转换成电信号,在进行 A/D 转换后传送给单片机。

3. 火焰传感器(模拟信号)

火焰传感器和可见光传感器的原理是一样的,只是没有发射端只有接收端,如图 14-18 所示。

4. 红外传感器(红外开关,数字信号)

红外传感器是一种集发射和接收于一体的反射式光电传感器,如图 14-19 所示。该传感器具有探测距离远,可通过背面的电位器调节测量范围、不用外加调制信号、受可见光干扰小、价格便宜易于装配、使用方便等特点,广泛用于机器人避障、工艺流水线等场合。

5. 超声波传感器

超声波传感器用来测量物体的距离。首先,超声波传感器会发射一组高频声波,一般为 40～45kHz,当声波遇到物体后,就会被反弹回,并被接受到。通过计算声波从发射到返回的时间,再乘以声波在媒介中的传播速度(344m/s,空气中,25℃),就可以获得物体相对于传感器的距离值了,如图 14-20 所示。

图 14-18　火焰传感器

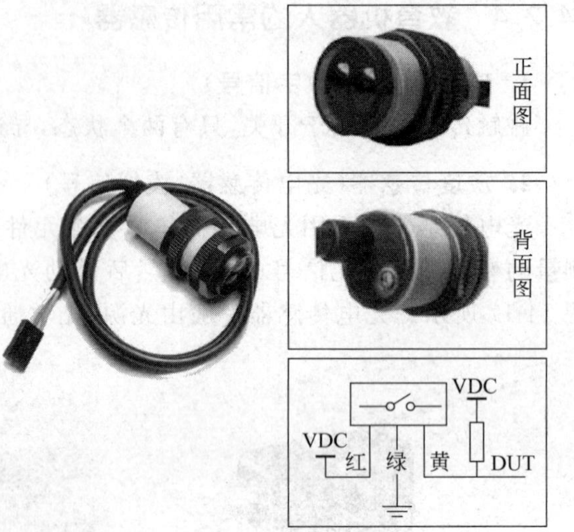

图 14-19　红外传感器

6. 声音传感器(数字信号或模拟信号)

声音传感器的作用相当于一个话筒(麦克风)。它用来接收声波,显示声音的振动图象。但不能对噪声的强度进行测量。声音传感器内置一个对声音敏感的电容式驻极体话筒。声波使话筒内的驻极体薄膜振动,导致电容的变化,而产生与之对应变化的微小电压。这一电压随后被转化成0～5V 的电压,经过 A/D 转换被数据采集器接受,并传送给计算机,如图 14-21 所示。

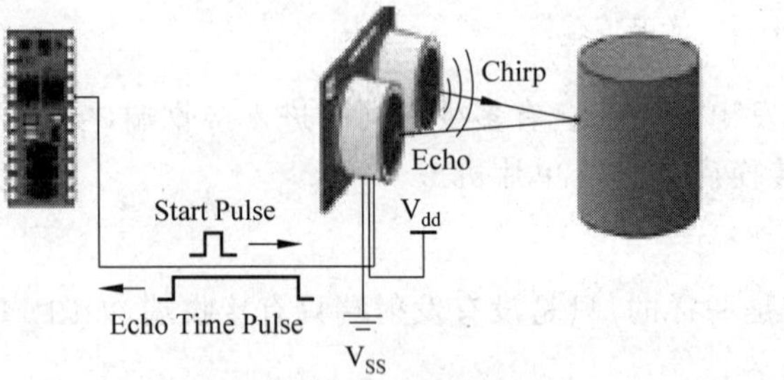

图 14-20　超声波传感器

图 14-21　声音传感器

7. 码盘

脉冲编码器又俗称码盘,是一种回转式数字测量元件,分为增量式和绝对式两种。脉冲码盘通常装在被检测轴上,随被测轴一起转动。使用码盘可以将被测轴的角位移转换为数字量,如图 14-22 所示。增量编码器输出信号以增量脉冲形式输出;绝对式编码器输出信号以数字编码形式输出。根据内部结构和检测方式码盘可分为接触式、光电式和电磁式 3 种。其中,由霍尔效应构成的电磁码盘可用作速度检测元件,光电码盘(如图 14-23 所示)则在数控机床上应用较多。

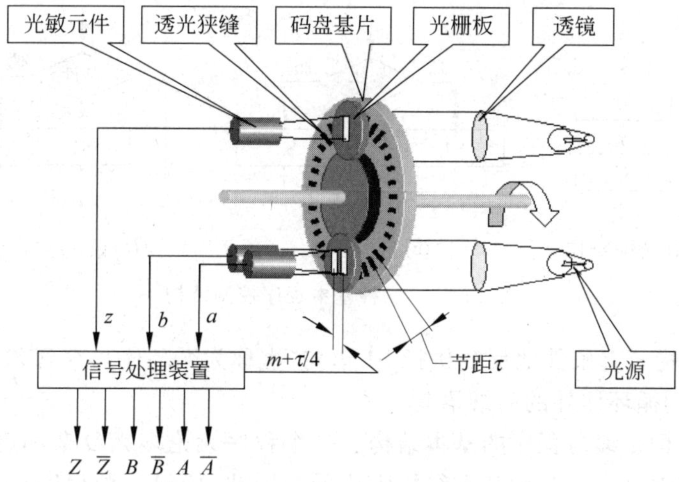

图 14-22　码盘

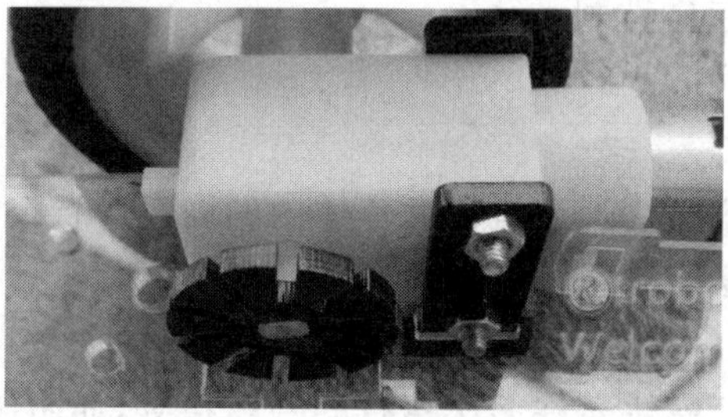

图 14-23　光电码盘

14.3　教育机器人的程序设计

14.3.1　教育机器人的程序设计步骤

教育机器人的总体设计一般按以下四个大步骤进行，如图 14-24 所示。

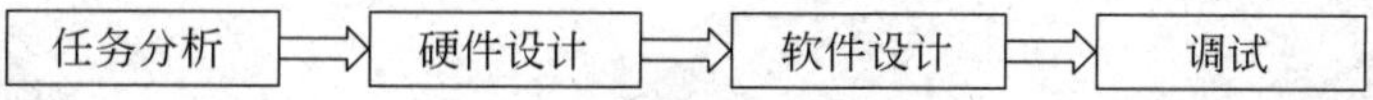

图 14-24　机器人的总体设计步骤

1. 计算机中的程序控制结构

程序设计理论已经证明，任何程序均可由三种基本结构构成。这三种基本结构分别是顺序结构、选择结构和循环结构，如图 14-25 所示。

(1) 顺序结构。从前向后顺序执行 S1 语句和 S2 语句，只有当 S1 语句执行完后才执行 S2 语句。

(2) 选择结构。根据条件有选择地执行语句。当条件成立(为真)时执行 S1 语句，当条件不成立(为假)时执行 S2 语句。

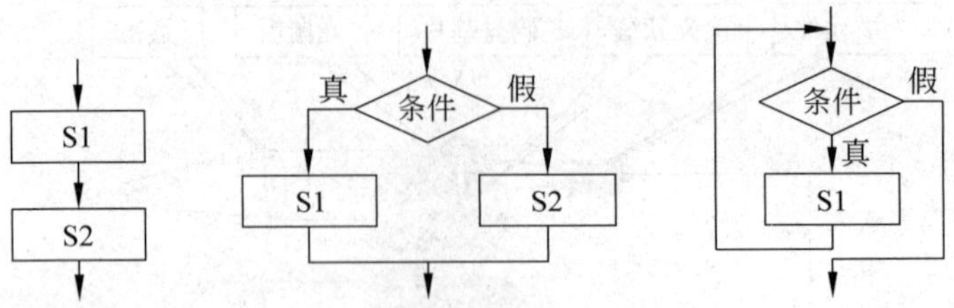

(a) 顺序结构　　(b) 选择结构　　(c) 循环结构

图 14-25　三种基本程序控制结构

(3) 循环结构。有条件地反复执行 S1 语句(也称为循环体),直到条件不成立时终止循环,控制转移到循环体外的后继语句。

以上三种结构是编写程序的基本结构。一个程序无论多么复杂和庞大,程序的模块内部或模块之间都是由这三种基本结构组成的。因此,任何一种程序设计语言都会提供与之对应的语句,用其完成程序中的流程控制。

2. 教育机器人中的程序控制

(1) 循环

① 永远循环

- 功能:"永远循环"模块永远执行循环体内的同一组指令,如图 14-26 所示。
- 范例:如果控制器检测到轻触开关,就发音。

② 多次循环

- 功能:"多次循环"模块允许多次执行同一组指令,如图 14-27 所示。
- 范例:让控制器连续发音三次。

③ 条件循环

- 功能:当设定的判断条件成立,就重复执行循环体。一旦条件不成立,就退出循环如图 14-28 所示。有时可以用永远循环加条件判断实现。
- 范例:控制器一直重复进行轻触开关检测。你一旦按下轻触开关,控制器就开始运动。

图 14-26　永远循环

图 14-27　多次循环

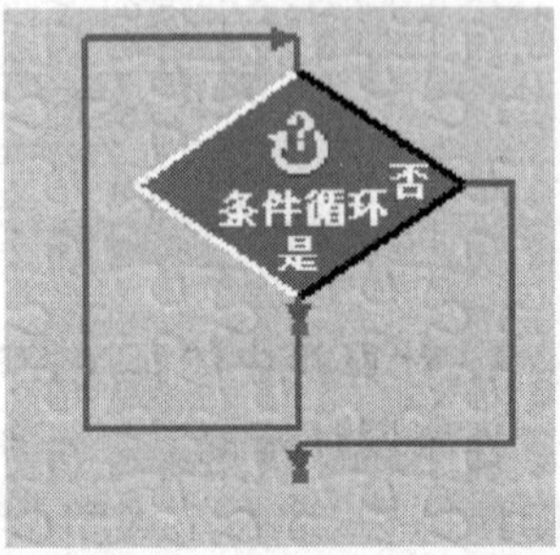

图 14-28　条件循环

(2) 判断

- 功能:根据条件在两组指令中选择一组执行,如果满足条件就执行"是"的指令,不满足条件就执行“否”的指令，如图 14-29 所示。可以对任何全局变量和传感器变量进行条件判断。

图 14-29　判断

- 范例：控制器对外界的光线进行检测，如果外界光线很暗，就安静地呆着，如果光线足够亮，就运动并发音。

3. 逻辑条件之间的关系

(1) 与运算

图 14-30(a)表示一个简单与逻辑的电路，电压 U 通过开关 A 和 B 向灯泡 L 供电，只有 A 和 B 同时接通时，灯泡 L 才亮。A 和 B 中只要有一个不接通或二者均不接通时，灯泡 L 不亮，其真值表如图 14-30(b)。因此，从这个电路可总结与运算逻辑关系。

语句描述：只有当一件事情(灯 L 亮)的几个条件(开关 A 与 B 都接通)全部具备之后，这件事情才会发生。这种关系称与运算。

逻辑表达式：

$$L = A \cdot B$$

式中小圆点“·”表示 A,B 的与运算，又称逻辑乘。某些文献中，也有用符号 ∧ 或 ∩ 表示与运算的。

真值表：如果开关不通和灯不亮均用 0 表示，而开关接通和灯亮均用 1 表示，得到如图 14-30(c)所示的真值表描述。真值表的左边列出所有变量的全部取值组合，右边列出的是对应于 A,B 变量的每种取值组合的输出。因为输入变量有两个，所以取值组合有 $2^2=4$ 种，对于 n 个变量，应该有 2^n 种取值组合。

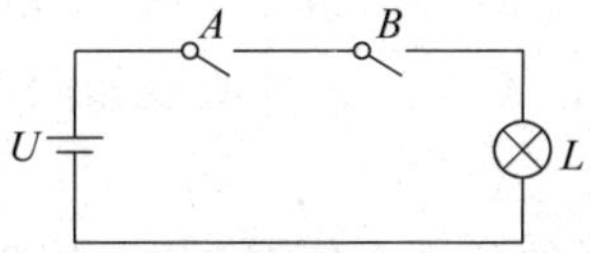

(a) 电路图

A	B	灯
不通	不通	不亮
不通	通	不亮
通	不通	不亮
通	通	亮

(b) 真值表

A	B	$L=A \cdot B$
0	0	0
0	1	0
1	0	0
1	1	1

(c) 用0、1表示的真值表

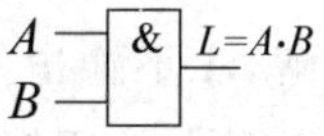

(d) 与逻辑门电路的符号

图 14-30　与逻辑运算

逻辑符号：与运算的逻辑符号如图 14-30(d)所示，其中 A,B 为输入，L 为输出。

(2) 或运算

图 14-31 (a)表示一简单的或逻辑电路，电压 U 通过开关 A 或 B 向灯泡供电。只要开关 A 接通或 B 接通或二者均接通，则灯 L 亮；而当 A 和 B 均不通时，则灯 L 不亮，其真值表如图 14-31 (b)所示。由此可总结出或运算逻辑关系。

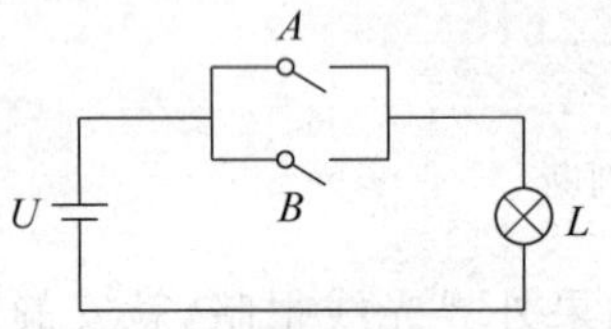

(a) 电路图

A	B	灯
不通	不通	不亮
不通	通	亮
通	不通	亮
通	通	亮

(b) 真值表

A	B	L=A+B
0	0	0
0	1	1
1	0	1
1	1	1

(c) 用0、1表示的真值表

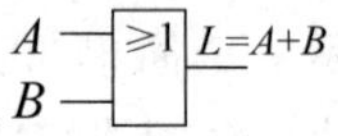

(d) 或逻辑门电路的符号

图 14-31　或逻辑运算

语句描述：当一件事情(灯 L 亮)的几个条件(开关 A、B 接通)中只要有一个条件得到满足，这件事就会发生，这种关系称为或运算。

逻辑表达式：

$$L = A + B$$

式中符号“+”表示 A,B 或运算，又称逻辑加。在某些文献中，也用符号 $\vee$ 或 $\cup$ 来表示或运算。

真值表：同与运算一样，用 0、1 表示的或逻辑真值表如图 14-31 (c)所示。

逻辑符号：或运算的逻辑符如图 14-31(d)所示，其中 A,B 表示输入，L 表示输出。

(3) 非运算

如图 14-32(a)所示，电压 U 通过一继电器触点向灯泡供电，NC 为继电器 A 的常闭触点，当 A 不通电时，灯 L 亮；而当 A 通电时，灯 L 不亮。其真值表如图 14-32 (b)所示。由此可总结出非运算逻辑关系。

语句描述：一件事情(灯亮)的发生是以其相反的条件为依据。这种逻辑关系为非运算。

逻辑表达式描述：

$$L = \overline{A}$$

真值表：若用 0 和 1 来表示继电器和灯泡状态，则可得图 14-32 (c)所示的真值表。在此图中，很容易理解，A 不通电和灯不亮定义为 0 态，而 A 通电和灯亮是定义为 1 态。显然 L 与 A 总是处于对立的逻辑状态。

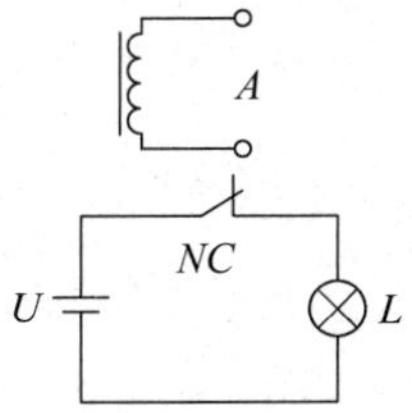

(a) 电路图

继电器A	灯
不通电	亮
通电	不亮

(b) 真值表

A	$L=\overline{A}$
0	1
1	0

(c) 用0、1表示的真值表

图 14-32　非逻辑运算

14.3.2　程序设计举例

1. 闪烁灯

任务说明：利用控制器使发光模块以 0.5s 的间隔闪烁。

任务分析：使用永久循环方式控制。

硬件设计：控制器、发光模块。

软件流程：如图 14-33 所示。

2. 光控灯

任务说明：利用控制器使发光模块在光线较暗时点亮。

任务分析：永久循环＋条件控制方式完成。

硬件设计：控制器、发光模块、灰度传感器模块。

软件流程：如图 14-34 所示。

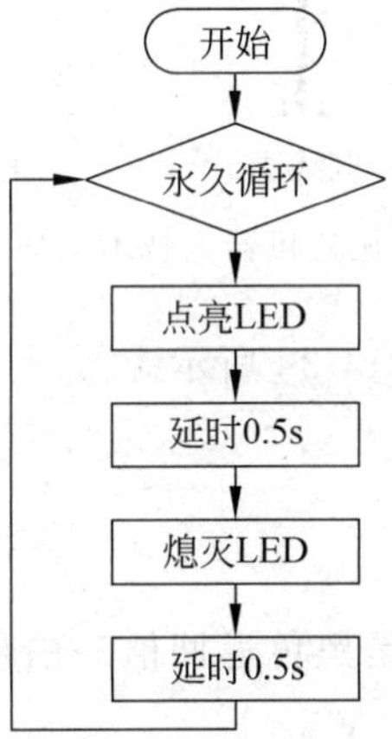

图 14-33　闪烁灯程序流程

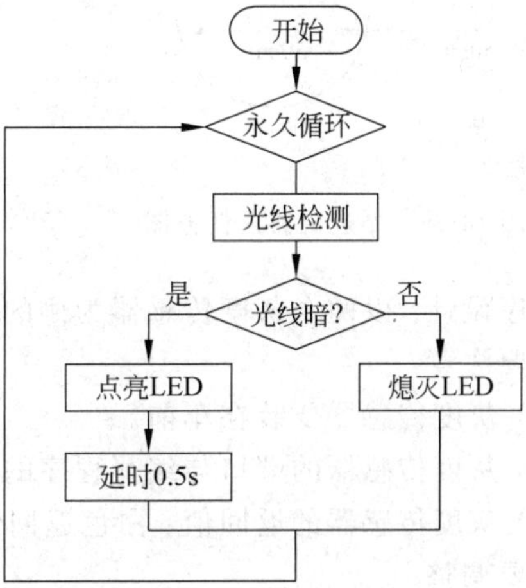

图 14-34　光控灯程序流程

3. 光控开关

任务说明：利用控制器使发光模块在光线较暗且按动开关时点亮。

任务分析：永久循环＋条件控制方式完成。

硬件设计：控制器、发光模块、灰度传感器模块、碰触模块。

软件流程：如图 14-35 所示。

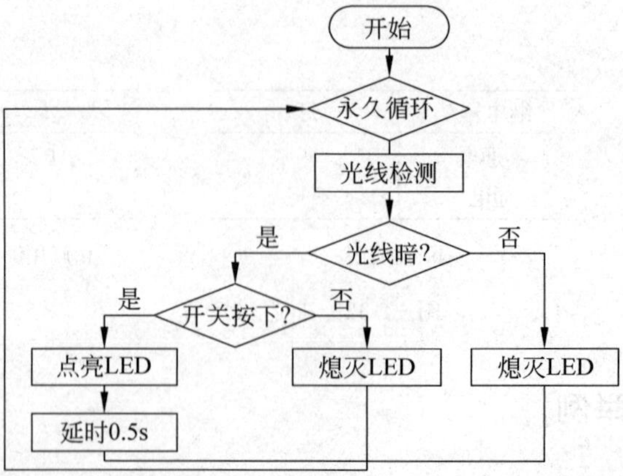

图 14-35　光控开关程序流程

4. 综合任务——循迹机器人

任务说明：搭建机器人并编写程序使机器人完成如图 14-36 所示的寻迹路线后停止，以完成时间短者为胜利。

硬件设计：2 个电机模块、2 个灰度传感器、1 个控制器。

技术策略：如图 14-37 所示。

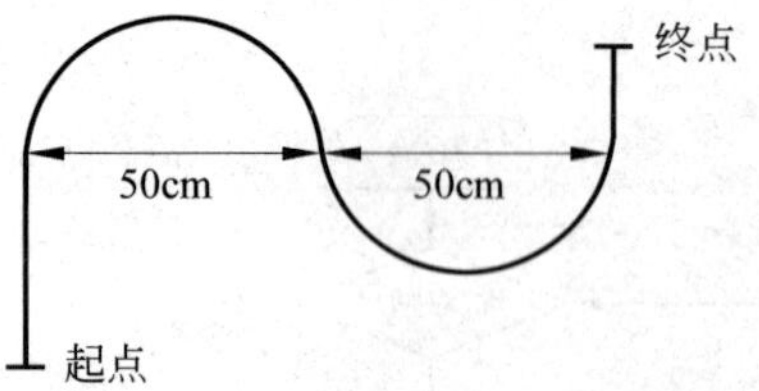

图 14-36　循迹机器人任务图

图 14-37　循迹机器人技术策略

程序设计：以两个灰度传感器为例的程序设计流程如图 14-38 所示。

需要注意：

(1) 灰度传感器要装在车前。

(2) 灰度传感器的端口与编写程序的端口要对应。

(3) 灰度传感器的返回值：白色返回值>黑色返回值还是黑色返回值>白色返回值

需要调整：

(1) 两个灰度传感器之间的距离。

(2) 灰度传感器的临界值：

$$临界值 = \frac{白色返回值 + 黑色返回值}{2}$$

(3) 直行的速度。

(4) 纠偏时左右轮子的差速。

(5) 所有的延时。

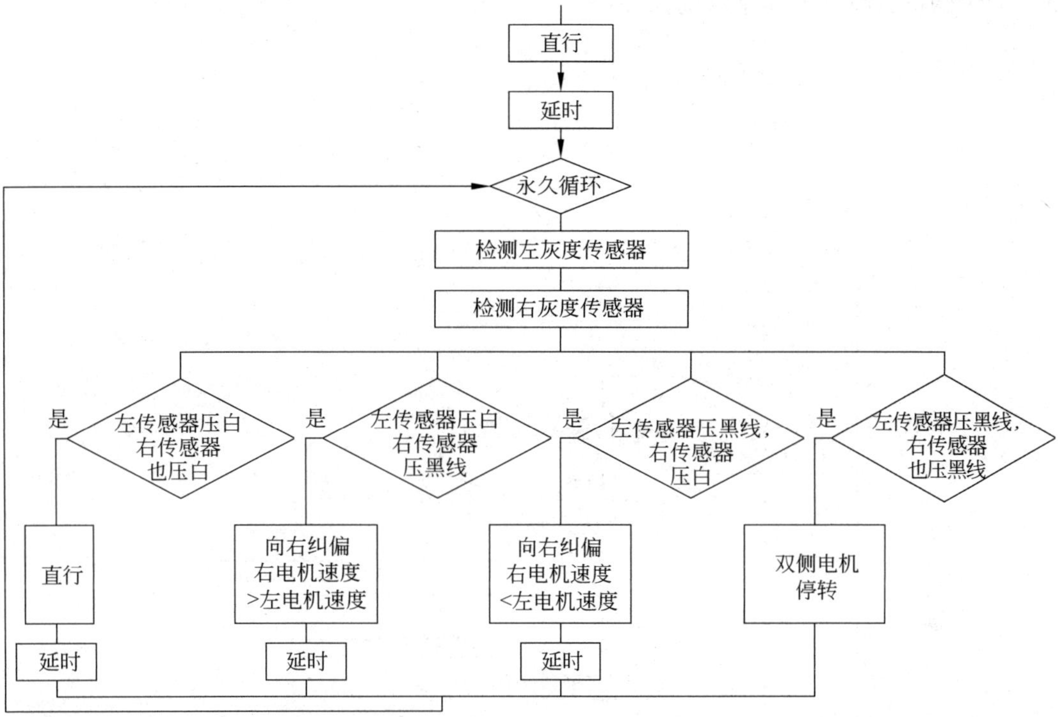

图 14-38　循迹机器人程序设计

5. 教育机器人程序设计界面示例

(1) 乐高 NXT 程序示例,如图 14-39 所示。

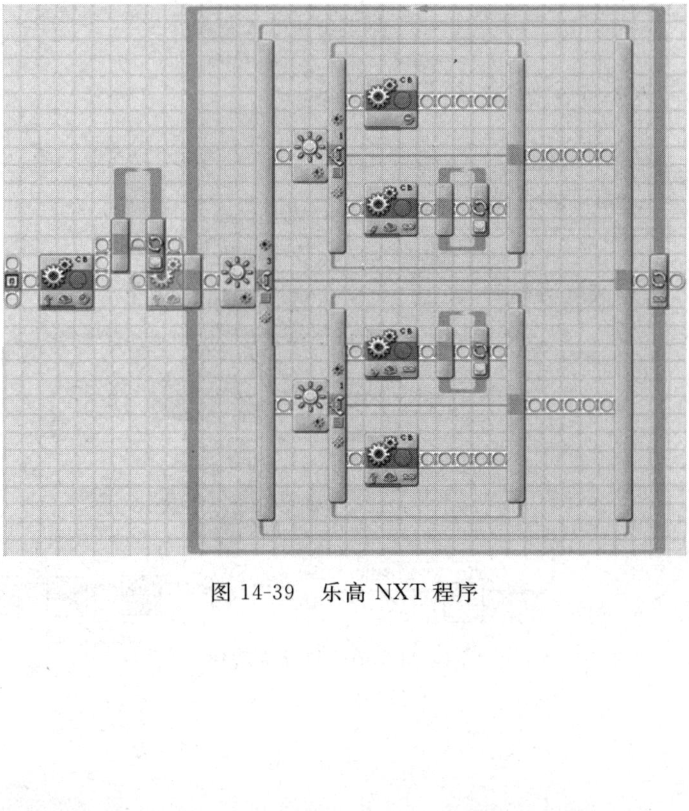

图 14-39　乐高 NXT 程序

(2) 纳英特机器人程序示例,如图 14-40 所示。

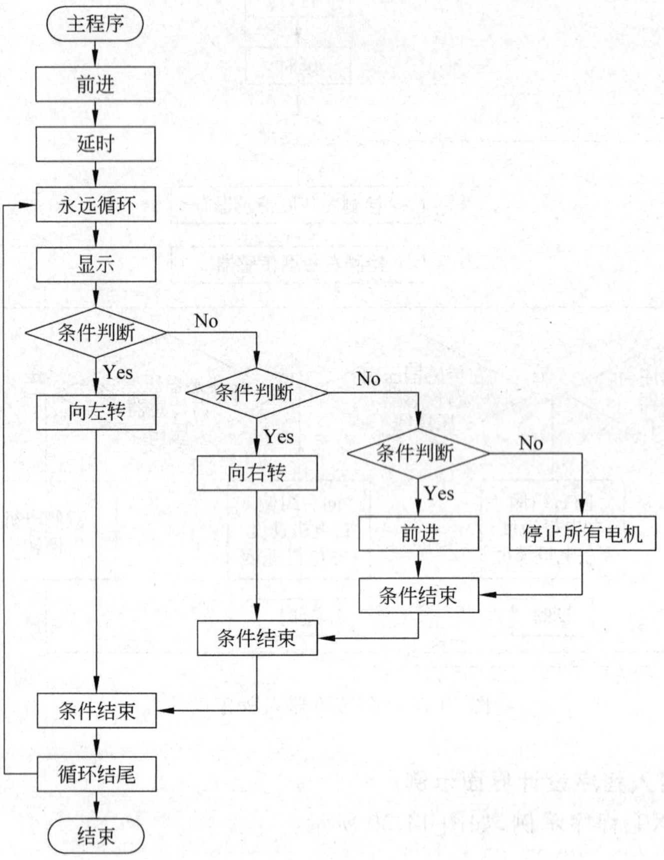

图 14-40　纳英特机器人程序

(3) 中鸣机器人程序示例,如图 14-41 所示。

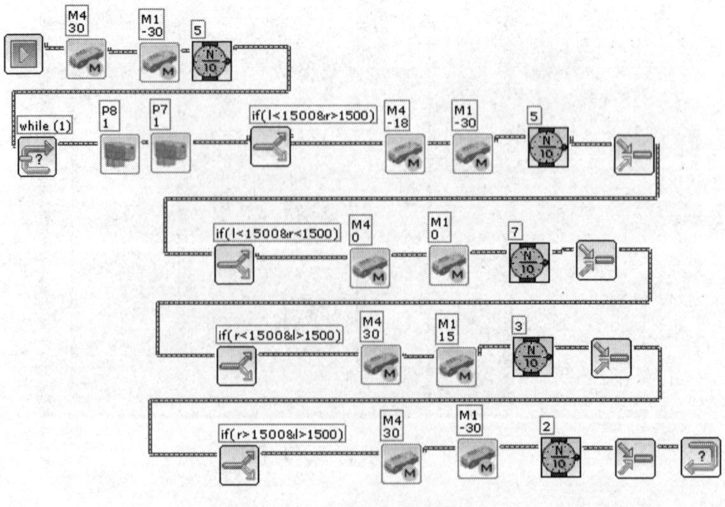

图 14-41　中鸣机器人程序

（4）博思威龙机器人程序示例，如图 14-42 所示。

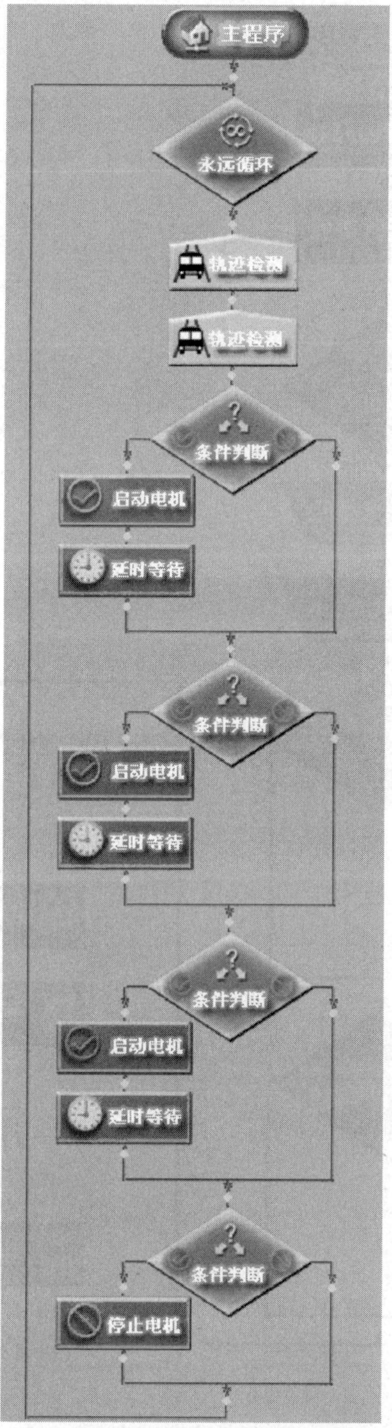

图 14-42　博思威龙机器人程序

(5) 未来伙伴机器人程序示例,如图 14-43 所示。

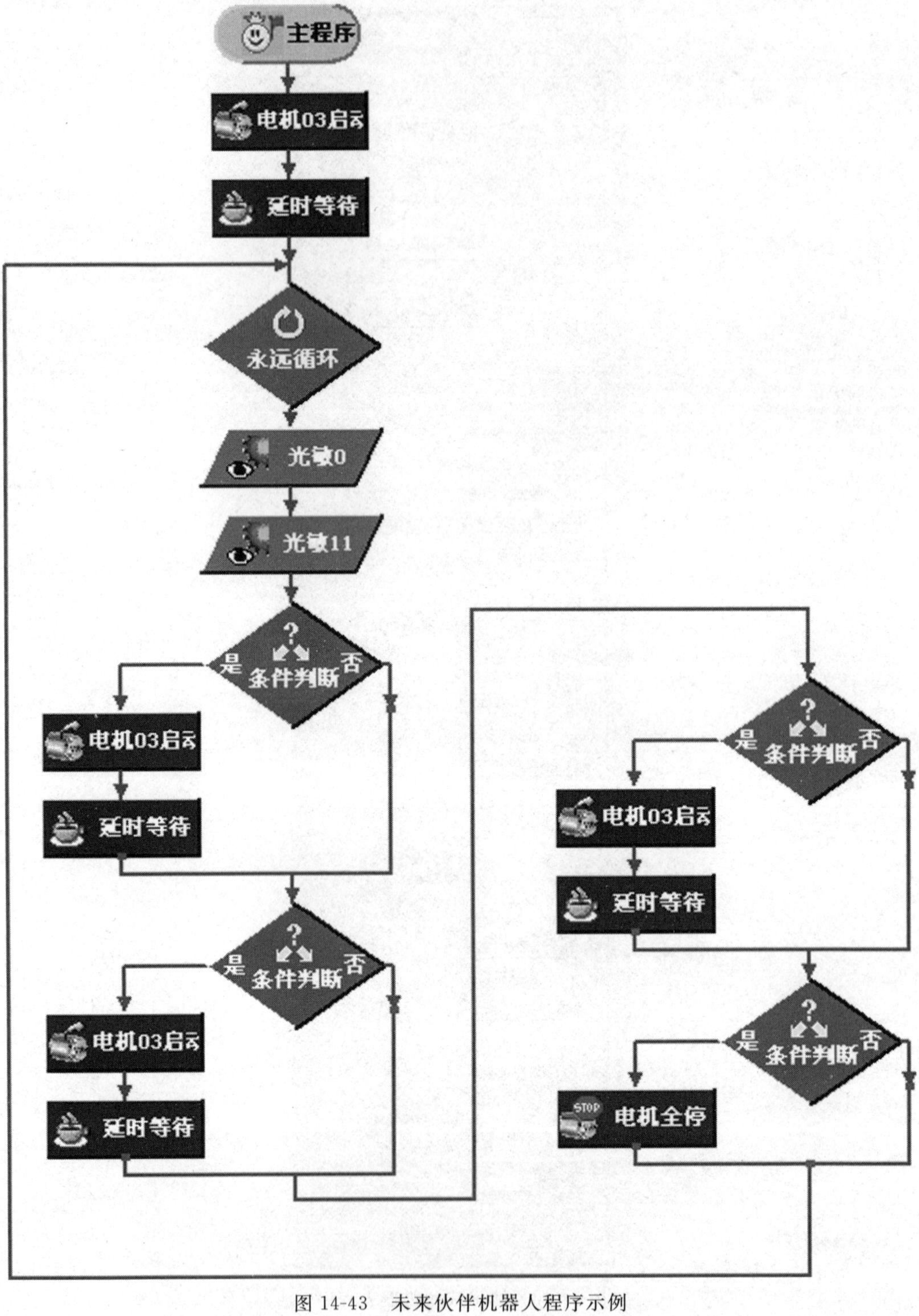

图 14-43 未来伙伴机器人程序示例

参 考 文 献

[1] 乌美娜.教学设计[M].北京：高等教育出版社，1994

[2] [美]加涅，[美]布里格斯.教学设计原理[M].王小明，唐维国译.上海：华东师范大学出版社，2007

[3] 郑永柏.教学系统设计理论和方法研究[D].北京：北京师范大学，1998

[4] 陈龙安.创造性思维与教学[M].北京：中国轻工业出版社，1999

[5] 周谦.学习心理学[M].北京：科学出版社，1992

[6] 张从明.教学设计更新换代刍议.引自 http://www.rjyz.net/it/ Detail.aspx? id=202，2000.4

[7] 曾祥翊.教学设计研究发展趋势的探讨[J].中国电化教育，2010(10)

[8] 教育部基础教育司师范教育司组.技术课程标准研修(信息技术)[M].北京：高等教育出版社，2004

[9] 叶金霞.中学信息技术教学与实践研究(修订版)[M].北京：高等教育出版社，2006

[10] 吴军其.信息技术课程教学技能训练[M].武汉：华中师范大学出版社，2010

[11] 谢琪，刘向永.小学信息技术教学法[M].长春：东北师范大学出版社，2006

[12] 李艺.走进课堂：高中信息技术(新课程案例与评析)(必修)[M].北京：高等教育出版社，2007

[13] 李艺.走进课堂：高中信息技术(新课程案例与评析)(选修)[M].北京：高等教育出版社，2007

[14] 魏雄鹰.中小学信息技术教学案例专题研究[M].杭州：浙江大学出版社，2005

[15] 吴文虎.信息技术基础[M].北京：中国铁道出版社，2008

[16] 李艺，李冬梅.信息技术教学方法：继承与创新[M].北京：高等教育出版社，2006

[17] 邬家炜.高中新课程信息技术优秀教学设计与案例[M].广州：广东高等教育出版社，2005

[18] 雷体南，叶良明，张景中.信息技术教学论[M].北京：北京大学出版社，2009

[19] 钟启泉，王吉庆.信息技术课程与教学论[M].杭州：浙江教育出版社，2003

[20] 王吉庆.信息技术课程论[M].保定：河北大学出版社，2004

[21] 王鹏.中小学信息技术教育中的常见心理问题及矫治[J].中小学电教，2004(5)

[22] 郑建秋，王洪录.信息技术环境下研究性学习的特点分析[J].中小学电教，2005(5)：32-34

[23] 苏耀忠，郝新春.普通高中信息技术课程标准实验教材特点及对教学的启示[J].教育理论与实践，2008(20)

[24] 郑永柏，何克抗.结构主义对教学设计的影响——一种可行的教学系统设计模型[C].北京：北京师范大学出版社，1997

[25] 何克抗.从信息时代的教育与培训看教学设计理论的新发展[J].中国电化教育，1998(10)

[26] 杨开城.以学生为中心教学设计的理论、方法与经验浅谈[J/OL].教育技术通讯，2000(4)

[27] 苗逢春.高中信息技术新课程教学案例集：教学设计与教法评析[M].北京：中国地图出版社，2005

[28] 硒都教研网.有利于促进学生学习的信息技术教学评价观.引自 http://jyw.essedu.cn/xuekejy/ShowArticle.asp? ArticleID=286，2005

[29] 赵建华，李克东.信息技术环境下基于协作学习的教学设计[J].电化教育研究，2000(4)